[개정판]

사례중심 민법총칙

박 종 용 저

DB 도서출판 동방문화사

제2판 개정판 서문

(사례중심) 민법 총칙이 출간되지 2년이 되었다. 2년 동안에 민법분야에 많은 부분(특히 가족법)에 대하여 개정되었다. 민법총칙에서도 성년을 만19세로 하고, 의료가 발달하여 인간수명이 크게 연장됨에 따라 고령사회에 들어서게 됨에 따라 발생할 수 있는 많은 문제점(재산관리나 신상에 과한 사무 등)들이 행위무능력자제도(한정치산자제도, 금치산자제도)를 통하여 감당하기 어렵게 되었다. 따라서 고령사회에서 성년후견제도는 행위무능력자제도의 대안으로 새로운 법정후견제도이다. 법정후견제도에는 성년후견, 한정후견, 특정후견 3가지가 있고, 임의후견제도로서 후견계약이 있다. 종래의 행위무능력자제도는 무능력자 본인을 보호한다면 목적에서 보호와 거래의 안전을 위하여 행위무능력자의 행위능력을 획일적으로 객관화하여 법률행위를 제한하고, 그 대안으로서 후견인에게 포괄적으로 법정대리권을 인정하였다. 그리고 행위무능력자제도는 재산상의 법률행위에 국한되기 때문에 신상의 보호가 필요하지만 재산이 없는 자에게는 후견제도가 무용지물이었다. 새로 도입하는 성년후견제도는 요보호자에게 자존하는 의사능력을 최대한 보장하면서 자기결정을 할 수 있도록 하고, 정신능력에 따라 다양(성년후견, 한정후견, 특정후견, 임의후견)한 보호조치를 취할 수 있도록 하고 있다. 개정전 행위무능력자제도에서는 요보호자의 행위능력을 배제하여 요보호인이 사회생활에 적응하고, 복귀하는데 부적합하였으나 성년후견제도는 요보호인의 정신능력에 따라 그에 상응하는 후견제도의 이용이 가능하다. 특히 성년후견제도에서는 일반적으로 행위능력이 제한되지만 일용품의 구입 등 일상생활에 필요하고, 대가가 과도하지 아니하는 법률행위의 최소를 제한하여 취소할 수 없는 법률행위의 범위를 정하고 있다. 그리함으로써 새로 도입된 성년후견제도는 오늘날 급증한 노령인구와 교통사고로 인하여 후천적으로 발생한 장애 등으로 발생할 수 있는 요보호인의 사무를 후견하는 제도로서 적합하다고 할 것이다. 개정판에서는 이상의 내용을 추가하였다. 그리고 종래 본문에는 법조문이 기입되어 있으나 참조노트에는 법조문을 기입하지 않아서 내용을 파악하는 데 불편한 점을 보완하여 개정판에서는 참조노트에도 법조문을 기입하여 내용파악에 편리를 도모하였고, 또한 새로운 판례도 추가하였다.

상품성이 없음에도 불구하고 본 강의안을 출판해주신 동방문화사 조형근 사장님과 직원들에게 감사를 드립니다.

2013. 02. 27.

관악 남현 서재에서

박 종 용

머 리 말

본 강의안은 강의자가 온라인과 오프라인에서 강의하면서 정리한 이론과 그 이론에 관련한 판례들을 정리한 자료이다. 법률은 사회규범중의 하나이다. 사회규범을 사회질서를 유지하는데 최소한의 윤리이다. 따라서 법률내용은 사회질서와 관련되어 있다. 그런데 수강생들은 사회현실에 참여하지 않고, 학교라는 특수한 울타리에서 생활하기 때문에 사회규범으로서 적용되는 것은 법률보다는 학교규칙에 더 익숙할 것이다. 그러나 학생들이 학교생활을 하면서 장래의 사회생활을 함에 있어서 필요한 사회생활의 규칙인 법률을 이해한다는 것은 쉽지가 않다.

강의자는 학부 때부터 곽윤직 교수님의 교재를 민법학의 기본서로 하여 친숙하게 공부하였다. 그 밖의 여러 교수님들의 좋은 교재들도 부교재로 활용하고 있다. 하지만 그런 교재를 가지고 강의를 하면서도 여러 가지 면에서 또한 불편함을 느끼게 되었다. 모든 법학교과서 그렇지만 기존교과서들이 추상적인 이론을 중심으로 기술되었기 때문에 사회현실에 참여가 없는 학생들이 추상적인 법학이론을 머리로만 이해하는데 한계가 있었다. 지금은 IT시대라 강의도 온라인이나 또는 오프라인에서는 빔을 통하여 하기 때문에 기존 교과서를 가지고 강의하기에 불편함을 느끼게 되었다. 강의를 하면서 느끼게 된 것은 수강생들의 입장에서 쉽게 이해할 수 있는 어떤 교재가 있었으면 좋겠다는 생각을 많이 하고 있었다. 그래서 강의자는 수강생들에게 도움을 주고자 본 (사례중심) 민법총칙을 편저하였다. 본서의 내용은 민법총칙의 바이블이라고 할 수 있는 곽윤직 교수님의 교재를 중심으로 편집하였으며, 그 밖의 현실 감각이 있는 여러 교수님들의 교재를 참조하여 정리한 자료이다. 본 강의안은 내용구성에 있어서는 기존교과서와 같으나 내용면에서는 달리하였다.

첫째, 본서는 수강생들이 법이론의 이해를 돕기 위하여 법이론과 관련된 많은 최신 판례를 수록하였다. 수강생들이 간접적으로 판례상의 논쟁들의 당사자가 되어 사회생활에서 발생할 수 있는 법률상의 분쟁에 대하여 이론과 관련한 최근 판례들을 많이 수록하였다. 또한 사건에 따라서는 판례를 잘 이해할 수 있도록 그 판례의 배경을 이해할 수 있도록 사실관계를 수록하였다. 법학이론은 추상적으로 개념화되어 있기 때문에 개념화되어 있는 이론을 확인하고, 검증할 수 있도록 많은 판례를 수록하였다. 이론과 관련된 다양한 판례를 접해봄으로써 그 부분에 폭

넓은 이해를 통하여 법이론을 전개할 수 있을 것이다.

둘째, 본서에서 강의내용과 관련된 법조문들을 노트로 처리하였다. 민법총칙의 교과서는 민법전의 총칙부분의 설명서이다. 어떤 교재에는 강의와 관련된 부분의 법조문 전체가 아닌 일부분만 기재되어 있기 때문에 열심히 교재를 정독하여도 막상 수강생들 대부분은 민법총칙의 법조문 전체를 읽어보지 못하고 강좌를 마무리하게 된 경우가 많다. 그런데 법조문을 조목조목을 읽어보면, 법조문에 그러한 내용들을 규정하고 있었는가하고 의문을 제기하곤 한다. 수강생들이 법학공부를 할 때에 강의내용과 관련된 법조문은 법전을 통하여 직접 읽어보지 못하고, 교과서에서 논의된 일부분의 내용만 교재를 통해서 알고 있는 경우가 많다는 것이다. 그래서 본서는 강의 내용과 관련된 법조문이 나오면 그 조문에 대하여 노트로 처리하여 그 때 그 때 조문을 볼 수 있도록 하였다. 사실 공부하는 중에 법조문에 나오면 영어단어 찾는 것처럼 그 때 그 때 직접 법전을 찾아서 반복하여 숙지해 두어야 한다. 이 교재를 통하여 독자들이 법학공부를 하는데 조금이나마 도움이 되었으면 한다. 끝으로 상품성이 없음에도 불구하고 무더운 여름 날씨에 본 강의안을 출판해주신 동방문화사 조형근 사장님과 직원들에게 감사를 드린다.

2010. 08. 30.

관악 남현 서재에서

박 종 용

차　　례

제1편 서론

제1장 민법의 일반

제2장 민법의 법원

제3장 한국 민법전의 연혁과 구성

제4장 우리 민법의 기본원리

제5장 민법의 해석과 효력

제2편 본론

제1장 권 리

제3장 권리의 객체

제4장 권리의 변동

제 1 편

서론

제1장
민법의 일반

제1절 민법의 의의

사람은 사회생활(社會生活)을 하고 있다. 사람이 공동생활하는 집단을 사회(社會)라고 한다. 이러한 사회질서가 유지되기 위해서는 각 구성원들은 일정한 규칙(規則) 내지 준칙(準則)에 따라야만 가능하다. 공동체 안에서 구성원 각자가 원하는 대로 행동하게 되면 상호간에 충돌하고, 분쟁이 발생하게 된다. 이러한 충돌을 조정하고, 분쟁을 예방하기 위하여 일정한 행위규칙, 즉 사회규범이 필요하게 된다. 사회규범에는 도덕, 종교, 관습, 법 등이 있다. 사회규범 중에서 법은 다른 규범과 달리 필요한 경우에 국가권력에 의하여 강제되는 특성을 갖고 있다.

Ⅰ. 사법, 일반사법, 실체법으로서의 민법

1. 사법으로서의 민법

(1) 사법과 공법

1) 사람은 개인으로서의 인간관계, 즉 개인으로서의 생활관계는 사법(私法)이 적용되고, 어떤 단체(국가)의 구성원으로서의 인간관계, 즉 단체의 구성원으로서의 생활관계는 공법(公法)이 적용된다. 민법은 개인으로서의 인간의 생활관계를 규율하는 사법중의 하나이다.

2) 우리는 법을 사법과 공법으로 구별하는 기준으로서 첫째 이익설(목적설), 둘째 성질설, 셋째 주체설, 넷째 생활관계설로 구분하고 있으나 모든 학설은 부분적으로 타당성이 있지만 어느 하나의 설로 공법과 사법을 구별하는 것은 합리적인 근거가 되지 못한다. 그러나 법을 사법과 공법으로 구별하는 실제적인 이유는 어느 법률관계(法律關係)에 대하여 공법 혹은 사법을 적용할 것이냐에 관련된다.

(2) 사법의 내용

사법의 규율대상이 되는 사회생활관계에는 재산관계와 가족관계가 있다. 재산관계에는 물권(物權)과 채권(債權)이 있으며, 재산관계를 규율하는 재산법은 민법(民法)과 상법(商法)이 있다. 그리고 가족관계는 친족(親族)과 상속(相續) 등 있으며, 가족관계를 규율하는 가족법(家族法)과 상속관계를 규율하는 상속법(相續法)이 있다.

2. 일반사법으로서의 민법

사회생활을 하는 모든 개인에게 적용되는 법이 일반사법(一般私法)이다. 민법은 이러한 사법중의 하나이다. 이러한 일반사법과 달리 특별한 개인에게 적용되는 법은 특별사법(特別私法)이다. 이처럼 일반국민이지만 특별한 개인인 상인(商人)에게만 적용되는 상법은 민법에 대하여 특별사법이라고 한다. 일반사법과 특별사법을 구별하는 실이익(實利益)은 특별법(特別法)이 일반법(一般法)에 우선하여 적용된다는데 있다.

3. 실체법으로서의 민법

사회생활에서 권리(權利)와 의무(義務)의 발생(發生), 변경(變更), 소멸(消滅)을 규정하는 법을 실체법(實體法)이라고 한다. 민법은 권리와 의무의 발생, 변경, 소멸을 규정하고 있는 법이므로 실체법에 속한다. 그러덴 실체법인 민법에 대하여 행위규범이냐 혹은 재판규범이냐에 다툼이 있다. 즉, 국가가 개인이 사회생활을 함에 있어서 지켜야 할 규범을 규정하고, 국가가 각 개인에 지켜야할 행위규범(생활규범)이냐 또는 사회생활에 있어서 개인들 사이에 권리의 존부에 대하여 분쟁을 해결하기 위한 재판규범이냐에 논란이 되고 있다. 그러나 민법은 행위규범의 성격과 재판규범의 성격을 모두 갖고 있다. 한편, 실체법과 짝을 이루는 것이 있는데 이를 절차법(節次法)이라고 한다. 이 절차법(소송법)은 실체법상에서 발생한 권리의무관계를 강제적으로 이행(履行)시키는 법규이다. 사람이 법을 위반하거나 법률관계에서 분쟁이 발생할 경우에 법치국가(法治國家)에서는 원칙적으로 재판(裁判)을 통하여 국가권력의 발동을 요구하여야만 한다. 절차법은 법원, 기타 공적 기관(公的 機關)을 통하여 실체법이 정한 내용을 실현하는 절차를 정하는 법이다. 민사소송법 또는 형사소송법이 여기에 속한다.

Ⅱ. 실질적 민법과 형식적 민법

1. 실질적 민법

실질적 의미의 민법은 사법, 일반사법, 실체법상의 민법을 뜻한다. 또한 민법의 부속법률도 실질상의 민법에 속한다. 예컨대, 가족관계등록법, 부동산등기법, 가등기담보 등에 관한 법률, 기타 등이 있다.

2. 형식적 민법

실질상의 민법 중 1958년에 제정되어 1960년 1월 1일에 시행되고 있는 현행민법전을 말한다.

제2장 민법의 법원

제1절 법원

Ⅰ. 법원의 의의

우리가 사회구성원으로서 사회생활을 하다보면 구성원들 사이에 분쟁이 발생할 수 있다. 이처럼 사회구성원들 사이에 분쟁이 발생하는 경우에 그 분쟁을 해결하는데 법규가 필요하게 된다. 사회구성원 개인들 사이에 발생한 분쟁에 적용되는 법규는 민법이다. 법은 사회생활을 규율하는 사회규범이다. 사회구성원들이 민법을 어떻게 인식(認識)하느냐의 문제가 곧 '법의 연원(淵源)'의 문제이다. '법의 연원'을 간단하게 '법원(法源)'이라고 한다. 민법 제1조[1]는 민법의 법원의 범위(範圍)와 민법의 법원들(법률, 관습법, 조리 등)사이에 적용되는 순위에 관한 문제이다.

Ⅱ. 성문법과 불문법

법원(法源)에는 성문법(成文法)과 불문법(不文法)이 있다. 성문법은 문서화되어 있고, 일정한 형식 및 절차에 따라서 제정되는 법을 말하며, 이를 제정법(制定法)이라고 한다. 불문법(不文法)은 글자의 의미처럼 문자화되어 있지 않는 법을 말한다. 그러나 불문법은 그런 개념이 아니라 입법기관(국회)에서 제정하지 않은 법을 말한다. 즉, 성문법을 제외한 법을 말하며, 여기에는 관습법(慣習法), 판례법(判例法), 조리(條理) 등이 있다.

---

1) 제1조 (법원) 민사에 관하여 법률에 규정이 없으면 관습법에 의하고 관습법이 없으면 조리에 의한다.

Ⅲ. 민법의 법원

1. 성문민법

성문법주의를 취하는 우리나라는 성문법(제정법)이 제1차적인 법원(法源)을 형성한다. 성문법에는 법률, 명령(命令), 규칙, 자치법, 조약 등 5가지가 있다.

(1) 법률

형식적 의미에서의 법률을 말하며, 헌법이 정한 절차에 따라서 제정, 공포된 법을 말한다(헌법 제53조).

1) 민법전

민법의 법원 가운데에서 가장 중요한 것으로서 민법법규의 거의 대부분이 포함된다. 그러나 민법 중에 일부는 절차적 규칙이 있다. 즉, 법인의 설립 등과 채권의 강제집행의 방법과 같은 절차법규도 포함하고 있다.

2) 민법전 이외의 법률

i) 민사특별법

부재선고 등에 관한 특별조치법, 공익법인의 설립운영에 관한 법률, 집합건물의 소유 및 관리에 관한 법률, 가등기담보 등에 관한 법률, 공장저당법, 부동산실권리자명의등기에 관한 법률, 신원보증법, 주택임대차보호법, 제조물책임법, 기타 등이 있다.

ii) 민법부속법령

부동산등기법, 부동산등기특별조치법, 유실물법, 공탁법, 가사비송사건 등

iii) 농지법, 특허법, 저자권법, 광업법, 수산업법, 산림법, 도로법, 하천법, 국토의 계획 및 이용에 관한 법률, 환경정책기본법 등

3) 명령

입법기관인 국회의 의결을 거치지 않고서 다른 국가기관을 통하여 제정된 법

규를 명령이라고 한다. 여기에는 위임명령과 집행명령이 있다. 전자(위임명령)는 법률에 의하여 위임된 사항을 정하는 명령이고, 후자(집행명령)는 법률의 규정을 집행하기 위하여 필요한 세칙을 정하는 명령이다. 그 제정권자의 주체에 따라 대통령, 총리령, 장관령 등이 있다.

4) 규칙

대법원규칙, 부동산등기법시행규칙, 입목등기처리규칙, 공탁사무처리규칙, 가사소송규칙, 지방자치단체의 조례 등.

5) 조약

헌법에 의하여 체결, 공포된 조약(條約)과 일반적으로 승인된 국제법규는 국내법과 같은 효력을 가지므로(헌법 제6조제1항)[2] 그 조약이 민사에 관련된 것이면 민법의 법원이 될 수 있다.

2. 불문민법

불문민법은 성문민법을 제외한 그 밖의 법을 말한다. 여기에는 관습법, 판례법, 조리 등이 있다.

A. 관습법

1. 관습법의 의의

사회에서 스스로 발생하는 관행(관습)이 단순히 예외적 또는 도덕적인 규범으로서 지켜질 뿐만 아니라 사회의 법적 확신 내지 법적 인식을 갖춤으로써 많은 사람들에 의하여 지켜질 정도로 된 것이 관습법이다. 또한 민법도 관습법을 민법의 법원(法源)으로 인정하고 있다(민법 제1조). 그러나 관습법이 민법의 법원이지만 관습법의 성립시기가 법률처럼 명확하지 않는 것이 문제되고 있다. 법률은 입법기관을 통하여 일정한 절차를 걸쳐서 성립되기 때문에 성립시기가 명확하지만 관습법

---

2) 헌법 제6조 ① 헌법에 의하여 체결·공포된 조약과 일반적으로 승인된 국제법규는 국내법과 같은 효력을 가진다.

은 언제, 어떻게 성립되었고, 현재 어떤 효력이 있는 지에 관하여 국민들 사이에서 불명확하다는 것이 문제된다. 아래에서는 관습법의 성립요건을 살펴보기로 한다.

2. 관습법의 성립요건

관습법의 성립요건으로서 통설적인 견해는 첫째, 사회구성원들 사이에서 일정한 관행(慣行)이 장기간 계속적으로 반복되고 있어야 한다. 둘째 그 관행이 사회구성원들 사이에 존재하고 있어야 한다. 셋째 사회구성원들 사이에 그 관행에 대하여 법규범으로서 법적 확신 내지 인식을 가지고 있어야 한다. 넷째 그 관행과 같은 법규가 없어야 하고, 그 관행이 강행법규 내지 사회질서 및 미풍양속에 위반되지 않아야 한다.

소수설은 국가가 그 관습을 승인할 때에 비로소 관습법이 인정된다는 입장이다. 즉 법원(法院)의 판결에서 관습법의 존재를 인정할 때에 관습법이 성립한다는 견해이다. 그러나 법원(法院)은 법을 창조하는 곳이 아니라 법을 적용(適用)하는데 그치므로 관습법의 존재는 법원의 판결을 통하여 그 존재가 확인될 뿐이다. 아래에서 관습법에 관한 판례를 살펴보기로 한다.

가) 관습법의 의의와 효력 및 '사회의 거듭된 관행으로 생성한 사회생활규범'이 법적 규범으로 승인요건

◆ 판 례

관습법이란 사회의 거듭된 관행으로 생성한 사회생활규범이 사회의 법적 확신과 인식에 의하여 법적 규범으로 승인·강행되기에 이른 것을 말하고, 그러한 관습법은 법원(法源)으로서 법령에 저촉되지 아니하는 한 법칙으로서의 효력이 있는 것이고, 또 사회의 거듭된 관행으로 생성한 어떤 사회생활규범이 법적 규범으로 승인되기에 이르렀다고 하기 위하여는 헌법을 최상위 규범으로 하는 전체 법질서에 반하지 아니하는 것으로서 정당성과 합리성이 있다고 인정될 수 있는 것이어야 하고, 그렇지 아니한 사회생활규범은 비록 그것이 사회의 거듭된 관행으로 생성된 것이라고 할지라도 이를 법적 규범으로 삼아 관습법으로서의 효력을 인정할 수 없다 : 대법원 2005. 7. 21. 선고 2002다13850 전원합의체 판결 ; 동 2005. 7. 21. 선고 2002다1178 전원합의체 판결.

나) 관습법으로 승인되었던 '사회의 거듭된 관행으로 생성한 사회생활규범'이 법적 규범으로서의 효력을 상실하게 되는 경우

◆ 판 례

사회의 거듭된 관행으로 생성된 사회생활규범이 관습법으로 승인되었다고 하더라도 사회 구성원들이 그러한 관행의 법적 구속력에 대하여 확신을 갖지 않게 되었다거나, 사회를 지배하는 기본적 이념이나 사회질서의 변화로 인하여 그러한 관습법을 적용하여야 할 시점에 있어서의 전체 법질서에 부합하지 않게 되었다면 그러한 관습법은 법적 규범으로서의 효력이 부정될 수밖에 없다 : 대법원 2005. 7. 21. 선고 2002다13850 전원합의체 판결 ; 동 2005. 7. 21. 선고 2002다1178 전원합의체 판결.

다) 종중(宗中) 구성원의 자격을 성년 남자만으로 제한한 종래 관습법의 효력

◆ 판 례

[다수의견] 종원의 자격을 성년 남자로만 제한하고 여성에게는 종원의 자격을 부여하지 않는 종래 관습에 대하여 우리 사회 구성원들이 가지고 있던 법적 확신은 상당 부분 흔들리거나 약화되어 있고, 무엇보다도 헌법을 최상위 규범으로 하는 우리의 전체 법질서는 개인의 존엄과 양성의 평등을 기초로 한 가족생활을 보장하고, 가족 내의 실질적인 권리와 의무에 있어서 남녀의 차별을 두지 아니하며, 정치·경제·사회·문화 등 모든 영역에서 여성에 대한 차별을 철폐하고 남녀평등을 실현하는 방향으로 변화되어 왔으며, 앞으로도 이러한 남녀평등의 원칙은 더욱 강화될 것인바, 종중은 공동선조의 분묘수호와 봉제사 및 종원 상호간의 친목을 목적으로 형성되는 종족단체로서 공동선조의 사망과 동시에 그 후손에 의하여 자연발생적으로 성립하는 것임에도, 공동선조의 후손 중 성년 남자만을 종중의 구성원으로 하고 여성은 종중의 구성원이 될 수 없다는 종래의 관습은, 공동선조의 분묘수호와 봉제사 등 종중의 활동에 참여할 기회를 출생에서 비롯되는 성별만에 의하여 생래적으로 부여하거나 원천적으로 박탈하는 것으로서, 위와 같이 변화된 우리의 전체 법질서에 부합하지 아니하여 정당성과 합리성이 있다고 할 수 없으므로, 종중 구성원의 자격을 성년 남자만으로 제한하는 종래의 관습법은 이제 더 이상 법적 효력을 가질 수 없게 되었다 : 대법원 2005. 7. 21. 선고 2002다13850 전원합의체 판결 ; 동 2005. 7. 21. 선고 2002다1178 전원합의체 판결.

라) 관습법이 헌법재판소의 위헌법률심판의 대상인지 여부

◆ 판 례

헌법 제111조 제1항 제1호 및 헌법재판소법 제41조 제1항에서 규정하는 위헌심사의 대상이 되는 법률은 국회의 의결을 거친 이른바 형식적 의미의 법률을 의미하고 (헌법재

판소 1995. 12. 28. 선고 95헌바3 결정 등 참조), 또한 민사에 관한 관습법은 법원(法院)에 의하여 발견되고, 성문의 법률에 반하지 아니하는 경우에 한하여 보충적인 법원(法源)이 되는 것에 불과하여(민법 제1조) 관습법이 헌법에 위반되는 경우 법원(法院)이 그 관습법의 효력을 부인할 수 있으므로 (대법원 2003. 7. 24. 선고 2001다48781 전원합의체 판결 등 참조), 결국 관습법은 헌법재판소의 위헌법률심판의 대상이 아니라 할 것이다 : 대법원 2009.5.28. 자 2007카기134 결정.

3. 관습법의 효력

(1) 관습법은 성문법의 보충적 효력을 갖는다.

성문법국가에서 관습법은 보충적 효력을 갖는다. '민사에 관하여 법률에 규정이 없으면, 관습법에 의하고…'(민법 제1조)라고 규정하고 있다.

(2) 관습법은 성문법과 동등한 효력을 갖는다.

민법은 '물권은 법률 또는 관습법에 의하는 외(外)에는 임의로 창설하지 못한다'라고 규정하고 있다(민법 제185조).[3] 우리나라에서는 법정물권주의를 취하여 8개[4]의 물권을 법률로 규정하고 있기 때문에 개인들 사이에 임의대로 물권을 창설할 수 없다. 그러나 아무리 성문법국가라 할지라도 사회의 모든 생활관계를 법률로 규정할 수 없기 때문에 사회구성원들 사이에 어떤 생활사실, 즉 관행이 존재할 수 있다. 이러한 관행이 계속적, 반복적으로 존속하면서 사회구성원들 사이에 법적 인식 내지 법적 확신이 존재하는 경우에 그것을 하나의 법으로 인정하는 것이 관습법이다. 이에 관하여 판례를 살펴보기로 한다.

가) 법률이 인정하지 않는 새로운 종류의 물권의 창설이 허용되는지 여부

◈ 판 례

민법 제185조는, '물권은 법률 또는 관습법에 의하는 외에는 임의로 창설하지 못한다.'고 규정하여 이른바 물권법정주의를 선언하고 있고, 물권법의 강행법규성은 이를 중핵으

3) 제185조 (물권의 종류) 물권은 법률 또는 관습법에 의하는 외에는 임의로 창설하지 못한다.
4) 점유권(제192조,) 소유권(제211조), 용익물권[지상권(제279조), 지역권(제291조), 전세권(제202조)], 담보물권[유치권(제320조), 질권(제329조), 저당권(제356조)].

로 하고 있으므로, 법률(성문법과 관습법)이 인정하지 않는 새로운 종류의 물권을 창설하는 것은 허용되지 아니한다 : 대법원 2002. 2. 26. 선고 2001다64165.

나) 관습상의 사도통행권 인정이 물권법정주의에 위배여부

◆ 판 례

관습상의 사도통행권 인정이 물권법정주의에 위배된다 : 대법원 2002. 2. 26. 선고 2001다64165.

그리고 관습에 의한 물권으로서 명인방법(明認方法)을 통한 물권을 인정한다. 즉, 수목집단이나 미분리(未分離)의 과실을 토지와는 별개로 매매의 대상으로서 공시하는 방법이 관습상의 명인방법에 의한 물권을 인정하고 있다. 또한 타인의 토지에 소유자의 승낙없이 분묘를 설치한 자는 일정한 기간이 경과한 후에 그 분묘기지에 대하여 지상권에 유사한 분묘기지권을 취득한다. 이에 관한 판례를 살펴보기로 한다.

다) 타인의 토지 위에 분묘를 설치·소유하는 경우, 그 토지를 소유의 의사로 점유하는 것으로 추정되는지 여부

◆ 판 례

타인의 토지 위에 분묘를 설치·소유하는 자는 다른 특별한 사정이 없는 한 그 분묘의 보존·관리에 필요한 범위 내에서만 타인의 토지를 점유하는 것이므로 점유의 성질상 소유의 의사가 추정되지 않는다 : 대법원 1997. 3.28. 선고 97다3651.

라) 관습상 분묘기지권의 시효취득 요건 및 등기의 필요성여부

◆ 판 례

타인 소유의 토지에 소유자의 승낙 없이 분묘를 설치한 경우에는 20년간 평온, 공연하게 그 분묘의 기지를 점유하면 지상권 유사의 관습상의 물권인 분묘기지권을 시효로 취득하는데, 이러한 분묘기지권은 봉분 등 외부에서 분묘의 존재를 인식할 수 있는 형태를 갖추고 있는 경우에 한하여 인정되고, 평장되어 있거나 암장되어 있어 객관적으로 인

식할 수 있는 외형을 갖추고 있지 아니한 경우에는 인정되지 않으므로, 이러한 특성상 분묘기지권은 등기 없이 취득한다 : 대법원 1996. 6.14. 선고 96다14036.

마) 타인 소유 토지에 분묘를 설치한 경우, 분묘기지권의 시효취득 여부

◈ 판 례

타인 소유의 토지에 소유자의 승낙 없이 분묘를 설치한 경우에는 20년간 평온, 공연하게 그 분묘의 기지를 점유함으로써 분묘기지권을 시효로 취득한다 : 대법원 1995. 2.28. 선고 94다37912.

바) 분묘설치를 위한 관습상의 물권

◈ 판 례

타인의 토지에 합법적으로 분묘를 설치한 자는 관습상 그 토지 위에 지상권에 유사한 일종의 물권을 취득하며, 그 범위는 분묘의 기저부분과 분묘 수호에 필요불가결한 주위의 공지까지 포함한다고 해석함이 타당하므로 그 분묘부분이 침해당할 때에는 그 침해의 배제를 청구할 수 있는 동시에, 그 수호자는 그 수호를 이유로 그 분묘에 인접한 타인의 분묘를 침범하는 행위를 할 수 없는 것이다 : 대법원 1962. 4.26. 선고 4294민상1451.

(3) 관습법은 성문법을 개폐한다.

이것은 일반법과 특별법의 적용에 관한 효력문제이다. 상법은 민법에 대하여 특별법이므로 특별법우선적용의 원칙이 적용된다(상법 제1조).[5)]

---

5) 상법 제1조 (상사적용법규) 상사(商事)에 관하여 상법에 없으면 상관습법에 의하고, 상관습법이 없으면 민법의 규정에 의한다.

4. 관습법과 구별되는 사실인 관습

(1) 사실인 관습의 개념

'법령 중의 선량한 풍속, 기타 사회질서에 관계없는 규정과 다른 관습이 있는 경우에 당사자의 의사가 명확하지 아니한 때에는 그 관습에 의한다'(민법 제106)라고[6] 규정하고 있다. 여기서 '사실인 관습'(민법 제106조)과 관습법(민법 제1조) 사이에 양자의 차이점은 존재하는 관행에 대하여 사회구성원들 사이에서 법적 확신 내지 법적 인식력을 갖느냐의 여부에 있다. 사실인 관습은 관습법의 성립요건 중 사회구성원들로부터 그 관습에 대하여 법적 확신 내지 법적 인식(認識)까지에 이르지 못한 경우에는 사실인 관습이 되고, 그러한 법적 확신 내지 법적 인식에 이르렀다면 관습법이 된다. 이에 관한 판례를 살펴보기로 한다.

가) 관습법과 사실인 관습의 차이

◆ 판 례

관습법이란 사회의 거듭된 관행으로 생성한 사회생활규범이 사회의 법적 확신과 인식에 의하여 법적 규범으로 승인·강행되기에 이르른 것을 말하고, 사실인 관습은 사회의 관행에 의하여 발생한 사회생활규범인 점에서 관습법과 같으나 사회의 법적 확신이나 인식에 의하여 법적 규범으로서 승인된 정도에 이르지 않은 것을 말하는 바, 관습법은 바로 법원으로서 법령과 같은 효력을 갖는 관습으로서 법령에 저촉되지 않는 한 법칙으로서의 효력이 있는 것이며, 이에 반하여 사실인 관습은 법령으로서의 효력이 없는 단순한 관행으로서 법률행위의 당사자의 의사를 보충함에 그치는 것이다 : 대법원 1983.6.14. 선고 80다3231.

나) 관습법과 사실인 관습의 주장입증책임

◆ 판 례

법령과 같은 효력을 갖는 관습법은 당사자의 주장 입증을 기다림이 없이 법원이 직권으로 이를 확정하여야 하고 사실인 관습은 그 존재를 당사자가 주장 입증하여야 하나, 관습은 그 존부자체도 명확하지 않을 뿐만 아니라 그 관습이 사회의 법적 확신이나 법

---

6) 제106조 (사실인 관습) 법령중의 선량한 풍속 기타 사회질서에 관계없는 규정과 다른 관습이 있는 경우에 당사자의 의사가 명확하지 아니한 때에는 그 관습에 의한다.

적 인식에 의하여 법적 규범으로까지 승인되었는지의 여부를 가리기는 더욱 어려운 일이므로, 법원이 이를 알 수 없는 경우 결국은 당사자가 이를 주장·입증할 필요가 있다: 대법원 1983.6.14. 선고 80다3231.

다) 사실인 관습의 효력범위

◆ 판 례

사실인 관습은 사적 자치가 인정되는 분야, 즉 그 분야의 제정법이 주로 임의규정일 경우에는 법률행위의 해석기준으로서 또는 의사를 보충하는 기능으로서 이를 재판의 자료로 할 수 있을 것이나 이 이외의 즉, 그 분야의 제정법이 주로 강행규정일 경우에는 그 강행규정 자체에 결함이 있거나 강행규정 스스로가 관습에 따르도록 위임한 경우 등 이외에는 법적 효력을 부여할 수 없다: 대법원 1983.6.14. 선고 80다3231.

(2) 판례의 법원성

판례법은 법원(法院)의 재판(판결, 결정)을 통하여 형성된 법이다. 법원은 구체적인 사건에 대하여 판단을 하고, 재판(裁判)은 그 재판에서 밝혀진 구체적 사실에 대한 판단으로서만 구속력(拘束力)을 가진다. 그런데 실제로 사회생활에서 발생한 사건은 각양각색(各樣各色)이다. 재판은 구체적인 사실에 관한 판단이지만 그 사실에 관하여 법률적 판단을 하기 때문에 그 판단은 다소간(多少間)의 추상적인 이론 또는 법칙이 표시된다. 그리고 비슷한 사건에 관한 재판이 축척하게 되면, 점차로 일반적인 법칙이 밝혀지고, 추상적인 규범이 성립하게 된다. 이것이 판례법이 된다. 판결(判決)은 각각의 재판을 의미하고, 판례는 재판(판결)을 통하여 밝혀진 이론 혹은 법칙 또는 규범을 말한다. 이처럼 판례법은 판례를 법원(法源)으로 인정하는 경우를 말한다.

(3) 조리

민법은 조리(條理)의 법원성(法源性)을 인정하고 있다(민법 제1조). 따라서 조리의 개념정리가 필요하다. 조리는 사물의 본질 또는 법의 일반원리 혹은 사회통념이나 경험칙상 타당시 되는 것을 의미한다. 이러한 조리에 대하여 민법의 법원성의 인정여부에 관하여 학설은 나누어져 있다. 긍정하는 견해는 민법이 조리를 법원(法源)으로 규정하였기 때문에 민법의 법원성을 인정하는 입장이고, 부정하는 견해는 성문법주의에서 불가피하게 입법상의 불비가 존재하지만 법관은 재판을 거부할 수 없기 때문에 조리를 인정하고 있다는 견해이다. 그렇다면 입법상 불비로 인하여 법관이 재판을 거부할 수 없기 때문에 법관이 재판함에 있어서 '법관은 헌법과 법률에 의하여 그 양심에 따라 독립하여 심판한다'라고 규정하고 있다(헌법 제103조). 이처럼 법관이 '헌법과 법률에 의하여 그 양심에 따라…'에서 '양심'은 민법 제1조의 '조리'에 해당한다고 볼 수 있다. 여기서 문제가 되는 것은 법관의 양심은 그가 성장한 사회, 문화적 배경, 지역 그리고 가치관에 따라 다룰 수 있다. 그래서 조리(條理)는 각각의 사람에 따라 다를 수 있기 때문에 민법의 법원성을 인정한다는 것은 불합리하다고 생각한다. 그러나 형사재판에 있어서는 범죄 당시에 법이 없는 경우, 즉 사후입법(事後立法)을 통하여 책임을 물을 수 없다.

제 3 장
한국 민법전의 연혁과 구성

제1절 한국 민법전의 연혁

Ⅰ. 한국 민법전

1. 민법전의 편찬

(1) 1948년 9월 15일 정부는 '법전편찬위원회직제'를 공포하여 법전편찬위원회가 민사, 상사, 형사 등의 기초법전의 자료수집과 그 초안의 기초 및 심의를 하도록 하였다.

(2) 1953년 9월 30일에 법전편찬위원회가 민법전의 공식초안을 정부에 이송하였고, 2년 후에 그 초안이 정부안으로 국회에 제출되었다. 국회법제사법위원회에서 2년간 예비심의한 후에 그 수정안이 국회 본회의에 상정되어 1957년 12월 국회본회의를 통과하였다.

(3) 1958년 2월 22일에 당시 본문 1111개조문과 부칙 28개 조문이 법률 제471호로 공포되어, 1960년 1월 1일부터 시행하게 되었다.

2. 민법전의 구성

(1) 민법구성방식에는 2가지의 형태가 있는데 그 하나는 프랑스 민법전 구성형식으로 첫째, 사람(人) 둘째, 물건(物件), 셋째 소송(訴訟)의 3편으로 구별하는 방법이고, 다른 하나는 독일 민법전 구성형식으로 첫째, 총칙(總則), 둘째 물권(物權), 셋째 채권(債權), 넷째 친족(親族), 다섯째 상속(相續) 순으로 구성한다. 우리민법은 독일식형태를 취하고 있다.

(2) 독일식 구성의 특징은 각 편(編)의 공통되는 내용을 총칙으로 하여 이를 각 편의 앞에 배열하고 있어 민법 구성에서 같은 내용이 중복되지 않는다는 점이 장

점이다. 그러나 공통된 내용을 개념화하여 정리하였기 때문에 내용이 너무 추상적이고, 이해하기가 어렵다는 점이 단점이다. 민법총칙이라면 민법 전반에 관한 총칙이기 때문에 재산법과 가족법의 총칙이어야 하지만 가족법의 극히 일부를 제외하고는 거의 재산법의 총칙으로서 역할을 하고 있다.

Ⅱ. 민법총칙의 체계

민법총칙은 크게 3가지로 구분할 수 있는데, 첫째 권리의 주체, 즉 누가 권리를 갖느냐의 문제이고, 둘째, 권리의 객체, 즉 무엇이 권리의 대상이 되느냐이다. 셋째 권리변동, 즉 권리가 어떻게 발생하고, 변경하고, 소멸하느냐를 규정하고 있다.

1. 통칙

통칙(通則)은 민법 전반에 걸쳐서 적용되는 규정으로서 첫째, 민법의 법원성, 즉 민법의 기준이 되는 종류와 순서(민법 제1조), 둘째 권리자의 권리행사의 한계, 즉 신의성실의 원칙과 권리남용의 금지의 원칙을 규정하고 있다(동법 제2조).[7] 주소(住所), 부재(不在)와 실종(失踪), 물건(物件), 기간(期間) 등이 여기에 속한다.

2. 권리의 주체

누가 권리를 갖느냐를 결정하는 것이 권리주체의 문제이다. 법에서 사람(人)은 2종류가 있는데, 그 하나는 자연인(自然人)이고, 다른 하나는 법인(法人)이다.[8] 법에서 사람(人)은 위의 2종류의 사람을 모두 합하여 인(人)이라고 한다. 민법상의 법인은 비영리(非營利)를 목적으로 하는 법인을 대상으로 규율하고 있다(민법 제32조)[9].

---

7) 제2조 (신의성실) ① 권리의 행사와 의무의 이행은 신의에 좇아 성실히 하여야 한다. ② 권리는 남용하지 못한다.

8) 일정한 목적과 조직을 갖추어 결합한 사람의 집단[사단(社團)]과 일정한 목적으로 모아진 재산의 모임[재단(財團)]에 대하여 권리의 주체로서 인격(人格)을 부여될 때에 각각을 사단법인(社團法人) 또는 재단법인(財團法人)이라고 한다.

9) 제32조 (비영리법인의 설립과 허가) 학술, 종교, 자선, 기예, 사교 기타 영리 아닌 사업을 목적으로 하는 사단 또는 재단은 주무관청의 허가를 얻어 이를 법인으로 할 수 있다.

3. 권리의 객체

권리의 대상이 될 수 있는 것은 물건(物件)이다. 물건에는 동산과 부동산 그리고 주물(主物)과 종물(從物), 천연과실(天然果實)과 법정과실(法定果實) 등이 있다.

4. 권리의 변동

1) 권리의 변동이라 함은 권리가 발생하고, 변경하고, 소멸하는 것을 말한다. 권리의 변동에는 권리자의 의사(意思)에 의하여 변동하는 것을 '법률행위(法律行爲)'라고 하고, 권리자의 의사와 관계없이 일정한 사실에 의하여 권리가 변동하는 것을 '법률규정에 의한 변동'이라 한다.

2) 일정한 시간의 경과에 의하여 권리가 소멸하거나 권리를 취득하는 시효제도(時效制度)가 있다.

제4장
우리 민법의 기본원리

Ⅰ. 민법과 헌법과의 관계

헌법은 우리나라의 최고의 규범이므로 하위법인 법률이 상위법을 위반하면 그 법률은 효력을 상실한다. 예컨대, 동성동본불혼의 원칙(구민법 제809조 제1항), 친생부인의 소의 제기기간(구민법 제847조), 민법 제781조 제1항 본문(2005. 3. 31. 법률 제7427호로 개정되기 전의 것) 중 '자(子)는 부(父)의 성(姓)과 본(本)을 따르고', 민법 제1026조 제2항 '상속인이 제1019조 제1항의 기간 내에 한정승인 또는 포기를 하지 아니한 때' 부분이 등을 들 수 있다.

Ⅱ. 우리 민법의 기본원칙

근대사회의 기초법인 근대민법은 봉건제도가 붕괴되고, 개인주의, 자유주의를 당시의 사상적 배경으로 하여 개인을 봉건적 구속으로부터 해방하고, 모든 사람을 평등하게 대우하였다. 이처럼 근대민법은 자유로운 활동을 보장하는 것을 지도원리로 출발하여, 개인의 자유와 평등을 강조하였다. 즉, 근대민법은 모든 인간은 출생부터 완전히 자유롭고, 평등하다는 원칙을 기초로 하였다.

우리민법의 규정들은 이러한 사상적 배경을 토대로 하여 일정한 기본원칙에 따라 체계적으로 규율하고 있다. 민법의 3대 기본원칙, 즉 사적자치의 원칙(私的自治의 原則), 사유재산권 존중의 원칙, 과실책임의 원칙에 관하여 살펴보기로 한다.

1. 사적 자치의 원칙

19세기 이후 근대민법은 개인주의를 원칙으로 하고 있다. 우리 헌법도 이 원칙을 수용하여 '모든 국민은 인간으로서의 존엄과 가치를 가지는 것'으로 규정하고 (헌법 제10조),[10] 민법은 이 규정에 근거하여 '사적 자치의 원칙'을 도출하였다. 개

10) 헌법 제10조 모든 국민은 인간으로서의 존엄과 가치를 가지며, 행복을 추구할 권리를 가

인은 사적 자치의 원칙에 따라 '개인의 의사에 근거하여 자유롭게 권리의무의 관계를 설정할 수 있다'. '사적 자치의 원칙'의 배경에는 모든 인간은 누구나 합리적인 판단력을 소유한다고 생각하고, 국가는 개인의 활동에 대하여 개입하지 않는다는 사상과 조화를 이룬다. 사적 자치의 원칙은 법률관계의 형성에 있어서 개인의 자유로운 의사(意思)에 근거하여 자신의 법률관계를 자유롭게 설정할 수 있도록 하였다. 이러한 '사적 자치의 원칙'은 '개인의사 자치의 원칙'이라고도 할 수 있다. 또한 개인의사는 사회구성원들 사이에서 개인과 개인 사이에 자유로운 의사의 합의(合意)를 통하여 성립한 '계약'에서 발생하기 때문에 '사적 자치의 원칙'은 '계약자유(契約自由)의 원칙(原則)'이라고도 한다. 계약은 법률행위 중에서 가장 중요하기 때문에 '계약자유의 원칙'을 '법률행위(法律行爲)의 자유의 원칙'이라고도 한다.

2. 사유재산권 존중의 원칙

근대사회에서 개인은 자기의 책임원칙 아래에서 생활하여야 하기 때문에 인간이 최후로 의지할 수 있는 것은 국가나 어떤 단체가 아닌 자신이 소유한 재산뿐이다. 그래서 모든 개인은 어떤 재화에 대하여도 완전한 지배권을 인정하고, 상호간에 이 재산권을 침해하여서는 안된다. 이처럼 모든 개인에게 사적재산권을 절대적으로 인정하고, 국가나 어떤 개인이 간섭하거나 제한을 하지 못하게 하는 것을 '사유재산권 존중의 원칙'이라 한다. 사유재산권 중에서 가장 전형적인 것은 '소유권'이므로 이 원칙을 '소유권 절대의 원칙'이라고 한다.

3. 과실책임의 원칙

어떤 사람의 행위가 위법(違法)하고, 동시에 과실(過失)[11] 또는 고의(故意)가[12] 있는 경우에만 책임을 부담한다는 원칙을 과실책임(果實責任)의 원칙이다. 이러한 과실책임(자기책임)의 원칙은 법률관계의 변동의 원인 중의 하나가 된다.

진다. 국가는 개인이 가지는 불가침의 기본적 인권을 확인하고 이를 보장할 의무를 진다.

11) 과실은 자기의 행위로부터 일정한 결과의 발생을 인식하였어야 하는데도 불구하고 부주의(不注意)로 인식하지 못하는 것을 의미한다. 다만 사법상(私法上)의 고의와 과실에 대하여 구별하는 것의 의미가 없다. 사법상의 책임은 고의는 물론 과실에서도 손해배상책임을 인정하기 때문이다.

12) 고의는 자기의 행위로부터 일정한 결과가 발생할 것을 인식하면서 그 행위를 하는 것을 말한다.

제5장 민법의 해석과 효력

제1절 민법의 해석

Ⅰ. 의의

사회생활을 함에 있어서 개인들 사이에 분쟁이 발생하는 경우에 법원(法院)은 민법을 재판규범으로 하여 그 해결을 도모한다. 그런데 성문법인 민법은 추상적으로 규정하고 있기 때문에 사회현실에서 발생한 구체적인 사실과는 정확하게 맞지 않다. 이러한 경우에 개인들 사이에서 발생한 분쟁들을 해결하는데 근거가 되는 민법을 법원(法源)으로 적용하기 위하여 해석이 필요하다. 이것을 '민법의 해석'이라고 한다. 민법의 해석은 민법의 법원(法源)에 대하여 그 법규가 가지는 의미나 내용을 명확히 확정하는 것이다.

Ⅱ. 민법해석의 방법과 표준

1. 민법해석의 방법

민법은 해석하는 방법에 따라 첫째, 문리해석과[13] 논리해석,[14] 둘째 축소해석과[15] 확대해석,[16] 셋째 유추해석과[17] 반대해석[18] 그리고 연역해석[19] 등이 있다.

13) 조문의 문언에 따라 통상의 의미를 해석하는 방법.
14) 민법을 하나의 체계 아래에서 하는 해석하는 방법.
15) 조문의 의미를 좁게 해석하는 방법.
16) 조문의 의미를 넓게 해석하는 방법.
17) 기존의 법규를 다른 유사한 사항에 적용하는 해석법.
18) 기존의 법규를 다른 유사한 사항에 적용하지 않는 해석법.
19) 입법의 취지 내지 목적을 탐구하는 해석법.

2. 민법해석의 기준

민법의 해석방법은 기본적으로 민법규정의 취지와 목적에 맞게 해석하여야 한다. 그런데 입법제정 당시에 타당한 법규정이 사회의 변화에 따라 제정 당시의 입법취지와 다를 경우에 사회사정을 참작하여 법적 안정성의 범위 안에서 해석하여야 한다.

제2절 민법의 효력

Ⅰ. 때(時)에 관한 효력

법률은 그 효력이 생긴 때부터 그 이후에 발생한 사실에 대해서만 적용되는 것이 원칙이다. 그 이유는 사후입법(事後立法)을 통하여 효력이 발생한 법률을 소급적용함으로써 발생하는 사회적 혼란을 방지하고, 구법아래에서 발생한 권리를 존중하는 원칙을 '법률불소급의 원칙'이라고 한다.

Ⅱ. 사람(人)에 관한 효력

민법은 우리나라 국민이면 그가 어디에 있든지 모두에게 적용된다. 이러한 원칙을 '속인주의(屬人主義)'라고 한다. 한편 우리 국내에 있는 외국인에게도 적용된다는 원칙이 '속지주의(屬地主義)'라고 한다. 대부분의 국가에서는 속인주의와 속지주의를 취하기 때문에 민사상의 문제가 발생한 경우에 어느 법리를 적용할 것인가에 관한 규정이 '국제사법(國際私法)'이다.

Ⅲ. 장소에 관한 효력

민법은 대한민국의 영토 전체에 적용된다. 다만 북한지역은 현실적으로 불가능하기 때문에 그 적용이 정지되고 있을 뿐이다.

제 2 편

본론

- 제 1 장 권리
- 제 2 장 권리의 주체
- 제 3 장 권리의 객체
- 제 4 장 권리의 변동

제1장
권 리

제1절 법률관계와 권리의무

Ⅰ. 법률관계

1. 의의

인간이 사회생활을 함에 있어서 인간의 행동을 규율하는 것이 사회규범이다. 사회규범에는 크게 4가지 즉, 도덕, 종교, 관습, 법 등이 있다. 이러한 사회규범 중에서 특히 법에 의하여 사회생활이 규율되는 것을 '법률관계(法律關係)'라고 한다. 만약 종교에 의하여 사회생활이 규율된다면 그것은 종교관계라고 한다. 그런데 사회규범 중에서 법률규범은 다른 사회규범과 달리 국가의 힘에 의하여 보호되고, 강제적으로 실현시킨다는 점에서 차이가 있다. 법률규범은 사회생활관계를 모두 법으로 규율할 수 없기 때문에 특히 필요하다고 생각되는 생활관계만을 법률로 규율하고 있다. 이런 점에서 법은 도덕의 최소의 규범이라고도 한다.

2. 권리와 의무

권리와 의무는 일반적으로 동전의 양면관계라고 생각하면 된다. 다만 모든 권리와 의무관계가 반드시 동전의 양면관계에 있는 것은 아니다. 즉, 권리만 있고, 의무가 없는 경우가 있다. 예를 들면, 취소권(민법 제140조)[20], 추인권, 해제권과 같은 형성권이다. 반면에 의무만 있고, 권리가 없는 경우가 있다. 즉, 공고의무(민법 제88조,[21] 제93조[22]), 등기의무(민법 제50조-52조, 제85조,[23] 제94조[24]), 감독의

20) 제140조 (법률행위의 취소권자) 취소할 수 있는 법률행위는 제한능력자, 착오로 인하거나 사기·강박에 의하여 의사표시를 한 자, 그의 대리인 또는 승계인만이 취소할 수 있다.

21) 제88조 (채권신고의 공고) ① 청산인은 취임한 날로부터 2월내에 3회 이상의 공고로 채권자에 대하여 일정한 기간 내에 그 채권을 신고할 것을 최고하여야 한다. 그 기간은 2월 이상이어야 한다. ② 전항의 공고에는 채권자가 기간 내에 신고하지 아니하면 청산으로부터 제외될 것을 표시하여야 한다. ③ 제1항의 공고는 법원의 등기사항의 공고와

무(민법 제755조)가[25] 있다. 권리와 의무관계에 대하여 우리 일상생활에서 보다 더 구체적으로 본다면, 인터넷몰에서 갑(甲 : 매수인)과 을(乙 : 매도인)이 150만원으로 노트북을 구매하기로 계약을 체결하였다고 가정해 보자. 이 경우에 갑과 을 사이에는 다음과 같은 법률관계, 즉 권리와 의무관계가 발생한다. 갑은 을에게 노트북의 대금 150만원을 지급할 의무가 발생하고, 을은 갑에게 노트북의 소유권을 이전할 의무가 발생한다(민법 제568조[26] 제1항). 반면에 갑이 을에게 구매대금 150만원을 지급하였다면 반대로 갑은 을에게 목적물인 노트북의 소유권의 이전청구권(移轉請求權)이라는 권리가 발생하고, 을이 갑에게 노트북의 소유권을 이전하였다면 을은 갑에 대하여 대금지급청구권이라는 권리가 발생한다. 이처럼 법률관계는 사회생활에서 개인과 개인 사이의 권리의무관계를 규율하게 되는데, 법률관계는 권리와 의무관계로 성립하는 것이 보편적이다. 법률관계는 사회생활관계 중 개인들 사이에 발생한 생활관계에서 법에 의하여 보호되는 자(권리자)와 법에 의하여 구속(강제)되는 자(의무자)의 관계로 나타난다.

동일한 방법으로 하여야 한다.

22) 제93조 (청산중의 파산) ① 청산중 법인의 재산이 그 채무를 완제하기에 부족한 것이 분명하게 된 때에는 청산인은 지체없이 파산선고를 신청하고 이를 공고하여야 한다. ② 청산인은 파산관재인에게 그 사무를 인계함으로써 그 임무가 종료한다. ③ 제88조 제3항의 규정은 제1항의 공고에 준용한다.

23) 제85조 (해산등기) ① 청산인은 파산의 경우를 제하고는 그 취임 후 3주간 내에 해산의 사유 및 년, 월, 일, 청산인의 성명 및 주소와 청산인의 대표권을 제한한 때에는 그 제한을 주된 사무소 및 분사무소 소재지에서 등기하여야 한다. ② 제52조의 규정은 전항의 등기에 준용한다.

24) 제94조 (청산종결의 등기와 신고) 청산이 종결한 때에는 청산인은 3주간 내에 이를 등기하고 주무관청에 신고하여야 한다.

25) 제755조 (감독자의 책임) ① 다른 자에게 손해를 가한 사람이 제753조 또는 제754조에 따라 책임이 없는 경우에는 그를 감독할 법정의무가 있는 자가 그 손해를 배상할 책임이 있다. 다만, 감독의무를 게을리하지 아니한 경우에는 그러하지 아니하다. ② 감독의무자를 갈음하여 제753조 또는 제754조에 따라 책임이 없는 사람을 감독하는 자도 제1항의 책임이 있다.

26) 제568조 (매매의 효력) ① 매도인은 매수인에 대하여 매매의 목적이 된 권리를 이전하여야 하며 매수인은 매도인에게 그 대금을 지급하여야 한다. ② 전항의 쌍방의무는 특별한 약정이나 관습이 없으면 동시에 이행하여야 한다.

Ⅱ. 권리

1. 의의

학설은 보편타당한 이론을 도출하는 것인데, 학설은 사회의 예상하지 못한 것을 통하여 변하기 때문에 학설은 항상 변하기 마련이다. 다음은 권리(權利)의 본질에 관한 학설을 살펴보도록 하겠다.

(1) 의사설

권리란 법에 의하여 주어진 '의사(意思)의 힘' 내지 '의사의 지배'라는 견해이다. 즉, 권리는 법이 권리자에게 자신의 의사를 자유롭게 표시할 수 있게 하는 것을 말한다. 그러나 이 설은 자유롭게 자신의 의사를 표시할 수 없는 자, 즉 의사무능력자(유아, 식물인간, 정신병자 등)에게도 권리가 인정되는 것에 대한 설명은 이 부적절하다는 단점이 있다.

(2) 이익설

권리란 법에 의하여 보호되는 이익이라는 견해이다. 이 설에 의하면 권리는 법이 권리자에게 그러한 힘을 주는 목적이 일정한 이익을 누릴 수 있게 하기 위한 것이다. 이 견해의 단점으로서 이익이 없는 권리, 즉 의무개념이 강한 친권과 같은 권리가 있다는 것에 대한 설명이 부족하다.

(3) 권리법력설(절충설)

의사설과 이익설을 절충한 견해로서 권리는 '일정한 이익을 누릴 수 있게 하기 위하여 법이 인정하는 힘 내지 법적 힘'이라고 보는 견해이다. 이 설은 권리의 본질을 비교적 잘 설명한 견해이다. 이 견해에 의하면 의사능력(意思能力)이 없는 자나 권리의 존재를 알지 못하는 자에게도 권리의 주체가 될 수 있다. 또한 생활상의 이익은 그 자체가 아니고, 생활상의 이익이 보호받거나 또는 누릴 수 있도록 법에 의하여 주어진 힘, 즉 '법적 힘'이다.

2. 권리와 구별되는 개념

(1) 권한

일정한 자격(資格)을 가지고 있는 사람이 타인을 위하여 일정한 법률효과가 발생하게 하는 행위를 할 수 있는 자격을 권한(權限)이라고 한다. 예를 들면 대리인(代理人)의 대리권(代理權), 법인(法人)의 이사(理事)의 대표권(代表權) 등을 들 수 있다.

(2) 권능

권능(權能)은 권리의 내용을 이루는 각각의 법률상의 힘을 말한다. 예를 들면, 소유권에는 소유자에게 소유물에 대한 3가지(사용권, 수익권, 처분권)의 권능을 인정하고 있다(제211조).[27]

(3) 권원

권원(權原)이라 함은 법률상 또는 사실상에 일정한 행위를 하는 것을 정당화시키는 원인(근거)을 말한다. 예를 들면, 타인의 토지 위에 건물을 건축하는 경우에 그 토지를 사용할 수 있는 원인(근거)이 있어야 한다. 타인의 토지를 사용할 수 있는 근거는 그 토지에 대하여 임차권(賃借權) 내지 지상권(地上權) 등이 있다. 이러한 권리가 없이 타인의 토지에 임의대로 건물 내지 공작물을 설치하는 경우에 그 토지의 주인이 건물이나 공작물의 철거를 요구할 수 있다. 그러나 이러한 요구를 거절할 수 있는 권리, 즉 토지의 임차권이나 지상권이 바로 권원이다.

(4) 반사적 이익

법률이 특정인 내지 일반인에게 일정한 행위(교통법규 등) 또는 최근 전염병에 대한 예방주사를 명함으로써 다른 특정인 내지 일반인이 어떤 이익을 향유하는 경우가 있다. 다른 특정인이나 일반인이 이러한 이익을 누릴 수 있는 지위를 반사적 이익 내지 반사적 효과라고 한다. 반면에 권리는 일정한 물건 또는 사람에 대해

---

27) 제211조 (소유권의 내용) 소유자는 법률의 범위 내에서 그 소유물을 사용, 수익, 처분할 권리가 있다.

직접 그 영향이 미치는 것을 내용으로 하는데 반하여 반사적 이익은 관련법규에 의해 다른 사람이 반사적 이익을 얻는 것에 불과하다. 즉, 상대방에게 교통법규를 준수 혹은 예방주사를 맞을 것을 청구할 수 있는 권리가 인정되지 않는다는 점에서 권리와 구별된다.

Ⅲ. 의무

1. 의의

의무(義務)는 의무자의 의사와 관계없이 법률에 의하여 구속되는 내용들이다. 이러한 의무에는 의무자가 적극적 이행(履行)하여야 할 의무인 작위의무(作爲義務)와 행(行)하여서는 안되는 의무인 부작위의무(不作爲義務)가 있다.

2. 간접의무

의무에는 직접의무와 간접의무가 있다. 간접의무는 승낙기간(承諾期間)을 정한 청약통지(請約通知)에 대하여 승낙자가 그 기간 내에 도달할 수 있도록 승낙을 발송하였으나 그 승낙이 우연하게 연착(延着)된 경우에 청약자(請約者)는 그 상대방에게 승낙통지가 연착된 사실을 고지(告知)하여야 한다(민법 제528조[28] 제2항)라고 규정하고 있다. 만약 이 때에 청약자가 그 사실을 승낙자에게 고지하지 아니한 경우에, 승낙자는 승낙통지서가 기간 내에 도달한 것으로 보고(민법 제528조 제3항), 그 계약에 근거하여 계약내용을 준비한 경우에 발생하는 불이익은 청약자가 부담한다.

위와 같은 문제가 발생하게 된 동기는 의사표시(意思表示)의 효력발생시기와 관련된다. 승낙의 효력발생시기는 발신주의(發信主義)를 취하는(민법 제531조),[29]반

28) 제528조 (승낙기간을 정한 계약의 청약) ① 승낙의 기간을 정한 계약의 청약은 청약자가 그 기간 내에 승낙의 통지를 받지 못한 때에는 그 효력을 잃는다. ② 승낙의 통지가 전항의 기간 후에 도달한 경우에 보통 그 기간 내에 도달할 수 있는 발송인 때에는 청약자는 지체없이 상대방에게 그 연착의 통지를 하여야 한다. 그러나 그 도달 전에 지연의 통지를 발송한 때에는 그러하지 아니하다. ③ 청약자가 전항의 통지를 하지 아니한 때에는 승낙의 통지는 연착되지 아니한 것으로 본다.

29) 제531조 (격지자간의 계약성립시기) 격지자간의 계약은 승낙의 통지를 발송한 때에 성립한다.

면에 의사표시의 효력발생시기는 원칙적으로 도달주의(到達主義)를 취하기 때문이다(동법 제111조[30] 제1항). 여기서 청약자의 연착에 대한 통지는 직접의무가 아니라 간접의무(間接義務)라고 한다.

제2절 사권의 종류

권리는 크게 공법상으로 인정되는 권리인 공권(公權)과 사법상으로 인정되는 사권(私權)으로 구분할 수 있다. 이렇게 구별한 권리 중에 특히 민법상의 권리에 관하여 살펴보도록 한다.

Ⅰ. 내용에 의한 구분

사권은 그 내용이 되는 사회적 생활이익을 기준으로 구분할 때에 재산권(財產權), 인격권(人格權), 가족권(家族權), 사원권(社員權) 등으로 나눌 수 있다.

1. 재산권

무엇이 재산권이냐를 정의하는 것이 중요하다. 민법상 각 조문에서도[31] 다양하게 재산권을 설정하고 있다. 또한 재산권의 개념이 중요한 것은 강제집행절차에서도 적용되기 때문이다. 특히 재산권으로서 중요시 되는 물권(物權), 채권(債權), 지적재산권(知的財產權) 등을 살펴보도록 한다.

(1) 물권

물권은 권리자가 물건을 직접으로 지배하여 이익을 취득하는 배타적인 권리이

---

30) 제111조 (의사표시의 효력발생시기) ① 상대방이 있는 의사표시는 상대방에게 도달한 때에 그 효력이 생긴다. ② 의사표시자가 그 통지를 발송한 후 사망하거나 제한능력자가 되어도 의사표시의 효력에 영향을 미치지 아니한다.

31) 민법 제162조 (채권, 재산권의 소멸시효) ② 채권 및 소유권이외의 재산권은 20년간 행사하지 아니하면 소멸시효가 완성한다, 동 제210조 (준점유) 본장의 규정은 재산권을 사실상 행사하는 경우에 준용한다, 동 제248조 (소유권 이외의 재산권의 취득시효) 전3조의 규정은 소유권 이외의 재산권의 취득에 준용한다, 등등.

다. 우리 민법상 물권은 8개가[32] 있다. 또한 물권은 아니지만 물권처럼 일정한 기간동안 배타적, 독점적으로 지배권을 인정하는 준물권(準物權)인 광업권과 어업권이 있다.

(2) 채권

채권은 특정인(채권자)이 다른 특정인(채무자)에게 일정한 행위를 요구할 수 있는 권리를 말한다. 채권은 오늘날처럼 신용사회에서 가장 중요하게 다루어지는 권리이다. 채권은 법률행위(계약)와 법률규정(사무관리: 민법 제734조,[33] 부당이득 : 민법 제741조,[34] 불법행위: 민법 제750조,[35] 사실행위 등)에 의하여 발생한다.

(3) 지적재산권

지적재산권(지적소유권)이라 함은 지적활동의 성과물, 즉 정신적 재화(財貨)인 지적재산 내지 무형의 재화인 무체재산을 보호대상으로 하는 여러 가지의 권리를 말하며, 특허권, 실용신안권, 디자인권, 상표권, 저작권 등이 있다.

2. 인격권

인격권(人格權)은 권리의 주체와 분리할 수 없는 인격적으로 향유할 수 있는 권리를 말한다. 인격권은 모든 사람이 향유할 수 있는 권리이다. 즉, 명예권, 생명권, 초상권, 신용, 정조, 사생활보호 등을 들 수 있다. 이러한 인격권을 침해하는 경우에 불법행위로서 손해배상책임을 인정하고 있다(민법 제751조[36] 제1항).

---

32) 소유권, 점유권, 전세권, 지상권, 지역권, 유치권, 질권, 저당권.

33) 제734조 (사무관리의 내용) ① 의무없이 타인을 위하여 사무를 관리하는 자는 그 사무의 성질에 좇아 가장 본인에게 이익되는 방법으로 이를 관리하여야 한다. ② 관리자가 본인의 의사를 알거나 알 수 있는 때에는 그 의사에 적합하도록 관리하여야 한다. ③ 관리자가 전2항의 규정에 위반하여 사무를 관리한 경우에는 과실없는 때에도 이로 인한 손해를 배상할 책임이 있다. 그러나 그 관리행위가 공공의 이익에 적합한 때에는 중대한 과실이 없으면 배상할 책임이 없다.

34) 제741조 (부당이득의 내용) 법률상 원인없이 타인의 재산 또는 노무로 인하여 이익을 얻고, 이로 인하여 타인에게 손해를 가한 자는 그 이익을 반환하여야 한다.

35) 제750조 (불법행위의 내용) 고의 또는 과실로 인한 위법행위로 타인에게 손해를 가한 자는 그 손해를 배상할 책임이 있다.

36) 제751조 (재산 이외의 손해의 배상) ① 타인의 신체, 자유 또는 명예를 해하거나 기타

3. 가족권

가족권(신분권)은 가족관계 내지 친족관계에서 일정한 지위에 수반하는 이익을 향유할 수 있는 권리를 말한다. 가족권에는 친권(親權), 상속권, 부양청구권 등이 있다.

4. 사원권

사원권(社員權)은 단체의 구성원이 그 구성원이라는 지위에서 단체에 대하여 가지는 권리의 일체를 말한다. 민법상의 사단법인의 사원의 권리가 있다. 사원권의 내용으로서 단체에 대하여 이익배당청구권, 잔여재산분배청구권 등이 있다.

Ⅱ. 작용(효력)에 의한 구분

1. 지배권

지배권(支配權)이라 함은 타인의 행위를 개입시키지 않고, 일정한 객체를 직접으로 지배할 수 있는 권리를 말한다. 지배권으로서 가장 전형적인 것은 물권이다. 지적 재산권, 인격권도 여기에 속한다.

2. 청구권

청구권(請求權)은 특정인(채권자)이 다른 특정인(채무자)에게 일정한 행위(예컨대, 작위 또는 부작위)를 요구하는 것을 말한다. 청구권은 청구권자가 특정인에게 일정한 행위를 청구하는 경우에 그 상대방이 그 청구에 응하여 이행(履行)할 때에 그 청구권의 행사에 만족을 비로소 얻게 된다. 청구권은 이처럼 타인의 행위가 개입되어 이행될 때에 비로소 충족을 얻는데 반하여 지배권은 타인의 행위가 개입할 필요없이, 권리의 객체를 직접으로 지배하여 충족한다는 점에서 양자는 차이가 있다. 청구권은 다른 권리에 근거하여 청구권을 행사할 수 있다. 즉, 불법으로 타인의 소유권을 점유하는 자가 있는 경우에 소유권반환청구권(민법 제213조),[37] 물권

정신상 고통을 가한 자는 재산 이외의 손해에 대하여도 배상할 책임이 있다. ② 법원은 전항의 손해배상을 정기금채무로 지급할 것을 명할 수 있고, 그 이행을 확보하기 위하여 상당한 담보의 제공을 명할 수 있다.

행사를 방해하는 경우에 물권방해배제청구권(동법 제214조)[38] 등이 있다.

3. 형성권

형성권(形成權)은 권리자의 일방적인 의사표시에 의하여 권리의 변동(법률관계의 발생, 변경, 소멸)이 발생하게 하는 권리를 말한다. 형성권의 효력은 권리자의 의사표시만으로 발생하는 권리와 법원의 판결을 통하여 효과가 발생하는 것이 있다. 특히 형성권 중 법원의 판결에 의하여 법률관계의 효력발생을 인정하는 것은 그 형성권의 행사로 인하여 발생하는 효과가 제3자에게도 큰 영향이 미치기 때문이다. 권리자의 의사표시만으로 효력이 발생하는 형성권으로서는 법률행위의 동의권(同意權 : 민법 제5조,[39] 제10조[40]), 취소권(동법 제140조[41] 이하), 추인권(동법 제143조[42] 이하) 등이 있으며, 법원의 판결에 의하여 효력이 발생하는 형성권으로는 채권자취소권(동법 제406조[43] 제1항), 친생부인권(親生否認權 : 동법 제846조),[44] 입양취

37) 제213조 (소유물반환청구권) 소유자는 그 소유에 속한 물건을 점유한 자에 대하여 반환을 청구할 수 있다. 그러나 점유자가 그 물건을 점유할 권리가 있는 때에는 반환을 거부할 수 있다.

38) 제214조 (소유물방해제거, 방해예방청구권) 소유자는 소유권을 방해하는 자에 대하여 방해의 제거를 청구할 수 있고 소유권을 방해할 염려있는 행위를 하는 자에 대하여 그 예방이나 손해배상의 담보를 청구할 수 있다.

39) 제5조 (미성년자의 능력) ① 미성년자가 법률행위를 함에는 법정대리인의 동의를 얻어야 한다. 그러나 권리만을 얻거나 의무만을 면하는 행위는 그러하지 아니하다. ② 전항의 규정에 위반한 행위는 취소할 수 있다.

40) 제10조 (피성년후견인의 행위와 취소) ① 피성년후견인의 법률행위는 취소할 수 있다. ② 제1항에도 불구하고 가정법원은 취소할 수 없는 피성년후견인의 법률행위의 범위를 정할 수 있다. ③ 가정법원은 본인, 배우자, 4촌 이내의 친족, 성년후견인, 성년후견감독인, 검사 또는 지방자치단체의 장의 청구에 의하여 제2항의 범위를 변경할 수 있다. ④ 제1항에도 불구하고 일용품의 구입 등 일상생활에 필요하고 그 대가가 과도하지 아니한 법률행위는 성년후견인이 취소할 수 없다.

41) 제140조 (법률행위의 취소권자) 취소할 수 있는 법률행위는 무능력자, 하자있는 의사표시를 한 자, 그 대리인 또는 승계인에 한하여 취소할 수 있다.

42) 제143조 (추인의 방법, 효과) ① 취소할 수 있는 법률행위는 제140조에 규정한 자가 추인할 수 있고 추인 후에는 취소하지 못한다. ② 전조의 규정은 전항의 경우에 준용한다.

43) 제406조 (채권자취소권) ① 채무자가 채권자를 해함을 알고 재산권을 목적으로 한 법률행위를 한 때에는 채권자는 그 취소 및 원상회복을 법원에 청구할 수 있다. 그러나 그 행위로 인하여 이익을 받은 자나 전득한 자가 그 행위 또는 전득당시에 채권자를 해함을 알지 못한 경우에는 그러하지 아니하다. ② 전항의 소는 채권자가 취소원인을 안 날로부터 1년, 법률행위 있은 날로부터 5년 내에 제기하여야 한다.

44) 제846조 (자의 친생부인) 부부의 일방은 제844조의 경우에 그 자가 친생자임을 부인하

소권(동법 제884조),[45] 재판상 파양권(동법 제905조)[46] 등이 있다.

4. 항변권

항변권(抗辯權)은 청구권의 행사에 대하여 일정한 사유가 있는 경우에 그 권리 행사를 거절할 수 있다. 항변권의 성질은 상대방의 권리를 승인하면서도 그 권리 행사의 효력에 일방적으로 변경을 발생시킨다는 점에서 특수한 형성권이라고 한다. 항변권의 효력은 청구권의 행사를 일시적으로 저지할 수 있는 '연기적 항변권'과 영구적으로 저지할 수 있는 '영구적 항변권'이 있다. 전자, 즉 연기적 항변권으로는 동시이행항변권(민법 제536조),[47] 보증인에게 인정되는 권리인 최고(催告) 및 검색(檢索)의 항변권(동법 제437조)이[48] 있으며, 후자, 즉 영구적 항변권으로는 상속인의 한정승인(限定承認)의 항변권(동법 제1028조)[49] 등이 있다.

는 소를 제기할 수 있다.

45) 제884조 (입양 취소의 원인) ① 입양이 다음 각 호의 어느 하나에 해당하는 경우에는 가정법원에 그 취소를 청구할 수 있다. 1. 제866조, 제869조제1항, 같은 조 제3항 제2호, 제870조 제1항, 제871조 제1항, 제873조 제1항, 제874조를 위반한 경우, 2. 입양 당시 양부모와 양자 중 어느 한쪽에게 악질이나 그 밖에 중대한 사유가 있음을 알지 못한 경우, 3. 사기 또는 강박으로 인하여 입양의 의사표시를 한 경우, ② 입양 취소에 관하여는 제867조 제2항을 준용한다.

46) 제905조 (재판상 파양의 원인) 양부모, 양자 또는 제906조에 따른 청구권자는 다음 각 호의 어느 하나에 해당하는 경우에는 가정법원에 파양을 청구할 수 있다. 1. 양부모가 양자를 학대 또는 유기하거나 그 밖에 양자의 복리를 현저히 해친 경우, 2. 양부모가 양자로부터 심히 부당한 대우를 받은 경우, 3. 양부모나 양자의 생사가 3년 이상 분명하지 아니한 경우, 4. 그 밖에 양친자관계를 계속하기 어려운 중대한 사유가 있는 경우.

47) 제536조 (동시이행의 항변권) ① 쌍무계약의 당사자일방은 상대방이 그 채무이행을 제공할 때 까지 자기의 채무이행을 거절할 수 있다. 그러나 상대방의 채무가 변제기에 있지 아니하는 때에는 그러하지 아니하다. ② 당사자일방이 상대방에게 먼저 이행하여야 할 경우에 상대방의 이행이 곤란할 현저한 사유가 있는 때에는 전항 본문과 같다.

48) 제437조 (보증인의 최고, 검색의 항변) 채권자가 보증인에게 채무의 이행을 청구한 때에는 보증인은 주채무자의 변제자력이 있는 사실 및 그 집행이 용이할 것을 증명하여 먼저 주채무자에게 청구할 것과 그 재산에 대하여 집행할 것을 항변할 수 있다. 그러나 보증인이 주채무자와 연대하여 채무를 부담한 때에는 그러하지 아니하다.

49) 제1028조 (한정승인의 효과) 상속인은 상속으로 인하여 취득할 재산의 한도에서 피상속인의 채무와 유증을 변제할 것을 조건으로 상속을 승인할 수 있다.

Ⅲ. 기타의 분류

1. 절대권과 상대권

절대권(絶對權)과 상대권(相對權)의 분류의 기준은 의무자의 범위를 중심으로 구별한다. 절대권은 모든 일반인에 대하여 주장할 수 있는 권리이고, 상대권은 특정인에게만 주장할 수 있는 권리이다. 물권이나 지적 재산권은 누구에게나 주장할 수 있는 절대권에 속하고, 채권과 같이 특정인에게만 주장할 수 있는 권리는 상대권에 속한다.

2. 주된 권리와 종된 권리

권리를 주(主)된 권리와 종(從)된 권리로 구별할 때에 권리관계에 있어서 권리의 중심이 되는 것이 주된 권리이고, 주된 권리에 부수하는 권리는 종된 권리이다. 예를 들면, 원본채권과 이자채권과의 관계 또는 보증인에 대한 채권은 주채무자에 대한 채권, 질권이나 저당권은 그 피담보채권의 종된 권리이다. 종된 권리의 주된 권리에 대한 종속성의 정도는 각각의 종된 권리의 성질에 따라 다르지만, 대체로 종된 권리는 주된 권리와 그 법률적 운명을 함께 하는 것이 특색이다.

3. 기대권

기대권(期待權)은 권리의 발생요건 중에서 일부만 발생하고, 나머지의 요건은 아직 실현되지 아니하였으나 나중에 실현되면 취득할 수 있는 권리이다. 조건부 계약이나 상속권 또는 기한부(期限附)의 권리는 기대권에 속한다.

4. 일신전속권과 비전속권

일신전속권(一身專屬權)에는 귀속상(歸屬上)의 일신전속권과 행사상의 전속권으로 구분할 수 있는데, 전자는 권리가 본인 자신에게만 귀속하고 제3자에게 상속이나 양도할 수 없는 권리를 말한다. 여기에는 부양청구권, 인격권, 명예권, 정조권 등이 속한다. 후자는 권리자 자신이 권리를 행사하여야 의미가 있고, 그 후에는 타인에게 양도 또는 상속이 가능한 권리이다. 예컨대, 정조권침해나 명예침해에 대하여 손해배상청구권행사의 여부는 본인만이 결정할 수 있으며, 만약 권리자가 행사상의 전속권을 행사하거나 손해가액을 합의하였다면 그 권리는 순수한 재산권화가 되어 타인에게 양도 내지 상속도 가능한 권리이다. 비전속권(非專屬權)은 양도성과 상속성이 인정되는 권리로서 대부분은 재산권이 여기에 속한다. 일신전속권의 귀속상전속권과 행사상의 전속권에 관하여 판례를 살펴보도록 한다.

가) 이혼소송 계속중 배우자 일방이 사망한 경우 이혼소송(일신전속권여부)의 종료 여부

◈ 판 례

재판상 이혼청구권은 부부의 일신전속적 권리이므로 이혼소송 계속중 배우자 일방이 사망한 때에는 상속인이 수계할 수 없음은 물론 검사가 수계할 수 있는 특별한 규정도 없으므로 이혼소송은 종료된다 : 대법원 1993.5.27. 선고 92므143 판결.

나) 이혼위자료청구권이 행사상 일신전속권으로서 승계가 가능한지 여부

◈ 판 례

이혼위자료청구권은 상대방 배우자의 유책불법한 행위에 의하여 혼인관계가 파탄상태에 이르러 이혼하게 된 경우 그로 인하여 입게 된 정신적 고통을 위자하기 위한 손해배상청구권으로서 이혼시점에서 확정, 평가되고 이혼에 의하여 비로소 창설되는 것이 아니며, 이혼위자료청구권의 양도 내지 승계의 가능 여부에 관하여 민법 제806조 제3항은 약혼해제로 인한 손해배상청구권에 관하여 정신상 고통에 대한 손해배상청구권은 양도 또는 승계하지 못하지만 당사자간에 배상에 관한 계약이 성립되거나 소를 제기한 후에는 그러하지 아니하다고 규정하고 같은 법 제843조가 위 규정을 재판상 이혼의 경우에 준용하고 있으므로 이혼위자료청구권은 원칙적으로 일신전속적 권리로서 양도나 상속 등 승계가 되지 아니하나 이는 행사상 일신전속권이고 귀속상 일신전속권은 아니라 할 것인바, 그 청구권자가 위자료의 지급을 구하는 소송을 제기함으로써 청구권을 행사할 의사가 외부적 객관적으로 명백하게 된 이상 양도나 상속 등 승계가 가능하다 : 대법원 1993.5.27. 선고 92므143 판결.

제3절 권리의 충돌과 경합

Ⅰ. 권리의 충돌

1. 의의

하나의 객체에 대하여 수 개의 권리가 중첩되어 있는 경우에 그 객체가 모든 권리를 충족할 수 없는 경우에 이를 권리의 충돌(衝突)이라고 하다. 권리가 충돌할 경우에 수 개의 권리 중에 권리의 순위에 따라 순차적으로 권리를 충족시키게 된다.

2. 권리 상호간의 충돌

(1) 물권 사이의 충돌

1) 소유권과 제한물권(지상권, 전세권 등)의 충돌 사이에서는 제한물권이 제한물권의 성질상 언제나 소유권을 우선한다. 예컨대 어떤 주택에 대한 전세권은 전세기간 동안 주택의 소유권보다 우선 적용된다.

2) 동일한 물권(즉, 저당권) 사이의 충돌에서는 상호간에는 '먼저 성립한 물권이 나중에 성립한 물권에 우선한다'는 원칙이 적용된다.

(2) 물권과 채권 사이의 충돌

동일한 객체에 대하여 물권과 채권이 병존하는 경우에 물권은 채권의 성립시기가 물권의 성립시기의 선후에 관계없이 채권보다 언제나 우선 적용된다.

(3) 채권 사이의 충돌

채권 사이에는 '채권자평등의 원칙'이 적용되기 때문에 채무자가 파산한 경우에 동일 채무자에게 대한 수 개의 채권은 그 발생원인, 발생시기, 채권액에 관계없이 평등하게 다루어진다. 그 밖의 경우에, 즉 채무자의 책임재산이 채권자의 채무이행에 충족한 경우에는 채권자 사이에 순위가 없기 때문에 채무자는 채권자 중 누구에게 이행하든 자유이고, 그 결과가 먼저 급부를 받은 자만이 채권이 충족된다. 다른 채권자는 나머지의 재산에서 변제받을 수 있다.

Ⅱ. 권리의 경합

1. 의의

하나의 생활관계가 2개 이상의 법률요건에 충족되는 경우에 그 법률효과는 그 수만큼의 권리관계가 발생할 수 있다. 이 경우에 그 수만큼의 권리가 모두 동일한 목적에 존재하고, 그 권리행사의 결과 동일한 결과가 발생하는 경우에 이를 '권리의 경합(競合)'이라고 한다. 예를 들면, 임대차기간이 이미 만료가 되었으나 임차인(賃借人)이 아직 임차물을 임대인(賃貸人)에게 반환하지 않고 있는 경우에, 임대인(賃貸人)은 임차인에게 소유권에 근거하여 소유물반환청구권과 임대차계약의 종료에 따라 임차물반환청구권을 갖게 된다. 임대인의 2개의 반환청구권행사(소유물반환청구권과 임차물반환청구권)의 결과는 동일한 법률효과를 발생시킨다. 따라서 임대인은 2개의 반환청구권 중 어느 것을 행사하면 다른 청구권은 소멸하게 된다. 그러나 위의 권리는 각각 독립하여 존재하고, 상호간에 관계없이 각각 행사할 수 있으며, 또한 각각의 권리는 독립적으로 시효(時效) 등에 의하여 소멸한다. 권리의 경합 중에 임차인이 임차물에 대하여 고의(故意) 또는 과실(過失)로 멸실하거나 훼손하는 경우에, 임대인은 임차인에게 채무불이행(債務不履行)과 불법행위(不法行爲)의 요건을 동시에 구성하기 때문에 어느 권리에 근거하여 손해배상을 청구하여도 동일한 효과가 발생한다.

2. 법조의 경합

법조경합(法條競合) 또는 법규경합(法規競合)이 있는데, 이것은 동일한 생활관계가 2개 이상의 법규요건에 충족되어 그 중의 한 법규가 다른 법규적용을 배제하고, 그 법규만 적용된다. 이 경우에는 하나의 생활관계가 2개 이상의 법규에 충족되지만 하나의 법규가 다른 법규의 적용을 배제하는 경우에는 특별법과 일반법의 관계에서 발생한다. 예컨대, 공무원이 그 직무를 행함에 있어서 고의 또는 과실로 위법하게 타인에게 손해를 준 경우에 국가 또는 공공단체의 책임에 관하여 민법 제756조와[50] 국가배상법 제2조가[51] 경합하여 국가배상법이 민법보다 우선적으로 적용되어, 국가배상법에 의한 손해배상청구권만 발생한다. 이것은 국가배상법과 민법 사이에는 특별법과 일반법관계이므로 특별법이 우선적으로 적용된다. 또한 동일한 법에서도 동일한 생활관계에서 발생한 권리의 경합에 대하여 갑(甲)이라는 법규가 을(乙)이라는 법규적용을 제한하는 경우가 있다. 예컨대, 무상임치(無償任置: 민법 제695조[52])와 임치계약상(任置契約上)의 수치인(受置人)의 임치물에 대한 책임은 동일하지 않다. 즉, 무상임치의 경우에 수치인은 임치물에 대하여 자기재산과 동일한 주의(注意)로서 보관하며 된다(민법 제695조). 반면에 임치계약상의 수치인은 임치물에 대하여 '선량(善良)한 관리자(管理者)의 주의(注意)'의 의무를[53] 부담하기 때문에 임치물이 멸실하거나 손상되는 경우에 채무불이행책임을 부담하게 된다.

50) 제756조 (사용자의 배상책임) ① 타인을 사용하여 어느 사무에 종사하게 한 자는 피용자가 그 사무집행에 관하여 제삼자에게 가한 손해를 배상할 책임이 있다. 그러나 사용자가 피용자의 선임 및 그 사무감독에 상당한 주의를 한 때 또는 상당한 주의를 하여도 손해가 있을 경우에는 그러하지 아니하다. ② 사용자에 가름하여 그 사무를 감독하는 자도 전항의 책임이 있다. ③ 전2항의 경우에 사용자 또는 감독자는 피용자에 대하여 구상권을 행사할 수 있다.

51) 국가배상법 제2조 (배상책임) ① 국가나 지방자치단체는 공무원 또는 공무를 위탁받은 사인(이하 '공무원'이라 한다)이 직무를 집행하면서 고의 또는 과실로 법령을 위반하여 타인에게 손해를 입히거나, 「자동차손해배상 보장법」에 따라 손해배상의 책임이 있을 때에는 이 법에 따라 그 손해를 배상하여야 한다. 다만, 군인·군무원·경찰공무원 또는 향토예비군대원이 전투·훈련 등 직무 집행과 관련하여 전사(戰死)·순직(殉職)하거나 공상(公傷)을 입은 경우에 본인이나 그 유족이 다른 법령에 따라 재해보상금·유족연금·상이연금 등의 보상을 지급받을 수 있을 때에는 이 법 및 「민법」에 따른 손해배상을 청구할 수 없다. ② 제1항 본문의 경우에 공무원에게 고의 또는 중대한 과실이 있으면 국가나 지방자치단체는 그 공무원에게 구상(求償)할 수 있다.

52) 제695조 (무상수치인의 주의의무) 보수없이 임치를 받은 자는 임치물을 자기재산과 동일한 주의로 보관하여야 한다.

53) 추상적 경과실(주어진 환경에서 평균인의 주의를 기준으로 과실여부를 판단함)로서 구체적 경과실보다 주의의무의 정도가 높다.

제4절 권리의 행사와 의무의 이행

Ⅰ. 권리의 행사

1. 의의

권리는 일정한 생활이익을 누릴 수 있게 하는 '법적 힘'이다. 이러한 법적 힘은 일정한 이익을 향유하기 위한 수단으로서 법에 의하여 인정되는 것이다. 그렇다면 어떤 주체가 권리를 가지고 있다는 것은 '잠제적인 가능성으로서의 힘을 가지고 있다'는 것을 의미할 뿐이다. 그러므로 권리자는 그가 목적으로 하는 이익을 실제로 향유하기 위하여 그의 잠재적인 힘을 현실화하는 과정이 필요하게 된다. 이러한 권리의 내용을 현실화하는 과정이 바로 '권리의 행사'이다. 예를 들면, 어떤 사람이 소유권을 소유한다는 것은 그 소유권의 객체, 즉 소유물을 자유로이 이용할 수 있는 가능성이 법을 통하여 인정되어 있다는 것이다. 따라서 소유권 그 자체는 잠재적인 힘에 지나지 않는다. 그러므로 소유권자는 소유물로부터 이익을 향유하기 위하여 소유권을 실제로 행사하여 소유물을 현실적으로 사용하거나 수익 또는 처분하여야 한다. 이처럼 권리 그 자체는 관념적이지만 권리행사는 그러한 관념적인 권리를 현실화하는 것이다. 따라서 '권리행사'와 '권리의 주장'은 양자 사이에 구별하여야 할 개념이다. 권리의 주장이라 함은 권리의 존재에 관하여 다툼이 있거나 권리행사가 방해되고 있을 때 또는 권리행사가 방해당할 염려가 있는 경우에 그 특정인에게 그 권리의 존재를 인정하게 하려는 행위를 말한다. 이 점에서 권리의 주장은 권리의 내용을 현실화하려는 것이 아니다라는 점에서 양자 사이에 차이가 있다.

2. 권리행사의 방법

권리행사는 권리의 내용에 따라 그 행사방법도 다르다. 권리행사는 권리자 본인이 하는 것이 원칙이지만 행사상의 일신전속권(一身專屬權), 예컨대 정조권침해나 명예침해에 대한 손해배상청구권, 위자료청구권 등은 권리자 본인이 직접 행사하여야 하지만 그 밖의 권리는 대리인을 통하여 권리를 행사할 수 있다.

(1) 지배권

지배권은 권리의 객체를 직접적으로 지배하는 것을 내용으로 하는 권리이다. 따라서 지배권은 객체를 직접적으로 지배하여 사실상 이익을 향유하는 모습으로 나타난다. 물권의 경우에 물건을 사용, 수익, 처분하는 것이다.

(2) 청구권

특정인(채권자)이 다른 특정인(채무자)에게 일정한 행위(급부)를 청구하는 것을 내용으로 하는 권리이다. 그러므로 청구권의 행사는 채무자의 특정한 행위를 요구하고, 그 이행의 결과를 수령하는 것이다. 예를 들면 어떤 물건을 구입하는 계약을 체결하고, 그 물건의 대금을 지급하면, 매수자는 매도인에게 그 물건의 인도를 청구하고, 그 이행의 결과를 수령하는 권리이다.

(3) 형성권

형성권은 권리자의 일방적인 의사표시를 통하여 법률관계의 변동이 발생하게 하는 권리를 말한다. 따라서 형성권은 권리자의 일방적 의사표시에 의하여 권리변동이 발생한다. 예를 들면, 어떤 취소할 수 있는 법률행위에 대하여 그 취소권자가 취소권을 행사하면 재산법상의 법률행위는 소급하여 효력이 없는 것과 같은 결과가 발생하게 된다.

(4) 항변권

항변권은 청구권의 행사에 대하여 그 작용을 막아서 그치게 하는 권리이다. 따라서 청구권자의 권리행사(이행청구)가 있을지라도 이를 거절하는 형식으로 나타난다.

Ⅱ. 권리행사의 한계

1. 권리행사의 자유

권리행사의 여부는 권리자의 자유이다. 권리자는 일부의 권리를 제외하고 권리를 행사할 의무가 없다. 예컨대, 친권(민법 제913조)은[54] 타인의 이익을 위해 권리를 행사할 의무개념이 포함되어 있다. 어떤 사람에게 권리를 인정하는 것은 그 권리자에게 일정한 이익을 허용함으로서 그것과 대립하는 반대 이익을 침해하여도 무방하다는 전제에서 인정되고 있다.

2. 권리행사의 한계

(1) 권리의 사회성과 공공성

권리라는 것은 그 사회구성원들 사이에 승인되기 때문에 권리인 것이다. 그래서 권리행사의 자유는 어느 사회에서나 일정한 범위에서 제한을 받게 된다. 즉, 권리의 자유는 다른 권리자의 자유와 상호간에 상충할 때에 일정한 한계가 있게 된다. 이러한 한계는 헌법상에서도 인정하고 있다. 즉 '재산권의 행사는 공공복리에 적합하도록 하여야 한다'라고 규정하고 있다(헌법 제23조[55] 2항). 이러한 헌법의 정신을 하위법인 민법이 승계하여 '권리행사의 기준'을 제시하고 있다. 본래 권리행사는 절대적 자유였으나 오늘날에 있어서 권리행사는 사회성과 공공복리에 적합하도록 행사하는 것이 최고의 이념이 되었다. 그러므로 권리는 개인적 이익의 보호를 목적으로 하지만 다른 한편으로는 주어진 사회의 평화와 행복을 보호하는 것이므로 권리행사의 개념 속에는 공공의 복리를 위하여 행사하여야 한다는 의무가 포함하게 되었다.

(2) 민법상의 권리의 사회성과 공공성

우리 민법상의 권리는 '권리의 행사와 의무의 이행(履行)은 신의(信義)에 좇아 성실히 하여야 한다'[신의성실의 원칙 또는 신의칙(信義則)](민법 제2조[56] 제1항)와 일정한 한계를 초과하는 권리행사는 법에 의하여 보호를 받지 못한다(권리남용금지의

---

54) 제913조 (보호, 교양의 권리의무) 친권자는 자를 보호하고 교양할 권리의무가 있다.

55) 헌법 제23조 ① 모든 국민의 재산권은 보장된다. 그 내용과 한계는 법률로 정한다. ② 재산권의 행사는 공공복리에 적합하도록 하여야 한다. ③ 공공필요에 의한 재산권의 수용·사용 또는 제한 및 그에 대한 보상은 법률로써 하되, 정당한 보상을 지급하여야 한다.

56) 제2조 (신의성실) ① 권리의 행사와 의무의 이행은 신의에 좇아 성실히 하여야 한다. ② 권리는 남용하지 못한다.

원칙 : 동조 제2항)라고 규정하여 권리행사의 사회성과 공공성을 선언하고 있다. 이하에서는 권리를 행사함에 있어서 신의성실의 원칙과 권리남용금지의 원칙에 관하여 항을 바꾸어서 살펴보도록 하겠다.

3. 신의성실의 원칙

'권리의 행사는 신의(信義)에 좇아 성실히 하여야 한다'(민법 제2조 제1항)라고 규정하고 있다. 여기서 신의성실(信義誠實)이라 함은 상대방의 신뢰를 헛되지 않도록 성의(誠意)를 가지고 행동하는 것을 뜻한다. 본래 '신의'나 '성실'은 사람의 행위나 태도에 대한 윤리적, 도덕적 평가를 나타내는 단어이다. 이러한 윤리적, 도덕적 평가에 대하여 법의 원칙으로서 '신의성실의 원칙'을 법에 끌어들인 것이다.

(1) 신의성실원칙의 연혁

신의성실의 원칙은 그 기원을 로마법에 근거하고 있으나 근대사법에서 프랑스민법이 이 원칙을 처음으로 규정하였다. 즉, '계약은 신의에 따라서 이행하여야 한다'라고 규정하였다(프랑스민법 제1134조). 독일민법에서도 '계약은 거래의 관행을 고려하여 신의성실의 요구에 좇아서 해석하여야 한다'라고 규정하면서(독일민법 제157조) 동시에 채무의 이행에 관하여는 '채무자는 거래상의 관행을 고려하여 신의성실에 따라 급부하여야 할 의무를 진다'라고 규정하였다(독일민법 제242조). 이처럼 독일민법이 '신의성실의 원칙'을 채권법의 원칙으로 적용하였다. 한편 스위스민법은 '신의성실의 원칙'을 채권법뿐만 아니라 '권리와 의무' 전체에 대하여도 적용하는 최초의 법이다. 스위스민법에서 '모든 사람은 권리의 행사와 의무의 이행에 있어서 신의성실에 따라 행동하여야 한다'라고 규정하였다(스위스민법 제2조 제1항).

(2) 신의성실원칙의 의의

권리는 권리자의 이익을 보호하는 것이지만 다른 한편으로는 그것이 법에 의하여 인정되기 때문에 일정한 사회적 목적을 가지는 것으로서 사회적 제한을 받는 것은 당연하다. 만약 권리자가 이러한 사회적 목적을 무시하고, 자신의 이기적인 목적에서 권리를 행사하는 경우에 법은 그러한 권리의 행사를 인정하지 않는다.

이처럼 '신의성실의 원칙'이 사법(私法) 전체에 미치는 일반원칙이 되었다. 이 원칙은 다음과 같은 2가지 관점에서 설명된다. 첫째, 신의성실의 원칙은 현대민법의 공공복리의 최고이념이다. 따라서 이 원칙에 근거하여 근대민법의 3대원칙(소유권절대의 원칙, 계약자유의 원칙, 과실책임의 원칙)이 제한을 받는다. 둘째, 권리행사에는 일정한 한계가 있고, 그 기준이 신의성실(신의칙)의 원칙이다.

(3) 신의성실원칙의 적용

이론상 신의성실의 원칙은 민법 전체에 미치는 일반조항이며, 추상적인 개념이다. 그래서 신의성실의 원칙에 관하여 해석이 필요하다. 신의성실의 원칙은 채권법에서 그 실효성을 가장 잘 발휘한다. 왜냐하면 이 원칙은 '권리의 행사와 의무의 이행'에 적용(민법 제2조 제1항)되기 때문이다. 그러나 이 원칙은 모든 행위에 적용되는 것이 아니라 법률관계가 있는 사람들, 즉 권리의무의 관계가 있는 사람들 사이에 적용된다.

(4) 신의성실원칙의 역할과 한계

1) 권리의무내용의 구체화

신의성실의 원칙은 권리와 의무의 내용을 구체화 한다. 즉, 당사자 사이의 법률관계에서 당사자의 의사가 불분명한 경우에 법률관계의 의미와 내용에 적합하게 보충하는 기준으로서 이 원칙이 적용된다.

2) 구체적 타당성의 실현

신의성실의 원칙은 법률관계에서 일반적으로 다루던 일률적, 형식적 적용에서 발생하는 부작용을 줄이고, 구체적으로 타당성을 실현하는데 있다. 예컨대 물건구매비용 1000만원 중에서 10만원이 부족한 경우에도 채무불이행에 해당하기 때문에 매도인이 채무자의 채무불이행으로 매매계약을 해지(解止)하는 것은 당연하다. 그러나 이것은 신의성실의 원칙에 위반하기 때문에 매매계약의 해지를 인정하지 않는다. 이에 관하여 판례를 살펴보기로 한다.

가) 계약해제와 신의성실의 원칙

◆ 판 례

대금 140,000원의 부동산매매계약에 있어서 피고가 대금으로 원고에게 금 137,000원을 지급하여 이행지체 중에 있는 대금액은 3,000원에 불과한 경미한 것이고 매매계약당일에 원고는 소유권이전등기서류를 피고에게 교부하였으며 원고가 피고에게 잔대금액이 금 60,000원이라는 취지로 과대최고한 사정을 감안할 때 원고의 본건 계약해제의 의사표시는 채권관계를 지배하는 신의성실의 원칙에 비추어 무효이다 : 대법원 1966.5.31. 선고 66다626 판결.

3) 법률의 흠결의 보충

법률이나 관습법에 정함이 없는 경우나 유추해석을 통하여 타당한 결론을 얻을 수 없는 경우에 조리(條理)로서 보충한다. 이때에 조리는 신의성실의 원칙으로 생각할 수 있다.

(5) 효과

1) 권리의 행사가 신의성실의 원칙을 위반하는 경우에 권리남용이 되어 권리행사로서 법률효과가 발생하지 않는다.

2) 권리의 행사가 신의성실의 원칙에 위반하거나 또는 권리남용에 해당하는 경우에는 강행규정(민법 제2조)에 위반하는 행위이므로 당사자의 주장이 없어도 법원은 직권으로 이를 판단하여야 한다는 것이 판례의 입장이다.

A. 신의성실의 원칙 적용(파생원칙)

1. 모순금지의 원칙

모순금지의 원칙이라 함은 자신의 선행행위(先行行爲)와 모순(矛盾)되는 후행행위(後行行爲)를 인정하지 않는다는 원리이다. 이 원칙은 영미법상의 금반언(禁反言)의 법리(法理)와 유사하다. 우리민법에서도 '양도통지(讓渡通知)와 금반언(禁反言)'으로 이 원칙을 두고 있다(민법 제452조[57] 1항). 이 원칙은 어떤 사람의 선행하는 행위가 후행행위와 모순되어서 그러한 후행행위에 법률효과를 인정하게 되면, 그 선행행위에 대한 상대방의 신뢰를 침해되기 때문에 그러한 후행행위의 효력을 인정하지 않는다. 이 원칙이 적용되는 판례를 구체적으로 살펴본다.

2. 모순금지에 관한 판례

(1) 신의성실의 원칙의 의의

가) 신의성실의 원칙의 의미와 권리행사를 부정하기 위한 요건

◆ 판 례

신의성실의 원칙은 법률관계의 당사자가 상대방의 이익을 배려하여 형평에 어긋나거나, 신의를 저버리는 내용 또는 방법으로 권리를 행사하거나 의무를 이행하여서는 아니된다는 추상적 규범으로서, 신의성실의 원칙에 위배된다는 이유로 그 권리의 행사를 부정하기 위해서는 상대방에게 신의를 공여하였다거나 객관적으로 보아 상대방이 신의를 가짐이 정당한 상태에 있어야 하고, 이러한 상대방의 신의에 반하여 권리를 행사하는 것이 정의관념에 비추어 용인될 수 없는 정도의 상태에 이르러야 한다 : 대법원 2011.2.10. 선고 2009다68941 판결 ; 대법원 2003. 8. 22. 선고 2003다19961 판결.

나) 채무자의 소멸시효 완성 주장이 신의칙에 반하여 허용될 수 없는 경우

◆ 판 례

채무자의 소멸시효에 기한 항변권 행사도 우리 민법의 대원칙인 신의성실 원칙과 권리남용금지 원칙의 지배를 받는 것이어서, 채무자가 시효완성 전에 채권자의 권리행사나 시효중단을 불가능 또는 현저히 곤란하게 하였거나, 그러한 조치가 불필요하다고 믿게 하는 행동을 하였거나, 객관적으로 채권자가 권리를 행사할 수 없는 장애사유가 있었거나, 또는 일단 시효완성 후에 채무자가 시효를 원용하지 아니할 것 같은 태도를 보여 권리자로 하여금 그와 같이 신뢰하게 하였거나, 채권자 보호의 필요성이 크고, 같은 조건의 다른 채권자가 채무의 변제를 수령하는 등의 사정이 있어 채무이행의 거절을 인정함이 현저히 부당하거나 불공평하게 되는 등의 특별한 사정이 있는 경우에는 채무자가 소멸시효 완성을 주장하는 것이 신의성실 원칙에 반하여 권리남용으로서 허용될 수 없다

---

57) (양도통지와 금반언) ① 양도인이 채무자에게 채권양도를 통지한 때에는 아직 양도하지 아니하였거나 그 양도가 무효인 경우에도 선의인 채무자는 양수인에게 대항할 수 있는 사유로 양도인에게 대항할 수 있다. ②전항의 통지는 양수인의 동의가 없으면 철회하지 못한다.

대법원 2011.10.13. 선고 2011다36091 판결 ; 대법원 2011.9.8. 선고 2009다66969 판결(문경학살 사건) ; 대법원 2011.6.30. 선고 2009다72599 판결(1950년 국민보도연맹).

다) 강행법규에 위반한 자가 스스로 그 약정의 무효를 주장하는 것이 신의칙에 반하는지 여부

◆ 판 례

강행법규에 위반한 자가 스스로 그 약정의 무효를 주장하는 것이 신의칙에 위반되는 권리의 행사라는 이유로 그 주장을 배척한다면, 이는 오히려 강행법규에 의하여 배제하려는 결과를 실현시키는 셈이 되어 입법 취지를 완전히 몰각하게 되므로 달리 특별한 사정이 없는 한 위와 같은 주장은 신의칙에 반하는 것이라고 할 수 없고, 한편 신의성실의 원칙에 위배된다는 이유로 그 권리의 행사를 부정하기 위해서는 상대방에게 신의를 공여하였다거나 객관적으로 보아 상대방이 신의를 가짐이 정당한 상태에 있어야 하며, 이러한 상대방의 신의에 반하여 권리를 행사하는 것이 정의관념에 비추어 용인될 수 없는 정도의 상태에 이르러야 한다 : 대법원 2004. 10. 28. 선고 2004다5556 판결.

(2) 정당한 권리행사

가) 송전선이 토지 위를 통과함을 알고서 취득한 토지의 소유자가 그 송전선 철거 청구 등 권리행사를 하는 것이 신의성실의 원칙의 위반여부

◆ 판 례

송전선이 토지 위를 통과하고 있다는 점을 알고서 토지를 취득하였다고 하여 그 취득자가 그 소유 토지에 대한 소유권의 행사가 제한된 상태를 용인하였다고 할 수 없으므로, 그 취득자의 송전선 철거 청구 등 권리행사가 신의성실의 원칙에 반하지 않는다 : 대법원 1995.8.25. 선고 94다27069.

나) 약혼시 자신의 학력, 경력 및 직업 등을 상대방에게 사실대로 고지할 신의성실의 원칙상의 의무가 있는지 여부

◆ 판 례

약혼은 혼인할 것을 목적으로 하는 혼인의 예약이므로 당사자 일방은 자신의 학력, 경력 및 직업과 같은 혼인의사를 결정하는 데 있어 중대한 영향을 미치는 사항에 관하

여 이를 상대방에게 사실대로 고지할 신의성실의 원칙상의 의무가 있다 : 대법원 1995. 12. 8. 선고 94므1676,1683.

사실관계

원고는 서울시 산하 세종문화회관 소속 기능직 8등급 공무원으로 재직 중이고 피고는 간호보조원 자격을 취득한 후 한국방송통신대학 법학과에 재학중이던 1991. 11. 11.경 원고와 피고는 소외 박복남의 중매로 맞선을 본 후 같은 달 21.경 원·피고 및 양가 부모 등이 참석한 가운데 같은 해 12. 22. 결혼식을 올리기로 약속하였다. 원고는 위 1991. 11. 11.경 피고와 맞선을 볼 당시 피고에게 자신이 00고등학교 부설 방송통신고등학교를 나왔음에도 불구하고 1978.경 00고등학교를 졸업하였으며, 당시 서울시 산하 세종문화회관 소속 기능직 8등급 공무원이었음에도 불구하고 서울시 일반행정직 7급 공무원으로 세종문화회관에 파견 근무하고 있는 것처럼 거짓말을 하였으며, 이와 같이 속은 사실을 알게 된 피고가 위 1991. 12. 11.경 이를 이유로 원고에게 위 약혼해제의 의사표시를 하였다.

(3) 신의성실원칙의 위반

가) 의원면직일로부터 5년 여가 경과한 후에 위와 같은 소를 제기하는 것은 신의칙 내지 금반언의 원칙위반여부

판 례

근로자의 형이 사직원을 제출하게 된 경위 및 근로자가 아무런 이의 없이 퇴직금을 수령한 점 등 제반 사정에 비추어 볼 때, 의원면직일로부터 5년 여간 경과한 후에 위와 같은 소를 제기하는 것은 신의칙 내지 금반언의 원칙에 반하는 것으로서 부적법하다 : 대법원 2005. 10. 28. 선고 2005다45827.

나) 유족들이 망인이 사망한 날로부터 5년의 소멸시효 기간이 훨씬 경과한 후에 국가를 상대로 손해배상을 구하는 소를 제기하자 국가가 소멸시효 완성을 항변한 사안에서, 국가의 소멸시효 완성 항변은 신의성실의 원칙에 반하는 권리남용 여부

판 례

신병훈련을 마치고 부대에 배치된 군인이 선임병들에게서 온갖 구타와 가혹행위 및 끊임없는 욕설과 폭언에 시달리다가 전입한 지 채 열흘도 지나지 않은 1991. 2. 3. 부대

철조망 인근 소나무에 목을 매어 자살을 하였는데, 유족들이 망인이 사망한 날로부터 5년의 소멸시효 기간이 훨씬 경과한 2009. 12. 10.에야 국가를 상대로 손해배상을 구하는 소를 제기하자 국가가 소멸시효 완성의 항변을 한 사안에서, 군의 특성상 군 외부에 있는 민간인이 군 내부에서 이루어진 불법행위에 관하여 그 존재 사실을 인식하는 것은 원칙적으로 불가능에 가까운 데다가, 위 사고 직후 부대 지휘관들이 부대원들에게 일상적으로 자행되고 있던 구타 및 가혹행위에 대하여 함구명령을 내린 사실, 사고 직후 사건을 조사한 헌병수사관들조차 위 사고를 망인의 복무부적응으로 인한 비관에 의한 자살로 결론을 내리고 사건을 종결한 사실 등에 비추어 보면, 비록 군 당국이 유족들의 국가배상청구권 행사를 직접적으로 방해하는 행위를 한 적은 없다고 하더라도, 유족들은 위 자살사고가 선임병들의 심한 폭행·가혹행위 및 이에 대하여 적절한 조치를 취하지 않은 부대관계자들의 관리·감독 소홀 등의 불법행위로 인하여 발생한 것이라는 점을 군의문사진상규명위원회의 2009. 3. 16.자 진상규명결정이 내려짐으로써 비로소 알았거나 알 수 있었다고 할 것이므로, 2009. 3. 16. 전까지의 기간 동안에는 유족들이 국가를 상대로 손해배상청구를 할 수 없는 객관적 장애가 있었다고 보아야 하고, 또한 병영문화의 선진화에 힘써야 할 책임을 지고 있는 국가가 후진적 형태의 군대 내 사고의 발생을 막지 못하고서도 망인이나 유족에 대하여 아무런 보상도 하지 않은 채 자신의 책임으로 빚어진 권리행사의 장애 상태 때문에 소멸시효 기간이 경과하였다는 점을 이유로 들어 망인이나 유족에 대한 손해배상책임을 면하는 결과를 인정한다면 이는 현저히 정의와 공평의 관념에 반하는 것이므로, 국가의 소멸시효 완성 항변은 신의성실의 원칙에 반하는 권리남용으로서 허용될 수 없다 : 대법원 2011.10.13. 선고 2011다36091 판결 ; 대법원 2011.9.8. 선고 2009다66969 판결(문경학살 사건) ; 대법원 2011.6.30. 선고 2009다72599 판결(1950년 국민보도연맹).

다) 근로자가 추가 퇴직금 청구권을 행사하는 것이 객관적으로 불가능한 사실상의 장애사유가 있었다고 보아 사용자의 소멸시효 항변이 신의칙의 위반여부

◆ 판 례

근로자가 추가 퇴직금 청구권을 행사하는 것이 객관적으로 불가능한 사실상의 장애사유가 있었다고 보아 사용자의 소멸시효 항변이 신의칙에 반하여 허용될 수 없다 : 대법원 2002. 10. 25. 선고 2002다32332.

3. 사정변경의 원칙

법률행위의 성립 당시에 기초가 된 사정이 그 후에 당사자가 예견하지 못한 또는 예견할 수 없었던 중대한 변경을 받게 되어 당초에 정해진 행위의 효과를 그대로 유지하거나 강제한다면 대단히 부당한 결과가 발생하는 경우에 당사자는 그러한 행위의 효과를 신의성실의 원칙에 맞도록 적당히 변경할 것을 상대방에게 청구하거나 또는 계약을 해제(解除), 해지(解止)할 수 있다는 원칙이다(민법 제543조 - 제553조).

(1) 사정변경이 인정되는 경우

가) 사정변경으로 인한 계약해제가 인정되는 경우

◆ 판 례

이른바 사정변경으로 인한 계약해제는, 계약성립 당시 당사자가 예견할 수 없었던 현저한 사정의 변경이 발생하였고 그러한 사정의 변경이 해제권을 취득하는 당사자에게 책임 없는 사유로 생긴 것으로서, 계약내용대로의 구속력을 인정한다면 신의칙에 현저히 반하는 결과가 생기는 경우에 계약준수 원칙의 예외로서 인정되는 것이고, 여기에서 말하는 사정이라 함은 계약의 기초가 되었던 객관적인 사정으로서, 일방당사자의 주관적 또는 개인적인 사정을 의미하는 것은 아니다. 또한, 계약의 성립에 기초가 되지 아니한 사정이 그 후 변경되어 일방당사자가 계약 당시 의도한 계약목적을 달성할 수 없게 됨으로써 손해를 입게 되었다 하더라도 특별한 사정이 없는 한 그 계약내용의 효력을 그대로 유지하는 것이 신의칙에 반한다고 볼 수도 없다 : 대법원 2007.3.29. 선고 2004다31302.

나) 이른바 계속적 보증계약에 있어서 보증인이 일방적 의사표시에 의하여 보증계약을 해지하기 위한 요건 및 사정변경을 이유로 연대보증계약을 일방적으로 해지할 수 있는지 여부

◆ 판 례

계속적 거래관계로 인하여 발생하는 불확정한 채무를 보증하기 위한 이른바 계속적 보증에 있어서는 보증계약 성립 당시의 사정에 현저한 변경이 생겨 보증인에게 계속하여 보증책임을 지우는 것이 당사자의 의사해석 내지 신의칙에 비추어 상당하지 못하다고 인정되는 경우에는, 상대방인 채권자에게 신의칙상 묵과할 수 없는 손해를 입게 하는 등의 특별한 사정이 없는 한 보증인은 일방적인 보증계약해지의 의사표시에 의하여 보증계약을 해지할 수 있다고 보아야 할 것이고, 회사의 이사라는 지위에 있었기 때문에 부득이 회사와 은행 사이의 계속적 거래로 인한 회사의 채무에 연대보증인이 된 자가 그 후 회사로부터 퇴직하여 이사의 지위를 상실하게 된 때에는 사회통념상 계속 보증인의 지위를 유지케 하는 것이 부당하므로, 연대보증계약 성립 당시의 사정에 현저한 변경이 생긴 것을 이유로 그 보증계약을 일방적으로 해지할 수 있다 : 대법원 2000. 3. 10. 선고 99다61750.

(2) 사정변경이 인정되지 않는 경우

가) 지방자치단체로부터 매수한 토지가 공공공지에 편입되어 매수인이 의도한 건축이 불가능하게 되었더라도 이는 매매계약을 해제할 만한 사정변경에 해당하지 않고, 매매계약을 그대로 유지하는 것이 신의칙의 위반여부

◆ 판 례

지방자치단체로부터 매수한 토지가 공공공지에 편입되어 매수인이 의도한 음식점 등의 건축이 불가능하게 되었더라도 이는 매매계약을 해제할 만한 사정변경에 해당하지 않고, 매수인이 의도한 주관적인 매수목적을 달성할 수 없게 되어 손해를 입었다 하더라도 매매계약을 그대로 유지하는 것이 신의칙에 반한다고 볼 수도 없다 : 대법원 2007.3.29. 선고 2004다31302.

나) 이사가 재직 중 회사의 확정채무를 보증한 후 사임한 경우, 사정변경을 이유로 보증계약을 해지할 수 있는지 여부

◆ 판 례

회사의 이사가 채무액과 변제기가 특정되어 있는 회사 채무에 대하여 보증계약을 체결한 경우에는 계속적 보증이나 포괄근보증의 경우와는 달리 이사직 사임이라는 사정변경을 이유로 보증인인 이사가 일방적으로 보증계약을 해지할 수 없다 : 대법원 2006.7.4. 선고 2004다30675.

다) 이사의 지위에서 부득이 회사의 계속적 거래관계로 인한 불확정한 채무에 대하여 보증인이 된 자가 이사의 지위를 떠난 경우 사정변경을 이유로 보증계약을 해지할 수 있는지 여부

◆ 판 례

회사의 이사의 지위에서 부득이 회사와 제3자 사이의 계속적 거래로 인한 회사의 채무에 대하여 보증인이 된 자가 그 후 퇴사하여 이사의 지위를 떠난 때에는 보증계약 성립 당시의 사정에 현저한 변경이 생긴 경우에 해당하므로 이를 이유로 보증계약을 해지할 수 있는 것이고, 한편 계속적 보증계약의 보증인이 장차 그 보증계약에 기한 보증채무를 이행할 경우 피보증인이 계속적 보증계약의 보증인에게 부담하게 될 불확정한 구상금채무를 보증한 자에게도 사정변경이라는 해지권의 인정 근거에 비추어 마찬가지로 해지권을 인정하여야 할 것이나, 이와 같은 경우에도 보증계약이 해지되기 전에 계속적 거래가 종료되거나 그 밖의 사유로 주채무 내지 구상금채무가 확정된 경우라면 보증인으로서는 더 이상 사정변경을 이유로 보증계약을 해지할 수 없다 : 대법원 2002. 5. 31. 선고 2002다1673.

라) 회사의 이사 등이 회사의 제3자에 대한 계속적 거래로 인한 채무를 연대보증한 경우, 그 책임한도를 재직 중에 발생한 채무로 제한하기 위한 요건

◆ 판 례

회사의 이사 등이 회사의 제3자에 대한 계속적 거래로 인한 채무를 연대보증한 경우 이사 등에게 회사의 거래에 대하여 재직 중에 생긴 채무만을 책임지우기 위하여는 그가 이사의 지위 때문에 부득이 회사의 계속적 거래로 인하여 생기는 회사의 채무를 연대보증하게 된 것이고, 또 회사의 거래 상대방이 거래할 때마다 거래 당시의 회사에 재직하고 있던 이사 등의 연대보증을 새로이 받아 오는 등의 특별한 사정이 있을 것임을 요하고 그러한 사정이 없는 경우의 연대보증에까지 그 책임한도가 위와 같이 제한되는 것으로 해석할 수는 없다 : 대법원 2000. 3. 10. 선고 99다61750.

4. 실효의 원칙

권리자가 자신의 권리를 오랫동안 행사하지 않아서 상대방이 이제는 그 권리를 행사하지 않을 것으로 믿을만한 정당한 사유가 있게 된 경우에 새삼스럽게 그 권리를 행사하는 것이 신의성실의 원칙에 반한다고 인정되는 때에는 그 행사는 권리의 남용으로서 인정하지 않는다는 원칙이다. 이 경우에 상대방은 그 권리행사자에 대하여 '실효(失效)의 법리'를 근거하여 대항할 수 있다는 이론이다.

(1) 실효의 원칙

가) 실효의 원칙의 의의

◆ 판 례

실효의 원칙이라 함은 권리자가 장기간에 걸쳐 그 권리를 행사하지 아니함에 따라 그 의무자인 상대방이 더 이상 권리자가 권리를 행사하지 아니할 것으로 신뢰할 만한 정당한 기대를 가지게 된 경우에 새삼스럽게 권리자가 그 권리를 행사하는 것은 법질서 전체를 지배하는 신의성실의 원칙에 위반되어 허용되지 아니한다는 것을 의미한다 : 대법원 1996. 7. 30. 선고 94다51840.

나) 실권(失權) 또는 실효의 법리의 의미

◆ 판 례

실권 또는 실효의 법리는 신의성실의 원칙에 바탕을 둔 파생적인 원리로서 이는 본래 권리행사의 기회가 있음에도 불구하고 권리자가 장기간에 걸쳐 그 권리를 행사하지 아니하였기 때문에 의무자인 상대방이 이미 그의 권리를 행사하지 아니할 것으로 믿을 만한 정당한 사유가 있게 됨으로써 새삼스럽게 그 권리를 행사하는 것이 신의성실의 원칙에 위반되는 결과가 될 때 그 권리행사를 허용하지 않는 것을 의미한다 : 대법원 2004. 3. 26. 선고 2001다72081.

다) 종전 토지 소유자의 권리 불행사를 새로운 소유권 취득자에게 실효의 원칙을 적용함에 있어서 고려할 것인지 여부

◆ 판 례

실효의 원칙이라 함은 권리자가 장기간에 걸쳐 그 권리를 행사하지 아니함에 따라 그 의무자인 상대방이 더 이상 권리자가 그 권리를 행사하지 아니할 것으로 신뢰할 만한 정당한 기대를 가지게 되는 경우에 새삼스럽게 권리자가 그 권리를 행사하는 것은 법질서 전체를 지배하는 신의성실의 원칙에 위반되어 허용되지 않는다는 것을 의미하는 것이므로, 종전 토지 소유자가 자신의 권리를 행사하지 않았다는 사정은 그 토지의 소유권을 적법하게 취득한 새로운 권리자에게 실효의 원칙을 적용함에 있어서 고려하여야 할 것은 아니다 : 대법원 1995.8.25. 선고 94다27069.

(2) 실효의 원칙의 요건

가) 실효원칙의 적용요건

◆ 판 례

권리자가 장기간에 걸쳐 그 권리를 행사하지 아니하여 새삼스럽게 그 권리를 행사하는 것이 신의성실의 원칙에 위반되어 허용되지 아니한다고 하려면, 의무자인 상대방이

더 이상 권리자가 그 권리를 행사하지 아니할 것으로 믿을 만한 정당한 사유가 있어야 한다 : 대법원 2002. 1. 8. 선고 2001다60019.

나) 실효의 원칙을 적용하기 위한 요건 및 그 충족 여부의 판단 기준

◆ 판 례

일반적으로 권리의 행사는 신의에 좇아 성실히 하여야 하고, 권리는 남용하지 못하는 것이므로 권리자가 실제로 권리를 행사할 수 있는 기회가 있었음에도 불구하고 상당한 기간이 경과하도록 권리를 행사하지 아니하여 의무자인 상대방으로서도 이제는 권리자가 권리를 행사하지 아니할 것으로 신뢰할 만한 정당한 기대를 가지게 된 다음에 새삼스럽게 그 권리를 행사하는 것이 법질서 전체를 지배하는 신의성실의 원칙에 위반하는 것으로 인정되는 결과가 될 때에는 이른바 실효의 원칙에 따라 그 권리의 행사가 허용되지 않는다고 보아야 할 것이다. 또한 실효의 원칙이 적용되기 위하여 필요한 요건으로서의 실효기간(권리를 행사하지 아니한 기간)의 길이와 의무자인 상대방이 권리가 행사되지 아니하리라고 신뢰할 만한 정당한 사유가 있었는지의 여부는 일률적으로 판단할 수 있는 것이 아니라 구체적인 경우마다 권리를 행사하지 아니한 기간의 장단과 함께 권리자측과 상대방측 쌍방의 사정 및 객관적으로 존재한 사정 등을 모두 고려하여 사회통념에 따라 합리적으로 판단하여야 할 것이다 : 대법원 2005. 10. 28. 선고 2005다45827 판결.

(3) 실효의 원칙이 허용되지 않는 경우

가) 징계해고 후 9개월이 넘어 해고무효의 소를 제기하는 것은 신의성실의 원칙 내지는 실효의 원칙에 비추어 허용여부

◆ 판 례

징계해고 후 6일만에 다른 회사에 입사하였고 다른 회사에서의 보수도 해고된 회사보다 현저하게 낮다고 볼 수 없고, 또 복직의사가 없을 뿐만 아니라 복직이 현실적으로 어려운 상태에서 징계해고 후 9개월이 넘어 해고무효의 소를 제기하는 것은 신의성실의 원칙 내지는 실효의 원칙에 비추어 허용될 수 없다 : 대법원 1993.4.13. 선고 92다49171.

나) 의원면직일로부터 5년 여가 경과한 후에 위와 같은 소를 제기하는 것은 신의칙 내지 금반언의 원칙

◈ 판 례

근로자가 사직원의 작성·제출이 자신이 아닌 그의 형에 의하여 이루어졌음을 이유로 의원면직의 무효확인을 구하는 사안에서, 근로자의 형이 사직원을 제출하게 된 경위 및 근로자가 아무런 이의 없이 퇴직금을 수령한 점 등 제반 사정에 비추어 볼 때, 의원면직일로부터 5년 여가 경과한 후에 위와 같은 소를 제기하는 것은 신의칙 내지 금반언의 원칙에 반하는 것으로서 부적법하다 : 대법원 2005. 10. 28. 선고 2005다45827 판결.

5. 권리남용

권리남용이라 함은 외형상으로는 권리의 행사인 것과 같으나 구체적으로 볼 때에는 권리행사의 공공성과 사회성에 반하여 권리 본래의 사회적 목적을 벗어난 경우에 정당한 권리의 행사로서 인정할 수 없는 때에 그러한 권리행위는 권리남용이 된다. 권리남용에 관하여 구체적인 판례를 통해서 알아보기로 한다.

(1) 권리남용의 판단기준

가) 경매를 통하여 토지를 취득한 자가 그 지상 건물의 철거와 토지의 인도를 구하는 것이 권리남용에 해당여부

◈ 판 례

경매를 통하여 토지를 취득한 자가 그 지상 건물의 철거와 토지의 인도를 구하는 사안에서, 건물의 철거로 인한 권리행사자의 이익보다 건물 소유자의 손해가 현저히 크고 사회경제적으로도 큰 손실이 될 것으로 보이기는 하나, 건물소유자가 위 건물에 대한 권리를 인수할 당시 그 철거가능성을 알았다고 보이는 점, 토지에 대한 투자가치가 있어 건물 철거 등의 청구가 권리행사자에게 아무런 이익이 없다거나 오직 상대방에게 손해를 입히려는 것이라고 보기 어려운 점 등에 비추어, 권리남용에 해당하지 않는다 : 대법원 2010.2.25. 선고 2009다58173 판결.

나) 토지 위를 통과하는 송전선의 철거청구에 대한 권리남용여부

◈ 판 례

송전선의 설치에 앞서 법에 규정되어 있는 토지 위의 공간사용권의 취득절차를 취하지 않았고 설치 후에도 오랜 기간 보상 혹은 배상이 이루어지지 않고 있는 사정 등을 고려하면, 송전선이 공익적 기능을 가진 국가 기간 시설물이고 그 변경에 많은 비용이 소요된다거나 토지 소유권자가 보상금 지급 규정에 비하여 더 많은 보상을 요구한다는 사정만으로는, 위 청구가 신의칙에 반한다거나 권리남용에 해당한다고 할 수 없다 : 대법원 2006.11.23. 선고 2004다44285 판결 ; 대법원 2005. 3. 25. 선고 2003다5498 판결.

다) 과세관청이 관세 과오납금 환급청구권의 소멸시효 완성의 주장이 권리남용여부

◈ 판 례

소멸시효는 객관적으로 권리가 발생하여 그 권리를 행사할 수 있는 때로부터 진행하고, 그 권리를 행사할 수 없는 동안만은 진행하지 않는바, '권리를 행사할 수 없는' 경우라 함은 그 권리행사에 법률상의 장애사유, 예컨대 기간의 미도래나 조건불성취 등이 있는 경우를 말하는 것이고, 사실상 권리의 존재나 권리행사 가능성을 알지 못하였고 알지 못함에 과실이 없다고 하여도 이러한 사유는 법률상 장애사유에 해당하지 않는다. 따라서 과세관청이 관세 과오납금 환급청구권의 소멸시효 완성을 주장하는 것이 권리남용에 해당하지 않는다 : 대법원 2004. 4. 27. 선고 2003두10763 판결.

라) 소멸시효의 항변권을 행사하는 공단의 주장이 권리남용여부

◈ 판 례

채무자의 소멸시효 항변권의 행사도 우리 법체계의 대원칙인 신의성실의 원칙이나 권리남용금지의 원칙에 의하여 제한될 수 있음은 물론이고, 따라서 채무자가 시효완성 전에 채권자의 권리행사나 시효중단을 불가능 또는 현저히 곤란하게 하거나 그러한 조치가 불필요하다고 믿게 하는 행동을 하였거나, 객관적으로 채권자가 권리를 행사할 수 없는 장애사유가 있었거나, 또는 일단 시효완성 후에 채무자가 시효를 원용하지 아니할 것 같은 태도를 보여 권리자로 하여금 그와 같이 신뢰하게 하였거나, 채권자 보호의 필요성이 크고 같은 조건의 다른 채권자가 채무의 변제를 수령하는 등의 사정이 있어 채무 이행의 거절을 인정함이 현저히 부당하거나 불공평하게 되는 등의 특별한 사정이 있는 경우에는 채무자가 소멸시효의 완성을 주장하는 것이 신의성실의 원칙에 반하여 권리남용으로서 허용될 수 없다. 따라서 평균임금 결정에 관한 근로복지공단의 사무착오로 장해연금 선급금을 과소지급받은 당사자가 공단을 상대로 그 차액의 지급을 구하는 것에 대하여 소멸시효의 항변권을 행사하는 공단의 주장이 권리남용에 해당하지 않는다 : 대법원 2003. 3. 28. 선고 2002두11028 판결.

마) 근로자에 대한 보직변경 처분이 권리남용에 해당여부

◆ 판 례

지방공사인 의료원이 약제과장으로 근무하던 근로자에 대한 보직을 일반 약사로 변경하는 인사발령을 한 사안에서, 근로자는 약제과장에서 약사로 보직이 변경되어 직무와 정년 등의 점에서 현저한 불이익을 받는 반면에 경영 혁신의 차원에서 인원을 감축하기 위한 방편으로 그 정년을 단축하려고 하였다는 주장 사유만으로는 그 처분을 하여야 할 업무상의 필요성이 있었다고 인정하기 어렵다는 이유로 그 보직변경 처분은 재량권을 남용한 것으로 무효라고 한 사례에서 '근로자에 대한 보직변경 등의 처분이 권리남용에 해당하는지의 여부는 그 업무상의 필요성과 그에 따른 근로자의 불이익을 비교·교량하여 결정하여야 한다' : 대법원 1998. 1. 20. 선고 97다29417 판결.

바) 신축중인 건물 부지를 경락받은 자가 완공된 건물의 철거를 구하는 것이 권리남용여부

◆ 판 례

신축중인 건물 부지를 경락받은 자가 완공된 건물의 철거를 구하는 것이 권리남용에 해당하지 않는다 : 대법원 2003. 2. 14. 선고 2002다62319,62326 판결.

사실관계

이 사건 건물의 시가는 금 7억 원 정도임에 비하여 이 사건 토지의 낙찰가는 금 2억 1,000만 원에 불과하고, 이 사건 건물의 철거에 상당한 비용이 소요되며 그 철거는 사회적·경제적으로 큰 손실이 될 것이기는 하나, 이 사건 건물의 철거로 인한 피고의 이익과 원고들의 손해간에 현저한 차이가 있다는 사정만으로 권리남용이라고 볼 수는 없고, 이 사건 기록에 나타난 여러 가지 사정, 즉 1) 이 사건 토지는 도시계획도로에 편입된 106㎡를 제외하고는 아무런 법적 규제가 없어 피고가 이를 다른 용도에 사용할 수 있는 점, 2) 원고 박태용이 피고의 경락사실을 알고서도 이 사건 건물의 신축공사를 중단하지 않고 아무런 대책도 없이 강행한 점, 3) 이 사건 건물의 철거가 사회일반의 공공적 이익에 중대한 영향을 미치지는 않는 점, 4) 원고 박태용이 이 사건 건물철거 이외의 방법으로 피고의 피해회복을 위하여 성의 있는 노력을 하였다고 볼 만한 자료가 없는 점, 5) 피고가 부당한 이익의 획득을 목적으로 이 사건 철거청구를 한다거나 원고들에게 이 사건 토지를 부당한 가격으로 매수할 것을 요구하고 있다거나 또는 피고가 원고들에게 이 사건 토지를 고가에 매각할 목적으로 이 사건 토지를 경락받았다고 볼 만한 자료가 없는 점 등에 비추어 볼 때, 원고들이 주장하는 사정만으로는 피고의 이 사건 반소청구가 권리남용에 해당한다고 볼 수는 없다.

사) 토지 소유자가 그 변전소의 철거와 토지의 인도를 청구하는 것은 권리남용여부

◈ 판 례

한국전력공사가 정당한 권원에 의하여 토지를 수용하고 그 지상에 변전소를 건설하였으나 토지 소유자에게 그 수용에 따른 손실보상금을 공탁함에 있어서 착오로 부적법한 공탁이 되어 수용재결이 실효됨으로써 결과적으로 그 토지에 대한 점유권원을 상실하게 된 경우, 그 변전소가 철거되면 61,750가구에 대하여 전력공급이 불가능하고, 그 변전소 인근은 이미 개발이 완료되어 더 이상 변전소 부지를 확보하기가 어려울 뿐만 아니라 설령 그 부지를 확보한다고 하더라도 변전소를 신축하는 데는 상당한 기간이 소요되며, 그 토지의 시가는 약 6억 원인데 비하여 위 변전소를 철거하고 같은 규모의 변전소를 신축하는 데에는 약 164억 원이 소요될 것으로 추산되며, 그 토지 소유자는 그 토지가 자연녹지지역에 속하고 개발제한구역 내에 위치하고 있어서 토지를 인도받더라도 도시계획법상 이를 더 이상 개발·이용하기가 어려운데도 그 토지 또는 그 토지를 포함한 그들 소유의 임야 전부를 시가의 120%에 상당하는 금액으로 매수하겠다는 한국전력공사의 제의를 거절하고 그 변전소의 철거와 토지의 인도만을 요구하고 있는 점에 비추어, 토지소유자가 그 변전소의 철거와 토지의 인도를 청구하는 것은 토지 소유자에게는 별다른 이익이 없는 반면 한국전력공사에게는 그 피해가 극심하여 이러한 권리행사는 주관적으로는 그 목적이 오직 상대방에게 고통을 주고 손해를 입히려는 데 있고, 객관적으로는 사회질서에 위반된 것이어서 권리남용에 해당한다 : 대법원 1999. 9. 7. 선고 99다27613 판결.

아) 딸이 자기 소유의 건물을 권원 없이 점유하고 있는 아버지와 남동생을 상대로 건물명도 및 퇴거를 청구하는 행위가 권리남용여부

◈ 판 례

외국에 이민을 가 있어 주택에 입주하지 않으면 안될 급박한 사정이 없는 딸이 고령과 지병으로 고통을 겪고 있는 상태에서 달리 마땅한 거처도 없는 아버지와 그를 부양하면서 동거하고 있는 남동생을 상대로 자기 소유 주택의 명도 및 퇴거를 청구하는 행위가 인륜에 반하는 행위로서 권리남용에 해당한다 : 대법원 1998. 6. 12. 선고 96다52670 판결.

【사실관계】

원고는 피고 2의 딸이자 피고 1의 누나인 사실, 피고 1은 간염 등의 지병을 앓고 있으면서도 그 처자와 더불어 이 사건 주택에 거주하면서 80세가 넘은 고령으로 고혈압, 당뇨, 심장질환 등을 앓고 있는 피고 2와 70세가 넘은 고령의 모친을 모시고 있고, 다른 형제들의 도움과 피고 1의 처가 벌어오는 돈으로 부모를 부양하고 있는 사실, 원고는 이 사건 주택을 소유하는 등 비교적 여유 있는 생활을 하고 있으나, 원고를 제외한 다른 형제들은 별다른 자력이나 경제적 여유가 없는 사실, 피고들은 원고가 이 사건 주택을 구입함에 있어서 그 비용의 일부를 부담하였고 원고가 이 사건 주택을 매수한 이래 계속하여 이 사건 주택에서 거주하여 왔으며 이 사건 주택을 명도하여 줄 경우에는 피고들의 가족 6명이 거주할 만한 별다른 거처도 없는 반면, 원고는 외국에 이민을 가 있어 스스로 이 사건 주택에 입주하지 않으면 안되는 등의 급박한 사정이 있는 것도 아닌 사실을 알 수 있다.

(2) 권리남용의 요건

가) 국가의 소멸시효 완성 주장이 신의칙에 반하여 권리남용에 해당하는지에 관한 판단 기준

◆ 판 례

채무자의 소멸시효에 기한 항변권의 행사도 우리 민법의 대원칙인 신의성실의 원칙과 권리남용 금지의 원칙의 지배를 받는 것이어서, 채무자가 시효완성 전에 채권자의 권리행사나 시효중단을 불가능 또는 현저히 곤란하게 하였거나, 그러한 조치가 불필요하다고 믿게 하는 행동을 하였거나, 객관적으로 채권자가 권리를 행사할 수 없는 장애사유가 있었거나, 또는 일단 시효완성 후에 채무자가 시효를 원용하지 아니할 것 같은 태도를 보여 권리자로 하여금 그와 같이 신뢰하게 하였거나, 채권자보호의 필요성이 크고 같은 조건의 다른 채권자가 채무의 변제를 수령하는 등의 사정이 있어 채무이행의 거절을 인정함이 현저히 부당하거나 불공평하게 되는 등의 특별한 사정이 있는 경우에는 채무자가 소멸시효의 완성을 주장하는 것이 신의성실의 원칙에 반하여 권리남용으로서 허용될 수 없다. 그러나 국가에게 국민을 보호할 의무가 있다는 사유만으로 국가가 소멸시효의 완성을 주장하는 것 자체가 신의성실의 원칙에 반하여 권리남용에 해당한다고 할 수는 없으므로, 국가의 소멸시효 완성 주장이 신의칙에 반하고 권리남용에 해당한다고 하려면 앞서 본 바와 같은 특별한 사정이 인정되어야 하고, 또한 위와 같은 일반적 원칙을 적용하여 법이 두고 있는 구체적인 제도의 운용을 배제하는 것은 법해석에 있어 또 하나의 대원칙인 법적 안정성을 해할 위험이 있으므로 그 적용에는 신중을 기하여야 한다 : 대법원 2011.10.27. 선고 2011다54709 판결.

나) 권리 행사가 권리남용에 해당하기 위한 요건(1)

◈ 판 례

권리 행사가 권리의 남용에 해당한다고 할 수 있으려면, 주관적으로 그 권리 행사의 목적이 오직 상대방에게 고통을 주고 손해를 입히려는 데 있을 뿐 행사하는 사람에게 아무런 이익이 없는 경우이어야 하고, 객관적으로는 그 권리 행사가 사회질서에 위반된다고 볼 수 있어야 한다. 이와 같은 경우에 해당하지 않는 한 비록 그 권리의 행사에 의하여 권리행사자가 얻는 이익보다 상대방이 잃을 손해가 현저히 크다고 하여도 그러한 사정만으로는 이를 권리남용이라 할 수 없다 : 대법원 2010.2.25. 선고 2009다58173 판결.

다) 권리 행사가 권리남용에 해당하기 위한 요건(2)

◈ 판 례

권리의 행사가 주관적으로 오직 상대방에게 고통을 주고 손해를 입히려는 데 있을 뿐 이를 행사하는 사람에게는 아무런 이익이 없고, 객관적으로 사회질서에 위반된다고 볼 수 있으면, 그 권리의 행사는 권리남용으로서 허용되지 아니한다 : 대법원 2005. 3. 25. 선고 2003다5498 판결.

라) 권리행사가 권리남용에 해당하기 위한 요건 및 그 판단 방법(3)

◈ 판 례

권리의 행사가 주관적으로 오직 상대방에게 고통을 주고 손해를 입히려는 데 있을 뿐 이를 행사하는 사람에게는 아무런 이익이 없고, 객관적으로 사회질서에 위반된다고 볼 수 있으면, 그 권리의 행사는 권리남용으로서 허용되지 아니하고, 그 권리의 행사가 상대방에게 고통이나 손해를 주기 위한 것이라는 주관적 요건은 권리자의 정당한 이익을 결여한 권리행사로 보여지는 객관적인 사정에 의하여 추인할 수 있으며, 어느 권리행사가 권리남용이 되는가의 여부는 개별적이고 구체적인 사안에 따라 판단되어야 한다 : 대법원 2010.12.9. 선고 2010다59783 판결 ; 대법원 2005. 3. 24. 선고 2004다71522,71539 판결.

마) 권리 행사가 권리남용에 해당하기 위한 요건(4)

◈ 판 례

권리행사가 권리의 남용에 해당한다고 할 수 있으려면, 주관적으로 그 권리행사의 목적이 오직 상대방에게 고통을 주고 손해를 입히려는 데 있을 뿐 행사하는 사람에게 아무런 이익이 없는 경우이어야 하고, 객관적으로는 그 권리행사가 사회질서에 위반된다고 볼 수 있어야 하는 것이며, 이와 같은 경우에 해당하지 않는 한 비록 그 권리의 행사에 의하여 권리행사자가 얻는 이익보다 상대방이 잃을 손해가 현저히 크다 하여도 그러한 사정만으로는 이를 권리남용이라 할 수 없고, 어느 권리행사가 권리남용이 되는가의 여부는 각 개별적이고 구체적인 사안에 따라 판단되어야 한다 : 대법원 2003. 2. 14. 선고 2002다62319,62326 판결.

Ⅲ. 의무의 이행

의무자는 그가 부담하는 의무의 내용을 실현하는 행위가 의무의 이행이다. 의무에는 적극적 행위인 작위의무(作爲義務)와 소극적 행위인 부작위의무(不作爲義務)가 있다. 의무의 이행은 의무자가 부담하는 의무의 내용을 신의에 좇아 성실히 이행하여야 한다(민법 제2조). 이처럼 의무의 이행에 있어서 신의성실의 원칙을 위반하는 경우에는 의무를 이행한 것으로 인정하지 않는다. 이러한 경우에 의무불이행으로 채무불이행, 기타 위법행위를 구성하게 된다. 그런데 어떤 의무이행(義務履行)이 신의칙에 위반하는 것이냐는 각각의 의무의 내용에 따라 일정하지 않기 때문에 개별적으로 구체적으로 판단하여야 한다.

제5절 권리의 보호

권리자는 자신의 정당한 권리행사를 통하여 권리의 내용을 실현할 수 있다. 그런데 권리가 침해되는 경우에 구제가 필요하다. 이러한 권리의 구제가 곧 '권리의 보호'이다. 옛날에 권리가 침해되었을 때에 권리자는 자기의 힘으로 권리를 보호, 구제하는 사력구제(私力救濟)가 인정되었으나 현대 법치국가에서는 사력구제 대신에 공권력(公權力)에 의한 구제, 국가구제(공력구제)를 원칙으로 하고, 예외적으로 사력구제를 인정하고 있다.

Ⅰ. 국가구제

국민은 자신의 권리가 침해당하는 경우에 국가에 대하여 그 보호를 요구하는 청구권(권리보호청구권)을 가지게 된다. 국가는 권리보호제도로서 재판제도와 조정제도를 두고 있다.

1. 재판제도

권리가 침해되는 경우에 권리자는 법률이 정하는 절차를 통하여 국가기관인 법원에 대하여 그 보호를 청구하여야 한다(헌법 제27조, 제101조). 권리자로부터 권리보호의 청구를 받은 법원은 먼저 구체적인 사건의 내용을 확정하고(사실문제), 그리고 그 사건에 관한 법규(法規)의 내용을 명확히 한 후(법률문제)에, 추상적인 법규를 대전제로 하고, 구체적인 사실을 소전제로 하여 판단을 내린다. 이러한 법적 판단을 판결(判決)이라고 한다. 이러한 판결이 있었으나 의무자가 판결에 따르지 않을 경우에 그 판결에 근거하여 국가의 강제력으로써 권리의 내용을 실현할 수 있는데 이것을 강제집행이라고 한다. 장래의 강제집행을 보전하거나 또는 권리관계의 현재의 위험성을 방지하기 위하여 가집행(假執行), 가처분(假處分)하는 제도가 있다.

2. 조정제도

조정은 판사 및 특별한 지식과 경험이 있는 자로써 구성되는 국가기관인 조정위원회가, 분쟁당사자 사이를 주선하여 그들의 주장을 서로 양보케 하고, 필요하다면 자신의 중재의견을 제안하여 당사자들을 설득하고, 그 합의로써 다툼을 원만하게 해결하는 절차이다. 조정은 복잡한 재판절차보다 분쟁을 간편하고, 신속하게 해결할 수 있기 때문에 시간과 비용이 적게 들며, 당사자 사이의 서로의 양보에 의한 해결을 도모하는 것이 장점이다. 반면에 재판처럼 확실성이 없다는 점이 단점이다.

Ⅱ. 사력구제

권리가 침해당했을 때에 권리보호는 국가에 구제를 청구하는 것이 원칙이지만 개인에게 사력(私力)에 의한 권리구제를 예외적(例外的)으로 인정하고 있다. 이러한 사력에 의한 권리구제가 예외적으로 인정되는 요건은 나중에 국가의 보호를 청구하는 것이 불가능하거나 또는 곤란하게 될 경우에만 인정된다. 우리 민법에서는 정당방위(正當防衛)와 긴급피난(緊急避難)이 불법행위를 구성하지 않다고 규정하고 있다(민법 제761조).[58]

위법(違法)이라 함은 실정법규와 사회질서에 위반하는 것을 말한다. 즉, 위법은 실정법과 사회질서에 비추어 볼 때에 인정할 수 없는 것을 말한다. 그런데 어떤 행위에 대하여 위법성(違法性)이 조각(阻却)된다는 것은 비록 그 행위가 위법성이 있지만 어떤 특수한 사유(事由)가 있어서 위법성이 없는 것으로 한다. 이러한 사유를 위법성조각사유라고 한다. 현행민법에서 위법성조각사유로는 정당방위와 긴급피난이 있다(민법 제761조). 그 외에도 자력구제(自力救濟), 피해자의 승낙, 정당행위도 위법성을 조각할 수 있다. 그러나 위법성조각사유가 있다는 사실만으로 곧 바로 위법성이 배제되는 것이 아니고, 이러한 조각사유가 있어도 피침해이익(被侵害利益)과 침해행위와의 상관관계(相關關係)로부터 위법성을 판단하는 것이 통설이다.

1. 정당방위

정당방위는 타인의 불법행위에 대하여 자기 또는 제3자의 이익을 방위하기 위하여 부득이(不得已) 타인(제3자 포함)에게 가해행위를 한 자는 위법성이 조각되어 불법행위책임을 지지 않는다(민법 제761조 1항). 예를 들면, 자기의 생명이나 신체를 지키기 위하여 강도를 침해하는 경우이다. 아래에서 정당방위의 성립요건을 살펴본다.

(1) 성립요건

1) 타인의 불법행위가 있어야 한다.

타인의 행위가 객관적으로 위법하면 된다. 즉, 타인의 행위가 불법행위의 객관적 요건만 갖추면 되고, 주관적 요소인 행위자의 고의나 과실 또는 책임능력의 유무는 문제가 되지 않는다. 다만, 타인의 정당한 거래행위나 다소 지나치다고 생각

58) 제761조 (정당방위, 긴급피난) ① 타인의 불법행위에 대하여 자기 또는 제삼자의 이익을 방위하기 위하여 부득이 타인에게 손해를 가한 자는 배상할 책임이 없다. 그러나 피해자는 불법행위에 대하여 손해의 배상을 청구할 수 있다. ② 전항의 규정은 급박한 위난을 피하기 위하여 부득이 타인에게 손해를 가한 경우에 준용한다.

되지만 사회관념상 인정될 수 있는 행위에 대하여는 정당방위가 인정되지 않는다. 정당방위에서 그 성질상 과잉방위(過剩防衛)가 되는 경우가 많다. 이 경우에 과잉방위는 위법성이 있기 때문에 발생한 손해에 대하여 배상책임을 부담하지만 과실상계에 의하여 경감할 수 있다.

2) 자기 또는 제3자의 이익을 방위(防衛)하는 행위이어야 한다.

자기 또는 제3자의 이익은 법률상 보호할 가치가 있는 이익(利益)이어야 하며, 방위행위는 현재 또는 침해행위가 계속하고 있는 불법행위에 대한 것이어야 한다. 따라서 침해행위가 있는 후에 정당방위는 성립할 수 없다.

3) 부득이한 행위이어야 한다.

부득이한 행위가 정당방위에서 가장 중요한 요건이다. 그 판단의 기준은 다음과 같다.

i) 타인의 불법행위에 대하여 방위자가 스스로 가해행위를 하는 것 이외에 다른 적절한 방법이 없어야 한다. 따라서 타인의 불법행위를 쉽게 회피할 수 있거나 제3자의 도움을 부탁하거나 국가기관의 구제를 요구하는 등으로 침해를 방위할 수 있었다면 그것은 부득이 행한 행위가 될 수 없다.

ii) 방위하려는 이익과 방위행위에 의하여 상대방에게 주는 손해와의 사이에 어느 정도로 사회관념상 균형이 있어야 한다. 만약 그러한 균형이 없으면 정당방위를 인정하기가 어렵다. 예를 들면 A가 B의 얼굴에 침을 뱉으니까 B가 A의 혀를 절단하는 행위는 형평성을 상실한 것이다.

4) 정당방위가 성립하는 경우에 손해를 배상할 의무가 없다.

정당방위가 성립하는 경우에 방위행위는 위법성을 상실하여 방위행위자는 그로 인하여 발생한 손해(損害)를 배상할 의무를 부담하지 않는다. 그러나 방위행위로 발생한 제3자의 손해에 대하여 제3자는 방위행위의 원인을 제공한 불법행위자에게 손해배상을 청구할 수 있다. 다음은 정당방위의 성립여부에 관하여 판례를 살펴보기로 한다.

A. 정당방위가 인정된 경우

가) 정당방위의 요건

◆ 판 례

정당방위에 있어서는 반드시 방위행위에 보충의 원칙은 적용되지 않으나 방위에 필요한 한도 내의 행위로서 사회윤리에 위배되지 않는 상당성있는 행위임을 요한다 : 대법원 1991.9.10. 선고 91다19913 판결.

나) 가해자가 피해자의 멱살을 잡아 밀고 당기었지만 피해자의 부당한 공격을 벗어나려고 한 행위로서 사회통념상 허용될 정도의 상당성 여부

◆ 판 례

가해자가 피해자의 멱살을 잡아 밀고 당기었지만 이는 피해자가 계속 시비를 걸며 가해자의 멱살을 잡아 떠밀거나 손톱으로 할퀴는 등 부당한 공격을 가한 데서 벗어나려고 한 행위임을 알 수 있어서 그에 이르게 된 경위, 목적, 수단 등 제반 사정에 비추어 보면 사회통념상 허용될 정도의 상당성이 있는 것으로서 위법성이 있다고는 보여지지 아니한다 : 대법원 1991.11.26. 선고 91다17375 판결.

다) 교사의 학생에 대한 체벌이 징계권의 행사로서 정당행위에 해당하기 위한 요건

◆ 판 례

교사의 학생에 대한 체벌이 징계권의 행사로서 정당행위에 해당하려면 그 체벌이 교육상의 필요가 있고 다른 교육적 수단으로는 교정이 불가능하여 부득이 한 경우에 한하는 것이어야 할 뿐만 아니라 그와 같은 경우에도 그 체벌의 방법과 정도에는 사회관념상 비난받지 아니할 객관적 타당성이 있지 않으면 안된다 : 대법원 1991.5.28. 선고 90다17972 판결.

B. 정당방위가 인정되지 않는 경우

가) **경찰관이 신호위반을 이유로 한 정지명령에 불응하고 도주하던 차량에 탑승한 동승자를 추격하던 중 수차례에 걸쳐 경고하고 공포탄을 발사했음에도 불구하고 계속 도주하자 실탄을 발사하여 사망케 한 경우, 위 총기 사용 행위는 허용 범위(정당방위의 성립여부)**

◆ 판 례

경찰관이 신호위반을 이유로 한 정지명령에 불응하고 도주하던 차량에 탑승한 동승자를 추격하던 중 몸에 지닌 각종 장비 때문에 거리가 점점 멀어져 추격이 힘들게 되자 수차례에 걸쳐 경고하고 공포탄을 발사했음에도 불구하고 계속 도주하자 실탄을 발사하여 사망케 한 경우, 위 사망자가 아무런 흉기를 휴대하지 아니한 상태에서 경찰관을 공격하거나 위협하는 등 거칠게 항거하지 않고 단지 계속하여 도주하였다면 그러한 상황은 형법에 규정된 정당방위나 긴급피난의 요건에 해당한다고 보기 어렵고, 위 사망자가 경찰관의 정지명령에 응하지 아니하고 계속 도주하였다는 사실만으로 경찰관직무집행법 제11조에서 규정하는 범죄를 범하였거나 범하였다고 의심할 충분한 이유가 있다고 보기도 어려우며, 동료 경찰관이 총기를 사용하지 않고도 함께 도주하던 다른 일행을 계속 추격하여 체포한 점에 비추어 볼 때, 경찰관이 추격에 불필요한 장비를 일단 놓아둔 채 계속 추격을 하거나 공포탄을 다시 발사하는 방법으로 충분히 위 사망자를 제압할 여지가 있었다고 보이므로, 경찰관이 그러한 방법을 택하지 아니하고 실탄을 발사한 행위는 경찰관직무집행법 제11조에 정해진 총기 사용의 허용 범위를 벗어난 위법행위이다 : 대법원 1999. 6. 22. 선고 98다61470 판결.

나) **경찰관이 길이 40cm 가량의 칼로 반복적으로 위협하며 도주하는 차량 절도 혐의자를 추적하던 중, 도주하기 위하여 등을 돌린 혐의자의 몸 쪽을 향하여 약 2m 거리에서 실탄을 발사하여 혐의자를 복부관통상으로 사망케 한 경우(정당방위의 여부)**

◆ 판 례

경찰관이 길이 40cm 가량의 칼로 반복적으로 위협하며 도주하는 차량 절도 혐의자를 추적하던 중, 도주하기 위하여 등을 돌린 혐의자의 몸 쪽을 향하여 약 2m 거리에서 실탄을 발사하여 혐의자를 복부관통상으로 사망케 한 경우, 경찰관의 총기사용은 사회통념상 허용범위를 벗어난 위법행위이다 : 대법원 1999. 3. 23. 선고 98다63445 판결.

다) 50cc 소형 오토바이 1대를 절취하여 운전중인 15~16세의 절도 혐의자 3인이 경찰관의 검문에 불응하며 도주하자, 경찰관이 체포 목적으로 오토바이의 바퀴를 조준하여 실탄을 발사하였으나 오토바이에 타고 있던 1인이 총상을 입게 된 경우, 사회통념상 허용범위(정당방위 여부)

◈ 판 례

50cc 소형 오토바이 1대를 절취하여 운전중인 15~16세의 절도 혐의자 3인이 경찰관의 검문에 불응하며 도주하자, 경찰관이 체포 목적으로 오토바이의 바퀴를 조준하여 실탄을 발사하였으나 오토바이에 타고 있던 1인이 총상을 입게 된 경우, 제반 사정에 비추어 경찰관의 총기 사용이 사회통념상 허용범위를 벗어나 위법하다 : 대법원 2004. 5. 13. 선고 2003다57956 판결.

2. 긴급피난

긴급한 위난(危難)을 피하기 위하여 부득이 타인에게 손해를 가한 행위도 위법성이 조각되어 불법행위가 되지 않는다(민법 제761조[59] 2항). 긴급피난이 정당방위와는 구별되는 점은 정당방위는 불법행위에 대한 반격행위이나 긴급피난은 위법하지 않은 침해에 대한 피난이라는 점이다. 현행 민법은 급박(急迫)한 위난(危難)을 피하려는 경우에 긴급피난을 인정하고 있다. 다음은 긴급피난의 성립요건을 살펴보도록 한다.

(1) 긴급피난은 현재의 급박한 위난을 피하려는 행위이어야 한다.

(2) 긴급피난은 자기 또는 제3자의 이익을 보호하기 위한 위난이어야 한다.

(3) 긴급피난이 부득이한 것이어야 한다. 이에 관한 사례를 살펴보도록 한다.

---

59) 第761조 (정당방위, 긴급피난) ① 타인의 불법행위에 대하여 자기 또는 제삼자의 이익을 방위하기 위하여 부득이 타인에게 손해를 가한 자는 배상할 책임이 없다. 그러나 피해자는 불법행위에 대하여 손해의 배상을 청구할 수 있다. ② 전항의 규정은 급박한 위난을 피하기 위하여 부득이 타인에게 손해를 가한 경우에 준용한다.

가) 가해자에 의하여 조성된 '위난'이 포함되는지 여부

◈ 판 례

민법 제761조 제2항 소정의 '급박한 위난'에는 가해자의 고의나 과실에 의하여 조성된 위난은 포함되지 아니한다: 대법원 1981.3.24. 선고 80다1592.

【사실관계】

민법 제761조 제2항에서 규정하고 있는 긴급피난의 요건중 급박한 위난이라 함은 가해자의 고의나 과실에 의하여 조성된 것은 포함되지 아니한다고 보는 것이 상당하다 할 것인 바 (대법원 1975.8.19. 선고 74다1487 판결 참조), 원심이 확정한 사실에 의하면 이 사건 자동차 사고가 일어난 경위는 다음과 같다. 즉, 피고 소유의 청소차 운전사인 소외 1은 그 판시 일시경 위 차에 쓰레기를 싣기 위하여 부산시 동래구 소재 금강요업사 앞길에서 약 4분간 정차하다가 다시 출발하게 되었던 바, 그곳은 약15도 정도 내리막길이고 위 차는 공기제동장치의 차로서 내리막길에서 정차하려고 공기제동장치를 계속 작동케 하면 공기의 소모로 인하여 제동이 되지 않게되므로 안전장치를 위하여 브레이크를 사용하지 말고 바퀴밑에 고임돌을 받치고 사이드 부레이크를 사용하여 안전하게 정차하여야 하고 위 차를 운전출발하기에 앞서 제동장치가 안전한 지를 확인한 연후에 출발함으로써 사고발생을 미연에 방지할 주의 의무가 있음에도 불구하고 이러한 주의 의무를 태만히 한 채 위 차바퀴에 받침돌 등을 사용하지 아니하고 사이드 브레이크를 당겨 놓고 또한 계속하여 부레이크를 밟고 있었으므로 인하여 공기제동장치인 위 차 부레이크의 공기가 전부 소모되었음에도 위 차를 운전 출발하기 전에 부레이크의 완전작동 여부를 확인하지 아니하고 출발하였던 과실로 위 차가 출발하는 순간 약50미터 전방에서 피해자 오염환이 걸어가는 것을 보고 급제동 조치를 취하였으나 위 차의 부레이크가 작동되지 아니하여 위 차의 앞 밤바로 위 피해자를 충격 사망케 하였다는 것이다.

3. 자력구제

자력(사력)구제는 청구권을 보전하기 위하여 국가기관의 구제를 기다릴 여유가 없는 경우에 권리자가 스스로 사력(私力)으로 구제하는 행위이다. 자력구제는 주로 과거의 침해에 대한 회복(回復)인 점에서 현재의 침해에 대한 방위행위인 정당방위나 긴급피난과는 차이가 있다. 우리 민법에서는 자력구제가 인정되는 것은 점유침탈(占有侵奪)에 관하여만 인정하고 있다(민법 제209조).[60] 점유침탈은 점유의 방해 또는 침탈이 현재 진행 중인 경우를 전제로 한다. 이에 관하여 판례를 살펴보기로 한다.

가) 병(丙)을 상대로 한 점포명도판결에 기하여 을이 점유하고 있는 점포에 대한 명도집행을 단행하자 즉시 을이 자력으로 점유를 회복한 경우 자력구제에 해당하는지 여부

♣ 서울고등법원선고

신청인의 피신청인에게 효력이 미치지 아니하는 채무명의에 근거하여 피신청인이 점유 중이던 건물에 대하여 명도집행을 함은 위법하고, 이는 공권력을 빌려서 상대방의 점유를 침탈하는 것이 된다고 할 것인바, 피신청인이 그와 같은 위법집행이 일응 종료한 후, 불과 2시간 내에 자력으로 그 점유를 탈환한 것은 자력구제권의 행사에 해당된다 : 서울고법 1986.6.25. 85나3644.

나) 병(丙)을 상대로 한 점포명도판결에 근거하여 을(乙)이 점유하고 있는 점포에 대한 명도집행을 단행하자 즉시 을(乙)이 자력(自力)으로 점유를 회복한 경우 자력구제에 해당하는지 여부

◈ 판 례

갑(甲)이 병(丙)을 상대로 점포에 관한 점유이전금지가처분결정을 받아 그 집행을 한 다음, 병(丙)을 상대로 하여 받은 본안판결에 근거하여 을(乙)이 위 점포에 소유주들과 사이에 임대차계약을 체결하고서 인도를 받아 적법하게 점유하고 있던 위 점포에 대하여 명도집행을 단행하였다면 위 가처분이나 본안판결의 효력이 미칠 수 없는 을(乙)에 대하여 그가 점유하고 있던 위 점포에 대하여 명도집행을 단행한 것은 위법하고 이러한 위법한 강제집행에 의하여 부동산의 명도를 받는 것은 공권력을 빌려서 상대방의 점유를 침탈하는 것이 되므로 을(乙)이 위 강제집행이 일응 종료한 후 불과 2시간 이내에 자력으로 그 점유를 탈환한 것은 민법상의 점유자의 자력구제권의 행사에 해당한다: 대법원 1987.6.9. 선고, 86다카1683.

---

60) 제209조 (자력구제) ① 점유자는 그 점유를 부정히 침탈 또는 방해하는 행위에 대하여 자력으로써 이를 방위할 수 있다. ② 점유물이 침탈되었을 경우에 부동산일 때에는 점유자는 침탈 후 직시 가해자를 배제하여 이를 탈환할 수 있고 동산일 때에는 점유자는 현장에서 또는 추적하여 가해자로부터 이를 탈환할 수 있다.

다) 점유자의 자력방위권을 규정한 민법 제 209조 제1항 소정의 '직시'의 의미 및 점유를 침탈당한 후 상당한 시간이 흘러도 점유자가 침탈사실을 몰랐다면 자력탈환권을 행사할 수 있는지 여부

◆ 판 례

민법 제209조 제1항에 규정된 점유자의 자력방위권은 점유의 침탈 또는방해의 위험이 있는 때에 인정되는 것인 한편, 제2항에 규정된 점유자의 자력탈환권은 점유가 침탈되었을 때 시간적으로 좁게 제한된 범위 내에서 자력으로 점유를 회복할 수 있다는 것으로서, 위 규정에서 말하는 '직시'란 '객관적으로 가능한 한 신속히' 또는 '사회관념상 가해자를 배제하여 점유를 회복하는 데 필요하다고 인정되는 범위 안에서 되도록 속히'라는 뜻으로 해석할 것이므로 점유자가 침탈사실을 알고 모르고와는 관계없이 침탈을 당한 후 상당한 시간이 흘렀다면 자력탈환권을 행사할 수 없다 : 대법원 1993.3.26. 선고 91다14116 판결.

제 2 장
권리의 주체

제1절 권리일반

Ⅰ. 권리의 주체와 권리능력

권리는 일정한 이익을 향유할 수 있게 하기 위하여 법이 인정하는 힘을 의미한다. 따라서 권리의 개념은 그러한 법적 힘을 갖게 되는 주체를 전제로 한다. 법질서를 통하여 그러한 법적 힘을 갖는 자, 즉 권리의 귀속자를 권리의 주체라고 한다. 반대로 의무의 귀속자를 의무의 주체이다. 따라서 모든 권리나 의무에는 그 주체가 있다. 한편 권리능력(權利能力)은 권리의 주체가 될 수 있는 법적 지위(地位) 또는 자격(資格)을 말한다. 이를 인격(人格)이라고 한다. 반면에 의무의 주체가 될 수 있는 법적 지위 내지 자격을 의무능력(義務能力)이라고 한다. 그러므로 권리능력이라 함은 권리능력의 주체가 될 수 있는 자는 또한 의무능력도 있기 때문에 권리의무능력이라고 하여야 더욱 정확한 표현이다. 그런데 근대법은 권리본위로 구성되었기 때문에 권리의무능력을 일반적으로 '권리능력'이라고 한다.

Ⅱ. 민법상 권리의 주체

민법상 권리의 주체는 사람이다. 민법상의 사람은 2 종류가 있는데, 그 하나는 자연인(自然人)인 인간(人間), 다른 하나인 법인(法人)인 일정한 단체, 즉 일정한 사람의 모임인 사단(社團) 또는 일정한 목적을 가진 재산의 집합체인 재단(財團)이 법인격을 취득한 경우이다. 민법에서 인(人)이라고 하면 양쪽 모두를 포함하는 경우가 많다. 예를 들면, 본인, 타인, 매도인, 매수인, 보증인, 임차인, 임대인 등이 있다.

1. 자연인

근대사회에서 모든 인간은 성(性), 연령, 계급의 구분없이 평등하게 권리능력자로 인정하고 있다. 우리 민법은 '사람은 생존한 동안 권리와 의무의 주체가 된다'라고 규정하고 있다(민법 제3조).[61]

2. 법인

자연인이 아니면서 법에 의하여 권리능력이 주어진 사단(社團)과 재단(財團)이 '법인(法人)'이다. 이러한 단체는 이를 구성하는 개인(재산)의 증감, 변동과는 관계없이 일정한 범위 내에서 권리, 의무의 주체로서 인정하고 있다.

Ⅲ. 권리능력, 의사능력, 책임능력, 행위능력

1. 권리능력

권리능력은 권리의 주체가 될 수 있는 법적 지위 또는 자격을 말한다. 이를 인격이라고 한다. 즉, 권리능력은 단순히 권리, 의무의 주체가 될 수 있다는 일반적 추상적인 자격에 불과하다. 그래서 권리능력자가 자신의 행위를 통하여 구체적인 권리를 취득하거나 의무를 부담할 수 있느냐는 별개의 문제이다. 예컨대, 수능시험을 볼 수 있는 지위나 자격을 권리능력으로 보면 될 것이고, 대학생이 되는 것은 실제로 대학에 응시하여 합격하고, 등록금을 지불하여야 한다.

2. 의사능력

모든 사람은 평등하게 권리능력을 가지고 있으나 그렇다고 하여 모든 권리능력자가 자기의 행위를 통하여 실제로 권리를 취득하거나 의무를 부담할 수 있는 것은 아니다. 권리능력자가 권리를 취득하고, 의무를 부담하기 위하여는 일정한 지능수준(知能水準)에 이르고 있어야 한다. 이것은 민법이 개인에게 자유를 최대한으

---

61) 제3조 (권리능력의 존속기간) 사람은 생존한 동안 권리와 의무의 주체가 된다.

로 보장하고, 개인의 자유를 존중하는데서 그 출발점으로 하고 있다. 그리고 개인 사이의 법률관계 형성의 기본수단은 개인의 의사(意思)이다. 이것은 개인의 사법상(私法上)의 권리, 의무의 변동은 당사자 자신의 의사를 통해서만 발생한다는 사적자치(私的自治)의 원칙에 근거한 것이다. 여기서 말하는 '의사(意思)'는 권리, 의무의 변동을 목적으로 하는 의사이므로 권리, 의무의 변동이라는 결과(법률효과)를 이해 내지 판단할 수 있는 능력을 전제로 한다. 그러므로 이러한 의사능력이 없는 유아나 광인(狂人)과 같은 정신병자는 심리학적 의사를 가지고 있으나 법률상의 '의사'가 있다고 할 수 없다. 따라서 민법은 자기의 행위의 의미나 결과를 정상적인 인식력(認識力)과 예기력(豫期力)으로써 합리적으로 판단할 수 있는 정신능력 내지 지능을 '의사능력'이라고 한다. 여기서 합리적인 판단이라고 하지만 법률상 전지전능한 사람을 가정할 수 없기 때문에 '보통인(통상인)이 가지는 정상적인 판단능력'을 의미한다. 이 표준에 이르지 못한 정신상태를 '의사무능력'이라고 하여 법률행위의 효력을 결정하는 기준으로 하고 있다. 의사무능력자의 행위는 법률적 효과가 인정되지 않는다. 즉 사람의 행위에 법률적 효과가 발생하기 위하여는 언제나 의사능력이 필요하다. 각자의 행위가 법률효과를 발생하는 것은 자기의 의사(意思)에 근거하여 권리를 취득하고, 의무를 부담한다는 근대법의 원리에 근거한다. 따라서 의사능력이 없는 자의 행위에 대하여 법률효과를 인정하지 않는 것은 그 자의 의사에 근거한 것이라고 할 수 없기 때문이다. 그러므로 자기의 권리나 의무에 변동이 일어나게 하는 행위를 스스로 하기 위하여는 따로 의사능력(意思能力)이 필요하다. 다음은 의사능력의 유무에 관하여 판례를 살펴보기로 한다.

가) 어떤 법률행위에 특별한 법률적 의미나 효과가 부여되어 있는 경우, 의사능력이 인정되기 위하여 그 행위의 법률적 의미나 효과를 이해할 수 있어야 하는지 여부

◈ 판 례

의사능력이란 자신의 행위의 의미나 결과를 정상적인 인식력과 예기력을 바탕으로 합리적으로 판단할 수 있는 정신적 능력 내지는 지능을 말하는 것으로서, 의사능력의 유무는 구체적인 법률행위와 관련하여 개별적으로 판단되어야 하므로, 특히 어떤 법률행위가 그 일상적인 의미만을 이해하여서는 알기 어려운 특별한 법률적인 의미나 효과가 부여되어 있는 경우 의사능력이 인정되기 위하여는 그 행위의 일상적인 의미뿐만 아니라 법률적인 의미나 효과에 대하여도 이해할 수 있을 것을 요한다 : 대법원 2009.1.15. 선고 2008다58367 판결.

나) 의사능력의 의미와 그 유무의 판단 방법

◆ 판 례

의사능력이란 자신의 행위의 의미나 결과를 정상적인 인식력과 예기력을 바탕으로 합리적으로 판단할 수 있는 정신적 능력 내지는 지능을 말하는 것으로서, 의사능력의 유무는 구체적인 법률행위와 관련하여 개별적으로 판단되어야 할 것이다: 대법원 2002. 10. 11. 선고 2001다10113.

다) 의사능력이 인정되기 위하여 그 행위의 법률적 의미나 효과를 이해할 수 있어야 하는지 여부

◆ 판 례

의사능력이란 자신의 행위의 의미나 결과를 정상적인 인식력과 예기력을 바탕으로 합리적으로 판단할 수 있는 정신적 능력 내지는 지능을 말하는바, 특히 어떤 법률행위가 그 일상적인 의미만을 이해하여서는 알기 어려운 특별한 법률적인 의미나 효과가 부여되어 있는 경우 의사능력이 인정되기 위하여는 그 행위의 일상적인 의미뿐만 아니라 법률적인 의미나 효과에 대하여도 이해할 수 있을 것을 요한다고 보아야 하고, 의사능력의 유무는 구체적인 법률행위와 관련하여 개별적으로 판단되어야 할 것이다(대법원 2002. 10. 11. 선고 2001다10113 판결 등 참조): 대법원 2006.9.22. 선고 2006다29358.

다) 지능지수가 58로서 경도의 정신지체 수준에 해당하는 38세의 정신지체 3급 장애인의 연대보증계약의 효력여부

◆ 판 례

지능지수가 58로서 경도의 정신지체 수준에 해당하는 38세의 정신지체 3급 장애인이 2,000만 원이 넘는 채무에 대하여 연대보증계약을 체결한 사안에서, 연대보증계약 당시 그 계약의 법률적 의미와 효과를 이해할 수 있는 의사능력이 없었다: 대법원 2006.9.22. 선고 2006다29358.

라) 의사능력을 흠결한 상태에서 체결된 근저당권설정계약의 효력여부

◈ 판 례

원고가 직접 금융기관을 방문하여 금 50,000,000원을 대출받고 금전소비대차약정서 및 근저당권설정계약서에 날인하였다고 할지라도, 원고가 어릴 때부터 지능지수가 낮아 정규교육을 받지 못한 채 가족의 도움으로 살아왔고, 위 계약일 2년 8개월 후 실시된 신체감정결과 지능지수는 73, 사회연령은 6세 수준으로서 이름을 정확하게 쓰지 못하고 간단한 셈도 불가능하며, 원고의 본래 지능수준도 이와 크게 다르지 않을 것으로 추정된다는 감정결과가 나왔다면, 원고가 위 계약 당시 결코 적지 않은 금액을 대출 받고 이에 대하여 자신 소유의 부동산을 담보로 제공함으로써 만약 대출금을 변제하지 못할 때에는 근저당권의 실행으로 인하여 소유권을 상실할 수 있다는 일련의 법률적인 의미와 효과를 이해할 수 있는 의사능력을 갖추고 있었다고 볼 수 없고, 따라서 위 계약은 의사능력을 흠결한 상태에서 체결된 것으로서 무효라고 본 사례: 대법원 2002. 10. 11. 선고 2001다10113.

마) 의사결정능력 상실자가 한 동의의사표시의 효력

◈ 판 례

갑(甲)이 의사를 결정할 능력이 없었다면 그가 자신의 소유 부동산에 대한 처분현장에 있었다거나 거기에서 동의의 의사를 표시한 것으로 볼 만한 어떤 몸짓이 있었다 하더라도 이를 동의 또는 승낙으로 볼 여지는 없다: 대법원 1993.7.27. 선고 93다8986.

바) 의사능력이 없는 2세의 유아 '갑(甲)'의 아버지가 법정대리인의 표시없이'갑(甲)'이름으로 어음을 배서양수한 경우 '갑(甲)' 앞으로의 어음취득의 효력여부

◈ 판 례

의사능력이 없는 미성년자에 대하여는 그 법정대리인이 당연히 이를 대리하여 법률행위를 할 수 있는 것이므로 법정대리인인 1973.1.4. 생인 유아 '갑(甲)'의 아버지가 '갑(甲)'을 대리하여 '갑(甲)'의 이름으로 어음을 배서 양도받았다 해서 '갑(甲)' 앞으로의 어음취득이 무효라고 할 수 없고 이 사건 어음상에 법정대리인의 표시가 없다고 하여 결론을 달리할 바 되지 못한다: 대법원 1976.12.14. 선고 76다2191.

사) 혼례식을 거행하고 사실혼관계에 있었으나 일방이 뇌졸증으로 혼수상태(의사무능력)에 빠져 있는 사이에 혼인신고의 효력여부

◆ 판 례

혼례식을 거행하고, 사실혼관계에 있었으나 일방이 뇌졸중으로 혼수상태에 빠져 있는 사이에 혼인신고가 이루어졌다면 특별한 사정이 없는 한 위 신고에 의한 혼인은 무효이다: 대법원 1996. 6. 28. 선고 94므1089.

【사실관계】

원고의 아버지인 소외 망인과 피고는 1984. 2.경 사업관계로 알게 되어 교제를 하다가 같은 해 5. 19. 혼례식을 거행한 다음 그 무렵부터 위 망인의 집에서 부부로서 동거하여 온 사실, 그런데 위 망인은 1987. 11. 30. 뇌졸증(뇌실질내출혈)으로 의식을 잃고 혼수상태에 빠져 1989. 11. 14. 사망하기까지 이른바 식물인간이나 다름없는 상태에 있었던 사실, 피고는 위 망인이 사망하기 전인 1989. 10. 10. 임의로 서울 구로구청장에게 위 망인과 피고 사이의 혼인신고를 마친 사실을 알 수 있는바, 사실관계가 위와 같다면 위 망인과 피고가 사실혼관계에 있었다고 하더라도 다른 특별한 사정이 없는 한 위 망인과 피고 사이에 위와 같이 신고하여 한 혼인은 무효라고 보아야 할 것이다: 대법원 1996. 6. 28. 선고 94므1089.

3. 책임능력

책임능력은 법률행위의 입장에서 볼 때 의사능력과 같다. 그런데 이러한 의사능력을 불법행위의 입장에서 볼 때 '책임능력' 내지 '불법행위능력'이라고 한다. 불법행위법(민법 제750조)은[62] 과실책임을 원칙으로 하고 있기 때문에 어떤 자의 행위가 불법행위책임을 구성하려면 자신의 행위의 결과를 분별하여 알 수 있는 정신적 능력 내지 판단능력이 있어야 한다. 만약 이러한 정신적 능력 내지 판단능력이 없는 경우에 불법행위책임, 즉 손해배상책임을 부담하지 않는다(민법 제753조,[63]

62) 제750조 (불법행위의 내용) 고의 또는 과실로 인한 위법행위로 타인에게 손해를 가한 자는 그 손해를 배상할 책임이 있다.

63) 제753조 (미성년자의 책임능력) 미성년자가 타인에게 손해를 가한 경우에 그 행위의 책임을 변식할 지능이 없는 때에는 배상의 책임이 없다.

제754조[64]). 이러한 의미에서 불법행위에 관한 판단능력을 법률행위에 있어서의 의사능력과 구별하여 '책임능력'이라고 한다. 즉, 자신의 행위의 책임을 인식할 수 있는 능력이 책임능력이다.

책임능력은 자신의 행위에 의하여 일정한 결과가 발생하는 것을 인식하는 능력이 아니라 그 결과가 위법한 것으로서 법률상 비난받는 것임을 인식하는 정신능력이다. 이상의 의사능력이나 책임능력이 존재하느냐의 여부(與否)는 어떤 형식이나 기준이 있는 것이 아니라 각각 구체적, 개별적으로 판단, 결정하여야 한다. 다음은 책임능력에 관한 판례를 살펴본다.

(1) 책임능력이 없다는 사례

가) 사고 당시 14세 2개월이 된 중학생이 불법행위 책임능력의 여부

◆ 판 례

사고 당시 가해자가 14년 2개월 된 중학생이라고는 하나 사고당시가 야간에 레스링 놀이를 한 장소가 다치기 쉬운 콘크리트로 된 다리의 맨바닥이었으며 그러한 맨바닥 위에서 얼굴을 지면으로 향하여 엎드려 있는 피해자를 갑자기 아무런 예고없이 발로 밀어버렸다면 다른 사정이 책임을 변식할 수 있는 지능을 가진 사람의 행위라고 볼 수 없다 : 대법원 1978.11.28. 선고 78다180 판결.

나) 13세 5월이 된 중학생은 불법행위 책임능력의 존재여부

◆ 판 례

13세 5월이 된 중학생이 전쟁놀이 중 장난감이라고 할 수 없는 위험한 물건인 고무총으로 땅콩 크기의 돌을 발사하여 같이 놀던 아이의 좌안을 실명하게 한 소위는 불법행위의 책임을 변식할 수 있는 지능을 가진 사람의 행위라고 단정하기는 어렵다 : 대법원 1978.7.11. 선고 78다729 판결.

---

64) 제754조 (심신상실자의 책임능력) 심신상실중에 타인에게 손해를 가한 자는 배상의 책임이 없다. 그러나 고의 또는 과실로 인하여 심신상실을 초래한 때에는 그러하지 아니하다.

다) 미성년자의 연령과 책임능력

◈ 판 례

불법행위로 인한 책임을 변식할 지능의 유무는 연령 교육기관의 학년도에 의하여 획일적으로 결정할 수 없고 각자의 지능 발육정도 환경 지위신분 평소 행동 등에 의하여 개별적으로 결정하여야 하는 바 만13년 5개월된 성적이 우수한 중학생이 길이 70센티미터의 탄력이 강한 고무줄총을 원고 박OO의 뒤에서 겨누고는 "OO야"하고 불러 뒤를 돌아보는 순간 동인의 안면을 향하여 밤알만한 돌을 발사한 행위는 법률상 책임을 변식할 능력이 충분한 행위자의 행동이라고 도저히 볼 수 없다 : 대법원 1977.5.24. 선고 77다354 판결.

(2) 책임능력이 있는 사례

가) 16세 5개월 남짓된 고등학생의 책임능력

◈ 판 례

만 16세 5개월 남짓된 고등학교 2학년에 재학중인 자는 불법행위에 대한책임을 변식할 지능이 있다 : 대법원 1989.5.9. 선고 88다카2745 판결.

나) 불법행위에 있어서 미성년자의 책임능력

◈ 판 례

가해 당시 연령이 각각 18년 7개월, 17년 7개월, 16년 10개월 및 중학교 2학년에 재학중인 13년 3개월이 된다면 특단의 사정이 없는 한 불법행위의 책임을 변식할 능력이 있다고 볼 것이다 : 대법원 1969.7.8. 선고 68다2406 판결.

4. 행위능력

의사능력이 없는 자가 행한 행위는 법률상 아무런 효과가 발생하지 않는데, 그것은 의사무능력자를 보호하기 위한 것이다. 그런데 의사능력의 존재하느냐의 여부는 하나하나 구체적, 개별적으로 판단하여 외부에서 확실하게 알기 어려운 내적인 심리적 정신능력일 뿐만 아니라 표의자의 정신적 발달의 정도, 행위 당시의 정신상태, 대상이 되는 행위의 난이성(難易性) 등에 따라 그 유무는 상대적으로 다르다. 따라서 의사표시자가 행위 당시에 의사능력이 없었다는 것을 입증하여 보호받는다는 것은 매우 어려울 뿐만 아니라 행위 상대방, 기타의 제3자의 입장에서 보면 행위 당시에 표의자의 의사능력의 유무를 확실히 안다는 것이 어렵다. 그래서 나중에 행위자가 의사능력이 없었다는 것을 원인으로 하여 그 행위를 무효가 된다면 특히 재산적 법률행위는 반복되어 행해지기 때문에 예측하지 못한 손해를 받게 된다. 행위능력제도는 이러한 경우를 대비하여 일정한 획일적인 기준을 제시하고 있다. 어떤 행위자의 행위가 이러한 기준에 해당할 때, 구체적인 경우에 있어서도 표의자의 정신상태나 행위의 난이성과 관계없이, 즉 표의자가 법률행위를 할 당시에 의사능력의 존재하는지의 여부를 문제삼지 않고, 그 자가 단독으로 행한 일정한 범위의 법률행위에 관하여 일률적으로 무조건 취소(取消)할 수 있는 것으로 규정하고 있다.

이러한 획일적 기준은 외부에서 인식할 수 있는 일정한 표식(標識)을 갖추게 함으로써 객관적으로 획일화한 제도가 바로 행위능력제도 또는 무능력자자제도이다. 이러한 무능력자에 해당하지 아니한 자격을 '행위능력(行爲能力)'이라고 한다. 즉, 행위능력은 혼자서 완전히, 유효한 법률행위를 할 수 있는 법률상 지위 또는 자격을 말한다. 민법상에서 단순히 '능력' 또는 '무능력'이라고 할 때에는 '행위능력'을 말한다. 여기서 주의하여야 할 점은 무능력자제도는 법률행위에만 적용된다. 따라서 불법행위는 법률행위처럼 이러한 형식적, 획일적인 제도는 인정되지 않고, 개별적, 구체적으로 의사능력, 즉 책임능력의 존재여부를 판단하여야 한다.

제2절 자연인

제1관 권리능력

Ⅰ. 권리능력의 시기

사람은 생존한 동안 권리와 의무의 주체가 된다(민법 제3조).

1. 권리능력의 발생시기

(1) 출생시기

사람이 권리능력을 취득하게 되는 것은 출생한 때부터이다. 출생시기에 관하여 민법에서는 전부노출설, 즉 태아가 모체로부터 전부 노출한 때에 출생한 것으로 보는 것이 통설, 판례의 입장이다. 반면에 형법에서는 사람의 시기에 관하여 진통설이 학설과 판례의[65] 입장이다. 진통전 태아는 '사람'으로 볼 수 없다는 입장이다.

사람은 출생을 함으로써 권리능력을 취득하기 때문에 최소한 살아서 출생하는 것을 전제로 한다. 태아가 출생하여 곧 바로 사망하는 경우와 사망한 상태에서 출생하는 경우에 상속인과 상속분을 결정하는데 차이가 있다. 예를 들면 A는 직계존속인 부(父) B와 처(妻)인 C가 출산 1주일 남겨 둔 가운데, A가 교통사고로 사망한 경우에 태아가 살아서 출생하느냐 아니면 사산(死産)으로 출생하느냐에 따라 상속인 범위(민법 제1000조)[66]와 상속분(제1009조)[67]에 차이가 있다. 만약 태아가

---

65) 사람의 생명과 신체의 안전을 보호법익으로 하고 있는 형법의 해석으로는 규칙적인 진통을 동반하면서 분만이 개시된 때(소위 진통설 또는 분만개시설)가 사람의 시기(시기)라고 봄이 타당하다 : 대법원 2007.6.29. 선고 2005도3832 판결.

66) 제1000조 (상속의 순위) ① 상속에 있어서는 다음 순위로 상속인이 된다. 1. 피상속인의 직계비속, 2. 피상속인의 직계존속, 3. 피상속인의 형제자매, 4. 피상속인의 4촌이내의 방계혈족, ② 전항의 경우에 동순위의 상속인이 수인인 때에는 최근친을 선순위로 하고 동친등의 상속인이 수인인 때에는 공동상속인이 된다. ③ 태아는 상속순위에 관하여는 이미 출생한 것으로 본다.

67) 제1009조 (법정상속분) ① 동순위의 상속인이 수인인 때에는 그 상속분은 균분으로 한다. ② 피상속인의 배우자의 상속분은 직계비속과 공동으로 상속하는 때에는 직계비속의 상속분의 5할을 가산하고, 직계존속과 공동으로 상속하는 때에는 직계존속의 상속분의 5할을 가산한다.

살아서 출생하였다면 피상속인(A)의 상속재산은 처(妻)인 C와 출생한 태아가 공동상속하게 된다. 반면에 태아가 사산으로 태어난 경우에 피상속인의 상속재산은 B와 C가 공동상속하게 된다.

(2) 태아의 권리능력

만약 사람이 출생한 때부터 권리능력을 갖는다는(민법 제3조) 이론을 관철한다면 출생전의 '태아'는 어떠한 권리능력을 갖지 못하게 되어 태아에게 너무나 가혹하다. 예를 들어 태아의 출생 중에 부(父)가 사망하고, 잠시 후 1시간 혹은 30분 후에 태아가 출생하였다면 출생한 아이는 어떠한 권리능력도 인정하지 않게 되어 불공평하다. 따라서 민법은 상속(민법 제1000조 제3항), 손해배상청구권(민법 제762조),[68] 대습상속(민법 제1001조),[69] 유증(민법 제1064조),[70] 사인증여(민법 제562조)에서[71] 태아는 이미 출생한 것으로 본다는 의제규정을 두고 있다. 다음은 태아의 권리능력에 관하여 판례를 살펴보기로 한다.

가) 부(父)가 교통사고로 상해를 입을 당시 태아이다가 출생한 자(子)에게 부(父)의 부상에 대한 위자료청구권이 있는지 여부

◆ 판 례

태아도 손해배상청구권에 관하여는 이미 출생한 것으로 보는 바, 부(父)가 교통사고로 상해를 입을 당시 태아가 출생하지 아니하였다고 하더라도 그 뒤에 출생한 이상 부(父)의 부상으로 인하여 입게 될 정신적 고통에 대한 위자료를 청구할 수 있다 : 대법원 1993.4.27. 선고 93다4663 판결.

---

68) 제762조 (손해배상청구권에 있어서의 태아의 지위) 태아는 손해배상의 청구권에 관하여는 이미 출생한 것으로 본다.

69) 제1001조 (대습상속) 전조 제1항 제1호와 제3호의 규정에 의하여 상속인이 될 직계비속 또는 형제자매가 상속개시 전에 사망하거나 결격자가 된 경우에 그 직계비속이 있는 때에는 그 직계비속이 사망하거나 결격된 자의 순위에 가름하여 상속인이 된다.

70) 제1064조 (유언과 태아, 상속결격자) 제1000조 제3항, 제1004조의 규정은 수증자에 준용한다.

71) 제562조 (사인증여) 증여자의 사망으로 인하여 효력이 생길 증여에는 유증에 관한 규정을 준용한다.

나) 모체(母體)와 같이 사망한 태아에게 손해배상청구권을 인정할 수 있는지 여부

◈ 판 례

태아가 특정한 권리에 있어서 이미 태어난 것으로 본다는 것은 살아서 출생한 때에 출생시기가 문제의 사건의 시기까지 소급하여 그 때에 태아가 출생한 것과 같이 법률상 보아 준다고 해석하여야 상당하므로 그가 모체와 같이 사망하여 출생의 기회를 못가진 이상 배상청구권을 논할 여지가 없다 : 대법원 1976.9.14. 선고 76다1365 판결.

다) 산모에게 대한 불법행위인 동시에 태아 자신에 대한 불법행위라고 볼 수 있는 실례

◈ 판 례

교통사고의 충격으로 태아가 조산되고 또 그로 인하여 제대로 성장하지 못하고 사망하였다면 위 불법행위는 한편으로 산모에 대한 불법행위인 동시에 한편으로는 태아 자신에 대한 불법행위라고 볼 수 있으므로 따라서 죽은 아이는 생명침해로 인한 재산상 손해배상청구권이 있다 : 대법원 1968.3.5. 선고 67다2869 판결.

라) 태아의 정신상 고통으로 인한 위자료 청구권

◈ 판 례

태아가 피해 당시 정신상 고통에 대한 감수성을 갖추고 있지 않다 하더라도 장래 감수할 것임을 현재 합리적으로 기대할 수 있는 경우에 있어서는 즉시 그 청구를 할 수 있다 : 대법원 1962.3.15. 4294민상903 판결.

(3) 태아의 법률상 지위

태아는 일정한 경우에 출생한 것으로 보고, 권리능력을 인정하고 있는데, 여기서 태아가 '이미 출생한 것으로 본다'라는 규정의 해석에 관하여 의견이 대립하고 있다.

1) 정지조건설(停止條件說)

이 설에 의하면 태아로 있는 동안에는 권리능력은 인정받지 못하지만, 살아서 출생하는 것을 조건으로 권리능력 취득의 효과가 문제의 사실이 발생한 시기까지 소급하여 발생한다는 견해이다. 이 설에 의하면 태아인 동안에 권리능력이 없기 때문에 법정대리인도 있을 수 없다.

2) 해제조건설(解除條件說)

이 설에 의하면 문제의 사실이 발생한 때부터 태아는 권리능력을 갖지만 사산(死産)인 경우에 소급하여 권리능력을 상실한다고 보는 견해이다. 이 견해에 의하면 태아인 동안에도 권리능력이 있기 때문에 법정대리인을 둘 수 있다.

3) 판례의 입장

◈ 판 례

대법원은 태아의 수증능력 유무 및 법정대리인에 의한 수증행위의 가부에 관하여 '의용 민법이나 구관습하에 태아에게는 일반적으로 권리능력이 인정되지 아니하고, 손해배상청구권 또는 상속 등 특별한 경우에 한하여 제한된 권리능력을 인정하였을 따름이므로 증여에 관하여는 태아의 수증능력이 인정되지 아니하였고, 또 태아인 동안에는 법정대리인이 있을 수 없으므로 법정대리인에 의한 수증행위도 할 수 없다'라고 소극적인 입장, 즉 정지조건설을 취하고 있다 : 대법원 1982.2.9. 선고 81다534 판결.

생각하건대, 정지조건설과 해제조건설의 차이점은 태아 본인 혹은 거래상대방 중 누구를 우선적으로 보호하느냐에 있다고 볼 수 있다. 오늘날 태아가 살아아서 출생하는 의료여건과 동적 거래를 중요시하는 재산법적 측면에서 볼 때 해제조건설이 설득력이 있고 타당하다. 그러나 법제도적 측면, 즉 대리제도는 출생한 사람을 위하여 둔 제도이지 '태아'를 위하여 둔 제도가 아니기 때문에 정지조건설이 타당하다.

2. 외국인의 권리능력

자연인의 권리능력은 성별, 연령, 직업, 계급, 국적 등을 묻지 않고서 모두 평등한 것이 원칙이다. 그러나 외국인은 국가의 정책상 권리능력이 일정한 제한을 받게 된다. 다음은 외국인의 권리능력의 범위에 관하여 살펴보도록 한다.

(1) 외국인

외국인은 대한민국의 국적(國籍)이 없는 자를 말한다. 예컨대 외국의 국적을 소지한 자나 무국적자(無國籍者)를 말한다.

(2) 외국인의 권리능력

오늘날 내국인과 외국인은 평등하게 권리능력을 인정하는 것이 원칙이다. 그러나 국가에 따라서는 상호주의(相互主義)를[72] 취하는 나라도 있다. 외국인의 권리능력에 관하여 평등주의가 현실이지만 각 국가마다 정치적, 경제적 사정으로 어느 정도 외국인의 권리능력을 제한하고 있다.

(3) 민법의 입장

민법은 외국인의 권리능력에 관하여 아무런 규정을 두고 있지 않다. 따라서 외국인의 권리능력은 '국제법과 조약이 정하는 바에 의하여 그 지위가 보장된다'라고 규정하고 있다(헌법 제6조 제2항). 즉 외국인의 권리능력은 내국인과 평등하다는 것이 우리민법의 태도이다. 그러나 경제적, 정치적 사정으로 외국인의 권리능력의 범위를 제한하는 경우가 있다. 다시 말하면 구체적인 경우에 외국인의 권리능력은 예외적으로 개별적으로 제한을 받으며, 그 제한은 특별법의 규정을 통해서이다. 그 구체적인 경우를 살펴보도록 한다.

1) 일정한 경우에 외국인의 권리능력이 부정된다.

예컨대, 한국선박(선박법 제2조)과 한국항공기의 소유권(항공법 제6조) 등이 있다. 그 밖에 공증인(公證人)이 되는 권리(공증인법 제12조), 도선사(導船士)가 되는 권리(도선법 제6조) 등도 외국인의 권리능력이 제한되는 경우이다.

2) 상호주의에 의하여 제한되는 경우가 있다.

외국인이 우리나라에서 토지를 취득하는 토지취득계약을 체결한 경우에 계약체결일로부터 60일 이내에 시장(市長), 군수, 구청장에게 신고를 하여야 한다(외국

---

72) 외국인의 권리능력을 그의 본국(本國)이 자민국(自民國)에게 인정하는 것과 같은 정도로 인정하는 것을 말한다.

인토지법 제4조 제1항, 제9조). 다만 군사시설보호구역, 문화재보호구역, 생태계보전지역 등의 일부 지역에서는 토지취득계약을 체결하기 전에 시장, 군수, 구청자의 허가를 받아야 한다(외국인토지법 제4조, 제7조, 제8조). 또한 상속이나 경매 등의 계약 외의 원인으로 토지를 취득한 경우에 6개월 이내에 시장, 군수, 구청장에게 신고하여야 한다(외국인토지법 제5조, 제9조). 그리고 지적재산권에 있어서도 조약이나 상호주의에 의하여 보호되고 있다. 외국인의 저작물에 관하여 우리나라가 가입 또는 체결한 조약에 따라 보호하고(저작권 법 제3조 제1항), 또한 우리나라에 상주하는 외국인의 저작물은 조약의 유무(有無)에 관계없이 보호하고 있으며(동법 동조 제2항), 그 어느 경우나 상호주의에 의한 제한을 할 수 있다고 규정하고 있다(동조 제3항). 그리고 특허법(제25조), 상표법(제5조), 의장법(제4조), 실용신안법(제3조)이 각각 준용되고 있다. 국가배상법은 국가 또는 지방자치단체의 손해배상책임에 관하여 상호주의를 취하고 있다(국가배상법 제7조).

3) 내국인이 국적을 상실한 경우이다.

내국인이 대한민국의 국적을 상실하면 외국인이 되므로 종전에 소유한 권리를 소유할 수 없다. 따라서 이러한 경우에 유보조항을 두고 있다. 즉 국적상실자는 원칙적으로 국적을 상실한 날로부터 3년 이내에 그 권리를 내국인에게 양도하여야 하고, 이를 위반한 경우에 그 권리를 상실한 것으로 하고 있다(국적법 제18조). 그러나 토지를 가지고 있는 한국인이 외국인이 된 경우에 그 토지를 계속 보유하려면 외국인으로 된 날로부터 6개월 이내에 시장, 군수, 구청장에게 신고하면 되는 것으로 규정하고 있다(외국인토지법 제6조).

Ⅱ. 권리능력의 소멸

1. 사망

자연인은 사망으로 권리능력을 상실한다(민법 제3조). 통설은 사람의 호흡과 심장의 기능이 영구적으로 정지한 때에 사망한 것으로 본다. 그런데 의학기술의 발달로 인하여 뇌기능이 정지한 후에도 호흡과 혈액순환이 가능하게 되어 심장, 간과 같은 장기를 이식하기 위하여 뇌기능(뇌파)이 정지한 때를 사망한 것으로 보는 뇌사설이 의학계로부터 주장이 되어 법학계에서도 수긍하여 하고 있다. 따라서 사망의 시기에 관하여 2가지의 견해 첫째 종전의 통설과 같이 심장기능정지설, 둘째 통설과 뇌사설을 절충하는 절충설이 있다. 한편 '장기 등 이식에 관한 법률'에서는 '뇌사자는 뇌사의 원인이 된 질병 또는 행위로 인하여 사망한 것으로 본다'라고 규정하여(동법 제21조)[73] 뇌사자의 사망은 뇌사판정한 때로 보고 있다(동조 제2항). 그런데 사망의 유무 및 시기에 대한 증명 내지 확정이 극히 곤란한 경우에 이를 보완하는 제도로서 3가지 제도, 즉 동시사망의 추정, 인정사망, 실종선고 등의 제도를 두고 있다. 여기서는 동시사망과 인정사망에 관하여 살펴보고, 실종선고제도에 관하여는 부재와 실종선고에서 살펴보도록 한다.

A. 동시사망

(1) 개념

2인 이상이 동일한 위난(危難)으로 사망한 경우에 누가 먼저 사망하고, 나중에 사망하였느냐에 따라 상속분에 중대한 영향이 있다. 그런데 두 사람 사이에 누가 먼저 사망하였는지 또는 동시사망여부 혹은 사망시기가 상이(相異)하여 입증이 어렵다. 이러한 상황을 대비하여 민법은 동시사망이라는 추정제도를 두고 있다(민법 제30조).[74]

(2) 요건

1) 2인 이상이 동일한 위난으로 사망한 경우이어야 한다. 예를 들어 추락하는 항공기나 침몰하는 선박에 동승한 경우이다.

2) 2인 이상이 동일하지 않은 위난으로 사망하였으나 그들의 사망시기의 선후를 확정할 수 없을 경우이다.

3) 추정의 번복

어떤 문제가 명확한 입증이 없어서 일단 추정받은 사실문제는 반대사실이 입증되는 경우에 추정은 번복된다. 예를 들면, A와 B가 같은 장소에서 동일한 시간

---

73) 장기 등 이식에 관한 법률 제21조 (뇌사자의 사망원인 및 사망시각) ① 뇌사자가 이 법에 따른 장기 등의 적출로 사망한 경우에는 뇌사의 원인이 된 질병 또는 행위로 인하여 사망한 것으로 본다. ② 뇌사자의 사망시각은 뇌사판정위원회가 제18조 제2항에 따라 뇌사판정을 한 시각으로 한다.

74) 제30조 (동시사망) 2인 이상이 동일한 위난으로 사망한 경우에는 동시에 사망한 것으로 추정한다.

때에 사망하였으나 누가 먼저 사망하였는지 확인할 수가 없는 경우에 A와 B(아버지와 아들)는 동시에 사망한 것으로 추정한다. 그러나 여기서 문제가 되는 것은 동시사망자 사이에 상속이 인정되지 않는다는 것이다. 그런데 A가 B보다 먼저 사망하였다는 사실이 입증된 경우에 종전에 A와 B가 동시에 사망한 것으로 추정하였던 것이 번복이 되어 A가 먼저 사망한 것으로 된다. 그래서 상속의 순위와 범위 달라진다. 예를 들면, A와 B는 친자관계(親子關係: 아버지와 아들 사이)이고, A에게 아버지인 C와 처(妻)인 D가 있다. A와 B가 같은 장소에서 사망하였는데 누가 먼저 사망하였는지를 확정할 수가 없어서 A와 B가 동시사망한 것으로 추정하였다. 여기서 A의 상속재산에 대하여는 A의 아버지인 C와 처인 D가 공동상속한다. 반면에 B의 상속재산에 대하여는 D가 단독으로 상속한다. 그런데 만약 A가 B보다 먼저 사망하였다는 사실이 입증되었다면, 상속인의 범위와 상속순위가 달라지게 되어 A의 상속재산은 A의 처인 C와 A의 자인 B와 공동상속한다. 그런데 B도 사망하였기 때문에 결국 A의 처인 D가 A의 재산을 단독으로 상속하게 된 모양세를 갖게 된다. 다음은 동시사망과 관련한 판례를 살펴보기로 한다.

가) 동시사망의 추정을 번복하기 위한 입증책임의 내용 및 정도

◆ 판 례

민법 제30조에 의하면, 2인 이상이 동일한 위난으로 사망한 경우에는 동시에 사망한 것으로 추정하도록 규정하고 있는바, 이 추정은 법률상 추정으로서 이를 번복하기 위하여는 동일한 위난으로 사망하였다는 전제사실에 대하여 법원의 확신을 흔들리게 하는 반증을 제출하거나 또는 각자 다른 시각에 사망하였다는 점에 대하여 법원에 확신을 줄 수 있는 본증을 제출하여야 하는데, 이 경우 사망의 선후에 의하여 관계인들의 법적 지위에 중대한 영향을 미치는 점을 감안할 때 충분하고도 명백한 입증이 없는 한 위 추정은 깨어지지 아니한다고 보아야 한다 : 대법원 1998. 8. 21. 선고 98다8974 판결.

나) 동시사망으로 추정되는 경우 대습상속의 가능 여부

◆ 판 례

원래 대습상속제도는 대습자의 상속에 대한 기대를 보호함으로써 공평을 도모하고 생존배우자의 생계를 보장하여 주려는 것이고, 또한 동시사망 추정규정도 자연과학적으로 엄밀한 의미의 동시사망은 상상하기 어려운 것이나 사망의 선후를 입증할 수 없는 경우 동시에 사망한 것으로 다루는 것이 결과에 있어 가장 공평하고 합리적이라는 데에 그 입법 취지가 있는 것인바, 상속인이 될 직계비속이나 형제자매(피대습자)의 직계비속 또는 배우자(대습자)는 피대습자가 상속개시 전에 사망한 경우에는 대습상속을 하고, 피대습자가 상속개시 후에 사망한 경우에는 피대습자를 거쳐 피상속인의 재산을 본위상속을 하므로 두 경우 모두 상속을 하는데, 만일 피대습자가 피상속인의 사망, 즉 상속개시와 동시에 사망한 것으로 추정되는 경우에만 그 직계비속 또는 배우자가 본위상속과 대습상속의 어느 쪽도 하지 못하게 된다면 동시사망 추정 이외의 경우에 비하여 현저히 불공평하고 불합리한 것이라 할 것이고, 이는 앞서 본 대습상속제도 및 동시사망 추정규정의 입법 취지에도 반하는 것이므로, 민법 제1001조의 '상속인이 될 직계비속이 상속개시 전에 사망한 경우'에는 '상속인이 될 직계비속이 상속개시와 동시에 사망한 것으로 추정되는 경우'도 포함하는 것으로 합목적적으로 해석함이 상당하다 : 대법원 2001. 3. 9. 선고 99다13157 판결.

B. 인정사망

인정사망은 민법상의 규정이 아닌 신분등록법상의 제도이다. 예컨대, 대구지하철화재사고나 삼풍백화점 붕괴사건, 미국의 9.11테러 사건으로 쌍둥이건물붕괴로 인하여 그 지하철을 승차한 승객이나 백화점 혹은 쌍둥이건물 안에 있던 사람들의 사망사건과 같은 경우를 생각하면 된다. 인정사망은 시체를 확인할 수 없으나 고도의 사망확률이 있음에도 불구하고, 실종선고의 절차를 밟게 하는 것이 적당하지 않기 때문이다. 따라서 화재, 수난, 기타 사변으로 인하여 사망한 자가 있는 경우에 이를 조사한 관련 공무원이 지체없이 사망지의 시, 읍, 면의 장에게 사망의 보고를 하여야 한다. 이 보고에 근거하여 신분등록부에 사망의 기재를 하게 되는데, 이것이 인정사망이다. 다음은 인정사망과 관련한 판례를 살펴보기로 한다.

가) 사람의 사망의 인정과 사실심 수소법원의 자유로운 심증

◆ 판 례

불법행위를 원인으로 한 손해배상청구사건의 요건사실의 인정은 사실심 수소법원의 판단에 의하는 것이고 일반 불법행위에 기한 손해배상청구사건의 요건사실은 가해행위, 권리침해(피침해권리), 고의나 과실, 손해, 인과관계 등으로 구분될 수 있으며 이 가운데 피침해권리가 사람의 생명과 같은 인격적 권리인 때에도 그 사실인정은 사실심 수소법원이 자유로운 심증으로 사망의 확신이 설 때에는 이를 할 수 있다 : 대법원 1989.1.31. 선고 87다카2954 판결.

나) 갑판원이 바다에 추락하여 행방불명이 된 경우에 인정사망의 여부

◆ 판 례

갑판원이 시속 30노트 정도의 강풍이 불고 파도가 5-6미터 가량 높게 일고 있는 등 기상조건이 아주 험한 북태평양의 해상에서 어로작업중 갑판위로 덮친 파도에 휩쓸려 찬 바다에 추락하여 행방불명이 되었다면 비록 시신이 확인되지 않았다 하더라도 그 사람은 그 무렵 사망한 것으로 확정함이 우리의 경험칙과 논리칙에 비추어 당연하다 : 대법원 1989.1.31. 선고 87다카2954 판결.

제2관 무능력자제도

민법은 다음 3가지의 유형의 행위무능력자(行爲無能力者)를 두고 있다. 첫째, 만 19세가 되지 못한 자, 즉 미성년자(未成年者: 민법 제4조),[75] 둘째 성년후견인제도(被成年後見人制度 : 민법 제9조-제11조), 한정후견인제도(被限後見人制度 : 민법 제12조 -제14조), 특정후견인제도(特定後見人制度 : 제14조의 2 - 제14조의 3)를 각각 무능력자로 하고 있다. 이러한 무능력자제도는 강행규정이다. 즉, 이 규정을 위반하면 그러한 법률행위는 효력을 인정하지 않는다. 이 규정은 일반적으로 재산법상의 규정이다. 왜냐하면 가족법상의 법률행위는 획일적, 일률적으로 규정할 수 없기 때문에 가족법상의 법률행위에 관하여 특별한 규정을 두고 있다. 본래, 무능력자제도는 정신(의사)능력이 불완전한 자가 자신의 재산을 줄어들게 하거나 낭비를 막아서 무능력자 자신과 그의 가족을 보호하려는 제도이다. 그러나 이 제도는 거래안전이라는 법의 이상과 조화되어야 한다. 민법상의 무능력자에 관한 기준의 객관화는 거래상대방이나 제3자가 무능력자를 쉽게 구별할 수 있게 하고, 또한 일정한 요건에서 취소권을 배제하는 등의 배려를 함으로써 거래의 안전도 도모하려는데 있다. 그런데 현행법상의 무능력자제도는 거래안전이 충분히 확보되지 못한 가운데 거래안전보다는 무능력자 본인의 보호를 중심으로 되어 있다.

---

75) 민법 제4조 (성년) 사람은 19세로 성년에 이르게 된다.

제1항 미성년자

Ⅰ. 성년기

성년은 심신(心身)이 정상적으로 발달하여 행위능력이 완전히 인정되는 연령인 만 19세가 되는 자를 말한다(민법 제4조). 이러한 성년에 이르지 못하는 자를 미성년자(未成年者)라고 한다. 연령의 계산은 출생일을 포함한다(동법 제158조).[76] 사람의 정신(의사)능력은 점진적으로 발달하고, 그 발달에 있어서도 사람에 따라 차이가 있기 때문에 만 19세를 기준으로 하여 획일적으로 성년, 미성년을 구별하는 것은 타당치 못하다. 그러나 형식적, 획일적인 기준을 통하여 정신능력의 유무를 판단하는 것이 무능력자제도의 목적이고, 부득이하다. 따라서 특수한 경우에 미성년자의 규정을 완화하여 제도의 미비점을 보완하고 있다. 즉, 미성년자에게 처분을 허락한 재산(민법 제6조)[77] 혹은 영업의 허락(동법 제8조)[78] 또는 혼인에 의한 성년의제의 제도(동법 제826조의 2)를[79] 두고 있다.

Ⅱ. 미성년자의 행위능력

1. 원칙

미성년자가 법률행위를 하려면 법정대리의 동의(同意)를 원칙적으로 얻어야 한다(민법 제5조[80] 제1항). 이를 위반하는 경우에 취소할 수 있다(동조 제2항). 즉, 미성년자가 법정대리인의 동의 없이 미성년자 자신의 재산에 관하여 행한 법률행위는 미성년자 본인이나 법정대리인이 취소할 수 있다. 반면에 미성년자와 거래한

---

76) 제158조 (연령의 기산점) 연령계산에는 출생일을 산입한다.
77) 제6조 (처분을 허락한 재산) 법정대리인이 범위를 정하여 처분을 허락한 재산은 미성년자가 임의로 처분할 수 있다.
78) 제8조 (영업의 허락) ① 미성년자가 법정대리인으로부터 허락을 얻은 특정한 영업에 관하여는 성년자와 동일한 행위능력이 있다. ② 법정대리인은 전항의 허락을 취소 또는 제한할 수 있다. 그러나 선의의 제삼자에게 대항하지 못한다.
79) 제826조의 2 (성년의제) 미성년자가 혼인을 한 때에는 성년자로 본다.
80) 제5조 (미성년자의 능력) ① 미성년자가 법률행위를 함에는 법정대리인의 동의를 얻어야 한다. 그러나 권리만을 얻거나 의무만을 면하는 행위는 그러하지 아니하다. ② 전항의 규정에 위반한 행위는 취소할 수 있다.

상대방은 미성년자의 법률행위가 법정대리인의 동의가 있었다는 것을 입증을 통하여 미성년자의 법률행위의 유효를 주장할 수 있다. 즉 미성년자의 법률행위에 법정대리인의 동의가 있었다는 입증책임은 거래상대방에게 있다.

2. 예외

미성년자는 다음의 경우에 대리인의 동의없이 단독으로 유효한 법률행위를 할 수 있다. 다만 이 경우에 미성년자는 최소한 의사능력을 반드시 가지고 있어야 한다.

(1) 단순히 권리만 얻거나 또는 의무만을 면하는 행위(제5조 제1항 후단)

부담없는 증여를 받거나 채무면제의 청약에 대한 승락(承諾)을 하는 경우이다. 이러한 경우에 미성년자의 법률행위는 미성년자의 본인에게 이익만을 주고, 불이익이 없다. 다만 부담부 증여를 받는 경우에, 경제적으로 유리한 매매를 체결하는 행위 또는 상속을 승인하는 행위 등과 같이 이익을 취득할 뿐만 아니라 의무도 부담하는 행위는 혼자서 하지 못한다. 왜냐하면 채무의 변제를 수령하는 것도 이익을 취득하는 것이지만 다른 한편으로는 채권을 상실하는 행위이다.

(2) 허락된 재산의 처분행위

법정대리인이 범위를 정하여 처분을 허락한 재산은 미성년자가 임의로 처분할 수 있다(민법 제6조)라고[81] 규정하고 있다. 여기서 문제가 되는 것은 '범위'에 관하여 학설이 나누어져 있다.

1) 소수설

처분범위에 관하여 첫째, 사용목적을 정하는 방법, 즉 컴퓨터 구입비용, 자전거 구입비 등처럼 그 목적 범위를 정하는 경우에 그 목적범위에서만 사용하여야 한다는 입장, 둘째 사용목적을 정하지 않고, 처분할 재산의 범위만을 정하는 경우로써, 이 경우에는 임의대로 자유롭게 처분할 수 있다는 입장이다.

---

81) 제6조 (처분을 허락한 재산) 법정대리인이 범위를 정하여 처분을 허락한 재산은 미성년자가 임의로 처분할 수 있다.

2) 다수설

처분이 허락된 재산의 사용목적이 정해져 있을지라도 그 목적과 상관없이 임의대로 처분할 수 있다는 입장이다.

양설의 근거는 무능력자 본인 보호에 중점을 두느냐 아니면 거래안전에 두느냐에 있다. 소수설은 무능력자 본인 보호에 중점을 두고 있고, 다수설은 거래안정에 두고 있다. 문제는 처분범위를 정하였다고 할지라도 그것은 미성년자와 법정대리인과 사이의 내부의 문제이기 때문에 미성년자와 거래하는 상대방은 처분이 허락된 범위를 안다는 것은 매우 어렵다. 이를 근거로 하여 거래행위를 취소한다면 거래안전에 문제가 될 수 있다. 따라서 처분이 허락된 목적의 범위가 있을지라도 미성년자와 거래하는 선의 상대방은 처분의 목적범위를 아는 것이 어렵기 때문에 미성년자 보호를 이탈하지 않은 범위의 경우에 오늘날처럼 거래관계가 빈번한 사회에서 거래안정에 근거하는 다수설에 따르는 것이 타당할 것이다.

(3) 허락된 영업행위

미성년자가 법정대리인으로부터 허락을 얻은 그 특정한 영업에 관하여는 성년자와 동일한 행위능력이 있다(민법 제8조[82] 1항)라고 규정하고 있다. 즉, 법정대리인이 미성년자에게 허락한 영업과 관련된 법률행위는 성인과 동일한 행위능력을 갖는다.

1) 여기서 영업은 상업은 물론이고 그밖에 영리를 목적으로 독립적, 계속적으로 하는 사업으로 이해하면 될 것이다.

2) 법정대리인이 허락한 영업은 특정한 영업이어야 한다. 만약 법정대리인이 미성년자에게 영업을 특정하지 않고, 영업을 허락한 것은 미성년자의 보호에 위반하기 때문이다. 여기서 문제가 되는 것은 법정대리인이 허락한 특정한 영업의 범위이어야 하고, 그 특정한 영업은 하나의 단위이어야 한다. 따라서 영업의 허락이 하나의 영업의 일부만 허락하거나 제한해서는 안된다. 특히 영업행위에 대하여 법정대리의 허락이 존재하느냐의 여부가 문제되는데, 상업에 관하여는 상업등기를 하기 때문에 별문제가 없으나 다른 영업에 관하여는 법정대리인의 허락여부가 문제된다.

---

82) 제8조 (영업의 허락) ① 미성년자가 법정대리인으로부터 허락을 얻은 특정한 영업에 관하여는 성년자와 동일한 행위능력이 있다. ② 법정대리인은 전항의 허락을 취소 또는 제한할 수 있다. 그러나 선의의 제삼자에게 대항하지 못한다.

(4) 혼인한 미성년자의 행위

미성년자가 혼인한 경우에 성년자로 본다(민법 제826조의 2). 즉 혼인한 미성년자는 성인으로 의제한다. 혼인은 법률상 혼인만 의미하고 사실혼은 포함하지 않는다. 여기서 사실혼을 제외하는 것은 법률행위의 형식적, 획일적인 확정의 문제가 불문명하기 때문이다. 문제가 되는 것은 혼인한 미성년자가 미성년인 동안에 혼인의 취소나 이혼할 할 때에 다시 미성년자로 복귀하느냐이다. 사적(私的) 거래안전을 위하여 혼인해소 후에도 행위능력은 그대로 존속하다는 것이 타당할 것이다.

(5) 대리행위

미성년자의 행위능력을 제한하는 것은 무능력자 본인을 보호하기 위한 제도이므로, 미성년자가 타인의 대리인으로서의 행위능력에는 제한되지 않는다. 왜냐하면 대리인은 행위능력자임을 요구하지 않는다(민법 제117조)라고[83] 규정하고 있기 때문이다. 따라서 본인이 미성년자를 법정대리인으로 선임한 경우에 그 미성년자의 법률행위의 결과는 본인에게 효력이 발생하고, 미성년자인 대리인에게는 법률효과가 발생하지 않는다. 이처럼 미성년자는 타인의 대리인으로서의 법률행위에는 제한을 받지 않으므로 언제나 단독으로 유효하게 타인의 대리인로서 행한 법률행위는 유효하다. 여기서 대리는 임의대리인에게만 적용되고, 법정대리인에게는 적용되지 않는다. 다만, 이 경우에 미성년자는 최소한 의사능력이 있어야 한다.

(6) 유언행위

유언행위는 만17세이면 가능하기 때문에 미성년자도 유언행위를 단독으로 유효하게 할 수 있다(민법 제1061조)라고[84] 규정하고 있다.

(7) 기타 근로계약 등

법정대리인의 허락을 얻어서 회사의 무한책임사원이 된 미성년자가 그 사원자격으로 행한 행위(상법 제7조[85]))와 근로계약(근로기준법 제67조)과[86] 임금의 청구(동법

---

83) 제117조 (대리인의 행위능력) 대리인은 행위능력자임을 요하지 아니한다.
84) 제1061조 (유언적령) 만17세에 달하지 못한 자는 유언을 하지 못한다.
85) 상법 제7조 (무능력자와 무한책임사원)미성년자 또는 한정치산자가 법정대리인의 허락을

제68조)에[87] 관하여는 성인과 동등한 행위능력을 인정하고 있다.

3. 동의와 허락의 취소 및 제한

(1) 동의와 취소의 취지

법정대리인은 미성년자가 법률행위를 하기 전에 그가 허락한 동의(민법 제5조)나 일정한 범위의 재산처분에 대한 허락을(동법 제6조) 취소할 수 있다(동법 제7조[88])라고 규정하고 있다. 본래, 동의나 허락은 미성년자를 보호하기 위한 제도이므로 미성년자의 보호를 위하여 동의 또는 허락한 것이 미성년자를 위하여 취소하는 것이 바람직하다고 생각한 경우에 이를 취소할 수 있다. 여기서 취소는 미성년자가 동의 또는 허락한 법률행위를 하기 전에 그 법률행위를 하지 못하게 하는 것으로 엄격한 의미에서 소급효가 없는 철회(撤回)와 같은 개념이다. 이 취소의 의사표시는 미성년자 본인 또는 거래상대방에게 의사표시를 하여야 한다. 다만 이 취소의 의사표시를 미성년자에게 한 경우에 그 사실의 입증에 어려움이 있기 때문에 거래의 안전을 위하여 취소의 의사표시로서 제3자인 상대방에게 대항할 수 없다.

(2) 영업허락의 취소와 제한

1) 법정대리인은 자신이 미성년자에게 준 영업의 허락을 취소 또는 제한할 수 있다. 그러나 선의(善意)의 제3자에게 대항할 수 없다(민법 제8조 제2항)라고 규정하고 있다. 여기서 취소는 장래에 향하여 허락이 없었던 것으로 한다는 뜻으로 철회의 개념과 같다. 또한 영업의 제한은 2개 이상의 단위의 영업을 특정하여 허락한 경우에 그 중에 어느 것을 금지하는 것이고, 장래에 향하여 효력이 있을 뿐이다. 따라서 취소되기 전에 영업이 이미 행하여진 경우에 장래에 향하여만 효력이 있고, 이미 행하여진 영업행위에 대한 취소는 효력이 없다.

얻어 회사의 무한책임사원이 된 때에는 그 사원자격으로 인한 행위에는 능력자로 본다.

86) 근로기준법 제67조 (근로계약) ① 친권자나 후견인은 미성년자의 근로계약을 대리할 수 없다. ② 친권자, 후견인 또는 고용노동부장관은 근로계약이 미성년자에게 불리하다고 인정하는 경우에는 이를 해지할 수 있다. ③ 사용자는 18세 미만인 자와 근로계약을 체결하는 경우에는 제17조에 따른 근로조건을 서면으로 명시하여 교부하여야 한다.

87) 근로기준법 제68조 (임금의 청구) 미성년자는 독자적으로 임금을 청구할 수 있다.

88) 제7조 (동의와 허락의 취소) 법정대리인은 미성년자가 아직 법률행위를 하기 전에는 전2조의 동의와 허락을 취소할 수 있다.

2) 친권자인 부모가 법정대리인 경우에 영업의 허락을 취소 또는 제한하는 데에는 문제가 되지 않으나 친권을 행사하는 후견인(後見人)이 법정대리인 경우에 일정한 제한, 즉 친권자가 준 영업의 허락을 취소 또는 제한하려면 미성년후견감독인이 있으면 그의 동의를 받아야 한다(민법 제945조 3호).[89]

3) 영업허락의 취소 또는 제한은 선의의 제3자, 즉 미성년자와 거래한 선의의 상대방에게 대항하지 못하는 것은 미성년자가 상업에 관하여 영업을 허락받은 경우에 상업등기를 하기 때문이다. 또한 상업허락을 취소 또는 제한하는 경우에 지체없이 등기를 말소하거나 변경등기를 하여야 한다. 따라서 말소등기 또는 변경등기가 있기 전에 선의의 제3자가 있는 경우에는 보호된다(상법 제37조,[90] 제40조[91]). 여기서 문제가 되는 것은 상업이 아닌 영업에 관련된다.

Ⅲ. 법정대리인

1. 법정대리인의 순위

미성년자의 보호기관은 제1차적으로 친권자(親權者 : 민법 제911조),[92] 제2차적으로는 후견인(後見人 : 민법 제928조)이며,[93] 양자를 모두 합하여 법정대리인(法定代理人)이라고 한다. 후견인은 미성년자에게 친권자가 없거나, 친권자가 법률행위의 대리권 및 재산관리권을 행사할 수 없는 경우에 후견인을 두어야 한다(민법 제928

---

89) 제945조 (미성년자의 신분에 관한 후견인의 권리·의무) 미성년후견인은 제913조 부터 제915조까지에 규정한 사항에 관하여는 친권자와 동일한 권리와 의무가 있다. 다만, 다음 각 호의 어느 하나에 해당하는 경우에는 미성년후견감독인이 있으면 그의 동의를 받아야 한다. 1. 친권자가 정한 교육방법, 양육방법 또는 거소를 변경하는 경우, 2. 미성년자를 감화기관이나 교정기관에 위탁하는 경우, 3. 친권자가 허락한 영업을 취소하거나 제한하는 경우

90) 상법 제37조 (등기의 효력) ① 등기할 사항은 이를 등기하지 아니하면 선의의 제3자에게 대항하지 못한다. ② 등기한 후라도 제3자가 정당한 사유로 인하여 이를 알지 못한 때에는 제1항과 같다.

91) 상법 제40조 (변경, 소멸의 등기) 등기한 사항에 변경이 있거나 그 사항이 소멸한 때에는 당사자는 지체없이 변경 또는 소멸의 등기를 하여야 한다.

92) 제911조 (미성년자인 자의 법정대리인) 친권을 행사하는 부 또는 모는 미성년자인 자의 법정대리인이 된다.

93) 제928조 (미성년자에 대한 후견의 개시) 미성년자에게 친권자가 없거나 친권자가 법률행위의 대리권과 재산관리권을 행사할 수 없는 경우에는 미성년후견인을 두어야 한다.

조). 후견인은 1인으로 하고(동법 제930조),[94] 피후견인의 법정대리인이 된다(동법 제938조 제1항).[95] 후견인이 되는 순서는 최후의 친권행사자가 유언으로 지정한 자, 즉 지정후견인(指定後見人 : 민법 제931조)이 있으며,[96] 제931조에 따라 지정된 미성년후견인이 없는 경우에는 가정법원은 직권으로 또는 미성년자, 친족, 이해관계인, 검사, 지방자치단체의 장의 청구에 의하여 미성년후견인을 선임한다. 미성년후견인이 없게 된 경우에도 또한 같다. 또한 가정법원은 친권상실의 선고나 대리권 및 재산관리권 상실의 선고에 따라 미성년후견인을 선임할 필요가 있는 경우에는 직권으로 미성년후견인을 선임한다. 친권자가 대리권 및 재산관리권을 사퇴한 경우에는 지체없이 가정법원에 미성년후견인의 선임을 청구하여야 한다(동법 제932조).[97]

1) 친권은 미성년의 자녀를 보호, 교양하기 위하여 그의 부모에게 인정되는 권리, 의무를 말한다(민법 제913조).[98] 친권은 미성년의 부모가 혼인중이고, 모두 생존하고 있으면 공동으로 행사한다. 부모의 의견이 일치하지 아니한 경우에 당사자의 청구에 의하여 가정법원이 친권자를 결정한다. 혼외자(婚外子 : 혼인관계가 없는 남녀사이에 출생한 자)에 대하여는 생모가 친권을 행사하지만 생부가 혼외자에 대하여 인지하는 경우에 이혼에 준하여 친권을 행사할 자를 정한다.

2) 공동으로 친권을 행사하여야 할 부모의 일방이 부모의 공동명의로 친권을 행

94) 제930조 (후견인의 수) 후견인은 1인으로 한다.

95) 제938조 (후견인의 대리권 등) ① 후견인은 피후견인의 법정대리인이 된다. ② 가정법원은 성년후견인이 제1항에 따라 가지는 법정대리권의 범위를 정할 수 있다. ③ 가정법원은 성년후견인이 피성년후견인의 신상에 관하여 결정할 수 있는 권한의 범위를 정할 수 있다. ④ 제2항 및 제3항에 따른 법정대리인의 권한의 범위가 적절하지 아니하게 된 경우에 가정법원은 본인, 배우자, 4촌 이내의 친족, 성년후견인, 성년후견감독인, 검사 또는 지방자치단체의 장의 청구에 의하여 그 범위를 변경할 수 있다.

96) 제931조 (유언에 의한 미성년후견인의 지정 등) ① 미성년자에게 친권을 행사하는 부모는 유언으로 미성년후견인을 지정할 수 있다. 다만, 법률행위의 대리권과 재산관리권이 없는 친권자는 그러하지 아니하다. ② 가정법원은 제1항에 따라 미성년후견인이 지정된 경우라도 미성년자의 복리를 위하여 필요하면 생존하는 부 또는 모, 미성년자의 청구에 의하여 후견을 종료하고 생존하는 부 또는 모를 친권자로 지정할 수 있다.

97) 제932조 (미성년후견인의 선임) ① 가정법원은 제931조에 따라 지정된 미성년후견인이 없는 경우에는 직권으로 또는 미성년자, 친족, 이해관계인, 검사, 지방자치단체의 장의 청구에 의하여 미성년후견인을 선임한다. 미성년후견인이 없게 된 경우에도 또한 같다. ② 가정법원은 친권상실의 선고나 대리권 및 재산관리권 상실의 선고에 따라 미성년후견인을 선임할 필요가 있는 경우에는 직권으로 미성년후견인을 선임한다. ③ 친권자가 대리권 및 재산관리권을 사퇴한 경우에는 지체 없이 가정법원에 미성년후견인의 선임을 청구하여야 한다.

98) 제913조 (보호, 교양의 권리의무) 친권자는 자를 보호하고 교양할 권리의무가 있다.

사하는 경우에 다른 부모의 의사에 반하여도 공동행사의 효과발생에 영향이 없다(민법 제920조의 2).[99] 즉 그대로 친권행사의 효력이 발생한다. 부모가 공동으로 친권을 행사하는 경우에 취소권은 부모 각자가 동의권이 있는 것처럼 취소권도 단독으로 행사하는 것이 원칙이다. 다만, 친권자가 없거나 친권자가 법률행위의 대리권 및 재산관리권을 행사할 수 없는 경우에 후견인이 법정대리인이 된다(민법 제928조).

2. 법정대리인의 권한

(1) 동의권

미성년자는 법정대리인의 동의를 얻거나 또는 허락을 얻어서 단독으로 유효한 법률행위를 할 수 있다. 이처럼 법정대리인이 미성년자에게 동의를 줄 권리가 동의권이다. 일정한 범위의 재산처분과 영업에 관한 허락은 사실상 '동의'와 같다.

1) 후견인이 피후견인을 대리하여 다음 같은 행위를 하거나 미성년자의 다음과 같은 행위에 동의를 할 때는 후견감독인이 있으면 그의 동의를 받아야 한다(민법 제950조).[100]

첫째, 영업에 관한 행위, 둘째 금전을 빌리는 행위, 셋째 의무만을 부담하는 행위, 넷째 부동산 또는 중요한 재산에 관한 권리의 득실변경을 목적으로 하는 행위, 다섯째 소송행위, 여섯째 상속의 승인, 한정승인 또는 포기 및 상속재산의 분할에 관한 협의

2) 후견감독인의 동의가 필요한 행위에 대하여 후견감독인이 피후견인의 이익

---

99) 제920조의2 (공동친권자의 일방이 공동명의로 한 행위의 효력) 부모가 공동으로 친권을 행사하는 경우 부모의 일방이 공동명의로 자를 대리하거나 자의 법률행위에 동의한 때에는 다른 일방의 의사에 반하는 때에도 그 효력이 있다. 그러나 상대방이 악의인 때에는 그러하지 아니한다.

100) 제950조 (후견감독인의 동의를 필요로 하는 행위) ① 후견인이 피후견인을 대리하여 다음 각 호의 어느 하나에 해당하는 행위를 하거나 미성년자의 다음 각 호의 어느 하나에 해당하는 행위에 동의를 할 때는 후견감독인이 있으면 그의 동의를 받아야 한다. 1. 영업에 관한 행위, 2. 금전을 빌리는 행위, 3. 의무만을 부담하는 행위, 4. 부동산 또는 중요한 재산에 관한 권리의 득실변경을 목적으로 하는 행위, 5. 소송행위, 6. 상속의 승인, 한정승인 또는 포기 및 상속재산의 분할에 관한 협의. ② 후견감독인의 동의가 필요한 행위에 대하여 후견감독인이 피후견인의 이익이 침해될 우려가 있음에도 동의를 하지 아니하는 경우에는 가정법원은 후견인의 청구에 의하여 후견감독인의 동의를 갈음하는 허가를 할 수 있다. ③ 후견감독인의 동의가 필요한 법률행위를 후견인이 후견감독인의 동의 없이 하였을 때에는 피후견인 또는 후견감독인이 그 행위를 취소할 수 있다.

이 침해될 우려가 있음에도 동의를 하지 아니하는 경우에는 가정법원은 후견인의 청구에 의하여 후견감독인의 동의를 갈음하는 허가를 할 수 있다.

3) 후견감독인의 동의가 필요한 법률행위를 후견인이 후견감독인의 동의 없이 하였을 때에는 피후견인 또는 후견감독인이 그 행위를 취소할 수 있다.

동의는 미성년자에게 하거나 거래 상대방에게 하여도 무방하다. 또한 동의는 개개의 행위에 하거나 예견할 수 있는 행위의 범위 내에서 개괄적으로 하여도 무방하다는 것이 통설이다.

(2) 대리권

법정대리인은 미성년자를 대리하여 재산상의 법률행위를 할 권한이 있다. 이 대리권은 일반적으로 동의권과 함께 성립할 수 있으며, 어떤 행위에 관하여 동의를 하여 미성년자로 하여금 스스로 그 행위를 하게 하여도 무방하고, 그 동의를 준 행위에 대하여 법정대리인이 직접 대리하여도 상관없다. 그러나 미성년자 본인의 행위를 목적으로 하는 채무를 부담할 경우에는 미성년자 본인의 동의를 얻지 않으면 대리하지 못한다(민법 제920조[101] 단서, 제949조[102] 제2항). 이처럼 본인의 동의가 있으면 고용계약도 대리할 수 있는 것이 원칙이나 근로기준법은 특별규정을 두어 제한하고 있다. 예컨대, 친권자나 후견인은 미성년자의 근로계약을 대리하지 못하고(근로기준법 제67조 제1항), 임금의 청구도 대리하지 못한다(동법 제68조). 법정대리인과 미성년자의 이해가 상반되는 행위(예를 들면, 모와 미성년자가 공동상속인인 경우에 친권자인 모(母)가 공동상속하면서 미성년자의 친권자로서 미성년자의 상속을 포기하는 경우)에 대하여는 법정대리인의 대리권이 제한된다(민법 제921조).[103] 또한 제3자가 미성년자에게 무상으로 준 재산에 관하여 그 제3자가 법정대

101) 제920조 (자의 재산에 관한 친권자의 대리권) 법정대리인인 친권자는 자의 재산에 관한 법률행위에 대하여 그 자를 대리한다. 그러나 그 자의 행위를 목적으로 하는 채무를 부담할 경우에는 본인의 동의를 얻어야 한다.

102) 제949조 (재산관리권과 대리권) ① 후견인은 피후견인의 재산을 관리하고 그 재산에 관한 법률행위에 대하여 피후견인을 대리한다. ② 제920조 단서의 규정은 전항의 법률행위에 준용한다.

103) 제921조 (친권자와 그 자간 또는 수인의 자간의 이해상반행위) ① 법정대리인인 친권자와 그 자 사이에 이해상반되는 행위를 함에는 친권자는 법원에 그 자의 특별대리인의 선임을 청구하여야 한다. ② 법정대리인인 친권자가 그 친권에 따르는 수인의 자 사이에 이해상반되는 행위를 함에는 법원에 그 자 일방의 특별대리인의 선임을 청구하여야 한다.

리인의 관리를 배제하는 의사를 표시하는 경우에 법정대리인의 대리권이 배제된다 (민법 제918조,[104] 제956조[105])).

(3) 취소권

1) 미성년자가 동의를 얻지 않은 법률행위

법정대리인은 미성년자가 동의를 얻지 않고 행한 법률행위는 취소할 수 있다 (민법 제5조 제2항). 다음은 법정대리인의 취소권에 관한 판례를 살펴보기로 한다.

가) 미성년자에 대한 법정후견인의 직계혈족을 부계직계혈족의 의미

◆ 판 례

미성년자에 대한 법정후견인의 취임은 지정후견인이 없음을 조건으로 후견개시사유의 발생과 동시에 당연히 이루어지는 것이고, 그 경우 법정후견인의 선임·해임 등에 관하여 적용되는 가사소송규칙 제65조 제1항에 따른 의견청취 등의 절차를 밟아야 하는 것도 아니며, 한편 법정후견인의 우선순위를 정한 민법 제932조, 제935조 제1항에서 말하는 직계혈족을 부계직계혈족에 한정하여 해석할 것도 아니다 : 대법원 2000. 11. 28. 선고 2000므612 판결.

나) 민법 제932조 소정의 '직계혈족'의 의미

◆ 판 례

민법 제932조 소정의 직계혈족이라 함은 특히 부계직계혈족으로 제한한 바 없고, 또 이를 부계직계혈족에 한한다고 해석할 이유도 없으므로 직계혈족은 부계이거나 모계이거나 관계없다. 따라서 외조모가 백부보다 선순위 법정후견인이 된다 : 대법원 1982.1.19. 자 81스25-29 판결.

---

104) 제918조 (제삼자가 무상으로 자에게 수여한 재산의 관리) ① 무상으로 자에게 재산을 수여한 제삼자가 친권자의 관리에 반대하는 의사를 표시한 때에는 친권자는 그 재산을 관리하지 못한다. ② 전항의 경우에 제삼자가 그 재산관리인을 지정하지 아니한 때에는 법원은 재산의 수여를 받은 자 또는 제777조의 규정에 의한 친족의 청구에 의하여 관리인을 선임한다. ③ 제삼자의 지정한 관리인의 권한이 소멸하거나 관리인을 개임할 필요있는 경우에 제삼자가 다시 관리인을 지정하지 아니한 때에도 전항과 같다. ④ 제24조 제1항, 제2항, 제4항, 제25조 전단 및 제26조제1항, 제2항의 규정은 전2항의 경우에 준용한다.

105) 제956조 (위임과 친권의 규정의 준용) 제681조 및 제918조의 규정은 후견인에게 이를 준용한다.

다) 미성년자의 고모가 호적(가족관계등록부)에 후견인인 것처럼 등재된 경우 후견인으로 취임한 것으로 볼 수 있는지 여부

◆ 판 례

미성년자에 대한 법정후견인의 취임은 지정후견인이 없음을 조건으로 후견개시사유 발생과 동시에 당연히 이루어지고, 호적(가족관계등록부)상 후견개시신고는 보고적 신고에 불과한 것인바, 미성년자의 부 및 조부가 사망하였어도 외조부가 생존하면 개정 전 민법 제932조, 제935조에 따라 부의 사망과 동시에 외조부가 후견인으로 취임한 것이라 할 것이고, 그에게 후견인 결격사유가 있는 경우에는 이혼한 생모가 차순위로 후견인이 되는 것이므로 미성년자의 고모가 후견개시신고를 하여 호적(가족관계등록부)에 후견인인 것처럼 등재되었다 하여도 후견인으로 취임한 것으로 볼 수 없다 : 대법원 1991.04.04 자 90스3 판결.

2) 미성년자의 취소권의 배제

미성년자와 계약을 체결한 상대방이 미성년자의 취소권을 배제하기 위하여 민법 제17조[106] 소정의 미성년자가 사술을 썼다고 주장하는 때에는 그 주장자인 상대방측에 그에 대한 입증책임이 있다. 다음은 미성년자의 취소권배제와 관련한 판례를 살펴보기로 한다.

가) 민법 제17조에 이른바 '무능력자가 사술로써 능력자로 믿게 한 때'의 의미

◆ 판 례

민법 제17조에 이른바 '무능력자가 사술로써 능력자로 믿게 한 때'에 있어서의 사술을 쓴 것이라 함은 적극적으로 사기수단을 쓴 것을 말하는 것이고 단순히 자기가 능력자라 사언함은 사술을 쓴 것이라고 할 수 없다 : 대법원 1971.12.14. 선고 71다2045 판결.

---

106) 제17조 (제한능력자의 속임수) ① 제한능력자가 속임수로써 자기를 능력자로 믿게 한 경우에는 그 행위를 취소할 수 없다. ② 미성년자나 피한정후견인이 속임수로써 법정대리인의 동의가 있는 것으로 믿게 한 경우에도 제1항과 같다.

나) 상대방이 미성년자의 취소권을 배제하기 위한 입증책임

◈ 판 례

미성년자와 계약을 체결한 상대방이 미성년자의 취소권을 배제하기 위하여 본조 소정의 미성년자가 사술을 썼다고 주장하는 때에는 그 주장자인 상대방 측에 그에 대한 입증책임이 있다 : 대법원 1971.12.14. 선고 71다2045 판결.

【사실관계】

민법 제17조에 이른바 '무능력자가 사술로써 능력자로 믿게한 때'라 함은 무능력자가 상대방으로 하여금 그 능력자임을 믿게하기 위하여 적극적으로 사기수단을 쓴 것을 말하는 것으로서 단순히 자기가 능력자라 사언함은 동조에 이른바 사술을 쓴 것이라고 할 수 없다 할 것이다(대법원 1955.3.31. 선고 1954 민상77호 판결참조).

제2항 성년후견제도

Ⅰ. 성년후견제도의 개관

개정전 민법의 한정치산자제도, 금치산자제도에 대하여 많은 비판이 있어왔고, 낙인적인 효과가 강할 뿐만 아니라 행위능력을 포괄적으로 제한하였기 때문에 요보호자(要保護者)에게 만족할만한 제도라고 하기에는 많은 문제점이 있었다. 따라서 개정민법에서는 한정치산제도와 금치산제도의 대안으로서 성년후견제도를 새로 도입하였다. 이 제도는 요보호자인 성년자의 인간의 존엄성에 근거하여 그의 잔존능력과 자기결정권을 존중하는 보호제도이다. 개정민법에서도 요보호인의 지속적, 포괄적 보호제도로서 성년후견제도와 한정후견제도를 인정하면서 요보호자의 다양한 욕구와 필요에 대비할 수 있는 일회적, 특정적인 특정후견제도와 후견계약제도(임의후견제도)를 도입하였다. 따라서 성년후견제도는 요보호자의 상태와 보호내용에 따라 법정후견제도(성년후견제도, 한정후견제도, 특정후견제도)와 임의후견제도(후견계약)로 구분할 수 있다. 성년후견제도의 요건은 '피성년후견인이 질병, 장애, 노령, 그 밖의 사유로 인한 정신적 제약으로 사무를 처리할 능력이 지속적으로 결여된 경우이다'(민법 제9조[107] 제1항). 한정후견제도의 요건은 '피한정후견인이 질병, 장애, 노령, 그 밖의 사유로 인한 정신적 제약으로 사무를 처리할 능력이 부족한 경우이다'(민법 제12조[108] 제1항). 그리고 특정후견제도의 요건은 '피특정후견인이 질병, 장애, 노령, 그 밖의 사유로 인한 정신적 제약으로 일시적 후원 또는 특정한 사무에 관한 후원이 필요한 경우이다'(민법 제14조의 2[109] 제1항). 성년후견제도와 한정후견제도가 피성년후견인과 피한정후견인의 사무의 전부 또는 일부에 대하여 지속적, 포괄적으로 돕는 제도이지만 특정후견제도는 피특정후견인의 특정한 문제의 해결을 위하여 개별적, 일시적, 일회적으로 활용하는 제도이다. 끝으로 후견계약제도는 사적 자치를 근거하는 제도이며, '질병, 장애, 노령, 그 밖의 사유로 인한 정신적 제약으로 사무를 처리할 능력이 부족한 상황에 있거나 부족하게 될 상황에 대비하여 자신의 재산관리 및 신상보호에 관한 사무의 전부 또는 일부를 다른 자에게 위탁하고, 그 위탁사무에 관하여 대리권을 수여하는 것을 내용으로 한다'(민법 제959조의14)[110].

107) 제9조 (성년후견개시의 심판) ① 가정법원은 질병, 장애, 노령, 그 밖의 사유로 인한 정신적 제약으로 사무를 처리할 능력이 지속적으로 결여된 사람에 대하여 본인, 배우자, 4촌 이내의 친족, 미성년후견인, 미성년후견감독인, 한정후견인, 한정후견감독인, 특정후견인, 특정후견감독인, 검사 또는 지방자치단체의 장의 청구에 의하여 성년후견개시의 심판을 한다. ② 가정법원은 성년후견개시의 심판을 할 때 본인의 의사를 고려하여야 한다.

108) 제12조 (한정후견개시의 심판) ① 가정법원은 질병, 장애, 노령, 그 밖의 사유로 인한 정신적 제약으로 사무를 처리할 능력이 부족한 사람에 대하여 본인, 배우자, 4촌 이내의 친족, 미성년후견인, 미성년후견감독인, 성년후견인, 성년후견감독인, 특정후견인, 특정후견감독인, 검사 또는 지방자치단체의 장의 청구에 의하여 한정후견개시의 심판을 한다. ② 한정후견개시의 경우에 제9조제2항을 준용한다.

109) 제14조의2 (특정후견의 심판) ① 가정법원은 질병, 장애, 노령, 그 밖의 사유로 인한 정신적 제약으로 일시적 후원 또는 특정한 사무에 관한 후원이 필요한 사람에 대하여 본인, 배우자, 4촌 이내의 친족, 미성년후견인, 미성년후견감독인, 검사 또는 지방자치단체의 장의 청구에 의하여 특정후견의 심판을 한다. ② 특정후견은 본인의 의사에 반하여 할 수 없다. ③ 특정후견의 심판을 하는 경우에는 특정후견의 기간 또는 사무의 범위를 정하여야 한다.

110) 제959조의14 (후견계약의 의의와 체결방법 등) ① 후견계약은 질병, 장애, 노령, 그 밖의 사유로 인한 정신적 제약으로 사무를 처리할 능력이 부족한 상황에 있거나 부족하게 될 상황에 대비하여 자신의 재산관리 및 신상보호에 관한 사무의 전부 또는 일부를 다른 자에게 위탁하고 그 위탁사무에 관하여 대리권을 수여하는 것을 내용으로 한다. ② 후견계약은 공정증서로 체결하여야 한다. ③ 후견계약은 가정법원이 임의후견감독인을 선임한 때부터 효력이 발생한다. ④ 가정법원, 임의후견인, 임의후견감독인 등은 후견계약을 이행·운영할 때 본인의 의사를 최대한 존중하여야 한다.

Ⅱ. 성년후견제도

1. 성년후견의 원인과 개시

(1) 성년후견의 원인

성년후견의 발생원인은 '질병, 장애, 노령, 그 밖의 사유로 인한 정신적 제약으로 사무를 처리할 능력이 지속적으로 결여 된 경우'이다(민법 제9조 제1항 전단).

(2) 성년후견의 개시

성년후견의 개시는 성년후견의 발생원인이 있는 경우에 본인, 배우자, 4촌 이내의 친족, 미성년후견인, 미성년후견감독인, 한정후견인, 한정후견감독인, 특정후견인, 특정후견감독인, 검사 또는 지방자치단체의 장의 청구에 의하여 가정법원이 성년후견개시의 심판을 한다'(민법 제9조 제1항). 다만 성년후견개시의 심판함에 있어서 본인의 의사를 고려하여야 한다(민법 제9조 제2항).

2. 성년후견인과 성년후견감독인

(1) 성년후견인의 선임

가정법원의 성년후견개시심판이 있는 경우에는 그 심판을 받은 사람의 성년후견인을 두어야 하기 때문에(민법 제929조).[111] 가정법원이 성년후견인을 선임할 때에는 피성년후견인의 의사를 존중하여야 하며, 그 밖에 피성년후견인의 건강, 생활관계, 재산상황, 성년후견인이 될 사람의 직업과 경험, 피성년후견인과의 이해관계의 유무 등의 사정도 고려하여야 한다(민법 제936조 제4항).

(2) 성년후견인의 수와 자격

성년후견인은 피성년후견인의 신상과 재산에 관하여 모든 상황을 고려하여 수

111) 제929조 (성년후견심판에 의한 후견의 개시) 가정법원의 성년후견개시심판이 있는 경우에는 그 심판을 받은 사람의 성년후견인을 두어야 한다.

인(數人)을 둘 수 있다(민법 제930조[112] 제2항). 성년후견인이 다수인 경우에 가정법원은 직권으로 여러 명의 성년후견인이 공동으로 또는 사무를 분장하여 그 권한을 행사하도록 정할 수 있고(제949조[113] 제1항), 직권으로 동조 제1항에 따른 결정을 변경하거나 취소할 수 있다(동조 제2항). 그리고 여러 명의 성년후견인이 공동으로 권한을 행사할 경우에 어느 성년후견인이 피성년후견인의 이익이 침해될 우려가 있음에도 법률행위의 대리 등 필요한 권한행사에 협력하지 아니할 때에는 피성년후견인, 성년후견인, 후견감독인 또는 이해관계인의 청구에 의하여 가정법원이 그 성년후견인의 의사표시를 갈음하는 재판을 할 수 있다(동조 제3항).

(3) 후견감독기관

개정전 민법에서는 후견인의 감독기관은 친족회였으나 개정민법에서는 친족회를 폐지하였기 때문에 성년후견감독제도를 신설하면서 성년후견감독인이 필요하거나 일정한 자의 청구를 통하여 가정법원이 선임할 수 있다(민법 제940조의 4[114] 제1항).

(4) 후견감독인의 선임과 임무

1) 후견감독인의 선임

가정법원은 필요하다고 인정하면 직권으로 또는 피성년후견인, 친족, 성년후견인, 검사, 지방자치단체의 장의 청구에 의하여 성년후견감독인을 선임할 수 있다(민법

---

112) 제930조 (후견인의 수와 자격) ① 미성년후견인의 수는 한 명으로 한다. ② 성년후견인은 피성년후견인의 신상과 재산에 관한 모든 사정을 고려하여 여러 명을 둘 수 있다. ③ 법인도 성년후견인이 될 수 있다.

113) 제949조의2 (성년후견인이 여러 명인 경우 권한의 행사 등) ① 가정법원은 직권으로 여러 명의 성년후견인이 공동으로 또는 사무를 분장하여 그 권한을 행사하도록 정할 수 있다. ② 가정법원은 직권으로 제1항에 따른 결정을 변경하거나 취소할 수 있다. ③ 여러 명의 성년후견인이 공동으로 권한을 행사하여야 하는 경우에 어느 성년후견인이 피성년후견인의 이익이 침해될 우려가 있음에도 법률행위의 대리 등 필요한 권한행사에 협력하지 아니할 때에는 가정법원은 피성년후견인, 성년후견인, 후견감독인 또는 이해관계인의 청구에 의하여 그 성년후견인의 의사표시를 갈음하는 재판을 할 수 있다.

114) 제940조의 4 (성년후견감독인의 선임) ① 가정법원은 필요하다고 인정하면 직권으로 또는 피성년후견인, 친족, 성년후견인, 검사, 지방자치단체의 장의 청구에 의하여 성년후견감독인을 선임할 수 있다. ② 가정법원은 성년후견감독인이 사망, 결격, 그 밖의 사유로 없게 된 경우에는 직권으로 또는 피성년후견인, 친족, 성년후견인, 검사, 지방자치단체의 장의 청구에 의하여 성년후견감독인을 선임한다.

제940조의 4 제1항). 또한 성년후견감독인이 사망, 결격, 그 밖의 사유로 없게 된 경우에는 직권으로 또는 피성년후견인, 친족, 성년후견인, 검사, 지방자치단체의 장의 청구에 의하여 가정법원이 성년후견감독인을 선임한다(민법 제940조의 4 제2항).

2) 성년후견감독인의 임무

첫째, 후견인의 사무를 감독하며, 후견인이 없는 경우 지체 없이 가정법원에 후견인의 선임을 청구하여야 한다(제940조의6)[115].

둘째, 후견감독인은 피후견인의 신상이나 재산에 대하여 긴급한 사정이 있는 경우 그의 보호를 위하여 필요한 행위 또는 처분을 할 수 있다(동조 제2항).

셋째 후견인과 피후견인 사이에 이해상반행위에 관하여는 후견감독인이 피후견인을 대리한다(동조 제3항).

3. 성년후견인의 임무

(1) 피성년후견인의 복리와 의사존중

성년후견인의 의무는 피성년후견인의 재산관리와 신상보호를 할 때 여러 사정을 고려하여 그의 복리에 부합하는 방법으로 사무를 처리하여야 하며, 이 경우에 성년후견인은 피성년후견인의 복리에 반하지 아니하면 피성년후견인의 의사를 존중하여야 한다(민법 제947조).[116] 반면에 가정법원은 피후견인의 복리를 위하여 후견인을 변경할 필요가 있다고 인정하면 직권으로 또는 피후견인, 친족, 후견감독인, 검사, 지방자치단체의 장의 청구에 의하여 후견인을 변경할 수 있다(민법 제940조).[117]

---

115) 제940조의6 (후견감독인의 직무) ① 후견감독인은 후견인의 사무를 감독하며, 후견인이 없는 경우 지체 없이 가정법원에 후견인의 선임을 청구하여야 한다. ② 후견감독인은 피후견인의 신상이나 재산에 대하여 급박한 사정이 있는 경우 그의 보호를 위하여 필요한 행위 또는 처분을 할 수 있다. ③ 후견인과 피후견인 사이에 이해가 상반되는 행위에 관하여는 후견감독인이 피후견인을 대리한다.

116) 제947조 (피성년후견인의 복리와 의사존중) 성년후견인은 피성년후견인의 재산관리와 신상보호를 할 때 여러 사정을 고려하여 그의 복리에 부합하는 방법으로 사무를 처리하여야 한다. 이 경우 성년후견인은 피성년후견인의 복리에 반하지 아니하면 피성년후견인의 의사를 존중하여야 한다.

117) 제940조 (후견인의 변경) 가정법원은 피후견인의 복리를 위하여 후견인을 변경할 필요가 있다고 인정하면 직권으로 또는 피후견인, 친족, 후견감독인, 검사, 지방자치단체의 장의 청구에 의하여 후견인을 변경할 수 있다.

(2) 성년후견인의 재산관리권과 법정대리권

① 후견인은 피후견인의 재산을 관리하고, 그 재산에 관한 법률행위에 대하여 피후견인을 대리한다(민법 제949조[118] 제1항). 다시 말하면, 성년후견인은 피성년후견인의 법정대리인이 되고(민법 제938조),[119] 가정법원은 성년후견인이 제1항에 따라 가지는 법정대리권의 범위를 정할 수 있다. 또한 가정법원은 성년후견인이 피성년후견인의 신상에 관하여 결정할 수 있는 권한의 범위를 정할 수 있다. 그리고 제2항 및 제3항에 따른 법정대리인의 권한의 범위가 적절하지 아니하게 된 경우에 본인, 배우자, 4촌 이내의 친족, 성년후견인, 성년후견감독인, 검사 또는 지방자치단체의 장의 청구에 의하여 가정법원이 그 범위를 변경할 수 있다.

② 후견인의 법정대리권의 행사에는 일정한 제한을 받을 수 있다. 즉, 그 자(子 : 미성년자)의 행위를 목적으로 하는 채무를 부담할 경우에는 본인의 동의를 얻어야 한다(민법 제920조). 또한 피성년후견인의 이익이 침해되는 경우, 즉 이해상반행위에 대하여는 특별대리인을 선임하여야 한다(민법 제921조).[120] 다만, 후견감독인이 있는 경우에는 그러하지 아니하다(민법 제949조의3).[121] 성년후견인이 중요한 법률행위를 하는 경우에 후견인의 감독기관으로서 후견감독인을 선임한 경우에 그의 동의를 받아야 한다(민법 제950조,[122] 제951조,[123] 제952조,[124] 제15조[125])).

---

118) 제949조 (재산관리권과 대리권) ① 후견인은 피후견인의 재산을 관리하고 그 재산에 관한 법률행위에 대하여 피후견인을 대리한다. ② 제920조 단서의 규정은 전항의 법률행위에 준용한다.

119) 제938조 (후견인의 대리권 등) ① 후견인은 피후견인의 법정대리인이 된다. ② 가정법원은 성년후견인이 제1항에 따라 가지는 법정대리권의 범위를 정할 수 있다. ③ 가정법원은 성년후견인이 피성년후견인의 신상에 관하여 결정할 수 있는 권한의 범위를 정할 수 있다. ④ 제2항 및 제3항에 따른 법정대리인의 권한의 범위가 적절하지 아니하게 된 경우에 가정법원은 본인, 배우자, 4촌 이내의 친족, 성년후견인, 성년후견감독인, 검사 또는 지방자치단체의 장의 청구에 의하여 그 범위를 변경할 수 있다.

120) 제921조 (친권자와 그 자간 또는 수인의 자간의 이해상반행위) ① 법정대리인인 친권자와 그 자사이에 이해상반되는 행위를 함에는 친권자는 법원에 그 자의 특별대리인의 선임을 청구하여야 한다. ② 법정대리인인 친권자가 그 친권에 따르는 수인의 자사이에 이해상반되는 행위를 함에는 법원에 그 자 일방의 특별대리인의 선임을 청구하여야 한다.

121) 제949조의3 (이해상반행위) 후견인에 대하여는 제921조를 준용한다. 다만, 후견감독인이 있는 경우에는 그러하지 아니하다.

122) 제950조 (후견감독인의 동의를 필요로 하는 행위) ① 후견인이 피후견인을 대리하여 다음 각 호의 어느 하나에 해당하는 행위를 하거나 미성년자의 다음 각 호의 어느 하나에 해당하는 행위에 동의를 할 때는 후견감독인이 있으면 그의 동의를 받아야 한다.

(3) 피성년후견인의 신상보호

피성년후견인은 자신의 신상에 관하여 그의 상태가 허락하는 범위에서 단독으로 결정하는 것을 원칙으로 한다(민법 제947조의2[126] 제1항). 그러나 성년후견인이 피성년후견인을 치료 등의 목적으로 정신병원이나 그 밖의 다른 장소에 격리하려는 경우에는 가정법원의 허가를 받아야 한다(민법 제947조의2 제2항). 그런데 성년후견인제도에서는 요보호인의 재산관리 이외도 신상에 관한 중요한 결정에 대하여 성년후견인이 도움이 필요하다. 따라서 피후견인의 신상

---

1. 영업에 관한 행위, 2. 금전을 빌리는 행위, 3. 의무만을 부담하는 행위, 4. 부동산 또는 중요한 재산에 관한 권리의 득실변경을 목적으로 하는 행위, 5. 소송행위, 6. 상속의 승인, 한정승인 또는 포기 및 상속재산의 분할에 관한 협의, ② 후견감독인의 동의가 필요한 행위에 대하여 후견감독인이 피후견인의 이익이 침해될 우려가 있음에도 동의를 하지 아니하는 경우에는 가정법원은 후견인의 청구에 의하여 후견감독인의 동의를 갈음하는 허가를 할 수 있다. ③ 후견감독인의 동의가 필요한 법률행위를 후견인이 후견감독인의 동의 없이 하였을 때에는 피후견인 또는 후견감독인이 그 행위를 취소할 수 있다.

123) 제951조 (피후견인의 재산 등의 양수에 대한 취소) ① 후견인이 피후견인에 대한 제3자의 권리를 양수하는 경우에는 피후견인은 이를 취소할 수 있다. ② 제1항에 따른 권리의 양수의 경우 후견감독인이 있으면 후견인은 후견감독인의 동의를 받아야 하고, 후견감독인의 동의가 없는 경우에는 피후견인 또는 후견감독인이 이를 취소할 수 있다.

124) 제952조 (상대방의 추인 여부 최고) 제950조 및 제951조의 경우에는 제15조를 준용한다.

125) 제15조 (제한능력자의 상대방의 확답을 촉구할 권리) ① 제한능력자의 상대방은 제한능력자가 능력자가 된 후에 그에게 1개월 이상의 기간을 정하여 그 취소할 수 있는 행위를 추인할 것인지 여부의 확답을 촉구할 수 있다. 능력자로 된 사람이 그 기간 내에 확답을 발송하지 아니하면 그 행위를 추인한 것으로 본다. ② 제한능력자가 아직 능력자가 되지 못한 경우에는 그의 법정대리인에게 제1항의 촉구를 할 수 있고, 법정대리인이 그 정하여진 기간 내에 확답을 발송하지 아니한 경우에는 그 행위를 추인한 것으로 본다. ③ 특별한 절차가 필요한 행위는 그 정하여진 기간 내에 그 절차를 밟은 확답을 발송하지 아니하면 취소한 것으로 본다.

126) 제947조의2 (피성년후견인의 신상결정 등) ① 피성년후견인은 자신의 신상에 관하여 그의 상태가 허락하는 범위에서 단독으로 결정한다. ② 성년후견인이 피성년후견인을 치료 등의 목적으로 정신병원이나 그 밖의 다른 장소에 격리하려는 경우에는 가정법원의 허가를 받아야 한다. ③ 피성년후견인의 신체를 침해하는 의료행위에 대하여 피성년후견인이 동의할 수 없는 경우에는 성년후견인이 그를 대신하여 동의할 수 있다. ④ 제3항의 경우 피성년후견인이 의료행위의 직접적인 결과로 사망하거나 상당한 장애를 입을 위험이 있을 때에는 가정법원의 허가를 받아야 한다. 다만, 허가절차로 의료행위가 지체되어 피성년후견인의 생명에 위험을 초래하거나 심신상의 중대한 장애를 초래할 때에는 사후에 허가를 청구할 수 있다. ⑤ 성년후견인이 피성년후견인을 대리하여 피성년후견인이 거주하고 있는 건물 또는 그 대지에 대하여 매도, 임대, 전세권 설정, 저당권 설정, 임대차의 해지, 전세권의 소멸, 그 밖에 이에 준하는 행위를 하는 경우에는 가정법원의 허가를 받아야 한다.

문제는 요양, 감호뿐만 아니라 사택에 감금이나 정신병원에 입원 등에 관하여 사전에 법원의 허가를 받아야 한다. 개정민법은 피성년후견인의 신체를 침해하는 의료행위에 대하여 피성년후견인이 동의할 수 없는 경우에는 성년후견인이 그를 대신하여 동의할 수 있다(민법 제947조의2 제3항). 그리고 피성년후견인이 의료행위의 직접적인 결과로 사망하거나 상당한 장애를 입을 위험이 있을 때에는 가정법원의 허가를 받아야 한다. 다만, 허가절차로 의료행위가 지체되어 피성년후견인의 생명에 위험을 초래하거나 심신상의 중대한 장애를 초래할 때에는 사후에 허가를 청구할 수 있다(민법 제947조의2 제4항). 끝으로 성년후견인이 피성년후견인을 대리하여 피성년후견인이 거주하고 있는 건물 또는 그 대지에 대하여 매도, 임대, 전세권 설정, 저당권 설정, 임대차의 해지, 전세권의 소멸, 그 밖에 이에 준하는 행위를 하는 경우에는 가정법원의 허가를 받아야 한다(민법 제947조의 2 제5항).

4. 성년후견의 종료

성년후견의 종료는 '성년후견개시의 원인이 소멸된 경우에는 가정법원은 본인, 배우자, 4촌 이내의 친족, 성년후견인, 성년후견감독인, 검사 또는 지방자치단체의 장의 청구에 의하여 가정법원이 성년후견종료의 심판을 한다'(민법 제11조).[127].

Ⅲ. 한정후견제도

1. 한정후견의 원인과 개시

(1) 한정후견의 원인

한정후견의 발생원인은 질병, 장애, 노령, 그 밖의 사유로 인한 정신적 제약으로 사무를 처리할 능력이 부족한 경우이다(민법 제9조 제2항 전단).

127) 제11조 (성년후견종료의 심판) 성년후견개시의 원인이 소멸된 경우에는 가정법원은 본인, 배우자, 4촌 이내의 친족, 성년후견인, 성년후견감독인, 검사 또는 지방자치단체의 장의 청구에 의하여 성년후견종료의 심판을 한다.

(2) 한정후견의 개시

한정후견의 발생원인이 있는 경우에 본인, 배우자, 4촌 이내의 친족, 미성년후견인, 미성년후견감독인, 성년후견인, 성년후견감독인, 특정후견인, 특정후견감독인, 검사 또는 지방자치단체의 장의 청구에 의하여 가정법원이 한정후견을 심판함으로써 개시한다(민법 제12조[128) 제1항). 다만, 가정법원은 한정후견개시의 심판을 할 때 본인의 의사를 고려하여야 한다(민법 제9조 제2항).

2. 한정후견인과 한정후견감독인

한정후견인과 한정후견감독인은 기본적으로 성년후견인과 성년후견감독인과 같은 내용으로 파악하면 된다(민법 제959조의 3,[129) 제959조의 5[130)). 그러나 가정법원의 동의유보 심판이 있는 한도에서 한정후견인은 동의권을 가지므로 동의유보의 대상인 이해상반행위가 있는 경우에 한정후견감독인이 한정후견인을 대신하여 동의권을 갖는다(민법 제959조의 5 제2항, 제940조의 6[131) 제3항).

---

128) 제12조 (한정후견개시의 심판) ① 가정법원은 질병, 장애, 노령, 그 밖의 사유로 인한 정신적 제약으로 사무를 처리할 능력이 부족한 사람에 대하여 본인, 배우자, 4촌 이내의 친족, 미성년후견인, 미성년후견감독인, 성년후견인, 성년후견감독인, 특정후견인, 특정후견감독인, 검사 또는 지방자치단체의 장의 청구에 의하여 한정후견개시의 심판을 한다. ② 한정후견개시의 경우에 제9조 제2항을 준용한다.

129) 제959조의3 (한정후견인의 선임 등) ① 제959조의2에 따른 한정후견인은 가정법원이 직권으로 선임한다. ② 한정후견인에 대하여는 제930조제2항·제3항, 제936조제2항부터 제4항까지, 제937조, 제939조, 제940조 및 제949조의3을 준용한다.

130) 제959조의5 (한정후견감독인) ① 가정법원은 필요하다고 인정하면 직권으로 또는 피한정후견인, 친족, 한정후견인, 검사, 지방자치단체의 장의 청구에 의하여 한정후견감독인을 선임할 수 있다. ② 한정후견감독인에 대하여는 제681조, 제691조, 제692조, 제930조 제2항·제3항, 제936조 제3항·제4항, 제937조, 제939조, 제940조, 제940조의3 제2항, 제940조의5, 제940조의6, 제947조의2 제3항부터 제5항까지, 제949조의2, 제955조 및 제955조의2를 준용한다. 이 경우 제940조의6 제3항 중 '피후견인을 대리한다'는 '피한정후견인을 대리하거나 피한정후견인이 그 행위를 하는 데 동의한다'로 본다.

131) 제940조의6 (후견감독인의 직무) ① 후견감독인은 후견인의 사무를 감독하며, 후견인이 없는 경우 지체 없이 가정법원에 후견인의 선임을 청구하여야 한다. ② 후견감독인은 피후견인의 신상이나 재산에 대하여 급박한 사정이 있는 경우 그의 보호를 위하여 필요한 행위 또는 처분을 할 수 있다. ③ 후견인과 피후견인 사이에 이해가 상반되는 행위에 관하여는 후견감독인이 피후견인을 대리한다.

3. 한정후견인의 임무

(1) 피한정후견인의 복리와 의사존중

한정후견인은 피한정후견인의 재산관리와 신상보호를 할 때 여러 사정을 고려하여 그의 복리에 부합하는 방법으로 사무를 처리하여야 하고, 이 경우에 한정후견인은 피한정후견인의 복리에 반하지 아니하면 피한정후견인의 의사를 존중하여야 한다(민법 제947조).[132]

(2) 한정후견인의 재산관리

① 가정법원은 피한정후견인의 정신적 제약을 고려하여 피한정후견인이 한정후견인의 동의를 얻어서 하는 행위의 범위를 정할 수 있고(민법 제13조[133] 제1항)혹은 변경할 수도 있다(동조 제2항). 그래서 피한정후견인이 한정후견인의 동의 없이 법률행위를 한 경우에 한정후견인과 피한정후견인은 이를 취소할 수 있다(민법 제13조 제4항, 제140조[134])). 그러나 일상생활을 영위하기 위하여 필요하고, 그 대가가 과도하지 않는 행위는 취소할 수 없다(민법 제14조 제4항 단서, 제10조[135] 제4항).

132) 제947조 (피성년후견인의 복리와 의사존중) 성년후견인은 피성년후견인의 재산관리와 신상보호를 할 때 여러 사정을 고려하여 그의 복리에 부합하는 방법으로 사무를 처리하여야 한다. 이 경우 성년후견인은 피성년후견인의 복리에 반하지 아니하면 피성년후견인의 의사를 존중하여야 한다.

133) 제13조 (피한정후견인의 행위와 동의) ① 가정법원은 피한정후견인이 한정후견인의 동의를 받아야 하는 행위의 범위를 정할 수 있다. ② 가정법원은 본인, 배우자, 4촌 이내의 친족, 한정후견인, 한정후견감독인, 검사 또는 지방자치단체의 장의 청구에 의하여 제1항에 따른 한정후견인의 동의를 받아야만 할 수 있는 행위의 범위를 변경할 수 있다. ③ 한정후견인의 동의를 필요로 하는 행위에 대하여 한정후견인이 피한정후견인의 이익이 침해될 염려가 있음에도 그 동의를 하지 아니하는 때에는 가정법원은 피한정후견인의 청구에 의하여 한정후견인의 동의를 갈음하는 허가를 할 수 있다. ④ 한정후견인의 동의가 필요한 법률행위를 피한정후견인이 한정후견인의 동의 없이 하였을 때에는 그 법률행위를 취소할 수 있다. 다만, 일용품의 구입 등 일상생활에 필요하고 그 대가가 과도하지 아니한 법률행위에 대하여는 그러하지 아니하다.

134) 제140조 (법률행위의 취소권자) 취소할 수 있는 법률행위는 제한능력자, 착오로 인하거나 사기·강박에 의하여 의사표시를 한 자, 그의 대리인 또는 승계인만이 취소할 수 있다.

135) 제10조 (피성년후견인의 행위와 취소) ① 피성년후견인의 법률행위는 취소할 수 있다. ② 제1항에도 불구하고 가정법원은 취소할 수 없는 피성년후견인의 법률행위의 범위를 정할 수 있다. ③ 가정법원은 본인, 배우자, 4촌 이내의 친족, 성년후견인, 성년후견

또한 한정후견인은 피한정후견인에 대한 복리배려의무와 의사존중의 의무를 다하여 (민법 제959조의 6, 제949조) 피한정후견인의 법률행위에 대한 동의여부 및 취소여부를 결정하여야 한다. 그런데 한정후견인의 동의가 필요하는 데 한정후견인이 피한정후견인의 이익이 침해될 염려가 있는 경우에도 그 동의를 하지 않는 경우에는 가정법원에 의사표시를 대신하여 재판을 청구할 수 있다(민법 제13조 제3항).

② 가정법원은 한정후견인에게 대리권을 부여하는 심판을 할 수 있고(민법 제959조의 4[136] 제1항) 혹은 변경할 수도 있다(동조 제2항, 제938조[137] 제4항). 그리고 가정법원은 피한정후견인의 능력과 상태를 고려하여 한정후견인에게 법정대리권을 부여하는 심판을 할 수 있다. 이 경우에 한정후견인이 법정대리권을 부여받은 한도에서 피한정후견인의 법정대리인이다. 한편 한정후견인의 법정대리권의 행사 및 제한에 있어서는 기본적으로 성년후견인의 법정대리권과 같다(민법 제959조의 6).

(3) 피한정후견인의 신상보호

피한정후견인의 신상보호는 기본적으로 성년후견과 같다. 피한정후견인의 신상에 대한 결정은 피한정후견인의 상태가 이를 허락하는 범위에서 그가 단독으로 결정하지만(민법 제959조의 6, 제947조의 2[138] 제1항) 그가 결정할 수 없는 경우에

감독인, 검사 또는 지방자치단체의 장의 청구에 의하여 제2항의 범위를 변경할 수 있다. ④ 제1항에도 불구하고 일용품의 구입 등 일상생활에 필요하고 그 대가가 과도하지 아니한 법률행위는 성년후견인이 취소할 수 없다.

136) 제959조의4 (한정후견인의 대리권 등) ① 가정법원은 한정후견인에게 대리권을 수여하는 심판을 할 수 있다. ② 한정후견인의 대리권 등에 관하여는 제938조 제3항 및 제4항을 준용한다.

137) 제938조 (후견인의 대리권 등) ① 후견인은 피후견인의 법정대리인이 된다. ② 가정법원은 성년후견인이 제1항에 따라 가지는 법정대리권의 범위를 정할 수 있다. ③ 가정법원은 성년후견인이 피성년후견인의 신상에 관하여 결정할 수 있는 권한의 범위를 정할 수 있다. ④ 제2항 및 제3항에 따른 법정대리인의 권한의 범위가 적절하지 아니하게 된 경우에 가정법원은 본인, 배우자, 4촌 이내의 친족, 성년후견인, 성년후견감독인, 검사 또는 지방자치단체의 장의 청구에 의하여 그 범위를 변경할 수 있다.

138) 제947조의2 (피성년후견인의 신상결정 등) ① 피성년후견인은 자신의 신상에 관하여 그의 상태가 허락하는 범위에서 단독으로 결정한다. ② 성년후견인이 피성년후견인을 치료 등의 목적으로 정신병원이나 그 밖의 다른 장소에 격리하려는 경우에는 가정법원의 허가를 받아야 한다. ③ 피성년후견인의 신체를 침해하는 의료행위에 대하여 피성년후견인이 동의할 수 없는 경우에는 성년후견인이 그를 대신하여 동의할 수 있다. ④ 제3항의 경우 피성년후견인이 의료행위의 직접적인 결과로 사망하거나 상당한 장애를 입을 위험이 있을 때에는 가정법원의 허가를 받아야 한다. 다만, 허가절차로 의

가정법원은 한정후견인이 피한정후견인의 신상에 관하여 결정할 수 있는 권한의 범위를 정할 수 있고, 변경할 수도 있다(민법 제959조의 4 제2항, 제938조 제3항, 제4항). 피한정후견인의 중요한 신상결정에 관하여 가정법원의 허가에 의한 감독이 필요로 한다(민법 제959조의 6).

4. 한정후견의 종료

한정후견의 원인이 소멸한 경우에 본인, 배우자, 4촌 이내의 친족, 한정후견인, 한정후견감독인, 검사 또는 지방자치단체의 장의 청구에 의하여 가정법원이 심판함으로써 한정후견이 종료한다(민법 제14조).[139]

Ⅳ. 특정후견제도

1. 특정후견의 심판

(1) 특정후견의 개념

1) 특정한정후견의 원인

특정후견은 '질병, 장애, 노령, 그 밖의 사유로 인한 정신적 제약으로 일시적 후원 또는 특정한 사무에 관한 후원이 필요한 경우이다(민법 제14조의 2[140] 제1항 전단).

료행위가 지체되어 피성년후견인의 생명에 위험을 초래하거나 심신상의 중대한 장애를 초래할 때에는 사후에 허가를 청구할 수 있다. ⑤ 성년후견인이 피성년후견인을 대리하여 피성년후견인이 거주하고 있는 건물 또는 그 대지에 대하여 매도, 임대, 전세권 설정, 저당권 설정, 임대차의 해지, 전세권의 소멸, 그 밖에 이에 준하는 행위를 하는 경우에는 가정법원의 허가를 받아야 한다.

139) 제14조 (한정후견종료의 심판) 한정후견개시의 원인이 소멸된 경우에는 가정법원은 본인, 배우자, 4촌 이내의 친족, 한정후견인, 한정후견감독인, 검사 또는 지방자치단체의 장의 청구에 의하여 한정후견종료의 심판을 한다.

140) 제14조의2 (특정후견의 심판) ① 가정법원은 질병, 장애, 노령, 그 밖의 사유로 인한 정신적 제약으로 일시적 후원 또는 특정한 사무에 관한 후원이 필요한 사람에 대하여 본인, 배우자, 4촌 이내의 친족, 미성년후견인, 미성년후견감독인, 검사 또는 지방자치단체의 장의 청구에 의하여 특정후견의 심판을 한다. ② 특정후견은 본인의 의사에 반하여 할 수 없다. ③ 특정후견의 심판을 하는 경우에는 특정후견의 기간 또는 사무의 범위를 정하여야 한다.

2) 특별한정후견의 개시

특정한정후견의 발생원인이 있는 경우에 본인, 배우자, 4촌 이내의 친족, 미성년후견인, 미성년후견감독인, 검사 또는 지방자치단체의 장의 청구에 의하여 가정법원이 특정후견의 심판을 한다(민법 제14조의 2 제1항 후단). 그리고 특정후견의 심판을 하는 경우에는 특정후견의 기간 또는 사무의 범위를 정하여야 한다(동조 제3항). 다만, 특정후견은 본인의 의사에 반하여 할 수 없다(동조 제2항). 왜냐하면 특정후견제도는 지속적, 포괄적인 보호제도가 아니라 정신적 제약으로 사무를 처리할 능력이 결여되어 있거나 부족한 요보호자의 일시적 사무 또는 특정한 사무에 대하여 가정법원의 보호를 받는 제도이기 때문이다. 특정후견제도는 지속적이고, 포괄적인 보호제도인 성년후견제도나 한정후견제도처럼 적용되지 않고, 단순히 특정한 사무와 관련하여 일시적, 일회적으로 가정법원의 후견을 받는 제도이다. 그러나 특정후견제도는 성년후견제도나 한정후견제도의 개시의 원인에 있어서 차이가 있는 것은 아니다. 다시 말하면 성년후견제도나 한정후견제도의 요건에 충족하더라도 요보호자는 특정후견제도를 청구하여 후견을 받을 수 있다. 예를 들면, 요보호인이 상속재산분할이라는 특정한 사무에 대하여 특정후견인의 선임을 가정법원에 청구할 수 있다.

2. 특정후견제도에 다른 보호조치

(1) 가정법원의 처분

가정법원은 피특정후견인을 보호하기 위하여 필요한 처분을 명할 수 있다(민법 제959조의 8).[141] 즉, 가정법원은 피특정후견인의 사무를 처리하기 위하여 관계인에게 특정행위를 명하거나 부작위를 명하는 등의 방법으로 사무처리에 필요한 처분을 할 수 있다. 이러한 처분은 피특정후견인의 재산관리 또는 신상보호에 관하여 할 수도 있다.

(2) 특정후견인과 특정후견감독인의 선임

① 가정법원은 특정후견에 의한 처분으로 피특정후견인을 후원하거나 대리하기

141) 제959조의8 (특정후견에 따른 보호조치) 가정법원은 피특정후견인의 후원을 위하여 필요한 처분을 명할 수 있다.

위하여 특정후견인을 선임할 수 있다(민법 제959조의 9[142] 제1항). 선임된 특정후견인은 피특정후견인을 보좌하고, 후원하는 임무를 수행하며, 그의 복리를 배려하고, 의사를 존중할 의무가 있다(민법 제959조의 12, 제947조). 그리고 사무처리의 성질에 따라 특정후견인이 피특정후견인을 대리할 필요가 있으며, 그런 경우에 가정법원은 기간 또는 범위를 특정하여 특정후견인에게 대리권을 부여하는 심판을 할 수 있다(민법 제959조의 11[143] 제1항). 그 범위에서 특정후견인은 피특정후견인의 법정대리인이 된다. 여기서 대리권은 피특정후견인의 재산상 법률행위는 물론 경우에 따라서는 신상에 관한 결정도 포함한다(의식이 없는 상태에서 수술이 반드시 필요한 경우 등).

② **가정법원은 필요하다고 인정된 경우에 직권으로 또는 피특정후견인, 친족, 특정후견인, 검사, 지방자치단체의 장의 청구에 의하여 특정후견감독인을 선임할 수 있다**(민법 제959조의 10[144] 제1항). 그의 선임과 권한은 성년후견감독인에 준한다(동조 제2항, 제959조의 12).

특정후견인이 피특정후견인의 법정대리권을 부여받은 경우에 그의 법정대리권 행사에 대하여 가정법원은 일정한 감독을 할 수 있다. 예컨대 가정법원은 특정후견인의 대리권 행사에 대하여 가정법원 또는 특정후견감독인의 동의를 받도록 명할 수 있다(민법 제959조의 11[145] 제2항). 그리고 특정후견인이 피특정후견인의 행위를 목적으로 하는 채무를 부담하는 법률행위를 대리하는 경우에 본인의 동의를 얻어야 한다(민법 제959조의 12, 제920조).

---

142) 제959조의9 (특정후견인의 선임 등) ① 가정법원은 제959조의8에 따른 처분으로 피특정후견인을 후원하거나 대리하기 위한 특정후견인을 선임할 수 있다. ② 특정후견인에 대하여는 제930조 제2항·제3항, 제936조 제2항부터 제4항까지, 제937조, 제939조 및 제940조를 준용한다.

143) 제959조의11 (특정후견인의 대리권) ① 피특정후견인의 후원을 위하여 필요하다고 인정하면 가정법원은 기간이나 범위를 정하여 특정후견인에게 대리권을 수여하는 심판을 할 수 있다. ② 제1항의 경우 가정법원은 특정후견인의 대리권 행사에 가정법원이나 특정후견감독인의 동의를 받도록 명할 수 있다.

144) 제959조의10 (특정후견감독인) ① 가정법원은 필요하다고 인정하면 직권으로 또는 피특정후견인, 친족, 특정후견인, 검사, 지방자치단체의 장의 청구에 의하여 특정후견감독인을 선임할 수 있다. ② 특정후견감독인에 대하여는 제681조, 제691조, 제692조, 제930조 제2항·제3항, 제936조 제3항·제4항, 제937조, 제939조, 제940조, 제940조의5, 제940조의6, 제949조의2, 제955조 및 제955조의2를 준용한다.

145) 제959조의11 (특정후견인의 대리권) ① 피특정후견인의 후원을 위하여 필요하다고 인정하면 가정법원은 기간이나 범위를 정하여 특정후견인에게 대리권을 수여하는 심판을 할 수 있다. ② 제1항의 경우 가정법원은 특정후견인의 대리권 행사에 가정법원이나 특정후견감독인의 동의를 받도록 명할 수 있다.

3. 특정후견의 종료

특정후견제도는 지속적인 것이 아닌 특정적 보호제도이므로 특정후견제도를 통하여 처리되는 사무의 성질에 의하여 특정후견의 개시와 종료도 정해지게 될 것이다. 따라서 특정후견을 심판할 경우에 특정후견의 기간이나 사무의 범위를 정해야 한다(민법 제14조의 2 제3항). 따라서 가정법원은 특정후견의 심판을 통하여 이에 필요한 처분을 명하거나 특정후견을 선임하고, 이후 기간의 경과 또는 사무처리의 종결을 통하여 특정후견은 종료하게 된다(민법 제959조의 13).[146)]

V. 후견계약

1. 후견계약(임의후견)

(1) 후견계약의 의의

후견계약은 질병, 장애, 노령, 그 밖의 사유로 인한 정신적 제약으로 사무를 처리할 능력이 부족한 상황에 있거나 부족하게 될 상황에 대비하여 자신의 재산관리 및 신상보호에 관한 사무의 전부 또는 일부를 다른 자에게 위탁하고, 그 위탁사무에 관하여 대리권을 수여하는 것을 내용으로 한다(민법 제959조의14 제1항).[147)] 후견계약은 사적 자치원칙에 따라 체결할 수 있으므로 일종의 위임계약(민법 제680조)[148)]이며, 계약의 내용이 사무처리를 한다는 점에 있다. 따라서 후견계약은 임의후견이라고 한다. 임의후견은 계약을 통하여 다수의 임의후견인을 선임하여 사무처리를 하게 할 수 있으며, 다수의 임의후견인들 사이에는 특별하게 공동대리를

---

146) 제959조의 13 (특정후견인의 임무의 종료 등) 특정후견인의 임무가 종료한 경우에 관하여는 제691조, 제692조, 제957조 및 제958조를 준용한다.

147) 제959조의14 (후견계약의 의의와 체결방법 등) ① 후견계약은 질병, 장애, 노령, 그 밖의 사유로 인한 정신적 제약으로 사무를 처리할 능력이 부족한 상황에 있거나 부족하게 될 상황에 대비하여 자신의 재산관리 및 신상보호에 관한 사무의 전부 또는 일부를 다른 자에게 위탁하고 그 위탁사무에 관하여 대리권을 수여하는 것을 내용으로 한다. ② 후견계약은 공정증서로 체결하여야 한다. ③ 후견계약은 가정법원이 임의후견감독인을 선임한 때부터 효력이 발생한다. ④ 가정법원, 임의후견인, 임의후견감독인 등은 후견계약을 이행·운영할 때 본인의 의사를 최대한 존중하여야 한다.

148) 제680조 (위임의 의의) 위임은 당사자일방이 상대방에 대하여 사무의 처리를 위탁하고 상대방이 이를 승낙함으로써 그 효력이 생긴다.

정하지 않은 경우에는 각자가 단독대리가 원칙이다(민법 제119조).[149]

(2) 후견계약의 성립

후견계약은 요보호인인 본인과 임의후견인인 상대방(법인도 포함) 사이에 계약을 체결함으로써 성립한다. 그런데 후견계약은 본인의 재산상 법률행위와 신상에 관한 사무처리를 내용으로 하기 때문에 본인의 생활에 큰 영향을 줄 수 있으므로 후견계약은 일정한 방식인 공정증서를 통하여 체결하는 요식행위이다(민법 제959조의 14 제2항). 또한 후견계약은 당사자 본인이 의사능력이 있어야 체결이 가능하다. 만약 계약 당사자인 본인이 의사능력이 없으면 그 후견계약은 무효이다. 그리고 후견계약은 대리를 통하여 체결이 원칙적으로 가능하다. 다만, 가정법원은 후견계약감독인의 선임절차를 통하여 그 내용의 적절성을 엄격하게 심사하면 될 것이다.

(3) 후견계약의 효력발생시기

후견계약의 효력발생시기는 계약자유의 원칙에 따라 원칙적으로 당사자들 사이에 체결한 후견계약을 통하여 발생한다. 그런데 문제가 되는 것은 계약 당시에 요보호인이 후견계약을 체결할 수 있는 의사능력이 있느냐에 좌우된다. 개정민법에서는 후견계약은 가정법원이 임의후견감독인을 선임한 때부터 효력이 발생한다(민법 제959조의14[150] 제3항)고 규정하고 있다. 따라서 후견계약을 계약당사자 사이에 체결하였어도 가정법원이 후견계약감독인을 선임할 때까지는 후견계약의 효력이 발생하지 않는다. 그러므로 후견계약감독인의 선임은 후견계약에 대하여 법률이 부과하는 일종의 법정조건이라고 할 수 있다.

그런데 임의후견인에게 후견인의 결격사유가(민법 제937조)[151] 있는 경우에 본

---

149) 제119조 (각자대리) 대리인이 수인인 때에는 각자가 본인을 대리한다. 그러나 법률 또는 수권행위에 다른 정한 바가 있는 때에는 그러하지 아니하다.

150) 제959조의14 (후견계약의 의의와 체결방법 등) ① 후견계약은 질병, 장애, 노령, 그 밖의 사유로 인한 정신적 제약으로 사무를 처리할 능력이 부족한 상황에 있거나 부족하게 될 상황에 대비하여 자신의 재산관리 및 신상보호에 관한 사무의 전부 또는 일부를 다른 자에게 위탁하고 그 위탁사무에 관하여 대리권을 수여하는 것을 내용으로 한다. ② 후견계약은 공정증서로 체결하여야 한다. ③ 후견계약은 가정법원이 임의후견감독인을 선임한 때부터 효력이 발생한다. ④ 가정법원, 임의후견인, 임의후견감독인 등은 후견계약을 이행·운영할 때 본인의 의사를 최대한 존중하여야 한다.

151) 제937조 (후견인의 결격사유) 다음 각 호의 어느 하나에 해당하는 자는 후견인이 되지

인을 보호하기 위하여 가정법원은 임의후견감독인을 선임하지 않으므로써 후견계약의 효력발생을 저지할 수 있다(민법 제959조의17[152] 제1항). 그리고 후견계약이 체결되고, 가정법원이 후견감독인을 선임하였을지라도 절대적 무효사유, 즉 의사무능력, 공공질서의 위반 등이 있는 경우에 후견계약은 무효이다.

(4) 후견계약의 철회

후견계약은 계약 당사자의 입장에서 요보호인의 재산과 신상에 관한 것이고, 임의후견인에게는 본인의 재산과 신상에 관하여 주의의무를 다하여야 한다. 그런데 이런 후견계약의 효력이 발생하기전에 이 계약을 철회할 수 있느냐가 문제된다. 아직 후견계약이 발생하지 않은 경우에 후견계약은 철회하여도 문제가 되지 않는다. 다만 후견계약을 철회함에 있어서 임의후견감독인의 선임 전에는 본인 또는 임의후견인은 언제든지 공증인의 인증을 받은 서면으로 후견계약의 의사표시를 철회할 수 있다는 요식행위를 요구하고 있다(민법 제959조의18[153] 제1항).

2. 임의후견감독인

(1) 임의후견감독인의 선임

후견계약이 가족관계등록부에 등기되어 있고, 본인이 사무를 처리할 능력이 부족한 상황에 있다고 인정할 때에는 본인, 배우자, 4촌 이내의 친족, 임의후견인, 검

못한다. 1. 미성년자, 2. 피성년후견인, 피한정후견인, 피특정후견인, 피임의후견인, 3. 회생절차개시결정 또는 파산선고를 받은 자, 4. 자격정지 이상의 형의 선고를 받고 그 형기(형기) 중에 있는 사람, 5. 법원에서 해임된 법정대리인, 6. 법원에서 해임된 성년후견인, 한정후견인, 특정후견인, 임의후견인과 그 감독인, 7. 행방이 불분명한 사람, 8. 피후견인을 상대로 소송을 하였거나 하고 있는 자 또는 그 배우자와 직계혈족

152) 제959조의17 (임의후견개시의 제한 등) ① 임의후견인이 제937조 각 호에 해당하는 자 또는 그 밖에 현저한 비행을 하거나 후견계약에서 정한 임무에 적합하지 아니한 사유가 있는 자인 경우에는 가정법원은 임의후견감독인을 선임하지 아니한다. ② 임의후견감독인을 선임한 이후 임의후견인이 현저한 비행을 하거나 그 밖에 그 임무에 적합하지 아니한 사유가 있게 된 경우에는 가정법원은 임의후견감독인, 본인, 친족, 검사 또는 지방자치단체의 장의 청구에 의하여 임의후견인을 해임할 수 있다.

153) 제959조의18 (후견계약의 종료) ① 임의후견감독인의 선임 전에는 본인 또는 임의후견인은 언제든지 공증인의 인증을 받은 서면으로 후견계약의 의사표시를 철회할 수 있다. ② 임의후견감독인의 선임 이후에는 본인 또는 임의후견인은 정당한 사유가 있는 때에만 가정법원의 허가를 받아 후견계약을 종료할 수 있다.

사 또는 지방자치단체의 장의 청구에 의하여 가정법원이 임의후견감독인을 선임한다(민법 제959조의15[154] 제1항). 후견계약이 체결된 경우에 본인이 아닌 자의 청구에 의하여 가정법원이 임의후견감독인을 선임할 때에는 미리 본인의 동의를 받아야 한다. 다만, 본인이 의사를 표시할 수 없는 때에는 그러하지 아니하다(동조 제2항). 또한 임의후견감독인이 없게 된 경우에 가정법원은 직권으로 또는 본인, 친족, 임의후견인, 검사 또는 지방자치단체의 장의 청구에 의하여 임의후견감독인을 선임한다(동조 제3항). 그리고 임의후견임감독인이 선임된 경우에도 필요하다고 인정하면 직권으로 또는 제3항의 청구권자의 청구에 의하여 가정법원이 임의후견감독인을 추가로 선임할 수 있다(동조 제4항). 다만 민법 제779조[155] 가족에 해당한 자는 임의후견감독인이 될 수 없다(민법 제940조의5).

(2) 임의후견감독인의 임무

임의후견감독인은 임의후견인의 사무를 감독하며, 그 사무에 관하여 가정법원에 정기적으로 보고하여야 한다(민법 제959조의16[156] 제1항). 가정법원은 필요하다고 인정하면 임의후견감독인에게 감독사무에 관한 보고를 요구할 수 있고, 임의후견인의 사무 또는 본인의 재산상황에 대한 조사를 명하거나 그 밖에 임의후견감독

---

154) 제959조의15 (임의후견감독인의 선임) ① 가정법원은 후견계약이 등기되어 있고, 본인이 사무를 처리할 능력이 부족한 상황에 있다고 인정할 때에는 본인, 배우자, 4촌 이내의 친족, 임의후견인, 검사 또는 지방자치단체의 장의 청구에 의하여 임의후견감독인을 선임한다. ② 제1항의 경우 본인이 아닌 자의 청구에 의하여 가정법원이 임의후견감독인을 선임할 때에는 미리 본인의 동의를 받아야 한다. 다만, 본인이 의사를 표시할 수 없는 때에는 그러하지 아니하다. ③ 가정법원은 임의후견감독인이 없게 된 경우에는 직권으로 또는 본인, 친족, 임의후견인, 검사 또는 지방자치단체의 장의 청구에 의하여 임의후견감독인을 선임한다. ④ 가정법원은 임의후견임감독인이 선임된 경우에도 필요하다고 인정하면 직권으로 또는 제3항의 청구권자의 청구에 의하여 임의후견감독인을 추가로 선임할 수 있다. ⑤ 임의후견감독인에 대하여는 제940조의5를 준용한다.

155) 제779조 (가족의 범위) ① 다음의 자는 가족으로 한다. 1. 배우자, 직계혈족 및 형제자매, 2. 직계혈족의 배우자, 배우자의 직계혈족 및 배우자의 형제자매, ② 제1항 제2호의 경우에는 생계를 같이 하는 경우에 한한다.

156) 제959조의16 (임의후견감독인의 직무 등) ① 임의후견감독인은 임의후견인의 사무를 감독하며 그 사무에 관하여 가정법원에 정기적으로 보고하여야 한다. ② 가정법원은 필요하다고 인정하면 임의후견감독인에게 감독사무에 관한 보고를 요구할 수 있고 임의후견인의 사무 또는 본인의 재산상황에 대한 조사를 명하거나 그 밖에 임의후견감독인의 직무에 관하여 필요한 처분을 명할 수 있다. ③ 임의후견감독인에 대하여는 제940조의6 제2항·제3항, 제940조의7 및 제953조를 준용한다.

인의 직무에 관하여 필요한 처분을 명할 수 있다(동조 제2항). 또한 임의후견감독인은 긴급한 경우에 성년후견감독인처럼 필요한 처분을 할 수 있고, 이해상반된 행위에 대하여 본인을 대리한다(동조 제3항).

3. 후견계약의 해지

(1) 정당한 사유

후견계약의 효력이 발생한 후에 계약에 따라 본인과 임의후견인은 계약의 내용에 따라 권리의무를 부담하고, 일방적 의사표시를 통하여 계약을 해지할 수 없는 것이 원칙이다. 왜냐하면 후견계약은 본인의 재산과 신상에 관한 사무의 내용을 처리하는 것이기 때문에 임의해지의 경우에 본인의 복리에 반할 염려가 있다. 따라서 후견계약의 해지에 일정한 제한을 두고 있다. 즉 임의후견감독인의 선임 이후에는 본인 또는 임의후견인은 정당한 사유가 있는 때에만 가정법원의 허가를 받아 후견계약을 종료할 수 있다(민법 제959조의18[157] 제2항). 여기서 정당한 사유라함은 후견계약의 당사자 일방에 대하여 후견계약의 존속과 후견사무의 계속을 더 이상 기대하기가 어려운 중대한 사정을 말한다. 예건대, 임의후견인이 파산선고를 받거나 중대한 질병, 기타 후견인의 행방불명 등을 들 수 있을 것이다.

(2) 임의후견인의 비행 등

임의후견감독인을 선임한 이후 임의후견인이 현저한 비행을 하거나 그 밖에 그 임무에 적합하지 아니한 사유가 있게 된 경우에는 임의후견감독인, 본인, 친족, 검사 또는 지방자치단체의 장의 청구에 의하여 가정법원이 임의후견인을 해임할 수 있다(민법 제959조의17[158] 제2항).

---

157) 제959조의18 (후견계약의 종료) ① 임의후견감독인의 선임 전에는 본인 또는 임의후견인은 언제든지 공증인의 인증을 받은 서면으로 후견계약의 의사표시를 철회할 수 있다. ② 임의후견감독인의 선임 이후에는 본인 또는 임의후견인은 정당한 사유가 있는 때에만 가정법원의 허가를 받아 후견계약을 종료할 수 있다.

158) 제959조의17 (임의후견개시의 제한 등) ① 임의후견인이 제937조 각 호에 해당하는 자 또는 그 밖에 현저한 비행을 하거나 후견계약에서 정한 임무에 적합하지 아니한 사유가 있는 자인 경우에는 가정법원은 임의후견감독인을 선임하지 아니한다. ② 임의후견감독인을 선임한 이후 임의후견인이 현저한 비행을 하거나 그 밖에 그 임무에 적합하

4. 해지의 효과

후견계약의 해지의 효과는 본인과 임의후견인의 권리의무에 관하여 장래에 향하여 소멸한다. 임의후견인의 대리권 소멸은 가족관계등록부에 등기하지 아니하면 선의의 제3자에게 대항할 수 없다(민법 제959조의19)[159].

5. 법정후견의 보충성

임의후견은 본인이 계약을 통하여 본인의 후견사무를 처리하는 방법으로 본인이 후견계약을 체결하는 것은 사적 자치원칙에 따라 타당하다. 따라서 사적 자치원칙에 따라 당사자 사이에 후견계약이 체결된 경우에는 임의후견제도가 법정후견보다 우선 적용된다. 따라서 법정후견제도는 임의후견계약이 체결되지 아니한 경우에 보충적으로 적용된다. 개정민법에서도 후견계약이 가족관계등록부에 등기되어 있는 경우에 본인의 이익을 위하여 특별히 필요할 때에만 임의후견인 또는 임의후견감독인의 청구에 의하여 가정법원이 성년후견, 한정후견 또는 특정후견의 심판을 할 수 있다. 이 경우 후견계약은 본인이 성년후견 또는 한정후견 개시의 심판을 받은 때 종료된다(민법 제959조의20[160] 제2항). 다만 본인의 복리를 고려하여 임의후견제도보다는 법정후견제도가 보다 합리적인 경우에 법정후견제도가 적용되도록 하고 있다. 개정민법에서 성년후견 또는 한정후견 조치의 계속이 본인의 이익을 위하여 특별히 필요하다고 인정되면 가정법원은 임의후견감독인을 선임하지 않으므로써(동조 제2항 단서) 후견계약의 효력발생을 저지한다.

지 아니한 사유가 있게 된 경우에는 가정법원은 임의후견감독인, 본인, 친족, 검사 또는 지방자치단체의 장의 청구에 의하여 임의후견인을 해임할 수 있다.

159) 제959조의19 (임의후견인의 대리권 소멸과 제3자와의 관계) 임의후견인의 대리권 소멸은 등기하지 아니하면 선의의 제3자에게 대항할 수 없다.

160) 제959조의20 (후견계약과 성년후견·한정후견·특정후견의 관계) ① 후견계약이 등기되어 있는 경우에는 가정법원은 본인의 이익을 위하여 특별히 필요할 때에만 임의후견인 또는 임의후견감독인의 청구에 의하여 성년후견, 한정후견 또는 특정후견의 심판을 할 수 있다. 이 경우 후견계약은 본인이 성년후견 또는 한정후견 개시의 심판을 받은 때 종료된다. ② 본인이 피성년후견인, 피한정후견인 또는 피특정후견인인 경우에 가정법원은 임의후견감독인을 선임함에 있어서 종전의 성년후견, 한정후견 또는 특정후견의 종료 심판을 하여야 한다. 다만, 성년후견 또는 한정후견 조치의 계속이 본인의 이익을 위하여 특별히 필요하다고 인정하면 가정법원은 임의후견감독인을 선임하지 아니한다.

Ⅵ. 성년후견의 공시

성년후견제도의 공시는 가족관계등록부에 등록하는 것이 효율적이고 합리적이다. 다만 성년후견과 관련한 증명서의 발급권자는 엄격하게 제하는 하는 것이 가족관계등록에 관한 법률 취지에도 타당할 것이다.

제4항 무능력자의 상대방의 보호

Ⅰ. 상대방의 보호의 필요성

1) 무능력자의 법률행위는 취소할 수 있다. 무능력자가 행한 취소할 수 있는 법률행위의 효력은 취소권자의 일방적인 취소권의 행사를 통하여 그 법률행위의 효력여부가 결정된다. 즉, 취소권자가 취소하면 효력이 상실하게 되고, 취소하지 않으면 일정한 기간의 경과함으로써 그 법률행위는 유효하게 된다. 이처럼 취소할 수 있는 법률행위는 취소권자의 의사에 의하여 효력여부가 좌우된다. 또한 무능력자가 행한 법률행위를 취소할 수 있는 자는 무능력자 자신과 그의 법정대리인이다(민법 제140조).[161] 이상과 같이 무능력자의 법률행위는 취소할 수 있을 뿐만 아니라 그 취소권도 무능력자 쪽만 가지고 있다. 또한 그 행사도 자유이기 때문에 무능력자와 거래한 상대방은 스스로 그 거래행위의 구속으로부터 벗어나지 못하고, 전적으로 무능력자 쪽의 의사에 의하여 법률행위의 효력이 좌우되고, 불확정한 상태에 놓이게 된다. 그리고 취소의 효과는 소급효(遡及效)가 있기 때문에 무능력자 편에서 법률행위를 취소하면 처음부터 효력이 상실하게 되어 무효(無效)와 같은 효과가 된다(민법 제141조).[162] 따라서 무능력자와 거래한 상대방은 물론 그 상대방과 새로이 거래한 제3자도 불안한 지위에 놓이게 되어 거래의 안전을 위협하게 된다. 결국 무능력자제도는 무능력자와 거래한 상대방 및 그 상대방과 거래한 제3자는 무능력자의 보호를 위하여 희생되어야 한다.

---

161) 제140조 (법률행위의 취소권자) 취소할 수 있는 법률행위는 제한능력자, 착오로 인하거나 사기·강박에 의하여 의사표시를 한 자, 그의 대리인 또는 승계인만이 취소할 수 있다.

162) 제141조 (취소의 효과) 취소된 법률행위는 처음부터 무효인 것으로 본다. 다만, 제한능력자는 그 행위로 인하여 받은 이익이 현존하는 한도에서 상환(償還)할 책임이 있다.

2) 무능력자와 거래한 상대방을 보호하고, 거래의 안전을 위하여 취소할 수 있는 법률행위의 효력을 가능한 빨리 확정시키는 것이 필요하다. 그래서 민법은 무능력자의 상대방을 보호하기 위하여 민법에서 취소할 수 있는 법률행위의 일반에 관하여 취소권의 단기소멸기간(민법 제146조)과[163] 법정추인제도를(민법 제145조)[164] 두고 있다. 그러나 취소권의 소멸기간은 비교적 장기간이어서 거래상대방을 보호하는 제도로서는 큰 역할을 하지 못한다. 또한 법정추인제도는 예외적인 현상이기 때문에 그 실효성이 없다. 무능력을 이유로 취소할 수 있는 법률행위에 대하여 무능력자와 거래한 상대방을 보호하기 위하여 다음과 같은 3가지의 제도, 즉 상대방의 최고권(催告權)(민법 제15조)과[165] 철회권(撤回權)(민법 제16조[166] 제1항) 그리고 거절권(拒絶權)(제16조 제2항)을 두고 있다. 또한 일정한 경우에 무능력자 쪽의 취소권을 배제하는 제도를 두고 있다(민법 제17조).[167]

---

163) 제146조 (취소권의 소멸) 취소권은 추인할 수 있는 날로부터 3년 내에 법률행위를 한 날로부터 10년내에 행사하여야 한다.

164) 제145조 (법정추인) 취소할 수 있는 법률행위에 관하여 전조의 규정에 의하여 추인할 수 있는 후에 다음 각 호의 사유가 있으면 추인한 것으로 본다. 그러나 이의를 보류한 때에는 그러하지 아니하다. 1. 전부나 일부의 이행, 2. 이행의 청구, 3. 경개, 4. 담보의 제공, 5. 취소할 수 있는 행위로 취득한 권리의 전부나 일부의 양도, 6. 강제집행.

165) 제15조 (제한능력자의 상대방의 확답을 촉구할 권리) ① 제한능력자의 상대방은 제한능력자가 능력자가 된 후에 그에게 1개월 이상의 기간을 정하여 그 취소할 수 있는 행위를 추인할 것인지 여부의 확답을 촉구할 수 있다. 능력자로 된 사람이 그 기간 내에 확답을 발송하지 아니하면 그 행위를 추인한 것으로 본다. ② 제한능력자가 아직 능력자가 되지 못한 경우에는 그의 법정대리인에게 제1항의 촉구를 할 수 있고, 법정대리인이 그 정하여진 기간 내에 확답을 발송하지 아니한 경우에는 그 행위를 추인한 것으로 본다. ③ 특별한 절차가 필요한 행위는 그 정하여진 기간 내에 그 절차를 밟은 확답을 발송하지 아니하면 취소한 것으로 본다.

166) 제16조 (제한능력자의 상대방의 철회권과 거절권) ① 제한능력자가 맺은 계약은 추인이 있을 때까지 상대방이 그 의사표시를 철회할 수 있다. 다만, 상대방이 계약 당시에 제한능력자임을 알았을 경우에는 그러하지 아니하다. ② 제한능력자의 단독행위는 추인이 있을 때까지 상대방이 거절할 수 있다. ③ 제1항의 철회나 제2항의 거절의 의사표시는 제한능력자에게도 할 수 있다.

167) 제17조 (제한능력자의 속임수) ① 제한능력자가 속임수로써 자기를 능력자로 믿게 한 경우에는 그 행위를 취소할 수 없다. ② 미성년자나 피한정후견인이 속임수로써 법정대리인의 동의가 있는 것으로 믿게 한 경우에도 제1항과 같다.

Ⅱ. 상대방의 최고권

1. 최고권의 의의

일반적으로 '최고(催告)'라 함은 특정인(채권자)이 다른 특정인(채무자)에게 일정한 행위(이행, 급부 등)를 할 것을 요구하는 통지(通知)이다. 이러한 최고는 법률규정이 없어도 필요하면 언제든지 할 수 있다. 그런데 법률에 최고가 규정되어 있다면 법률규정에 의하여 법률효과가 발생한다. 무능력자의 거래의 상대방이 하는 최고는 무능력자 쪽에서 그 최고에 대하여 아무런 행위를 하지 않은 경우에도 일정한 법률효과가 발생한다(민법 제15조). 이처럼 무능력자의 상대방이 하는 최고는 일반, 보통의 최고와 달리 법률규정에 의하여 일정한 법률효과가 발생하기 때문에 일종의 무능력자의 상대방의 권리라고도 할 수 있다. 무능력자의 상대방의 최고는 상대방의 의사와 관계없이 상대방의 최고가 있는 경우에 법률규정에 의하여 효력이 발생하기 때문에 이를 '준법률행위'인 일종의 '의사통지(意思通知)'이다. 따라서 무능력자의 상대방이 가지는 최고권은 권리자의 일방적 의사표시를 통하여 법률관계의 변동이 발생하는 권리이므로 일종의 형성권이라고도 할 수 있다. 무능력자의 상대방이 가지는 최고권은 무능력자 쪽에 대하여 취소할 수 있는 법률행위에 대하여 취소(取消) 또는 추인(追認)하겠는 지의 여부에 대하여 확실한 의사표시를 할 것을 재촉하고, 이에 대하여 아무런 의사표시가 없는 경우에 법률규정에 따라서 취소 또는 추인의 효과가 발생한다(민법 제15조).

2. 최고의 요건

1) 무능력자의 상대방은 첫째, 1월 이상의 기간을 정하여, 둘째 그 취소할 수 있는 행위에 대하여, 셋째 추인여부의 확답을 최고하여야 한다(민법 제15조 제1항).

2) 최고의 상대방

최고의 상대방은 최고를 수령할 능력이 있어야 하고(민법 제112조),[168] 그리고

---

168) 제112조 (제한능력자에 대한 의사표시의 효력) 의사표시의 상대방이 의사표시를 받은 때에 제한능력자인 경우에는 의사표시자는 그 의사표시로써 대항할 수 없다. 다만, 그 상대방의 법정대리인이 의사표시가 도달한 사실을 안 후에는 그러하지 아니하다.

취소 또는 추인할 수 있는 자이어야 한다(동법 제140조, 제143조[169])). 따라서 무능력자가 능력자가 된 후이거나 그 법정대리인에게 최고하여야 한다(동법 제15조 제1항. 제2항).

3. 최고의 효과

거래상대방의 최고를 받은 무능력자 편에서 유예 내에 추인 또는 취소의 확답이라는 의사표시를 하면 각각의 의사표시의 효과가 생긴다. 그러나 이러한 효과는 추인 또는 취소라는 의사표시의 효과이지, 최고의 효과는 아니다. 최고의 효과는 유예 내에 확답의 의사표시가 없는 경우에 발생한다. 최고의 효과는 다음과 같다.

1) 무능력자가 능력자가 된 후에 그 내에 확답의 의사표시를 하지 않은 경우에 그 행위를 추인한 것으로 본다(민법 제15조 제1항). 따라서 유예이 지난 후에 취소의 의사표시를 발송하여도 추인의 효과가 발생한다.

2) 무능력자가 아직 능력자가 되지 못한 경우에 그 법정대리인에게 행한 최고는 법정대리인이 그 내에 확답을 발하지 아니한 때에는 그 행위를 추인한 것으로 본다(민법 제15조 제2항). 다만, 특별한 절차가 필요로 하는 행위는 그 내에 그 절차를 밟은 확답을 발하지 아니하면 취소한 것으로 본다(민법 제15조 제3항). 여기서 특별한 절차가 무엇을 의미하느냐에 관한 법정대리인이 후견인인 경우에 후견감독인의 동의를 필요로 하는 법률행위라는데(민법 제950조[170]) 제1항) 학설이 일치하고 있다.

---

169) 제143조 (추인의 방법, 효과) ① 취소할 수 있는 법률행위는 제140조에 규정한 자가 추인할 수 있고 추인 후에는 취소하지 못한다. ② 전조의 규정은 전항의 경우에 준용한다.

170) 제950조 (후견감독인의 동의를 필요로 하는 행위) ① 후견인이 피후견인을 대리하여 다음 각 호의 어느 하나에 해당하는 행위를 하거나 미성년자의 다음 각 호의 어느 하나에 해당하는 행위에 동의를 할 때는 후견감독인이 있으면 그의 동의를 받아야 한다. 1. 영업에 관한 행위, 2. 금전을 빌리는 행위, 3. 의무만을 부담하는 행위, 4. 부동산 또는 중요한 재산에 관한 권리의 득실변경을 목적으로 하는 행위, 5. 소송행위, 6. 상속의 승인, 한정승인 또는 포기 및 상속재산의 분할에 관한 협의, ② 후견감독인의 동의가 필요한 행위에 대하여 후견감독인이 피후견인의 이익이 침해될 우려가 있음에도 동의를 하지 아니하는 경우에는 가정법원은 후견인의 청구에 의하여 후견감독인의 동의를 갈음하는 허가를 할 수 있다. ③ 후견감독인의 동의가 필요한 법률행위를 후견인이 후견감독인의 동의 없이 하였을 때에는 피후견인 또는 후견감독인이 그 행위를 취소할 수 있다.

Ⅲ. 상대방의 철회권과 거절권

무능력자의 상대방의 최고는 1개월 이상의 유예을 두어야 하고, 또한 행위의 효력확정의 여부는 무능력자 쪽의 의사에 따라 좌우된다. 이처럼 무능력자의 상대방이 하는 최고제도는 상대방이 법률행위의 효력발생을 적극적으로 원하지 않을 경우에 유효한 제도라고 할 수 없다. 따라서 민법은 무능력자의 상대방에게 보다 더 적극적인 구제 방법으로 상대방에게 그 법률행위의 효력을 부인하고, 그 법률행위의 구속으로부터 벗어날 수 있는 제도로서 상대방에게 철회권(撤回權)과 거절권(拒絶權)을 인정하고 있다. 계약의 경우에 철회권을, 단독행위에 대하여는 거절권을 인정하여 그 법률행위의 효력을 부인하고 있다.

1. 철회권

무능력자와 체결한 계약은 무능력자 쪽에서 추인(追認)을 하기 전에 상대방이 그의 의사표시(意思表示)를 철회할 수 있다(민법 제16조[171] 제1항). 그러나 상대방이 계약 당시에 무능력자임을 알았을 때에는 철회권(撤回權)을 인정하지 않는다(동조 1항 단서). 이러한 경우까지 거래상대방을 보호할 필요가 없기 때문이다. 철회의 의사표시의 상대방은 법정대리인뿐만(민법 제16조 3항) 아니라 수령능력(受領能力)이 없는 무능력자에(민법 제112조) 대하여도 유효하다.

2. 거절권

무능력자의 단독행위(單獨行爲)에 대하여 추인이 있기 전에는 상대방이 거절할 수 있다(민법 제16조 제2항). 여기서 말하는 단독행위는 그 성질상 채무면제(債務免除)(민법 제506조),[172] 상계(相計)(동법 제493조)와[173] 같이 상대방 있는 단독행위를 의

---

171) 제16조 (제한능력자의 상대방의 철회권과 거절권) ① 제한능력자가 맺은 계약은 추인이 있을 때까지 상대방이 그 의사표시를 철회할 수 있다. 다만, 상대방이 계약 당시에 제한능력자임을 알았을 경우에는 그러하지 아니하다. ② 제한능력자의 단독행위는 추인이 있을 때까지 상대방이 거절할 수 있다. ③ 제1항의 철회나 제2항의 거절의 의사표시는 제한능력자에게도 할 수 있다.

172) 제506조 (면제의 요건, 효과) 채권자가 채무자에게 채무를 면제하는 의사를 표시한 때에는 채권은 소멸한다. 그러나 면제로써 정당한 이익을 가진 제삼자에게 대항하지 못한다.

미한다. 따라서 유언(遺言: 민법 제1060조),[174] 재단법인 설립행위(동법 제43조)와[175] 같은 상대방 없는 단독행위는 문제가 되지 않는다. 이처럼 상대방 없는 단독행위에 대하여 무능력자의 상대방이 거절권을 행사하면 그 행위는 무효가 된다.

거절권의 상대방은 철회권과 같이 법정대리인이나 무능력자 본인에게 하여도 그 의사표시의 효력이 발생한다(민법 제16조 제3항). 여기서 문제가 되는 것은 거절권의 행사에 있어서 무능력자의 상대방이 의사표시를 수령할 당시에 표의자가 무능력자임을 알았을 때에도 그 권리행사를 할 수 있느냐에 관하여 학설이 대립하지만 거절권행사가 가능하다는 견해가 더 합리적이라고 생각한다. 왜냐하면, 계약에 있어서 계약이 체결되기 위하여 계약당사자의 의사가 합의가 있어야 성립하기 때문이다. 따라서 철회권은 거래상대방이 의사표시자가 무능력자임을 알았을 경우에 무능력자의 상대방에게 철회권을 인정하지 않으나, 거절권은 일방적 의사표시에 의하여 효력이 발생하기 때문에 무능력자의 상대방은 단순히 무능력자의 의사표시를 수령할 뿐이기 때문에 무능력자의 상대방이 의사표시자가 무능력자임을 알았을지라도 거절권을 행사하는 것이 가능하다고 생각한다.

Ⅳ. 취소권의 배제

1. 취소권배제의 의의

무능력자가 상대방에게 자신이 능력자임을 믿게 하거나 또는 법정대리인의 동의가 있는 것처럼 믿게 하기 위하여 사술(詐術) 또는 기망행위(欺罔行爲)를 한 경우에(민법 제17조)[176] 그러한 무능력자를 보호할 필요가 있겠느냐이다. 이러한 경우에 무능력자의 상대방은 사기(詐欺)를 이유로 자기의 의사표시를 취소하거나(민법

---

173) 제493조 (상계의 방법, 효과) ① 상계는 상대방에 대한 의사표시로 한다. 이 의사표시에는 조건 또는 기한을 붙이지 못한다. ② 상계의 의사표시는 각 채무가 상계할 수 있는 때에 대등액에 관하여 소멸한 것으로 본다.

174) 제1060조 (유언의 요식성) 유언은 본법의 정한 방식에 의하지 아니하면 효력이 생하지 아니한다.

175) 제43조 (재단법인의 정관) 재단법인의 설립자는 일정한 재산을 출연하고 제40조제1호 내지 제5호의 사항을 기재한 정관을 작성하여 기명날인하여야 한다.

176) 제17조 (제한능력자의 속임수) ① 제한능력자가 속임수로써 자기를 능력자로 믿게 한 경우에는 그 행위를 취소할 수 없다. ② 미성년자나 피한정후견인이 속임수로써 법정대리인의 동의가 있는 것으로 믿게 한 경우에도 제1항과 같다.

제110조)[177] 또는 불법행위를 이유로 손해배상을 청구할 수 있을 것이다(동법 제750조).[178] 그러나 이러한 방법은 상대방보호에 불충분하기 때문에 민법은 보다 더 적극적으로 무능력자의 취소권을 배제하여 그 법률행위를 확정적으로 유효하게 함으로써 무능력자의 상대방이 본래 예상하였던 법률효과를 인정하여 거래의 안전을 도모하고 있다.

2. 취소권배제의 요건

1) 무능력자가 상대방에게 자신이 능력자임을 믿게 하거나 또는 법정대리인의 동의를 얻은 것으로 믿게 하여야 한다(민법 제17조). 여기서 법정대리인의 동의가 있는 것으로 믿게 하는 무능력자는 미성년자와 한정치산자만 해당한다. 왜냐하면 금치산자는 대리인의 동의가 있어도 단독으로 유효한 법률행위를 할 수 없기 때문에 금치산자의 법률행위는 취소만 할 수 있다. 다만 무능력자가 자신이 능력자임을 믿게 하는 경우에 금치산자도 포함한다. 예를 들면 금치산자가 자신이 한정치산자인데, 법정대리인의 동의가 있었다는 사술을 써서 법률행위를 할 때에 상대방이 그 사실을 믿고 법률행위를 하는 경우에 취소권을 배제한다.

2) 사술을 썼어야 한다. 즉 자신이 능력자이거나 법정대리인의 동의가 있었던 것처럼 믿게 하기 위하여 사술을 썼어야 한다. 여기서 어떤 것이 기망행위이냐에 관하여 학설과 판례는 달리한다. 다수설은 사술의 개념을 넓게 해석하여 적극적으로 부정한 기망수단을 쓰는 경우는 물론이고, 타인을 잘못 믿게 할 목적으로 보통사람을 오신(誤信)케 할만한 방법으로 오신을 유발 또는 오신을 강하게 하는 것도 사술을 쓴 것으로 본다. 이처럼 학설이 사술의 의미를 넓게 해석하여 무능력자 상대방과 선의 제3자 보호 및 거래의 안전을 도모하고 있다. 반면에 사술의 개념을 좁게 해석하는 판례는 무능력자 본인의 보호에 중점을 두고 있다. 즉, 판례는 사술로써 상대방으로 하여금 자신이 능력자임을 믿게 하기 위하여 적극적 수단을 써야한다는 입장이다.

---

177) 제110조 (사기, 강박에 의한 의사표시) ① 사기나 강박에 의한 의사표시는 취소할 수 있다. ② 상대방있는 의사표시에 관하여 제삼자가 사기나 강박을 행한 경우에는 상대방이 그 사실을 알았거나 알 수 있었을 경우에 한하여 그 의사표시를 취소할 수 있다. ③ 전2항의 의사표시의 취소는 선의의 제삼자에게 대항하지 못한다.

178) 제750조 (불법행위의 내용) 고의 또는 과실로 인한 위법행위로 타인에게 손해를 가한 자는 그 손해를 배상할 책임이 있다.

3) 무능력자의 상대방이 무능력자의 사술에 의하여 무능력자를 능력자로 믿거나 또는 법정대리인의 동의가 있었다고 믿고, 그 무능력자와 법률행위를 하여야 한다.

3. 효과

1) 무능력자 본인은 물론 법정대리인, 기타의 취소권자는 무능력을 이유로 그 법률행위를 취소하지 못한다. 즉, 무능력자의 법률행위대로 효과가 발생한다(민법 제17조).

가) 무능력자가 사술로써 능력자로 믿게 한 때의 의미

◈ 판 례

민법 제17조에 이른바 '무능력자가 사술로써 능력자로 믿게 한 때'에 있어서의 사술을 쓴 것이라 함은 적극적으로 사기수단을 쓴 것을 말하는 것이고 단순히 자기가 능력자라 사언함은 사술을 쓴 것이라고 할 수 없다: 대법원 1971.12.14. 선고 71다2045.

나) 미성년자가 사술로써 상대방에게 성년자로 믿게 한 의사표시의 취소여부

◈ 판 례

미성년자가 사술로써 상대방으로 하여금 성년자로 믿게 하고 한 의사표시는 이를 취소할 수 없다: 대법원 1971.6.22. 선고 71다940.

다) 민법 제17조 소정의 사술에 대한 입증책임

◈ 판 례

미성년자와 계약을 체결한 상대방이 미성년자의 취소권을 배제하기 위하여 본조 소정의 미성년자가 사술을 썼다고 주장하는 때에는 그 주장자인 상대방 측에 그에 대한 입증책임이 있다: 대법원 1971.12.14. 선고 71다2045.

제3관 주소

사람의 사회적 활동은 일정한 장소를 중심으로 하여 행하여진다. 법률생활의 안정을 위하여 사회생활에서 발생하는 법률관계는 어느 정도의 고정된 장소를 중심으로 정하는 것이 필요하다. 따라서 우리민법은 모든 사람에게 발생하는 법률상의 문제가 되는 주소(住所)와 거소(居所)에 관하여 규정을 두고 있다. 그 밖의 장소의 경우에 각각의 개별적으로 규정하고 있다.

I. 민법상의 주소

민법은 생활의 근거가 되는 장소를 주소로 하고 있다. 이러한 주소는 생활의 실질관계에 대하여 구체적으로 규정하는 실질주의와 주소에 관하여 객관적인 형식주의가 있다. 즉, 의사무능력자의 주소에 관하여 규정에 없기 때문에, 거주라는 객관적 사실에 근거하는 것이 보다 더 합리적이다. 또한 주소는 2개 이상을 둘 수 있다고 보아야 한다(민법 제18조[179] 제2항).

기타, 주소의 법률상의 효과에 관하여 첫째, 부재(不在) 및 실종의 기준(민법 제22조[180], 제27조[181]), 둘째, 변제의 장소(동법 제467조),[182] 어음행위의 장소(어음법 제2조 제3항, 제4조, 제21조 등), 상속개시장소(민법 제998조),[183] 재판관할표준

179) 제18조 (주소) ① 생활의 근거되는 곳을 주소로 한다. ② 주소는 동시에 두 곳 이상 있을 수 있다.

180) 제22조 (부재자의 재산의 관리) ① 종래의 주소나 거소를 떠난 자가 재산관리인을 정하지 아니한 때에는 법원은 이해관계인이나 검사의 청구에 의하여 재산관리에 관하여 필요한 처분을 명하여야 한다. 본인의 부재중 재산관리인의 권한이 소멸한 때에도 같다. ② 본인이 그 후에 재산관리인을 정한 때에는 법원은 본인, 재산관리인, 이해관계인 또는 검사의 청구에 의하여 전항의 명령을 취소하여야 한다.

181) 제27조 (실종의 선고) ① 부재자의 생사가 5년간 분명하지 아니한 때에는 법원은 이해관계인이나 검사의 청구에 의하여 실종선고를 하여야 한다. ② 전지에 임한 자, 침몰한 선박 중에 있던 자, 추락한 항공기 중에 있던 자 기타 사망의 원인이 될 위난을 당한 자의 생사가 전쟁 종지 후 또는 선박의 침몰, 항공기의 추락 기타 위난이 종료한 후 1년간 분명하지 아니한 때에도 제1항과 같다.

182) 제467조 (변제의 장소) ① 채무의 성질 또는 당사자의 의사표시로 변제장소를 정하지 아니한 때에는 특정물의 인도는 채권성립 당시에 그 물건이 있던 장소에서 하여야 한다. ② 전항의 경우에 특정물인도 이외의 채무변제는 채권자의 현주소에서 하여야 한다. 그러나 영업에 관한 채무의 변제는 채권자의 현영업소에서 하여야 한다.

183) 제998조 (상속개시의 장소) 상속은 피상속인의 주소지에서 개시한다.

(민소법 제3조,[184] 가소법 제13조, 제22조, 제26조, 제30조 등), 기타 등이 있다.

1. 거소, 현존지, 가주소

(1) 거소

거소(居所)는 사람이 다소의 기간(期間)을 계속하여 거주하는 장소로서, 거소는 주소만큼이나 그 사람에게 밀접도가 떨어진다. 따라서 사람에 따라서는 주소가 없이 거소만 있을 수가 있다. 이처럼 거소는 주소가 없거나 주소를 알 수 없을 때에는 거소가 법률행위의 주소가 된다(민법 제19조,[185] 제20조[186]).

(2) 현재지

현재지(現在地)는 거소보다도 장소의 친밀도가 낮다. 예를 들면 현재지는 여행자가 여행지인 호텔이나 여관에 일시 머무르는 장소로 생각하면 될 것이다. 현재지에 대하여는 특별한 법률적 효과를 인정하지 않는다.

(3) 가주소

민법은 주소, 거소 이외에 '가주소(假住所)'라는 개념을 두고, 그러한 가주소를 하나의 주소로서 법률상 효과를 인정하고 있다(민법 제21조).[187] 예를 들면 당사자 사이에 어떤 거래를 위하여 일정한 장소를 가주소로 정하고, 법률행위를 할 수 있다. 이 때에 가주소를 주소로 보고, 주소로서의 효과를 인정하고 있다.

---

184) 민사소송법 제3조 (사람의 보통재판적) 사람의 보통재판적은 그의 주소에 따라 정한다. 다만, 대한민국에 주소가 없거나 주소를 알 수 없는 경우에는 거소에 따라 정하고, 거소가 일정하지 아니하거나 거소도 알 수 없으면 마지막 주소에 따라 정한다.

185) 제19조 (거소) 주소를 알 수 없으면 거소를 주소로 본다.

186) 제20조 (거소) 국내에 주소없는 자에 대하여는 국내에 있는 거소를 주소로 본다.

187) 제21조 (가주소) 어느 행위에 있어서 가주소를 정한 때에는 그 행위에 관하여는 이를 주소로 본다.

제4관 부재와 실종

Ⅰ. 부재자의 재산관리

1. 부재자의 의의

(1) 부재와 실종의 개념

사람이 자신의 주소를 떠나서 짧은 시일 내에 돌아올 가망이 없는 상태, 즉 부재자(不在者)가 생긴 경우에 그 부재자나 그 배우자, 상속인, 기타 이해관계인의 이익을 보호하기 위하여 어떤 조치가 필요하다. 예를 들면, 부재자의 남아 있는 재산을 관리하지 않고 방치하면 재산의 경제적 가치가 하락하고, 분실되기 때문에 부재자 본인뿐만 아니라 부재자의 채권자에게도 불리한 결과를 초래하게 된다. 그런데 사람의 권리능력은 사망을 통해서만 소멸하기 때문에 부재자의 생사가 확정되지 않은 경우에 부재자를 중심으로 한 법률관계는 부재자의 사망이 입증되지 않는 한 종결할 수 없다. 즉 잔존배우자는 재혼할 수도 없고, 상속인은 상속할 수도 없게 된다. 따라서 민법은 부재자를 위하여 2가지의 제도를 두고 있다. 첫째 부재자가 생존하고 있다고 가정하고, 그의 재산을 관리하면서 그 부재자가 돌아오기를 기다는 '부재자의 재산관리제도'를(민법 제22조),[188] 두고 있으며, 둘째 부재자의 생사불명의 상태가 일정한 기간동안 계속하여 생존할 가능성이 희박한 경우에 그 부재자를 일단 사망한 것으로 보고, 그 자를 중심으로 하는 법률관계를 확정, 종료케 하는 '실종선고제도를(민법 제27조)[189] 두고 있다. 여기서는 먼저 부재자의 재산관리제도에 관하여 살펴보도록 한다.

---

188) 第22조 (부재자의 재산의 관리) ① 종래의 주소나 거소를 떠난 자가 재산관리인을 정하지 아니한 때에는 법원은 이해관계인이나 검사의 청구에 의하여 재산관리에 관하여 필요한 처분을 명하여야 한다. 본인의 부재중 재산관리인의 권한이 소멸한 때에도 같다. ② 본인이 그 후에 재산관리인을 정한 때에는 법원은 본인, 재산관리인, 이해관계인 또는 검사의 청구에 의하여 전항의 명령을 취소하여야 한다.

189) 第27조 (실종의 선고) ① 부재자의 생사가 5년간 분명하지 아니한 때에는 법원은 이해관계인이나 검사의 청구에 의하여 실종선고를 하여야 한다. ② 전지에 임한 자, 침몰한 선박 중에 있던 자, 추락한 항공기 중에 있던 자 기타 사망의 원인이 될 위난을 당한 자의 생사가 전쟁종지 후 또는 선박의 침몰, 항공기의 추락 기타 위난이 종료한 후 1년간 분명하지 아니한 때에도 제1항과 같다.

(2) 부재자의 재산관리

1) 부재자의 의의

부재자라 함은 종래의 주소나 거소(居所)를 떠나서 당분간 돌아올 가능성이 없는 자를 말하는 것이 통설이다. 그러나 부재자재산관리제도의 취지나 오늘날의 발달한 통신 및 교통의 발달을 고려한다면, 부재자의 정의는 '종래의 주소나 거소를 떠나서 당분간 돌아올 가능성이 없어서 종래의 주소나 거소에 있는 부재자의 재산이 관리되지 않고, 방치되고 있는 자를 의미하는 것이 더 합리적이다고 생각한다. 따라서 민법상의 부재자는 부재자가 돌아올 가능성이 없고, 그의 재산을 방치하고 있는 자를 의미한다고 볼 수 있다. 부재자는 그 성질상 자연인에 한정된다.

가) 부재자의 의미

◆ 판 례

당사자가 외국에 가 있다 하여도 그것이 정주(定住)의 의사로써 한 것이 아니고, 유학의 목적으로 간 것에 불과하고, 현재 그 나라의 일정한 주거지에 거주하여 그 소재가 분명할 뿐만 아니라 부동산이나 그 소유재산을 국내에 있는 사람을 통하여 그 당사자가 직접 관리하고 있는 사실이 인정되는 때에는 부재자라고 할 수 없다'라고 판시하고 있다: 대법원 1960. 4. 21. 4292민상252 판결.

2) 부재자의 재산관리

민법상의 부재자규정은 부재자의 남아있는 재산을 관리하기 위한 것이다(민법 제22조).[190] 따라서 부재자가 스스로 재산관리인을 두고 있는 경우에 국가가 부재자의 재산관리에 개입할 필요가 없다. 다만 부재자가 스스로 재산관리인을 두고 있지 않은 경우에 국가가 부득이하게 개입하고 있다.

---

190) 제22조 (부재자의 재산의 관리) ① 종래의 주소나 거소를 떠난 자가 재산관리인을 정하지 아니한 때에는 법원은 이해관계인이나 검사의 청구에 의하여 재산관리에 관하여 필요한 처분을 명하여야 한다. 본인의 부재중 재산관리인의 권한이 소멸한 때에도 같다. ② 본인이 그 후에 재산관리인을 정한 때에는 법원은 본인, 재산관리인, 이해관계인 또는 검사의 청구에 의하여 전항의 명령을 취소하여야 한다.

ⅰ) 재산관리인을 존재한 경우

가) 원칙

부재자가 재산관리인을 두고 있는 경우에 그 관리인은 부재자의 수임인(受任人)이며, 임의대리인(任意代理人)이다. 따라서 그는 부재자의 재산에 대한 권한과 관리 등은 부재자와 관리인 사이의 계약(민법 제680조[191] 이하)에 의하여 정해진다. 만약 당사자 사이에 계약이 없는 경우에는 부재자의 재산에 대하여 보존행위를 할 수 있다(민법 제118조).[192]

나) 다음과 같은 경우에는 법원이 개입을 한다.

① 재산관리인의 권한이 본인의 부재중에 소멸한 경우

② 부재자의 생사가 분명하지 않아 본인의 감독이 미치지 못한 경우이다. 이 경우에 법원은 재산관리인, 이해관계인(상속인, 배우자, 채권자, 보증인 등) 또는 검사의 청구에 의하여 재산관리인을 개임(改任)할 수 있다. 법원은 관리인에 대하여 재산목록작성, 재산보존에 필요한 처분을 명할 수 있고(민법 제24조),[193] 관리인이 권한을 초과하는 행위를 할 때에 허가(許可)를 주고(민법 제25조[194] 후단), 상당한 담보를 제공하게 하거나 부재자의 재산으로 상당한 보수를 지급할 수 있다(민법 제26조[195] 제2항).

---

191) 제680조 (위임의 의의) 위임은 당사자일방이 상대방에 대하여 사무의 처리를 위탁하고 상대방이 이를 승낙함으로써 그 효력이 생긴다.

192) 제118조 (대리권의 범위) 권한을 정하지 아니한 대리인은 다음 각호의 행위만을 할 수 있다. 1. 보존행위, 2. 대리의 목적인 물건이나 권리의 성질을 변하지 아니하는 범위에서 그 이용 또는 개량하는 행위.

193) 제24조 (관리인의 직무) ① 법원이 선임한 재산관리인은 관리할 재산목록을 작성하여야 한다. ② 법원은 그 선임한 재산관리인에 대하여 부재자의 재산을 보존하기 위하여 필요한 처분을 명할 수 있다. ③ 부재자의 생사가 분명하지 아니한 경우에 이해관계인이나 검사의 청구가 있는 때에는 법원은 부재자가 정한 재산관리인에게 전2항의 처분을 명할 수 있다. ④ 전3항의 경우에 그 비용은 부재자의 재산으로써 지급한다.

194) 제25조 (관리인의 권한) 법원이 선임한 재산관리인이 제118조에 규정한 권한을 넘는 행위를 함에는 법원의 허가를 얻어야 한다. 부재자의 생사가 분명하지 아니한 경우에 부재자가 정한 재산관리인이 권한을 넘는 행위를 할 때에도 같다.

195) 제26조 (관리인의 담보제공, 보수) ① 법원은 그 선임한 재산관리인으로 하여금 재산의 관리 및 반환에 관하여 상당한 담보를 제공하게 할 수 있다. ② 법원은 그 선임한 재산관리인에 대하여 부재자의 재산으로 상당한 보수를 지급할 수 있다. ③ 전2항의 규정은 부재자의 생사가 분명하지 아니한 경우에 부재자가 정한 재산관리인에 준용한다.

ii) 재산관리인이 없는 경우

가) 법원은 이해관계인 또는 검사의 청구에 의하여 재산관리에 필요한 처분을 명하여야 한다(민법 제22조 제1항 전단). 여기서 이해관계자는 법률상 이해관계자를 의미하므로, 채권자, 보증인, 상속인 또는 검사는 공익과 관련되기 때문에 포함한다. 법원에서 명할 수 있는 것은 '재산관리에 필요한 처분'으로 재산관리인의 선임 및 경매 등이 있으나 그 중에서 가장 중요한 것은 관리인의 선임이다.

나) 선임된 관리인

① 관리인의 권한

관리인은 일종의 법정대리인이며 언제든지 사임할 수 있고, 법원은 언제든지 개임(改任)할 수 있다. 관리인의 권한은 부재자의 재산관리에 있어서 관리행위(管理行爲)를 할 수 있다(민법 제118조). 그 이상의 행위, 즉 재산의 처분, 매매 등을 하려면 법원의 허가를 얻어야 한다(민법 제25조 전단). 그러한 허가가 없이 행한 처분행위는 무효이다.

② 의무

관리인은 법원에 의하여 임명되었기 때문에 일종의 법정대리인이다. 그 직무는 성질상 부재자와 위임계약(委任契約)에 의하여 재산을 관리하는 경우에 동일한 주의의무를 부담한다. 그러므로 관리인은 선량(善良)한 관리자의 주의(注意)로써 직무를 처리하여야 한다(민법 제681조).[196] 따라서 그 직무는 수임인(受任人)과 동일한 지위에 있게 된다. 이 밖에도 관리인은 그가 관리하는 재산의 목록작성, 재산의 보존을 위하여 법원이 명하는 처분의 수행, 담보의 제공 등의 의무가 있다.

③ 권리

법원은 관리인에게 상당한 보수를 부재자의 재산에서 지급할 수 있다(민법 제26조 제2항). 관리인은 보수청구권이 있다. 그리고 관리인은 재산관리를 위하여 지출한 필요비(必要費)와 그 이자, 과실(過失)없이 발생한 손해의 배상 등을 청구할 수 있다(민법 제24조 제4항, 동법 제688조[197]).

---

196) 제681조 (수임인의 선관의무) 수임인은 위임의 본지에 따라 선량한 관리자의 주의로써 위임사무를 처리하여야 한다.

197) 제688조 (수임인의 비용상환청구권 등) ① 수임인이 위임사무의 처리에 관하여 필요비를 지출한 때에는 위임인에 대하여 지출한 날 이후의 이자를 청구할 수 있다. ② 수임

다) 관리의 종료

부재자가 나중에 재산관리인을 정한 경우(민법 제22조 제2항), 부재자 본인이 스스로 그 재산을 관리할 수 있게 된 경우 또는 사망이 분명하거나 실종선고가 있는 경우에 법원은 부재자 본인 또는 이해관계자의 청구에 의하여 그 명(命)한 처분명령을 취소하여야 한다. 이때에 법원이 그가 명(命)한 처분명령을 취소하여도 일반의 취소와 달리 장래에 향하여만 효력이 발생한다. 따라서 관리인이 법원의 취소 전에 관리인의 권한 내의 행위는 유효하다. 그러나 통상의 취소의 효과는 취소가 있으면 처음으로 소급하여 무효가 된다. 다음은 부재자에 관련한 판례를 살펴보기로 한다.

가) 부재자의 재산관리인이 부재자의 대리인으로서 소를 제기하여 그 소송계속 중에 부재자에 대한 실종선고가 확정되어 그 소 제기 이전에 부재자가 사망한 것으로 간주되는 경우, 위 소 제기 자체가 소급하여 당사자능력이 없는 사망한 자가 제기한 것으로 되는지 여부

◈ 판 례

법원의 실종선고가 없는 한 사망자로 간주되지 아니하며, 부재자의 재산관리인이 부재자의 대리인으로서 소를 제기하여 그 소송계속 중에 부재자에 대한 실종선고가 확정되어 그 소 제기 이전에 부재자가 사망한 것으로 간주되는 경우에도, 실종선고의 효력이 발생하기 전에는 실종기간이 만료된 실종자라 하여도 소송상 당사자능력을 상실하는 것은 아니므로, 실종선고가 확정된 때에 소송절차가 중단되어 부재자의 상속인 등이 이를 수계할 수 있을 뿐이고, 위 소 제기 자체가 소급하여 당사자능력이 없는 사망한 자가 제기한 것으로 되는 것은 아니다(대법원 1983. 2. 22. 선고 82사18 판결, 대법원 1992. 7. 14. 선고 92다2455 판결 등 참조) : 대법원 2008.6.26. 선고 2007다11057 판결.

나) 실종기간이 구민법 시행기간 중에 만료되었으나 그 실종이 현행 민법시행일 후에 선고된 경우 재산상속관계

◈ 판 례

법원이 현행 민법 시행일 후에 피상속인에 대하여 실종선고를 하였다면, 민법 부칙 제25조[198] 제2항에 의하여 그 실종기간이 구민법 시행기간 중에 만료하였더라도 그로

인이 위임사무의 처리에 필요한 채무를 부담한 때에는 위임인에게 자기에 갈음하여 이를 변제하게 할 수 있고 그 채무가 변제기에 있지 아니한 때에는 상당한 담보를 제공하게 할 수 있다. ③ 수임인이 위임사무의 처리를 위하여 과실없이 손해를 받은 때에는 위임인에 대하여 그 배상을 청구할 수 있다.

인한 상속순위, 상속분 기타 상속에 관하여는 현행 민법의 규정을 적용하여야 하므로, 사망한 것으로 볼 피상속인의 처자 등 민법 규정에 따른 재산상속인들이 공동으로 상속을 할 것이고, 민법이 시행되기 전의 구 관습법에 따라 장남만이 단독으로 상속하는 것은 아니다 : 대법원 1992.2.25. 선고 91다44605 판결.

다) 생사불명의 부재자가 사망 간주되는 시점 이후 실종선고가 있기 이전에 재산관리인의 처분행위에 기하여 역료된 등기의 적법추정력 유무

◈ 판 례

사망한 것으로 간주된 자가 그 이전에 생사불명의 부재자로서 그 재산관리에 관하여 법원으로부터 재산관리인이 선임되어 있었다면 재산관리인은 그 부재자의 사망을 확인했다고 하더라도 선임결정이 취소되지 아니하는 한 계속하여 권한을 행사할 수 있다 할 것이므로 재산관리인에 대한 선임결정이 취소되기 전에 재산관리인의 처분행위에 기하여 경료된 등기는 법원의 처분허가 등 모든 절차를 거쳐 적법하게 경료된 것으로 추정된다 : 대법원 1991.11.26. 선고 91다11810 판결.

Ⅱ. 실종제도

1. 실종선고

(1) 개념

1) 부재자의 생사불명(生死不明)의 상태가 일정한 기간동안 계속하고, 살아 있을 가능성이 희박한 경우에 그 자를 일단 사망한 것으로 보고, 그 자를 중심으로 하는 법률관계를 확정, 종결케 하는 것이 바로 실종선고제도이다. 실종선고(失踪宣告)는 생사불명의 상태가 일정한 기간동안 계속된 경우에 가정법원의 선고를 통하여 사망으로 보는 제도로서, 법원이 실종선고를 하고, 일정한 시기를 기준으로 하여 사망과 동일한 법률효과가 발생한다. 실종선고제도와 인정사망제도의 차이점은

198) 민법 부칙 제25조 (상속에 관한 경과규정) ① 본법 시행일전에 개시된 상속에 관하여는 본법 시행일후에도 구법의 규정을 적용한다. ② 실종선고로 인하여 호주 또는 재산상속이 개시되는 경우에 그 실종기간이 구법 시행기간중에 만료하는 때에도 그 실종이 본법 시행일후에 선고된 때에는 그 상속순위, 상속분 기타 상속에 관하여는 본법의 규정을 적용한다.

전자는 부재자의 생사가 불분명한 경우에 일정한 요건아래에서 사망한 것으로 의제하는데 반하여 후자는 사망이 확실한 사건에 신분등록부상 사망의 기재를 위한 절차적 특례이다.

2) 실종선고의 요건으로서 첫째 부재자의 생사가 불분명하여야 하고, 둘째 실종기간이 경과하여야 한다. 실종에는 보통실종(5년)과 특별실종(1년)이 있다(민법 제27조).[199] 특별실종은 사망의 확률이 특히 큰 사변, 침몰한 선박에 있거나 혹은 추락하는 항공기에 있는 경우에, 기타 사망의 원인이 될 위난을 당한 자 등으로 생사불명이 된 경우를 말한다(민법 제27조 제2항).

3) 실종선고의 청구권자는 이해관계인이나 검사의 청구가 있어야 한다(민법 제27조 제1항). 이해관계인으로는 배우자, 상속인, 채권자, 법정대리인, 재산관리인 등과 같이 실종선고를 청구하는 데에 법률상의 이해관계를 가지는 자, 즉 실종선고에 의하여 권리를 취득하거나 의무를 벗어나게 될 자를 말한다. 예를 들면 상속순위가 제2순위인 상속인은 비록 상속인의 범위에 포함하지만 제1순위의 상속인이 존재하는 경우에 이해관계인에 해당하지 않는다.

(2) 실종선고 절차

실종선고에 관한 일정한 요건(부재자의 생사가 불분명하고, 실종기간의 경과 그리고 청구권자의 청구)을 갖추고 있는 경우에 법원은 6개월 이상의 기간을 정하여 그 기간 내에 부재자의 본인이나 부재자의 생사를 아는 자에 대하여 신고하도록 공시최고(公示催告)를 하여야 한다(가사소송규칙 제54조).[200] 공시최고기간 내에 신고가 없을 경우에 실종을 선고하게 되며, 이때에 선고는 필연적으로 하여야 한다.

---

199) 제27조 (실종의 선고) ① 부재자의 생사가 5년간 분명하지 아니한 때에는 법원은 이해관계인이나 검사의 청구에 의하여 실종선고를 하여야 한다. ② 전지에 임한 자, 침몰한 선박중에 있던 자, 추락한 항공기중에 있던 자, 기타 사망의 원인이 될 위난을 당한 자의 생사가 전쟁종지 후 또는 선박의 침몰, 항공기의 추락, 기타 위난이 종료한 후 1년간 분명하지 아니한 때에도 제1항과 같다.

200) 가사소송규칙 제54조 (공시최고의 기재 사항) ① 공시최고에는 다음 사항을 기재하여야 한다. 1. 청구인의 성명과 주소, 2. 부재자의 성명, 출생년월일, 등록기준지 및 주소, 3. 부재자는 공시최고 기일까지 그 생존의 신고를 할 것이며, 그 신고를 하지 않으면 실종의 선고를 받는다는 것, 4. 부재자의 생사를 아는 자는 공시최고 기일까지 그 신고를 할 것, 5. 공시최고 기일, ② 공시최고의 기일은 공고종료일부터 6월 이후로 정하여야 한다.

(3) 실종선고의 효과

실종선고의 심판이 확정되면, 그 실종선고(宣告)를 받은 자, 즉 실종자는 실종기간이 만료하는 경우에 사망한 것으로 본다(민법 제28조).[201] 따라서 생사가 불분명한 부재자는 실종선고를 받지 않고 있는 기간동안에 생존자로 추정된다. 예를 들면, A(50년 2월생)는 지난 삼풍 백화점 붕괴사고 때, 1995. 6. 29. 백화점에 들어갔으나 그 이후 생사가 불명한 상태에서 그의 처인 B가 2010. 2. 10. 법원에 A의 실종선고를 청구하였다. 법원은 A에 대하여 2010. 8. 20. 실종선고를 하였다. 이 사례에서 A의 사망시기는 A의 실종선고일인 2010. 8. 20.이 아니라 A가 삼풍백화점에 들어갔던 날로부터 5년이 되는 날, 2000. 6. 28.이 A의 사망시기가 된다. 실종자는 실종기간이 종료한 때에 사망자로 본다. 여기서 실종자가 실제로 다른 곳에 생존하고 있다는 반증을 제시하더라도 일단 사망자로 보게 된다. 즉, 사망으로 의제한다. 이러한 법률효과를 배제하려면 실종선고의 취소라는 법률행위를 하여야 한다. 그러나 사망으로 추정받은 자가 살아있다는 증거가 있으면 그 증거로 인하여 사망으로 추정받은 자에 대한 효력은 상실하게 된다.

(4) 사망의 효력시기

실종선고를 받은 자(실종자)는 실종기간이 종료한 때에 사망으로 본다(민법 제28조).

(5) 사망으로 보는 범위(법률효과)

실종선고는 실종자의 종래의 주소를 중심으로 하는 사법상의 법률관계만을 종료케 한다. 즉, 실종자가 돌아온 후의 법률관계나 다른 곳에서의 법률관계는 유효하다.

2. 실종선고의 취소

실종선고에 의하여 사망한 것으로 보게 되므로 실종자의 생존, 기타의 반증이 있어도 그것만으로는 사망이라는 선고의 효과를 뒤집지 못한다. 실종선고의 효과를 배제하기 위하여는 가정법원에 실종선고의 취소를 청구해야 한다(민법 제29조).[202]

---

201) 第28조 (실종선고의 효과) 실종선고를 받은 자는 전조의 기간이 만료한 때에 사망한 것으로 본다.

(1) 실종선고취소의 요건

1) 실종자가 생존하고 있는 사실

2) 실종기간이 만료한 때와 다른 시기에 사망한 사실

3) 실종기간의 기산점 이후의 어떤 시기에 생존하고 있었던 사실

(2) 실종선고취소의 효과

1) 실종선고취소의 심판이 확정되면 처음부터 실종선고가 없었던 것과 같은 효력이 발생하는 것이 원칙이다. 즉, 실종선고취소의 효력은 소급하여 무효가 된다. 그 효력은 사법상의 효력으로서 재산법과 가족법상에서 발생한다. 다만 예외적으로 실종선고를 믿고, 새로운 법률관계를 맺은 경우에는 그러하지 않다. 즉, 실종선고의 취소 전에 선의(善意)로 한 행위는 영향이 미치지 않는다(민법 제29조 제1항 단서). 예를 들면, 생존배우자가 재혼하거나 상속인이 상속재산을 처분하는 경우에 그대로 효력이 발생한다. 다음은 실종선고와 관련한 판례를 살펴보기로 한다.

가) 실종선고의 취소사유가 있는 경우에 상속의 효력의 존부

◆ 판 례

실종선고를 받은 자는 실종기간이 만료한 때에 사망한 것으로 간주되는 것이므로, 실종선고로 인하여 실종기간 만료시를 기준으로 하여 상속이 개시된 이상 설사 이후 실종선고가 취소되어야 할 사유가 생겼다고 하더라도 실제로 실종선고가 취소되지 아니하는 한, 임의로 실종기간이 만료하여 사망한 때로 간주되는 시점과는 달리 사망시점을 정하여 이미 개시된 상속을 부정하고 이와 다른 상속관계를 인정할 수는 없다 : 대법원 1994.9.27. 선고 94다21542 판결.

---

202) 제29조 (실종선고의 취소) ① 실종자의 생존한 사실 또는 전조의 규정과 상이한 때에 사망한 사실의 증명이 있으면 법원은 본인, 이해관계인 또는 검사의 청구에 의하여 실종선고를 취소하여야 한다. 그러나 실종선고후 그 취소전에 선의로 한 행위의 효력에 영향을 미치지 아니한다. ② 실종선고의 취소가 있을 때에 실종의 선고를 직접원인으로 하여 재산을 취득한 자가 선의인 경우에는 그 받은 이익이 현존하는 한도에서 반환할 의무가 있고 악의인 경우에는 그 받은 이익에 이자를 붙여서 반환하고 손해가 있으면 이를 배상하여야 한다.

나) 실종자를 당사자로 한 판결이 확정된 후에 실종선고가 확정되어 그 사망간주의 시점이 소의 제기 전으로 소급하는 경우에 판결의 효력여부

◆ 판 례

실종선고의 효력이 발생하기 전에는 실종기간이 만료된 실종자라 하여도 소송상 당사자능력을 상실하는 것은 아니므로 실종선고 확정 전에는 실종기간이 만료된 실종자를 상대로 하여 제기된 소도 적법하고 실종자를 당사자로 하여 선고된 판결도 유효하며 그 판결이 확정되면 기판력도 발생한다고 할 것이고, 이처럼 판결이 유효하게 확정되어 기판력이 발생한 경우에는 그 판결이 해제조건부로 선고되었다는 등의 특별한 사정이 없는 한 그 효력이 유지되어 당사자로서는 그 판결이 재심이나 추완항소 등에 의하여 취소되지 않는 한 그 기판력에 반하는 주장을 할 수 없는 것이 원칙이라 할 것이며, 비록 실종자를 당사자로 한 판결이 확정된 후에 실종선고가 확정되어 그 사망간주의 시점이 소 제기 전으로 소급하는 경우에도 위 판결 자체가 소급하여 당사자능력이 없는 사망한 사람을 상대로 한 판결로서 무효가 된다고는 볼 수 없다 : 대법원 1992.7.14. 선고 92다2455 판결.

다) 실종자를 피고로 한 판결이 확정된 경우에 실종자의 상속인이 소송행위의 추완에 의한 상소를 제기여부

◆ 판 례

실종자에 대하여 공시송달의 방법으로 소송서류가 송달된 끝에 실종자를 피고로 하는 판결이 확정된 경우에는 실종자의 상속인으로서는 실종선고 확정 후에 실종자의 소송수계인으로서 위 확정판결에 대하여 소송행위의 추완에 의한 상소를 하는 것이 가능하다 : 대법원 1992.7.14. 선고 92다2455 판결.

라) 부재자에 대하여 실종선고를 청구할 수 있는 이해관계인의 의의

◆ 판 례

부재자에 대하여 실종선고를 청구할 수 있는 이해관계인은 그 실종선고로 인하여 일정한 권리를 얻고, 의무를 면하는 등의 신분상 또는 재산상의 이해관계를 갖는 자에 한한다고 할 것이다 : 대법원 1992.4.14. 자 92스4,92스5,92스6 판결.

마) 부재자가 사망할 경우 제1순위의 상속인이 따로 있어 제2순위의 상속인이 부재자의 종손자인 청구인의 이해관계인 여부

◆ 판 례

부재자의 종손자로서, 부재자가 사망할 경우 제1순위의 상속인이 따로 있어 제2순위의 상속인에 불과한 청구인은 특별한 사정이 없는 한 위 부재자에 대하여 실종선고를 청구할 수 있는 신분상 또는 경제상의 이해관계를 가진 자라고 할 수 없다 : 대법원 1992.4.14. 자 92스4,92스5,92스6 판결.

바) 실종선고 전에 재산관리인의 처분행위의 효력

◆ 판 례

사망한 것으로 간주된 자가 그 이전에 생사불명의 부재자로서 그 재산관리에 관하여 법원으로부터 재산관리인이 선임되어 있었다면 재산관리인은 그 부재자의 사망을 확인했다고 하더라도 선임결정이 취소되지 아니하는 한 계속하여 권한을 행사할 수 있다 할 것이므로 재산관리인에 대한 선임결정이 취소되기 전에 재산관리인의 처분행위에 기하여 경료된 등기는 법원의 처분허가 등 모든 절차를 거쳐 적법하게 경료된 것으로 추정된다 : 대법원 1991.11.26. 선고 91다11810 판결.

제3절 총 설

제1관 법인제도의 개관

Ⅰ. 법인제도

1. 권리의 주체

권리의 주체는 사람인 자연인이다(민법 제3조). 그런데 사람이 아닌 일정한 목적과 조직 아래에 결합한 단체, 즉 사람의 단체(團體)[사단(社團) 또는 조합]와 일정한 목적에 바쳐진 재산이라는 실체[(재단(財團)]에 대하여 권리의무의 주체로써 법인격(法人格)이 주어지는 경우에 각각 법인이 된다. 법인격이 있는 사단을 사단

법인(社團法人), 법인격이 있는 재단을 재단법인(財團法人)이라고 한다. 민법이 법인을 인정하고, 법인의 설립, 관리, 소멸, 그리고 벌칙 등에 관하여 규정하고 있다.

2. 법인제도의 배경

인간의 사회생활은 크고, 작은 각종의 단체 속에서 생활을 영위하고 있다. 다시 말하면 개인보다 가족, 부락이 먼저 사회생활의 단위로 나타났다. 즉, 권리의 주체로서 법인이 자연인보다 선행(先行)한 것으로 보아야 한다. 그런데 오늘날처럼 개인을 단위로 하는 이익사회에서 자연인의 인격(人格)이 법체계의 중심이 되었고, 단체는 일정한 경우에만 법인격을 인정할 뿐이다. 민법상의 법인인 사단법인(社團法人)과 재단법인(財團法人)에 관하여 각각 살펴보기로 한다.

(1) 사단법인

각종 단체는 그 단체를 구성하는 개인의 증감변동에 관계없이 독립한 단일체로서 사회생활관계 가운데 존재한다. 다시 말하면, 단체는 대내·외적으로 일정한 목적에 의하여 규율되고 있다. 대외적으로는 단체의 대표자의 법률행위가 곧 단체의 법률행위가 되고, 단체원 전원이 가지는 재산은 단체 자신의 재산으로 인정된다. 또한 단체가 행하는 목적은 곧 단체 자체의 목적이 된다. 대내적으로는 단체의 통일성을 유지하기 위하여 구성원의 자유활동을 어느 정도로 억압하고, 통제한다. 이러한 사상을 근거로 한 단체는 그것을 구성하는 개인이 가지는 것보다 훨씬 강한 힘으로 개인이 달성할 수 없는 목적을 달성하고, 인류사회의 발전에 공헌한다.

(2) 재단법인

일정한 비개인적인 목적에 바쳐진 재산의 집합체가 재단이다. 여기에는 국가, 공공단체, 병원 등이다. 이들의 재산은 그 바쳐진 목적을 위하여 독립적인 존재이며, 그것에 의하여 이익을 받는 자의 증감·변동이나 이를 운영하는 개인의 변경과는 관계없이 독자적으로 계속 존재한다. 법은 이러한 단체에 대하여 간섭하고 있다.

Ⅱ. 법인의 본질

법인의 본질론은 법률상 독립한 권리의 주체로서 법인, 즉 사단이나 재단이 그 것을 구성하는 개인 또는 재산으로부터 분리되어 단체로서의 독자적인 실체를 가 지느냐의 여부가 바로 법인의 본질론이다. 법인의 본질에 관한 학설로서는 '법인의 제설'과 '법인실재설'이 있다. 그리고 의제설의 연장으로서 '법인부인론'도 일부 학 자들에 의하여 제기되었다.

1. 법인의제설

본래 권리의무의 주체는 자연인에 한(限)한다. 그런데 법인(法人)은 자연인(自然人)이 아니면서 권리의무의 주체가 될 수 있는 것은 법률의 힘을 통하여 자연인에 의제된 것에 한(限)한다. 이 설에 의하면 법인은 법률이 자연인에 의제하는(자연인으로 보아 주는) 것에 불과하다는 것이다. 따라서 법인은 법률이 인정하는 경우에 만 성립하게 된다. 이 이론은 19세기 주류를 형성했던 반단체적 사상 내지 정책에 합치한 학설이다.

그러나 자연인도 권리주체가 되는 것은 법률에 의하여 주어진다는 점과 법인의 인격도 법률이 창조한다는 점에서 일면 타당성이 있으나 권리의무의 주체는 자연인에 한한다는 대전제는 설득력이 없다. 왜냐하면 자연인이나 법인도 권리능력은 법률을 통하여 인정되기 때문이다.

2. 법인부인론

법인의제설처럼 법인이 법률에 의하여 자연인에 의제된다면 법인은 사회적 실체(實體)를 가지지 못한다는 점이다. 다시 말하면 법인의 실체에 대하여 법인을 구성하는 개인이나 재산에서 찾으려는 학설이 바로 법인부인론(法人否認論)이다. 여기에는 목적재산설, 향유자주체설, 관리자주체설 등이 있으나 이들의 이론은 재산을 대상으로 하기 때문에 사단(社團)에 대한 설명에 있어서는 부적절하다. 또한 현행법에서 법인의 실체를 인정하고, 권리의무의 주체로 인정하고 있다는 점에서 이 설은 설득력이 약하다.

(1) 목적재산설

이 설은 일정한 목적에 바쳐진 무주체(無主體)의 재산이 법인의 주체라는 견해이다.

(2) 향유자주체설

이 설은 법인으로부터 이익을 받고 있는 다수의 개인이 법인의 주체라는 견해이다.

(3) 관리자주체설

이 설은 법인재산을 현실적으로 관리하고 있는 자가 법인의 본체라는 견해이다.

3. 법인실재설

이 설은 법인이 권리주체로서의 실질을 갖는 사회적 실체라고 보는 견해를 모두 포함하여 법인실재설(法人實在說)이라고 한다. 여기에는 유기체설과 조직설이 있다.

(1) 유기체설

이 설은 단체를 사회적 유기체라고 보는 설이다. 즉, 단체는 유기체이며, 단체 고유의 생명과 의사(단체의사)를 가지는 사회적 실재체(實在體)이다. 문제가 되는 것은 사단의 구성원이 사단과는 별개의 사회적 존재이면서 동시에 사단도 그 구성원을 떠나서 독자적인 사회적 존재를 가진다는 점, 그리고 유기체는 세포와 전체는 불가분의 관계에 있다는 점에서 유기체설은 법인에 대한 설명으로써 설득력이 부족하다.

(2) 조직체설

이 설은 법인의 실체를 권리주체임에 적합한 법률상의 조직체라고 보는 견해이다. 그런데 단체는 자연발생적으로 성립하며, 독자적인 생명을 가지고 활동하는 것이어서 법률의 힘으로써 함부로 금하거나 의제할 수 없는 실체를 가진다는 유기체설의 장점을 이 설에서는 찾아볼 수 없다.

Ⅲ. 법인의 종류

법인은 법률규정에 의해 성립한다(민법 제31조).[203] 법인의 성립을 인정하는 법률은 민법뿐만 아니라 많은 특별법들이 있다. 여기서는 민법이 인정하는 법인에 대하여만 살펴보기로 한다.

1. 공법인과 사법인

공법인(公法人)과 사법인(私法人)의 구별의 실이익은 공법과 사법을 구별하는 것과 동일한 효과이다. 즉 구별의 실이익은 첫째, 공법인에 관한 쟁송(爭訟)은 민사소송이 아닌 행정소송(行政訴訟)이고, 둘째 공법인은 그의 구성원으로부터 각종의 부담을 징수하는데 있어서 민사소송법상의 강제집행절차가 아닌 세법상의 특수절차에 의하여 집행할 수 있고, 셋째 공법인은 민법상의 불법행위책임을 부담하지 않고, 국가배상법에 의하여 손해배상책임을 부담한다. 또한 형법상의 책임에 있어서도 첫째 공법인의 기관이나 피용자(被用者)에 대하여는 직무에 관한 죄가 성립하고, 둘째 공법인의 문서위조는 사문서위조가 아닌 공문서위조가 된다는 점이다. 이러한 점에서 공법인과 사법인의 구별의 실이익이 존재한다. 종래의 지배적인 견해로서 법인의 설립이나 가입이 강제되거나 국가가 법인의 임원을 임명하거나 임원이 국가공무원으로 되어 있는 것과 같이 법인의 설립이나 관리에 국가의 공권력이 관여하는 것은 모두 공법인이라고 하고, 그 밖의 법인은 사법인이라고 하였다. 그러나 오늘날 공법인과 사법인의 중간적인 법인이 계속하여 나타나고 있다. 예컨대, 한국은행, 대한주택공사, 농업협동조합 등이다.

2. 영리법인과 비영리법인

사법인(私法人)은 그 목적이 영리의 추구에 있느냐의 여부에 따라 영리법인(營利法人)과 비영리법인(非營利法人)으로 구분한다.

---

203) 제31조 (법인성립의 준칙) 법인은 법률의 규정에 의함이 아니면 성립하지 못한다.

(1) 영리법인

사단법인이 영리를 목적으로 하는 경우에 영리법인이다. 다시 말하면 법인이 주로 구성원의 사이익(私利益)을 도모하고, 법인의 기업이익을 구성원 개인에게 분배하여 경제적으로 이익을 주는 것을 목적으로 하는 법인을 말한다. 그러므로 교통, 통신, 보도, 출판 등의 공공사업을 목적으로 하는 것이라도 사원(社員)의 이익을 목적으로 하는 것은 영리법인이다. 그러나 구성원이 없는 재단법인은 이론상으로 영리법인이 될 수 없다. 현행민법상 영리재단법인을 인정하지 않는다(민법 제32조,[204] 제39조[205]). 가장 전형적인 영리법인은 상법상의 각종의 회사(會社)이다.

(2) 비영리법인

학술, 종교, 자선, 기예, 사교, 기타 영리 아닌 사업을 목적으로 하는 사단법인 또는 재단법인을 비영리법인이라고 한다(민법 제32조). 영리 아닌 사업을 목적으로 하기 때문에 영리와 함께 목적으로 하는 경우는 엄격한 의미에서 영리법인이다. 그러나 비영리사업의 목적을 달성하기 위하여 필요한 범위에서 그 본질을 반하지 않는 정도의 영리행위는 무방하다고 하여야 할 것이다. 따라서 비영리법은 사단법인이거나 재단법인이다. 민법상의 법인규정은 비영리법인을 대상으로 하고 있다.

3. 사단법인과 재단법인

법인의 구성요소가 사단(社團)이냐 혹은 재단(財團)이냐에 따라 사단법인과 재단법인으로 구별한다. 사단법인은 일정한 목적을 위하여 결합한 사람의 단체, 즉 사단(社團)을 그 실체(實體)로 하는 법인이고, 재단법인은 일정한 목적에 바쳐진 재산, 즉 재단이 그 실체를 이루고 있는 법인이다. 그리고 양자는 단체의 의사에 의하여 자율적으로 활동하느냐 혹은 설립자의 의사에 의하여 타율적으로 구속되느냐에서도 차이점이 있다. 사단법인은 단체의 의사에 따라 자율적으로, 재단법인은 설립자의 의사에 따라 타율적으로 구속된다.

---

204) 제32조 (비영리법인의 설립과 허가) 학술, 종교, 자선, 기예, 사교, 기타 영리 아닌 사업을 목적으로 하는 사단 또는 재단은 주무관청의 허가를 얻어 이를 법인으로 할 수 있다.

205) 제39조 (영리법인) ① 영리를 목적으로 하는 사단은 상사회사설립의 조건에 좇아 이를 법인으로 할 수 있다. ② 전항의 사단법인에는 모두 상사회사에 관한 규정을 준용한다.

Ⅳ. 법인의 실체와 인격

1. 사단과 조합

사단법인의 기초가 되는 사회적 실체(實體)는 일정한 목적의 달성을 위하여 결합한 사람의 단체이다. 이러한 단체에는 '사단(社團)'과 '조합(組合)'의 두 유형이 있다.

1) 단체인 사단은 단체의 각 구성원의 개성을 초월하는 존재가 되고, 개개의 구성원은 단체 속에 몰입되어 있다. 다시 말하면 단체의 행위는 그의 기관(機關)에 의하여 행하여지고, 그 법률효과는 단체 자체에 귀속하지만, 단체의 구성원에게는 귀속하지 않는다. 반면에 단체의 구성원은 사원총회(社員總會)를 통하여 다수결원리에 따라 기관의 행위를 감독하고, 단체의 운영에 참여할 수 있을 뿐이다. 따라서 단체의 자산이나 부채는 모두 단체 자체에 귀속하기 때문에 그 단체의 구성원은 자산으로부터 배당을 받거나 또는 그 설비를 이용할 수 있을 뿐이고, 단체의 채무에 대하여 책임을 부담하지 않는다.

2) 조합은 조합구성원과는 독립적인 존재로서의 단체이지만 단체로서의 단일성(單一性)보다는 그 구성원의 개성이 표면에 강하게 나타나 있다. 다시 말하면 단체의 행위는 구성원 전원 또는 전원으로부터의 대리권을 갖는 자(대리인)에 의하여 행하여지고, 그 법률효과는 그 구성원 전원에게 귀속한다. 따라서 단체의 자산은 구성원 전원이 공동으로 소유하고, 단체의 부채 또한 전원이 공동으로 부담한다(민법 제704조).[206] 그런데 조합이라는 단체는 공동목적에 의하여 결합되었기 때문에 전원의 의견이 합치하지 않을 때에 다수결을 통하여 결정한다. 또한 단체의 자산의 공동소유와 부채의 공동부담은 단체적 구속을 받는다. 민법은 조합에 대하여 인격이 없는 단체로서 구성원들 사이에 일종의 계약관계로 보고 있다(민법 제703조[207] 이하).

이상과 같이 사단과 조합 양자는 그 단체성의 강약에 차이가 있을 뿐이며, 이론상 양자는 모두 법인의 실체가 될 수 있으며, 필연적으로 사단만이 법인이 될 수 있는 것이 아니다. 그러므로 사단이냐 조합이냐는 단체의 실체에 관한 구별에 불과하다. 왜냐하면 실체에 있어서 조합이면서도 법인격이 인정되는 경우가 있으며

206) 제704조 (조합재산의 합유) 조합원의 출자 기타 조합재산은 조합원의 합유로 한다.

207) 제703조 (조합의 의의) ① 조합은 2인 이상이 상호출자하여 공동사업을 경영할 것을 약정함으로써 그 효력이 생긴다. ② 전항의 출자는 금전, 기타 재산 또는 노무로 할 수 있다.

(상법상의 합명회사), 반면 실체가 사단이면서 법인격이 없는 것도 있다. 따라서 어떤 단체에 대하여 사단이냐 법인이냐는 입법정책의 문제이라고 하여야 할 것이다.

(1) 인격없는 사단

단체의 실체는 사단이지만 법인격(권리능력)을 갖지 못하는 단체를 '인격(人格) 없는 사단' 또는 '권리능력 없는 사단'이라고 한다. 본래 사단은 법인으로서의 실체가 될 수 있으나 현행법상 법인의 설립은 법률이 규정하는 특정한 경우에만 인정되기 때문에(민법 제31조)[208] 경우에 따라서 '권리능력이 없는 사단'이 발생하게 된다. 인격없는 사단이 존재하는 이유는 크게 2가지가 있다.

첫째, 현행법상 사단이 법인격을 취득하는 것은 어렵지 않으나 사단법인의 설립에 관하여 허가주의를 취하기 때문에 인격없는 사단이 많이 존재한다. 법인의 설립허가주의 법제(法制)에서 주무관청의 허가(許可)가 사단법인 설립의 절차적 요건중의 하나이다. 이러한 허가를 취득하지 못하거나 허가를 받지 못하는 동안에는 권리능력이 없는 사단으로서 존재하게 된다. 둘째, 설립자가 행정관청의 사전의 허가나 사후의 감독, 기타의 법적 규제를 받는 것을 싫어하기 때문이다. 인격없는 사단의 대표적인 것 중에 종중(宗中)과 교회가 있다. 그 밖에 동(洞)이나 리(里), 부락(部落) 등이 문제되는 경우가 종종 있다.

1) 인격없는 사단의 법률관계

민법상 인격없는 사단의 법률관계는 재산귀속관계에 대하여 총유(總有)로 한다고 규정하고 있다(민법 제275조,[209] 제278조[210]). 외국에서는 인격없는 사단은 조합규정을 준용하고 있으나(독일민법 제54조, 스위스 민법 제62조) 우리 민법은 인격없는 사단은 조합과는 다르게 규정하고 있다. 즉, 인격없는 사단은 조합에 관한 규정을 준용하지 않는다. 따라서 인격없는 사단은 사단법인에 관한 규정 중 법인격을 전제로 하는 것을 제외한 모든 것을 유추적용하여야 한다는 것이 우리나라의 통설이다.

---

208) 제31조 (법인성립의 준칙) 법인은 법률의 규정에 의함이 아니면 성립하지 못한다.

209) 제275조 (물건의 총유) ① 법인이 아닌 사단의 사원이 집합체로서 물건을 소유할 때에는 총유로 한다. ② 총유에 관하여는 사단의 정관 기타 계약에 의하는 외에 다음 2조의 규정에 의한다.

210) 제278조 (준공동소유) 본 절의 규정은 소유권 이외의 재산권에 준용한다. 그러나 다른 법률에 특별한 규정이 있으면 그에 의한다.

2) 인격없는 사단의 요건

인격없는 사단의 성립요건으로서, 첫째 단체로서의 조직을 갖추고, 둘째 대표(代表)의 방법, 총회의 운영, 재산관리, 기타 사단으로서 중요한 점이 규칙(정관)에 의하여 규정되어 있어야 한다.

i) 내부관계

인격없는 사단은 총회를 최고의사결정기관으로 하고, 정관(규칙)에 따라 처리하여야 한다. 총회의 다수결은 모든 사원을 구속하고, 그 다수결은 정관에서 특별히 규정하고 있지 않으면 과반수로 성립하여야 한다. 업무집행기관은 총회에서 선임한 기관으로서 총사원의 수임자(受任者)이다. 모든 업무집행은 선량(善良)한 관리자의 주의의무(注意義務)를 부담한다(민법 제681조).[211] 기타의 내부관계는 정관에 특별히 규정하지 아니한 경우에 사단법인에 관한 규정을 준용한다.

ii) 외부관계

① 소송당사자능력

인격없는 사단은 본래 소송당사자 적격이 없으나 그 대표자가 정해져 있다면 소송상의 당사자능력을 갖는다(민사소송법 제52조).[212] 따라서 제3자가 인격없는 사단에 대하여 집행권원으로 사단재산을 강제집행할 수 있다. 이러한 점에서 인격없는 사단과 사단법인과의 사이에 차이점이 없다. 다음은 인격없는 사단에 관한 판례를 살펴보기로 한다.

가) 임야조사령에 의하여 동·리의 명의로 사정된 경우 그 동·리의 법적 성질

◆ 판 례

어떤 임야가 임야조사령에 의하여 동·리의 명의로 사정되었다면 달리 특별한 사정이 없는 한 그 동·리는 단순한 행정구역을 가리키는 것이 아니라 그 행정구역 내에 거주하는 주민들로 구성된 법인 아닌 사단으로서 행정구역과 같은 명칭을 사용하는 주민공동체를 가리킨다고 보아야 하는데(대법원 2008. 1. 31. 선고 2005다60871 판결 등 참조), 원

211) 제681조 (수임인의 선관의무) 수임인은 위임의 본지에 따라 선량한 관리자의 주의로써 위임사무를 처리하여야 한다.

212) 민사소송법 제52조 (법인이 아닌 사단 등의 당사자능력) 법인이 아닌 사단이나 재단은 대표자 또는 관리인이 있는 경우에는 그 사단이나 재단의 이름으로 당사자가 될 수 있다.

심판결 이유에 의하면, 이 사건 토지가 포함된 한내리는 고종 26년(1889년) 리제의 실시에 따라 '한내리'로 개칭되었고, 1915. 6. 1. 법정 '리(理)'가 된 후, 이 사건 토지에 관하여 1919. 2. 1. '한내리' 명의로 사정이 있었다는 것이므로, 특별한 사정이 없는 한 이 사건 토지의 사정명의인 '한내리'도 단순히 행정구역인 한내리가 아니라 이 사건 토지에 관한 사정 당시를 기준으로 한내리 내에 거주하는 주민들에 의하여 구성된 법인 아닌 사단으로서 행정구역과 같은 명칭을 사용하는 주민공동체를 가리킨다 할 것이다 : 대법원 2009.1.30. 선고 2008다71469 판결.

나) 비법인사단의 당사자능력을 인정하는 민사소송법 제52조의 규정 취지 및 여기서 말하는 '사단'의 의미

◈ 판 례

민사소송법 제52조가 비법인사단의 당사자능력을 인정하는 것은 법인이 아니라도 사단으로서의 실체를 갖추고, 그 대표자 또는 관리인을 통하여 사회적 활동이나 거래를 하는 경우에는 그로 인하여 발생하는 분쟁은 그 단체가 자기 이름으로 당사자가 되어 소송을 통하여 해결하도록 하기 위한 것이므로, 여기서 말하는 사단이라 함은 일정한 목적을 위하여 조직된 다수인의 결합체로서 대외적으로 사단을 대표할 기관에 관한 정함이 있는 단체를 말한다 : 대법원 2009.1.30. 선고 2006다60908 판결.

다) 자연부락이 비법인사단으로서 권리능력 내지 당사자능력의 요건

◈ 판 례

법인 아닌 사단이나 재단도 대표자 또는 관리인이 있으면 민사소송의 당사자가 될 수 있으므로, 자연부락이 그 부락 주민을 구성원으로 하여 고유목적을 가지고 의사결정기관과 집행기관인 대표자를 두어 독자적인 활동을 하는 사회조직체라면 비법인사단으로서의 권리능력 내지 당사자능력을 가진다 : 대법원 1999. 1. 29. 선고 98다33512 판결.

라) 총유재산에 관한 소송의 당사자적격

◈ 판 례

부락민들의 총유재산인 임야에 관한 소송은 권리능력 없는 사단인 부락 자체의 명의로 하거나 또는 부락민 전원이 당사자가 되어 할 수 있을 뿐이고, 후자의 경우에는 필요적 공동소송이 된다 : 대법원 1994.5.24. 선고 92다50232 판결.

마) 권리능력 없는 사단인 부락의 구성원 중 일부가 제기한 소송에서 당사자인 원고의 표시를 부락으로 정정할 수 있는지 여부

◈ 판 례

권리능력 없는 사단인 부락의 구성원 중 일부가 제기한 소송에서 당사자인 원고의 표시를 부락으로 정정함은 당사자의 동일성을 해하는 것으로서 허용되지 아니한다 : 대법원 1994.5.24. 선고 92다50232 판결.

바) 사찰이 권리능력의 주체로서 사찰로서의 등록이 요건인지 여부

◈ 판 례

사찰이 권리능력의 주체로 됨에 있어 사찰로서의 등록이 반드시 그 요건으로 되는 것은 아니라 할 것이다 : 대법원 1992.6.12. 선고 92다12018,92다12025 판결(병합).

사) 공동선조의 후손 중 일정한 범위의 종족집단에 당사자능력의 여부

◈ 판 례

공동선조의 후손 중 일정한 범위 즉 공동선조의 후배(후실)의 분묘를 수호하고 친목을 도모하기 위한 종족집단이 사회조직체로서 성립하여 고유의 재산을 소유, 관리하면서 독자적인 활동을 하고 있다면 이와 같은 소종중은 고유의 의미의 종중이라고 보기는 어려우나 단체로서의 실체를 부인할 수는 없고 권리능력 없는 사단으로서 당사자능력이 인정된다 : 대법원 1989.6.27. 선고 87다카1915,87다카1916 판결.

아) 종중이 아닌 권리능력 없는 사단으로서의 단체성을 인정할 수 있는 경우

◈ 판 례

본래 종중은 공동선조의 후손들에 의하여 선조의 분묘수호와 봉제사 및 후손 상호간의 친목도모를 목적으로 형성되는 자연발생적인 종족단체로서 그 선조의 사망과 동시에 그 자손에 의하여 성립되는 것이므로 그 후손들 중 특정지역 거주자나 특정범위 내의 자들만으로 구성된 종중이란 있을 수 없으나, 다만 특정지역 거주자나 특정범위 내의 자들만으로 분묘수호와 봉제사 및 친목도모를 위한 조직체를 구성하여 활동하고 있어 그 단체로서의 실체를 인정할 수 있을 경우에는 본래의 의미의 종중은 아니나 권리능력 없는 사단으로서의 단체성을 인정할 여지가 있다 : 대법원 1992.4.24. 선고 92다2899 판결.

② **인격없는 사단의 권리능력**

인격없는 사단의 권리능력, 행위능력, 대표기관의 권한 및 그 대표의 형식, 대표기관의 불법행위로 인한 사단의 배상책임 등에 대하여 사단법인에 관한 규정을 모두 준용한다.

iii) **재산의 귀속관계**

① **재산의 귀속관계**

인격없는 사단의 재산귀속관계에 대하여 '법인 아닌 사단의 사원이 집합체로서 물건을 소유할 때에는 총유(總有)로 한다'라고 규정하고 있다(민법 제275조 제1항). 즉, 인격없는 사단의 재산귀속관계는 '총유'의 형태로 공동소유관계를 인정하고 있다. 기타 소유권 이외의 재산에 대하여도 '준총유(準總有)'로 적용하고 있다(민법 제278조). 따라서 인격없는 사단과 사단법인의 재산소유의 형태에 있어서는 양자 사이에 차이가 있다. 즉, 사단법인의 재산소유의 형태는 법인의 '단독소유'이나 인격없는 사단의 재산소유는 '총유 또는 준총유'의 형태로 소유한다. 총유에는 공유(共有)나 합유(合有)처럼 지분권(持分權)을 인정하지 않는다.

② **재산귀속관계의 공시방법**

인격없는 단체의 재산귀속관계의 공시방법은 법률로 규정하고 있다. 부동산등기법에서 '종중(宗中), 문중(門中), 기타 대표자나 관리인이 있는 법인 아닌 사단이나 재단에 속하는 부동산의 등기에 관하여서는 그 사단 또는 재단을 등기권리자 또는 등기의무자로 한다'라고 규정하고 있다(부동산등기법 제30조[213] 제1항). 계속하여 '전항의 등기는 그 사단 또는 재단의 명의로 그 대표자 또는 관리인이 이를 신청한다'라고 규정하고 있다(동조 제2항). 그러므로 인격없는 사단도 직접 사단의 명의로 등기를 할 수 있다(부동산등기법시행규칙 제56조).[214] 반면에 예금채권 등에 대하여는 대표자의 명의에 사단대표자라는 것을 명시하여 사단채권임을 표시하

---

213) 부동산등기법 제30조 (법인 아닌 사단 등의 등기신청인) ① 종중(宗中), 문중(門中), 그 밖에 대표자나 관리인이 있는 법인 아닌 사단이나 재단에 속하는 부동산의 등기에 관하여는 그 사단이나 재단을 등기권리자 또는 등기의무자로 한다. ② 제1항의 등기는 그 사단이나 재단의 명의로 그 대표자나 관리인이 신청한다.

214) 부동산등기법시행규칙 제56조 (법인이 아닌 사단 또는 재단) 부동산등기법 제30조에 의한 등기를 신청함에는 다음 서면을 첨부하여야 한다. 1. 정관 기타의 규약, 2. 대표자 또는 관리인임을 증명하는 서면, 3. 민법 제276조 제1항의 결의서(법인이 아닌 사단이 등기의무자인 경우에 한한다), 4. 대표자 또는 관리인의 주민등록표등본

여야 한다. 채무는 제3자에게 큰 영향을 주기 때문에 인격없는 사단의 채무는 그 구성원의 총유적으로 귀속한다. 따라서 사단의 채무에 대한 책임은 사단재산에 한정된다. 그러므로 사단의 각 구성원은 부담금만 지급하면 되고, 그 밖의 개인재산으로 책임을 부담하지 않는다, 즉 사단구성원은 유한책임이다.

(2) 인격없는 재단

1) 인격없는 재단의 법률관계

일정한 목적을 위하여 결합된 재산의 집단이 재단(財團)이다. 재단에는 크게 두 기지의 경우를 생각할 수 있다. 첫째, 어떤 자의 사적(私的) 소유에 속하는 재산을 채권자, 기타 제3자의 권리를 보호하기 위하여 법률상 그 자의 다른 재산과 구별하여 관리하는 경우이다. 즉 특별재산, 파산재단, 각종의 재단저당(財團抵當)의 목적이 되는 재단(공장저당법, 광업저당법), 한정승인을 한 상속재산(민법 제1053조[215] 이하), 상속인 없는 상속재산(민법 제1053조) 등이다. 둘째, 어떤 공익적 또는 사회적 목적을 위하여 출연된 재산(목적 재산)이 그 목적을 위하여 통일적으로 관리되는 경우이다. 이 경우에 사적 소유를 이탈한 재산이다. 이러한 재산은 무주(無主)의 재산이 아니기 때문에 관리를 위하여 형식적인 주체가 필요하다. 여기에는 ① 신탁방법, ② 법인설립, ③ 권리능력 없는 재단으로서 관리하는 3가지의 방법이 있다. 이처럼 비영리적 목적을 위해 출연(出捐)되어, 어떤 관리조직을 갖춤으로써 목적에 의하여 구속되는 재산이 신탁이나 법인의 형식을 갖추지 아니한 경우에도 사회적으로 독립한 존재를 갖는다. 이러한 재단을 권리능력 없는 재단 또는 인격 없는 재단이라고 한다. 인격 없는 재단은 재단법인의 실체가 되는 재단으로서의 실질이 존재하지만 법인격을 취득하지 못한 경우이다. 특히 설립(設立) 중의 재단이 그 실례(實例)이다. 이러한 경우에 법률상으로 특별하게 취급할 필요가 있다. 인격 없는 재단에 대하여 인격없는 사단과 같이 처리하면 되지만 재산귀속에 관하여는 특별하게 다루어야 한다.

---

215) 제1053조 (상속인없는 재산의 관리인) ① 상속인의 존부가 분명하지 아니한 때에는 법원은 제777조의 규정에 의한 피상속인의 친족 기타 이해관계인 또는 검사의 청구에 의하여 상속재산관리인을 선임하고 지체없이 이를 공고하여야 한다. ② 제24조 내지 제26조의 규정은 전항의 재산관리인에 준용한다.

2) 소송당사자능력

인격없는 사단은 본래 소송당사자 적격이 없으나 그 대표자가 정해져 있다면 소송상의 당사자능력을 갖는다(민소법 제52조). 따라서 제3자가 인격없는 재단에 대한 집행권원으로 재단재산을 강제집행할 수 있다. 이러한 점에서 인격없는 재단과 재단법인과의 사이에 차이점이 없다.

3) 재산의 귀속관계

인격없는 재단의 재산귀속관계에 있어서 인격없는 재단이 부동산의 등기에 대하여 등기권리자 또는 등기의무자가 된다(부동산등기법 제30조). 부동산등기는 재단명의로 할 수 있고, 등기를 필요로 하는 부동산에 관한 권리는 직접 인격없는 재단의 단독소유에 귀속한다(부동산등기법시행규칙 제56조). 문제가 되는 재산은 그 밖의 재산권의 귀속이다. 왜냐하면 재단은 사원이 없기 때문에 총유관계나 합유관계를 인정할 수 없다. 그래서 부동산물권 이외의 재산관계는 신탁법리를 통하여 설명할 수밖에 없다. 따라서 재산은 관리자의 개인명의로 보유하고, 법률관계도 이 관리자의 개인명의로 할 수밖에 없다.

4) 기타

기타에 대하여 민법의 재단법인에 관한 규정 중 법인격을 전제로 하는 것을 제외하고는 인격없는 재단에 준용하여야 한다.

제2관 법인의 설립

Ⅰ. 법인설립에 관한 입법례

법인설립에 관하여 각 국가의 태도는 시대적으로 변화하여 왔다. 오늘날에는 금지나 방임 어느 한 쪽에 치우치지 않고, 여러 형태를 취하고 있다.

1. 자유설립주의

법인의 설립에 관하여 아무런 제한이 없고, 법인으로서의 실질만 갖추면 법인격을 인정하는 주의이다.

2. 준칙주의

법인설립에 관한 일정한 요건을 법률로 규정하고, 그 요건에 충족한 경우에 법인이 성립하는 주의이다. 그 조직의 내용을 공시하는 방법은 등기이며, 등기를 법인의 성립요건으로 하고 있다. 각종 영리법인(상법 제172조),[216] 노동조합 등이 여기에 속한다.

3. 허가주의

법인설립이 행정관청의 허가가 필요로 한다는 형태이다. 행정관청의 허가여부는 자유재량이다. 이 이론에 의하면 법인설립의 자유가 크게 제한된다.

4. 인가주의

법인의 설립은 법률이 정한 일정한 요건을 갖추고, 주무장관, 기타의 관할 행정관청의 인가를 취득함으로써 성립할 수 있다는 주의이다. 인가주의(認可主義)에서는 법률이 정하고 있는 일정한 요건을 갖추고 있으면 인가권자는 반드시 이를 인가(認可)해 주어야 한다. 만약 인가의 요건이 충족되었으나 인가를 하지 아니한 경우에 법원의 사법적 심사의 대상이 된다. 인가주의의 해당하는 법인, 법무법인, 지방변호사회, 대한변호사협회, 상공회의소 기타 등이 있다.

5. 특허주의

각각의 법인을 설립할 때마다 특별한 법률제정이 필요로 하는 주의이다. 이러한 법인은 국가가 재정, 금융, 산업 등에 관한 국가의 정책을 통제 및 강화할 필요성에서 국영기업에 형식적인 독립성을 주는 것이다. 이러한 법인이 사기업(私企業)의 형태, 특히 주식회사의 모습을 취하더라도 그것이 반드시 출자자(出資者)나 주주(株主) 개인만의 이익을 목적으로 하는 것이 아니다. 한국은행, 한국수출입은행, 한국토지공사, 한국전력공사, 기타 등이 있다.

---

216) 상법 제172조 (회사의 성립) 회사는 본점소재지에서 설립등기를 함으로써 성립한다.

6. 강제주의

국가가 법인의 설립을 강제하는 주의이다. 즉, 일정한 지역 내의 일부 유자격자(有資格者)가 법인을 설립한 경우에 그 지역 내의 유자격자가 설립행위에 참가하지 아니한 경우에도 당연히 그 회원이 되는 가입강제도 일종의 강제주의이다. 의료인의 중앙회와 그 지부, 약사회 등이 있다.

우리민법은 법인설립에 관하여 '법인은 법률의 규정에 의함이 아니면 성립하지 못한다'라고 규정하고 있다(민법 제31조). 또한 비영리법인에 관하여는 허가주의를 취하고 있다. 즉 '학술, 종교, 자선, 기예(技藝), 사교, 기타 영리 아닌 사업을 목적으로 하는 사단 또는 재단은 주무관청의 허가를 얻어 이를 법인으로 할 수 있다'(동법 제32조). 결국 우리나라는 법인설립에 관하여 자유주의를 취하지 않는다고 보아야 한다.

Ⅱ. 비영리 사단법인의 설립

1. 설립요건

비영리법인의 설립요건은 다음과 같이 4가지가 있다.

(1) 목적의 비영리성

'학술, 종교, 자선, 기예(技藝), 사교, 기타 영리 아닌 사업을 목적으로 하는 사단 또는 재단은 주무관청의 허가를 얻어 이를 법인으로 할 수 있다'(민법 제32조). 여기서 영리가 아닌 사업이라 함은 개개의 구성원의 이익을 목적으로 하지 않는 사업을 말한다. 그렇다고 하여 공익, 즉 사회 일반의 이익을 목적으로 할 필요는 없다.

비영리사업과 영리사업을 병행하는 경우에 사업의 목적은 영리성을 갖게 된다. 다만 비영리사업의 목적을 달성하기 위하여 필요한 한도에서 그의 본질에 반하지 아니한 정도의 영리행위는 무방하다. 그러나 그러한 영리성을 띠는 행위를 하였을 경우에 그 수익은 사업목적의 수행에 반드시 충당되어야 하고, 어떠한 형태로든지 구성원에게 분배되어서는 안된다.

(2) 설립행위

1) 정관작성

사단법인을 설립하려면 2인 이상의 설립자가 법인의 근본규칙(정관)을 정하여 이를 서면에 기재하고, 기명(記名), 날인(捺印)하여야 한다(민법 제40조).[217] 사단법인의 성질상 법인의 설립발기인은 적어도 2명 이상이어야 한다. 정관작성에는 설립자들이 반드시 기명, 날인하여야 하고, 이러한 기명, 날인이 없는 정관은 효력이 없다. 이와 같이 설립자 2인 이상이 사단법인의 근본규칙을 정하는 행위, 즉 '정관작성'이 곧 사단법인의 설립행위이다. 사단법인의 설립행위의 법률행위의 성질은 합동행위이다.

2) 정관의 기재사항

정관은 다음과 같이 반드시 기재하여야 할 필요적 기재사항이 있으며, 이중에서 하나라도 빠진다면 정관으로서의 효력을 상실한다.

ⅰ) 목적

ⅱ) 명칭

ⅲ) 사무소의 주소

사무소가 둘 이상인 경우에 이를 모두 기재하고, 주된 사무소를 정하여야 한다(민법 제36조).[218]

ⅳ) 자산에 관한 규정

자산의 종류, 구성, 관리, 운용방법, 회비 등에 관한 사항을 기재하여야 한다.

ⅴ) 이사(理事)의 임면(任免)에 관한 규정

이사의 임면에 관한 방법을 정한다. 특별한 제한은 없다. 이사는 회원이 아니어도 무방하다.

---

217) 제40조 (사단법인의 정관) 사단법인의 설립자는 다음 각 호의 사항을 기재한 정관을 작성하여 기명날인하여야 한다. 1. 목적, 2. 명칭, 3. 사무소의 소재지 4. 자산에 관한 규정, 5. 이사의 임면에 관한 규정, 6. 사원자격의 득실에 관한 규정, 7. 존립시기나 해산사유를 정하는 때에는 그 시기 또는 사유.

218) 제36조 (법인의 주소) 법인의 주소는 그 주된 사무소의 소재지에 있는 것으로 한다.

vi) 사원자격의 득실에 관한 규정

입사, 퇴사 및 제명 등에 관한 것을 정하면 된다.

vii) 존립시기 또는 해산사유를 정하는 경우에 그 시기 및 사유

이 사항은 반드시 정하여야 하는 것이 아니므로 특히 정하고 있는 경우에만 기재한다. 정관에는 필요적 기재사항과 임의적 기재사항이 있다. 임의적 기재사항은 특별한 제한은 없다. 그러나 임의적 기재사항이 일단 정관에 기재되면 필요적 기재사항과 그 효력에 있어서는 차이가 없다. 비록 임의적 기재사항도 일단 정관에 기재된 이상 그 변경에는 정관변경절차에 따라야 한다. 다음은 사단법인의 정관에 관한 판례를 살펴보도록 하겠다.

가) 사단법인의 정관의 법적 성질 및 정관의 규범적인 의미 내용과는 다른 해석이 사원총회의 결의에 의하여 표명된 경우, 그 결의의 구속력의 여부

◆ 판 례

사단법인의 정관은 이를 작성한 사원뿐만 아니라 그 후에 가입한 사원이나 사단법인의 기관 등도 구속하는 점에 비추어 보면 그 법적 성질은 계약이 아니라 자치법규로 보는 것이 타당하므로, 이는 어디까지나 객관적인 기준에 따라 그 규범적인 의미 내용을 확정하는 법규해석의 방법으로 해석되어야 하는 것이지, 작성자의 주관이나 해석 당시의 사원의 다수결에 의한 방법으로 자의적으로 해석될 수는 없다 할 것이어서, 어느 시점의 사단법인의 사원들이 정관의 규범적인 의미 내용과 다른 해석을 사원총회의 결의라는 방법으로 표명하였다 하더라도 그 결의에 의한 해석은 그 사단법인의 구성원인 사원들이나 법원을 구속하는 효력이 없다 : 대법원 2000. 11. 24. 선고 99다12437 판결.

나) 사단법인의 정관에 회장의 중임을 금지하는 규정만 두고 있을 뿐 전임자의 궐위로 인하여 선임된 이른바 보선회장도 중임이 제한되는 지의 여부

◆ 판 례

사단법인의 정관에 회장의 중임을 금지하는 규정만 두고 있을 뿐 전임자의 궐위로 인하여 선임된 이른바 보선회장을 특별히 중임제한 대상에서 제외한다는 규정을 두고 있지 않은 경우, 중임이 제한되는 회장에는 보선회장도 포함되는 것으로 해석함이 상당하다 : 대법원 2000. 11. 24. 선고 99다12437 판례.

(3) 주무관청의 허가

민법상의 비영리법인은 주무관청의 허가사항이므로 주무관청의 허가가 있어야 한다(민법 제32조 후단). 주무관청은 법인이 목적으로 하는 사업을 관리하는 관청을 말한다. 따라서 법인의 목적이 2 개 이상인 경우에 해당 행정관청이 모두 주무관청이며, 주무관청의 허가를 모두 얻어야 법인으로서 설립한다. 예를 들면 학술과 자선을 목적으로 하는 경우에 교육인적 자원부장관과 보건복지부장관의 허가를 얻어야 한다. 이에 관한 판례를 살펴보도록 하겠다.

가) 법인설립이나 정관변경의 불허가는 행정소송 대상여부

◆ 판 례

비영리재단법인의 설립이나 정관변경에 관하여 허가주의를 채용하고 있는 제도 아래서 그에 관한 주무관청의 허가는 그 본질상 주무관청의 자유재량에 속하는 행위로서 그 허가 여부는 다툴 수 없으므로 그에 대한 불허가처분은 행정소송의 대상이 되지 아니한다 : 대법원 1979.12.26. 선고 79누248 판결 ; 대법원 1996.5.16. 선고 95누4810 전원합의체 판결에 의하여 폐기.

(4) 설립등기

법인은 주된 사무소의 주소지에서 설립등기를 하여야 하고, 이 설립등기를 함으로써 법인이 성립한다(민법 제33조).[219] 설립등기는 사단법인의 성립요건이다.

2. 설립행위의 성질

사단법인의 설립행위인 정관작성이라는 요식행위(要式行爲)는 서면(書面)으로 한다. 정관작성행위는 사단이 법인격을 취득하는데 필요로 하는 의사표시로서의 법률행위이다. 이러한 정관작성행위가 사단법인의 설립행위에 어떤 성질을 갖느냐에 대해 학설은 나뉘어져 있다. 그러나 사단법인의 설립행위는 2인 이상의 설립자를 필요로 하고, 또한 법인설립이라는 공동의 목적을 달성하기 위하여 설립자 전

---

219) 제33조 (법인설립의 등기) 법인은 그 주된 사무소의 소재지에서 설립등기를 함으로써 성립한다.

원이 같은 목적으로 협력이 필요하다는 점에서 법률행위, 즉 계약, 단독행위, 합동행위 중 일종의 '합동행위'이다.

3. 설립중의 사단법인

설립중인 사단법인의 성질을 어떻게 보느냐에 견해가 대립하고 있다.

(1) 사단법인의 설립과정

1) 법인설립을 계획하는 자들이 법인설립이라는 공동의 목적을 약속하고,

2) 법인설립에 필요한 요건을 갖추어 주무관청의 허가와 설립등기를 할 때에 법인이 성립한다.

i) '설립중의 법인' 이전 단계인 발기인조합 또는 설립자조합은 '설립중의 법인'과 구별되어야 한다. 이러한 조합은 그들의 공동목적인 법인설립을 위하여 필요한 여러 가지 준비행위, 즉 정관의 원안작성, 필요한 서류작성, 사무소의 임차, 기타 행위를 하게 된다. 조합의 이러한 행위는 준비행위에 불과하다. 따라서 준비행위의 과정에서 조합은 그 자체에서 책임을 부담하여야 한다.

ii) 위의 조합이 그의 조합계약의 이행행위로서 정관을 작성하고, 법인의 최초의 구성원을 확정하면 '설립중인 법인'이 된다. 그런데 '설립중인 법인'의 성질에 대하여는 아직 법인격이 없기 때문에 '권리능력 없는(인격 없는)사단'이라고 한다.

'설립중인 법인'은 마치 '태아'처럼 장차 성립할 법인의 전신으로 보고, 법인격의 유무에 관계없이 실질적으로 법인과 동일한 것이나 아직 법인격이 없기 때문에 권리능력(인격)없는 사단이다. 그러나 '설립중인 법인'의 행위의 책임은 법인성립 후에 법인에 귀속한다는 것이 통설이다. 왜냐하면 설립중의 법인과 설립 후의 법인은 실질적으로 동일하기 때문이다. 다음은 설립중의 조합이나 발기인의 권리의무에 관한 판례를 살펴보기로 한다.

가) 설립중의 회사가 성립하기 위한 요건

◆ 판 례

설립중의 회사가 성립하기 위해서는 정관이 작성되고 발기인이 적어도 1주 이상의 주식을 인수하였을 것을 요건으로 한다 : 대법원 2000. 1. 28. 선고 99다35737 판결.

나) 설립중의 회사로서 실체가 갖추어지기 이전에 발기인이 취득한 권리의무의 귀속관계 및 발기인이 개인 명의로 부담한 채무가 발기인 조합에 귀속되기 위한 요건

◆ 판 례

설립중의 회사로서의 실체가 갖추어지기 이전에 발기인이 취득한 권리・의무는 구체적 사정에 따라 발기인 개인 또는 발기인 조합에 귀속되는 것인바(대법원 1990. 12. 26. 선고 90누2536 판결, 1998. 5. 12. 선고 97다56020 판결 등 참조), 발기인이 개인 명의로 금원을 차용한 경우 이는 그 발기인 개인에게 귀속됨이 원칙이고, 위 채무가 발기인 조합에게 귀속되려면 위 금원의 차용행위가 조합원들의 의사에 기해 발기인 조합을 대리하여 이루어져야 한다고 할 것이다 : 대법원 2007.9.7. 선고 2005다18740 판결.

다) 설립중의 회사로서의 실체가 갖추어지기 이전에 발기인이 취득한 권리, 의무를 설립 후의 회사에 귀속시키기 위한 특별한 이전행위가 존재여부

◆ 판 례

설립중의 회사라 함은 주식회사의 설립과정에서 발기인이 회사의 설립을 위하여 필요한 행위로 인하여 취득하게 된 권리의무가 회사의 설립과 동시에 그 설립된 회사에 귀속되는 관계를 설명하기 위한 강학상의 개념으로서 정관이 작성되고, 발기인이 적어도 1주 이상의 주식을 인수하였을 때 비로소 성립하는 것이고, 이러한 설립중의 회사로서의 실체가 갖추어지기 이전에 발기인이 취득한 권리, 의무는 구체적 사정에 따라 발기인 개인 또는 발기인조합에 귀속되는 것으로서 이들에게 귀속된 권리의무를 설립 후의 회사에 귀속시키기 위하여는 양수나 채무인수 등의 특별한 이전행위가 있어야 한다 : 대법원 1994.1.28. 선고 93다50215 판결.

라) 교회가 법인 아닌 사단으로 성립하기 전에 설립의 주체인 개인이 취득한 권리의무가 바로 성립 후의 교회에 귀속되는지 여부 및 설립중의 회사의 법리가 유추적용되는지 여부

◈ 판 례

교회가 그 실체를 갖추어 법인 아닌 사단으로 성립한 경우에 교회의 대표자가 교회를 위하여 취득한 권리의무는 교회에 귀속되나, 교회가 아직 실체를 갖추지 못하여 법인 아닌 사단으로 성립하기 전에 설립의 주체인 개인이 취득한 권리의무는 그것이 앞으로 성립할 교회를 위한 것이라 하더라도 바로 법인 아닌 사단인 교회에 귀속될 수는 없고, 또한 설립중의 회사의 개념과 법적 성격에 비추어, 법인 아닌 사단인 교회가 성립하기 전의 단계에서 설립중의 회사의 법리를 유추적용할 수는 없다 : 대법원 2008.2.28. 선고 2007다37394,37400 판결.

Ⅲ. 비영리재단법인의 설립

1. 요건

재단법인의 설립요건은 사단법인과 동일하다. 즉, 1) 목적의 비영리성, 2) 설립행위, 3) 주무관청의 허가, 4) 설립등기가 필요하다.

(1) 목적의 비영리성

가) 재단법인 설립의 수임자가 설립과정에서 목적의 범위를 넓히고 임원구성을 함부로 하는 등 배임적 행위를 한 것이 설립되어 활동중인 재단법인의 설립행위 자체를 무효로 할 사유가 되는지 여부

◈ 판 례

공익사업을 목적으로 하는 재단법인을 설립하기 위하여 소유 임야를 출연하고, 제3자 등과 합의하여 정관을 작성하고 주무관청의 인가를 받아 법인을 설립하였다면 위 제3자가 설립자의 위임을 받아 설립업무를 수행하는 과정에서 설립목적의 범위를 넓히고 또 임원구성을 함부로 하는 등 배임적인 행위를 하였다 하더라도 이미 재산의 출연과 정당한 절차를 밟아 설립되어 활동중인 재단법인의 설립행위 자체를 무효로 할 사유가 될 수는 없다 : 대법원 1993.4.13. 선고 91다29064 판결.

(2) 설립행위

재단법인의 설립은 일정한 재산을 출연(出捐)하고, 정관을 작성하여야 한다(민법 제43조).[220] 재단법인의 설립행위는 생전(生前)과 사후(死後), 즉 유언으로도 할 수 있다.

1) 재산의 출연

i) 설립자는 일정한 재산을 출연하여야 한다. 재산의 종류는 제한이 없으나 확실한 것이면 채권도 무방하다.

ii) 출연재산의 귀속시기

재단법인을 설립함에 있어서 재산을 출연하는 경우에, 그 출연재산이 법인에 귀속하는 시기에 관하여 입법적으로 해결하고 있다. 민법 제48조[221] '생전처분(生前處分)으로 재단법인을 설립하는 때에는 출연재산은 법인이 성립된 때로부터 법인의 재산이 된다'라고 규정하고 있다(동조 제1항). 또한 '유언으로 재단법인을 설립하는 때에는 출연재산은 유언의 효력이 발생한 때로부터 법인에 귀속한 것으로 본다'라고 규정하고 있다(동조 제2항). 이처럼 재산출연의 방법이 생전처분이냐 사후처분이냐에 따라 출연재산의 귀속시기를 달리한다. 생전처분인 경우에는 법인이 성립한 때, 즉 법인설립등기를 할 때이다. 반면 사후처분, 즉 유언으로 재단법인을 설립할 때는 유언자가 사망한 때에 소급하여 출연재산이 법인에 귀속한다. 그런데 유언으로 재단법인을 설립할 때에는 아직 재단법인이 설립하지 않았는데 어떻게 출연재산이 법인에 귀속한다는 것이 가능하느냐이다. 이것은 일종의 의제(擬制)이다. 이처럼 의제하는 이유는 유언자가 사망한 경우에 유언자의 출연재산은 일단 상속재산으로 상속인에게 상속되는 것을 방지하기 위한 것이다. 그런데 출연재산의 귀속시기에 관하여 민법 제48조로 규정하고, 출연재산에는 제한이 없으나 재산(물권이냐 채권)의 유형에 따라 재산의 귀속에 관하여 견해가 나뉘어져 있다.

---

220) 제43조 (재단법인의 정관) 재단법인의 설립자는 일정한 재산을 출연하고 제40조 제1호 내지 제5호의 사항을 기재한 정관을 작성하여 기명, 날인하여야 한다.

221) 제48조 (출연재산의 귀속시기) ① 생전처분으로 재단법인을 설립하는 때에는 출연재산은 법인이 성립된 때로부터 법인의 재산이 된다. ② 유언으로 재단법인을 설립하는 때에는 출연재산은 유언의 효력이 발생한 때로부터 법인에 귀속한 것으로 본다.

a) 물권

출연재산이 물권인 경우에 물권을 법인에게 직접 이전할 의사표시를 할 때에 그 출연행위는 상대방 없는 단독행위인 물권행위이다. 그런데 물권변동에 관하여 부동산물권변동의 효력은 등기(登記)를 요건으로 하고 있다(민법 제186조).[222] 동산물권변동의 효력은 인도(引渡)를 요건으로 하고 있다(동법 제188조 제1항).[223] 즉 물권변동에 관하여 성립요건주의를 취하면서 물권행위(物權行爲)만으로 물권변동이 발생하지 않고, 부동산에 관하여는 등기를, 동산에 관하여는 인도를 효력요건으로 하고 있다. 출연재산의 귀속시기에 관하여 학설이 대립하고 있다.

소수설은 재단법인의 설립자가 물권을 출연한 경우에 법인이 설립한 때 또는 설립자가 사망한 때에 법인에게 당연히 귀속하지 않고, 등기나 인도를 갖출 때에 법인에게 비로소 귀속한다는 견해이다. 이 설에 의하면 출연재산이 재단법인에게 귀속하는 것은 등기나 인도를 갖출 때이나 민법 제48조에 의하여 재단법인이 설립한 (설립등기를 한) 때에 소급하여 귀속한 것으로 의제된다는 입장이다. 그러나 이러한 견해에 의하면 민법 제48조가 물권변동에 관한 성립요건주의(동법 제186조, 제188조)에 반한다. 이 설의 단점은 재단법인이 설립등기를 갖추더라도 출연재산에 관한 이전등기를 할 때까지는 전혀 재산없는 재단법인이 있게 되어 재단법인의 본질에 반한다.

다수설은 민법 제187조가[224] 말하는 '기타의 법률의 규정'에는 동조 제48조를 의미하는 것으로 등기나 인도 없이 물권은 설립등기를 한 때 또는 설립자가 사망한 때 법인에게 귀속한다는 견해이다. 즉, '상속, 공용징수, 판결, 경매, 기타 법률의 규정에 의한 부동산에 관한 물권의 취득은 등기를 요하지 아니한다. 그러나 등기를 하지 아니하면 이를 처분하지 못한다'라고 규정하고 있다(민법 제187조). 출연재산이 법인에 귀속하는 것은 민법 제48조가 정하는 시기이고, 등기나 인도는 필요로 하지 않는다. 판례는 초기에 다수설에 취하였으나 나중에는 출연자와 법인 사이에서 다수설처럼 등기 없이 출연부동산은 법인설립과 동시에 법인에 귀속하고, 법인은 그가 취득한 부동산을 가지고 제3자에게 대항하기 위하여 제186조의

---

222) 제186조 (부동산물권변동의 효력) 부동산에 관한 법률행위로 인한 물권의 득실변경은 등기하여야 그 효력이 생긴다.

223) 제188조 (동산물권양도의 효력) 동산에 관한 물권의 양도는 그 동산을 인도하여야 효력이 생긴다.

224) 제187조 (등기를 요하지 아니하는 부동산물권취득) 상속, 공용징수, 판결, 경매, 기타 법률의 규정에 의한 부동산에 관한 물권의 취득은 등기를 요하지 아니한다. 그러나 등기를 하지 아니하면 이를 처분하지 못한다.

근거하여 등기를 하여야 한다는 입장이다.

b) 채권

출연재산이 채권인 경우에도 물권과 같은 문제가 발생한다. 채권에는 지명채권(指名債權), 지시채권(指示債權), 무기명채권(無記名債權)이 있다. 지명채권은 민법 제48조에 의하여 법인에 귀속하지만 지시채권과 무기명채권은 문제가 된다.

소수설에 의하면, 지시채권은 배서(背書)하여 양수인(讓受人)에게 교부(交付)를 하여야 법인에 귀속하고(민법 제508조),[225] 무기명채권은 양수인에게 교부하여야 법인에 귀속한다(동법 523조)는[226] 견해이다. 다수설에 의하면, 지시채권이나 무기명채권이 출연재산인 경우에 양수인에게 배서하여 교부하는 것은 필요치 않고, 민법 제48조에 의하여 법인에게 귀속한다는 입장이다. 즉, 동법 제48조는 동법 제508조, 제523조의 예외 규정 또는 특별규정으로 본다. 이처럼 재단법인의 설립에는 재산출연행위가 있어야 한다. 이러한 출연행위는 무상(無償)이므로, 증여나 유증과 비슷하다. 따라서 민법은 출연행위에 대하여 증여와 유증에 관한 규정을 준용한다(민법 제47조).[227] 생전처분으로 재단법인을 설립하는 경우에 증여에 관한 규정(민법 제47조 제1항)을, 유언으로 재단법인을 설립하는 경우에 유증에 관한 규정을 준용한다(동조 제2항).

가) 재단법인의 설립에 있어서 출연재산의 귀속시기

◆ 판 례

재단법인의 설립함에 있어서 출연재산은 그 법인이 성립된 때로부터 법인에 귀속된다는 민법 제48조의 규정은 출연자와 법인과의 관계를 상대적으로 결정하는 기준에 불과하여 출연재산이 부동산인 경우에도 출연자와 법인 사이에는 법인의 성립 외에 등기를 필요로 하는 것은 아니지만, 제3자에 대한 관계에 있어서, 출연행위는 법률행위이므로 출연재산의 법인에의 귀속에는 부동산의 권리에 관한 것일 경우 등기를 필요로 한다 : 대법원 1979.12.11. 선고 78다481,482 전원합의체 판결.

---

225) 제508조 (지시채권의 양도방식) 지시채권은 그 증서에 배서하여 양수인에게 교부하는 방식으로 양도할 수 있다.

226) 제523조 (무기명채권의 양도방식) 무기명채권은 양수인에게 그 증서를 교부함으로써 양도의 효력이 있다.

227) 제47조 (증여, 유증에 관한 규정의 준용) ① 생전처분으로 재단법인을 설립하는 때에는 증여에 관한 규정을 준용한다. ② 유언으로 재단법인을 설립하는 때에는 유증에 관한 규정을 준용한다.

나) 재단법인에의 출연재산의 귀속시기

◈ 판 례

민법 제48조 제1항은 재단법인 설립에 있어 재산출연자와 법인과의 관계에 있어서의 출연재산의 귀속에 관한 규정이고, 제3자에 대한 관계에 있어서는 출연행위가 법률행위이므로 출연재산의 법인에의 귀속은 부동산의 권리에 관해서는 법인의 성립 외에 등기를 필요로 한다 : 대법원 1981.12.22. 선고 80다2762,2763 판결.

다) 출연재산의 재단법인에의 귀속과 등기

◈ 판 례

민법 제48조는 재단법인 성립에 있어서 재산출연자와 법인과의 관계에 있어서의 출연재산의 귀속에 관한 규정이고, 이 규정은 그 기능에 있어서 출연재산의 귀속에 관하여 출연자와 법인과의 관계를 상대적으로 결정함에 있어서의 기준이 되는 것에 불과하여, 출연재산은 출연자와 법인과의 관계에 있어서 그 출연행위에 터잡아 법인이 성립되면 그로써 출연재산은 민법의 위 조항에 의하여 법인성립시에 법인에게 귀속되어 법인의 재산이 되는 것이고, 출연재산이 부동산인 경우에 있어서도 위 양당사자간의 관계에 있어서는 위 요건(법인의 성립) 외에 등기를 필요로 하는 것이 아니나, 제3자에 대한 관계에 있어서는 출연행위가 법률행위이므로 출연재산의 법인에의 귀속에는 부동산의 권리에 관해서는 법인성립 외에 등기를 필요로 한다 : 대법원 1993.9.14. 선고 93다8054 판결.

라) 유언에 의한 재단법인설립의 경우 출연재산의 귀속과 등기

◈ 판 례

유언으로 재단법인을 설립하는 경우에도 제3자에 대한 관계에서는 출연재산이 부동산인 경우는 그 법인에의 귀속에는 법인의 설립 외에 등기를 필요로 하는 것이므로, 재단법인이 그와 같은 등기를 마치지 아니하였다면 유언자의 상속인의 한 사람으로부터 부동산의 지분을 취득하여 이전등기를 마친 선의의 제3자에 대하여 대항할 수 없다 : 대법원 1993.9.14. 선고 93다8054 판결.

2) 정관의 작성

재단법인의 설립자는 법인의 정관(근본규칙)을 서면으로 작성하여 기명, 날인하여야 한다(민법 제43조).[228] 정관의 기재사항은 사단법인의 정관과 같다. 즉, 정관에는 필요적 기재사항과 임의적 기재사항이 있다. 재단법인의 정관에는 사단법인의 정관의 필요적 기재사항인 ① 사원자격의 득실에 관한 규정, ② 법인의 존립시기나 해산사유가 재단법인의 경우에 필요적 기재 사항이 아니다. 따라서 정관작성에 관하여 주의할 것은 유언으로 재단법인을 설립하는 경우에 유언의 방식을 좇아야 한다(민법 제47조 제2항).

3) 정관의 보충

정관의 필요적 기재사항 중에 하나라도 빠지면 그 정관은 효력이 없다. 즉, 정관은 필요적 기재사항을 모두 기재한 경우에만 유효하다. 그런데 설립자가 필요적 기재사항 중에서 핵심인 '목적과 자산'만 정하고, 그 밖의 명칭이나 사무소의 주소, 이사의 임면(任免)의 방법과 같은 비교적 가벼운 사항을 정하지 않고 사망한 경우에 재단법인의 설립을 부인하는 것보다는 이를 보충하여 사자(死者)의 의사(意思)를 실현하는 것이 바람직하다. 따라서 민법은 이해관계인 또는 검사의 청구에 의하여 법원이 이들 사항을 정하여 정관을 보충하고, 법인의 성립을 허용하고 있다(민법 제44조).[229]

(3) 주무관청의 허가

비영리법인 설립허가의 성질과 주무관청의 재량의 정도

◆ 판 례

민법은 제31조에서 "법인은 법률의 규정에 의함이 아니면 성립하지 못한다."고 규정하여 법인의 자유설립을 부정하고 있고, 제32조에서 "학술, 종교, 자선, 기예, 사교 기타 영리 아닌 사업을 목적으로 하는 사단 또는 재단은 주무관청의 허가를 얻어 이를 법인으로 할 수 있다."고 규정하여 비영리법인의 설립에 관하여 허가주의를 채용하고 있으며, 현행 법령상 비영리법인의 설립허가에 관한 구체적인 기준이 정하여져 있지 아니하므로, 비영리법인의 설립허가를 할 것인지 여부는 주무관청의 정책적 판단에 따른 재량에 맡겨져 있다. 따라서 주무관청의 법인설립 불허가처분에 사실의 기초를 결여하였다든지 또

---

228) 제43조 (재단법인의 정관) 재단법인의 설립자는 일정한 재산을 출연하고 제40조 제1호 내지 제5호의 사항을 기재한 정관을 작성하여 기명날인하여야 한다.

229) 제44조 (재단법인의 정관의 보충) 재단법인의 설립자가 그 명칭, 사무소 소재지 또는 이사임면의 방법을 정하지 아니하고 사망한 때에는 이해관계인 또는 검사의 청구에 의하여 법원이 이를 정한다.

는 사회관념상 현저하게 타당성을 잃었다는 등의 사유가 있지 아니하고, 주무관청이 그와 같은 결론에 이르게 된 판단과정에 일응의 합리성이 있음을 부정할 수 없는 경우에는, 다른 특별한 사정이 없는 한 그 불허가처분에 재량권을 일탈·남용한 위법이 있다고 할 수 없다 : 대법원 1996. 9. 10. 선고 95누18437 판결

(4) 설립등기

법인의 성립은 법에서 요구하는 정관을 작성하고, 주무관청의 허가를 얻어 그 주된 사무소의 소재지에서 설립등기를 함으로써 성립한다(민법 제33조).

2. 재단법인 설립행위의 법적 성질

재단법인의 설립행위는 일정한 재산을 출연하고, 서면으로 정관을 작성하는 요식행위이다. 그 실질은 재단에 법인격취득의 효과를 발생시키려는 의사표시를 요건으로 하는 법률행위이다. 법률행위로서의 재단법인의 설립행위가 어떤 성질을 갖는가이다. 즉, 재단법인의 설립은 1인 혹은 2인 이상 수인(數人)이라도 상관없다. 만약 재단법인의 설립행위가 한 사람인 경우에는 상대방 없는 단독행위이다. 그런데 설립자가 2인 이상인 경우에 단독행위의 경합이라는 견해와 합동행위라는 견해가 있으나 재단법인의 설립은 성질상 합동행위를 통하여야 하는 것이 아니기 때문에 임의적 합동행위로 보는 것이 합리적이다. 여기서 임의적 합동행위는 엄격한 의미에서 단독행위의 개념이다. 그러나 사단법인의 설립행위는 필요적 합동행위이어야 한다.

제3관 법인의 능력

법인은 법률에 의하여 법인격이 인정되기 때문에 자연인처럼 법인에게도 권리능력 뿐만 아니라 일정한 범위의 행위능력도 인정되고 있다. 그런데 법인의 어떤 행위에 대하여 어느 정도의 권리능력과 행위능력을 인정하고, 그리고 법인의 어떤 기관의 행위에 대하여 행위능력을 인정할 것인가가 문제된다. 한편 법인의 어떤 행위에 대하여 불법행위를 인정하고, 불법행위책임을 인정할 수 있느냐도 문제된다. 특히 오늘날 법인의 활동범위가 확대됨에 따라 이러한 문제점들을 확인할 필요가 있다.

Ⅰ. 법인의 권리능력

법인의 권리능력에 관하여 '법인은 법률의 규정에 좇아 정관으로 정한 목적의 범위 내에서 권리와 의무의 주체가 된다'라고 규정하고 있다(민법 제34조).[230] 즉 법인의 권리능력의 범위는 법률과 목적에 의하여 제한되고 있다. 여기서는 법인의 권리능력에 대한 성질, 법률, 목적에 의한 제한에 관하여 각각 살펴보도록 한다.

1. 성질상 제한

(1) 법인은 자연인을 전제로 하는 권리는 인정되지 않는다. 예를 들면, 생명권, 친권, 정조권, 배우자의 권리, 신체상의 자유권 등이 여기에 속한다. 그리고 상속권은 자연인에게만 한정되기 때문에(민법 제1000조 -제1004조) 법인에게는 재산상속을 원칙적으로 인정할 수 없으나 법인(法人)을 수증자(受贈者)로 하는 유증이 인정되기 때문에 포괄적 유증을 받음으로써 상속권과 동일한 효과를 갖는다.

(2) 법인은 자연인을 전제로 하지 않는 권리는 법인에게도 인정된다. 예를 들면 재산권, 명예권, 성명권, 신용권, 정신적 자유권 등이다.

2. 법률에 의한 제한

권리주체가 권리능력을 갖는 것은 법률규정에 근거하기 때문에 법률에 의하여 권리능력의 범위를 당연히 제한할 수 있다. 이것은 자연인이나 법인도 동일하다. 법인의 권리능력의 범위를 제한하는 규정, 즉 '해산(解散)한 법인은 청산의 목적범위 내에서만 권리가 있고, 의무를 부담한다'(민법 제81조)와[231] '회사는 다른 회사의 무한책임사원(無限責任社員)이 되지 못한다'(상법 제173조)가[232] 있다. 이처럼 법인의 권리능력을 제한하는 규정은 개별적으로 제한할 수 있을 뿐이고, '명령'에 의하여 법인의 권리능력을 제한할 수 없다.

---

230) 제34조 (법인의 권리능력) 법인은 법률의 규정에 좇아 정관으로 정한 목적의 범위 내에서 권리와 의무의 주체가 된다.

231) 제81조 (청산법인) 해산한 법인은 청산의 목적범위 내에서만 권리가 있고 의무를 부담한다.

232) 상법 제173조 (권리능력의 제한) 회사는 다른 회사의 무한책임사원이 되지 못한다.

3. 목적에 의한 제한

법인의 권리능력은 '정관으로 정한 목적의 범위 내'에서 갖는다(민법 제34조). 여기서 '목적의 범위 내'라는 것은 법인의 목적으로서 정관에 규정하고 있는 사항에 제한되는 것이 아니라는데 학설은 일치한다. 다만 '목적의 범위 내'의 기준에 관하여 학자들에 따라 견해를 달리하고 있다. 하나는 '적극적으로 목적을 달성하는데 필요한 범위 내'라고 하는 견해이고, 다른 하나는 '소극적으로 목적의 범위를 보다 넓게 해석하여 목적에 위반하지 않는 범위 내'라고 하는 견해이다. 생각건대, 민법 제34조의 규정의 진정한 의미는 법인이 그의 목적의 이외의 목적에서 법인조직을 남용하는 것을 방지하려는데 있다. 따라서 법인에게 활동의 기회를 충분히 주고 또한 거래의 안전을 도모한다는 입장에서 비추어 볼 때, '목적의 범위'를 보다 넓게 해석하여 '법인의 목적에 위반하지 않는 범위 내'에서 모든 권리능력을 가진다고 해석하는 것이 타당하다고 생각한다. 그러나 소수설은 '목적사업을 수행하는데 있어 직접 또는 간접으로 필요한 행위'가 법인의 목적범위 내의 행위라고 보고 있다. 다음은 법인의 권리능력을 제한하는 법률과 정관상의 목적 범위 내의 행위에 관한 판례를 살펴보기로 한다.

가) 법인의 권리능력을 제한하는 법률과 정관상의 목적 범위 내의 행위

◈ 판 례

법인의 권리능력은 법인의 설립근거가 된 법률과 정관상의 목적에 의하여 제한되나 그 목적 범위 내의 행위라 함은 법률이나 정관에 명시된 목적 자체에 국한되는 것이 아니라 그 목적을 수행하는 데 있어 직접, 간접으로 필요한 행위는 모두 포함된다 : 대법원 2001. 9. 21. 자 2000그98; 대법원 2007.1.26. 선고 2004도1632 판결.

나) 회사의 권리능력에 있어서 목적범위내의 행위의 의미와 판단기준

◈ 판 례

회사도 법인인 이상 그 권리능력이 정관으로 정한 목적에 의하여 제한됨은 당연하나 정관에 명시된 목적 자체에는 포함되지 않는 행위라 할지라도 목적수행에 필요한 행위는 회사의 목적범위내의 행위라 할 것이고 그 목적수행에 필요한 행위인가의 여부는 문제된 행위가 정관기재의 목적에 현실적으로 필요한 것이었던가 여부를 기준으로 판단할 것이 아니라 그 행위의 객관적 성질에 비추어 추상적으로 판단할 것이다 : 대법원 1987.10.13. 선고 86다카1522 판례.

다) 회사의 권리능력 제한 사유인 '회사의 정관상의 목적'의 의미와 판단기준

◆ 판 례

회사의 권리능력은 회사의 설립 근거가 된 법률과 회사의 정관상의 목적에 의하여 제한되나 그 목적범위 내의 행위라 함은 정관에 명시된 목적 자체에 국한되는 것이 아니라, 그 목적을 수행하는 데 있어 직접, 간접으로 필요한 행위는 모두 포함되고 목적수행에 필요한지의 여부는 행위의 객관적 성질에 따라 판단할 것이고, 행위자의 주관적, 구체적 의사에 따라 판단할 것은 아니다 : 대법원 1999. 10. 8. 선고 98다2488 판결.

Ⅱ. 법인의 행위능력

1. 개념

법인은 법인의 목적범위 내에서 각종의 권리능력(권리와 의무)을 갖는다. 그런데 법인은 사람이 아닌 관념적인 존재이기 때문에 법인이 자연인처럼 자유롭게 의사활동을 통하여 법률행위는 할 수 없다. 그러나 법인은 권리능력이 있기 때문에 법률행위를 할 수 있다. 그렇다면 법인의 행위능력은 누가 어떤 방법으로 법률행위를 할 때 법인의 행위로 인정할 것이냐이다. 법인의제설(擬制說)에 의하면 법인은 법에 의제되었기 때문에 권리능력은 존재하지만 실제로 행위능력은 없다. 따라서 법인이 실제로 권리의무의 주체가 되기 위해서는 누군가의 대리행위가 필요하다는 견해이다. 반면에 법인실재설(實在說)에 의하면 법인은 단체의사 내지 조직적 의사를 가지고 있기 때문에 이 의사에 근거하여 행동하므로 법인의 행위능력을 인정하고 있다. 즉, 법인의 기관(機關)의 일정한 행위는 법인 그 자체의 행위로 보고 있다. 이처럼 법인의 실재설에 근거할 때에 법인의 행위능력을 인정하게 된다. 생각건대, 양설에서도 법인의 인격(人格)은 그의 실체를 이루는 사단이나 재단(財團)이 하나의 사회적 활동단위이기 때문에 인정되는 것으로 법인 자신의 행위가 있다고 보는 것이 타당할 것이다.

2. 법인의 대표기관의 행위

법인실재설에 의하면, 법인은 관념적인 존재이기 때문에 법인 자체의 행위를 인정하여도 법인이 실제로 행위를 하는 것은 불가능하다. 현실적으로 일정한 자연인의 행위가 있어야 한다. 그러한 자연인이 곧 법인의 '대표기관'이다. 즉, 법인의 대표기관이 법인의 권리능력의 범위에 속하는 행위를 하였을 때, 그것이 곧 법인의 행위가 된다.

(1) 법인의 대표기관은 법인의 내부조직에 의하여 정하여진다.

비영리법인의 대표기관은 이사, 임시이사, 특별대리인, 청산인(淸算人), 직무대행자 등이 있다.

(2) 법인의 대표기관과 법인과의 관계

법인의 대표기관과 법인과의 관계는 대리인과 본인과의 관계보다 더욱 밀착되어 있기 때문에 법인의 기관을 법인의 '대표(代表)'라고 한다. 그러나 실질적으로 대리관계와 비슷하므로 법인의 대표는 대리(代理)에 관한 규정을 준용한다(민법 제59조[233] 2항). 따라서 기관이 법인을 대표하는 형식은 대리행위처럼 본인(本人), 즉 법인을 위한 것임을 표시하여야 한다. 그리고 무권대리, 표현대리에 관한 규정도 준용된다. 다음은 법인의 대표기관의 행위와 법인과의 관계에 관한 판례를 살펴보기로 한다.

가) 주식회사 대표이사의 대표권 제한과 그 제한 위반행위의 효력

◆ 판 례

일반적으로 주식회사 대표이사는 회사의 권리능력의 범위 내에서 재판상 또는 재판외의 일체의 행위를 할 수 있고, 이러한 대표권 그 자체는 성질상 제한될 수 없는 것이지만 대외적인 업무 집행에 관한 결정 권한으로서의 대표권은 법률의 규정에 의하여 제한될 뿐만 아니라 회사의 정관, 이사회의 결의 등의 내부적 절차 또는 내규 등에 의하여 내부적으로 제한될 수 있으며, 이렇게 대표권한이 내부적으로 제한된 경우에는 그 대표

233) 제59조 (이사의 대표권) ① 이사는 법인의 사무에 관하여 각자 법인을 대표한다. 그러나 정관에 규정한 취지에 위반할 수 없고 특히 사단법인은 총회의 의결에 의하여야 한다. ② 법인의 대표에 관하여는 대리에 관한 규정을 준용한다.

이사는 제한 범위 내에서만 대표권한이 있는데 불과하게 되는 것이지만 그렇더라도 그 대표권한의 범위를 벗어난 행위 다시 말하면 대표권의 제한을 위반한 행위라 하더라도 그것이 회사의 권리능력의 범위 내에 속한 행위이기만 하다면 대표권의 제한을 알지 못하는 제3자는 그 행위를 회사의 대표행위라고 믿는 것이 당연하고 이러한 신뢰는 보호되어야 한다 : 대법원 1997. 8. 29. 선고 97다18059 판결.

나) 회사가 공동대표이사에게 단순한 대표이사라는 명칭을 사용하여 법률행위를 하는 것을 용인 내지 방임한 경우 상법 제395조에[234] 의한 표현책임을 부담하는지 여부

◆ 판 례

회사가 공동대표이사에게 단순한 대표이사라는 명칭을 사용하여 법률행위를 하는 것을 용인 내지 방임한 경우에도 회사는 상법 제395조에 의한 표현책임을 면할 수 없다 : 대법원 1992.10.27. 선고 92다19033 판결.

다) 제3자가 표현대표이사에게 회사를 대표할 권한이 있다고 믿은 데 중과실이 있는 경우, 회사의 제3자에 대한 책임 유무(소극)와 중과실의 의미

◆ 판 례

상법 제395조가 규정하는 표현대표이사의 행위로 인한 주식회사의 책임이 성립하기 위하여 제3자의 선의 이외에 무과실까지도 필요로 하는 것은 아니지만, 그 규정의 취지는 회사의 대표이사가 아닌 이사가 외관상 회사의 대표권이 있는 것으로 인정될 만한 명칭을 사용하여 거래행위를 하고, 이러한 외관이 생겨난 데에 관하여 회사에 귀책사유가 있는 경우에 그 외관을 믿은 선의의 제3자를 보호함으로써 상거래의 신뢰와 안전을 도모하려는 데에 있다 할 것인바, 그와 같은 제3자의 신뢰는 보호할 만한 가치가 있는 정당한 것이어야 할 것이므로, 설령 제3자가 회사의 대표이사가 아닌 이사에게 그 거래행위를 함에 있어 회사를 대표할 권한이 있다고 믿었다 할지라도 그와 같이 믿음에 있어서 중대한 과실이 있는 경우에는 회사는 그 제3자에 대하여는 책임을 지지 아니하고, 여기서 제3자의 중대한 과실이라 함은 제3자가 조금만 주의를 기울였더라면 표현대표이

234) 상법 제395조 (표현대표이사의 행위와 회사의 책임) 사장, 부사장, 전무, 상무 기타 회사를 대표할 권한이 있는 것으로 인정될 만한 명칭을 사용한 이사의 행위에 대하여는 그 이사가 회사를 대표할 권한이 없는 경우에도 회사는 선의의 제삼자에 대하여 그 책임을 진다.

사의 행위가 대표권에 기한 것이 아니라는 사정을 알 수 있었음에도 만연히 이를 대표권에 기한 행위라고 믿음으로써 거래통념상 요구되는 주의의무에 현저히 위반하는 것으로서, 공평의 관점에서 제3자를 구태여 보호할 필요가 없다고 봄이 상당하다고 인정되는 상태를 말한다 : 대법원 2003. 9. 26. 선고 2002다65073 판결.

라) 회사의 승낙 없이 대표자의 명칭을 참칭한 표현대표자의 행위에 대하여, 회사가 선의의 제3자에게 책임을 부담하는지의 여부

◈ 판 례

상법 제395조의 표현대표이사 책임에 관한 규정의 취지는 회사의 대표이사가 아닌 이사가 외관상 회사의 대표권이 있는 것으로 인정될 만한 명칭을 사용하여 거래행위를 하고 이러한 외관상 회사의 대표행위에 대하여 회사에게 귀책사유가 있는 경우에 그 외관을 믿은 선의의 제3자를 보호함으로써 상거래의 신뢰와 안전을 도모하려는 데에 있으므로, 위와 같은 표현대표자의 행위에 대하여 회사가 책임을 지는 것은 회사가 표현대표자의 명칭 사용을 명시적으로나 묵시적으로 승인할 경우에 한하는 것이고, 회사의 명칭 사용 승인 없이 임의로 명칭을 참칭한 자의 행위에 대하여는 비록 그 명칭 사용을 알지 못하고 제지하지 못한 점에 있어 회사에게 과실이 있다고 할지라도 그 회사의 책임으로 돌려 선의의 제3자에 대하여 책임을 지게 할 수 없다 : 대법원 1995. 11. 21. 선고 94다50908 판결.

마) 대표자의 행위가 직무에 해당하지 아니함을 피해자가 알았거나 또는 중대한 과실로 알지 못한 경우에도 비법인사단은 손해배상책임이 있는지 여부 및 중대한 과실의 의미

◈ 판 례

비법인사단의 경우 대표자의 행위가 직무에 관한 행위에 해당하지 아니함을 피해자 자신이 알았거나 또는 중대한 과실로 인하여 알지 못한 경우에는 비법인사단에게 손해배상책임을 물을 수 없다고 할 것이고, 여기서 중대한 과실이라 함은 거래의 상대방이 조금만 주의를 기울였더라면 대표자의 행위가 그 직무권한 내에서 적법하게 행하여진 것이 아니라는 사정을 알 수 있었음에도 만연히 이를 직무권한 내의 행위라고 믿음으로써 일반인에게 요구되는 주의의무에 현저히 위반하는 것으로 거의 고의에 가까운 정도의 주의를 결여하고, 공평의 관점에서 상대방을 구태여 보호할 필요가 없다고 봄이 상당하다고 인정되는 상태를 말한다 : 대법원 2003. 7. 25. 선고 2002다27088 판결.

바) 대표자의 행위가 직무에 관한 행위에 해당하지 아니함을 피해자가 알았거나 또는 중대한 과실로 알지 못한 경우, 법인의 손해배상책임 유무 및 '중대한 과실'의 의미

◈ 판 례

법인의 대표자의 행위가 직무에 관한 행위에 해당하지 아니함을 피해자 자신이 알았거나 또는 중대한 과실로 인하여 알지 못한 경우에는 법인에게 손해배상책임을 물을 수 없다고 할 것이고, 여기서 중대한 과실이라 함은 거래의 상대방이 조금만 주의를 기울였더라면 대표자의 행위가 그 직무권한 내에서 적법하게 행하여진 것이 아니라는 사정을 알 수 있었음에도 만연히 이를 직무권한 내의 행위라고 믿음으로써 일반인에게 요구되는 주의의무에 현저히 위반하는 것으로 거의 고의에 가까운 정도의 주의를 결여하고, 공평의 관점에서 상대방을 구태여 보호할 필요가 없다고 봄이 상당하다고 인정되는 상태를 말한다 : 대법원 2004. 3. 26. 선고 2003다34045 판결.

3. 법인의 행위능력

법인의 대표기관의 행위능력의 범위는 법인의 목적에 위반하지 아니한 범위 내에서 권리능력을 갖는다. 즉, 권리능력은 법인의 목적범위 내에서 존재하므로 권리능력이 존재하는 한 권리의무를 취득하기 위하여 모든 행위를 할 수 있다. 법인의 행위능력의 범위는 그의 권리능력의 범위와 일치한다. 따라서 법인의 권리능력의 범위를 벗어난 대표기관의 행위는 법인의 행위로서 인정되지 않으며, 그것은 대표기관 개인의 행위에 불과하다.

Ⅲ. 법인의 불법행위능력

1. 개념

법인의 행위능력을 부정하는 법인의제설에 의하면 법인의 불법행위능력도 부정한다. 그런데, 민법 제35조에서[235] 법인의 배상책임을 인정하는 것은 법률정책상 타인

235) 제35조 (법인의 불법행위능력) ① 법인은 이사, 기타 대표자가 그 직무에 관하여 타인에게 가한 손해를 배상할 책임이 있다. 이사, 기타 대표자는 이로 인하여 자기의 손해배상책임을 면하지 못한다. ② 법인의 목적범위 외의 행위로 인하여 타인에게 손해를

의 행위에 대하여 책임을 부담하는 것으로 본다. 즉, 민법은 법인의 불법행위능력에 관하여 '법인은 이사(理事), 기타 대표자가 그 직무(職務)에 관하여 타인에게 가(加)한 손해를 배상할 책임이 있다. 이사, 기타 대표자는 이로 인하여 자기의 손해배상책임을 면(免)하지 못한다'(동법 제35조 1항). 한편, 법인의 행위능력을 인정하는 법인실재설에 의하면 법인은 그 자체의 의사에 의하여 행위를 하기 때문에 그의 행위를 통하여 타인에게 손해를 줄 수 있다는 입장이다. 즉, 법인도 자연인처럼 불법행위능력이 있다. 따라서 법인실재설에 의하면 민법 제35조 제1항은 당연한 규정이다.

2. 불법행위의 요건

(1) 대표기관의 행위

법인의 행위로 인정되는 것은 '대표기관의 행위'에 한정한다. 여기서 법인의 대표기관의 행위는 외부에 대하여 법인을 대표하는 기관의 행위이어야 한다. 민법 제35조 제1항 '이사, 기타 대표자'에서 기타 대표자는 대표기관으로서 '임시이사, 특별대리인, 직무대행자, 청산인' 등이 있다. 또한 법인의 기관으로서 사원총회와 감사가 있으나 이들은 외부에 대하여 법인을 대표하는 기관이 아니다. 따라서 이들의 불법행위는 법인의 불법행위에 해당하지 않는다. 한편, 이사는 특정한 법률행위를 '대리'하는 법인의 대리인을 선임할 수 있다(민법 제62조).[236] 이처럼 이사에 의하여 선임된 대리인(지배인, 개개의 행위의 임의대리)은 법인의 대표기관이 아니다. 따라서 그들의 행위는 법인의 불법행위가 성립하지 않고, 법인은 이들에 대하여 사용자책임을 부담할 뿐이다.

(2) 대표기관이 '직무에 관하여' 타인에게 야기한 손해

대표기관의 행위는 담당하는 직무범위 내에서만 법인을 대표한다. 따라서 대표기관이 직무범위를 이탈한 행위는 법인의 행위가 아니며, 법인을 대표하는 행위도 아니다. 그렇다면 '직무에 관하여'라 함은 '행위의 외형상 기관의 직무수행행위라

가한 때에는 그 사항의 의결에 찬성하거나 그 의결을 집행한 사원, 이사 및 기타 대표자가 연대하여 배상하여야 한다.

236) 제62조 (이사의 대리인 선임) 이사는 정관 또는 총회의 결의로 금지하지 아니한 사항에 한하여 타인으로 하여금 특정한 행위를 대리하게 할 수 있다.

고 볼 수 있는 행위' 또는 '직무행위와 사회관념상 견연성을 가지는 행위'를 의미한다는 것이 통설이다. 그러므로 법인의 불법행위는 법인의 행위능력의 범위 내의 행위로서 법인의 대표기관의 행위이어야 한다.

1) 행위의 외형상 직무행위이어야 한다.

직무행위, 즉 그것이 행위의 외형상 직무행위라고 인정되는 경우에 비록 그 행위가 부당하게 행하여진 때도 '직무행위'에 속한다. 아래에서는 '직무의 범위'에 관하여 판례를 통하여 보다 더 자세히 살펴보도록 한다.

가) 법인의 불법행위책임에 관한 민법 제35조 제1항 소정의 '직무에 관하여'의 의미

◈ 판 례

법인이 그 대표자의 불법행위로 인하여 손해배상의무를 지는 것은 그 대표자의 직무에 관한 행위로 인하여 손해가 발생한 것임을 요한다 할 것이나, 그 직무에 관한 것이라는 의미는 행위의 외형상 법인의 대표자의 직무행위라고 인정할 수 있는 것이라면 설사 그것이 대표자 개인의 사리를 도모하기 위한 것이었거나 혹은 법령의 규정에 위배된 것이었다 하더라도 위의 직무에 관한 행위에 해당한다고 보아야 한다 : 대법원 2004. 2. 27. 선고 2003다15280 판결.

2) 직무행위와 적당한 견련성관계가 있어야 한다.

외형상 법인이 담당하는 사회적 행위를 실행하기 위하여 행하는 행위는 '직무행위'에 속한다. 예를 들면 채권을 실행하기 위하여 소송을 제기한 대표이사가 채무자가 사실상 위증을 하고 있지 않으나 채무자의 반증을 입증하기 위하여 채무자를 위증의 고소를 한 경우에 그 채무자에 대한 법인의 불법행위책임이 인정된다. 다음은 직무행위와 견연성이 있는 판례를 살펴보기로 한다.

가) 교회의 목사 또는 전도사 등이 교회설립의 기본목적인 종교적 활동에 빙자 내지는 가장하여 행한 불법행위가 위 법인의 행위로 볼 수 있는지 여부

◈ 판 례

재단법인 기독교 대한개혁장노회총회의 대표기관 또는 그의 기관의 구성원인 목사 또는 전도사 등이 위 법인의 목적사업인 전도사업의 장소에서 교리에 전혀 없는 황당무계한 설교를 하여 신도들로부터 많은 금품을 편취했고 사전에 책임금액을 점수제로 할당하여 성적미달자에게는 신앙심이 부족하다는 이유로 "초달"이라는 명목으로 구타하여 금품을 갈취하는 등의 불법행위는 모두가 위 법인설립의 기본목적으로 하는 종교적 활동에 빙자 내지는 가장하여 이루워진 것이므로 이들의 위 행위는 위 법인의 기관으로서 그 조직적 의사의 발현이었다고 볼 일면이 부정될 수는 없다 : 대법원 1976.7.13. 선고 75누254 판결.

3) 법인의 대표기관이 자신의 개인적 이익을 도모할 목적으로 권한을 남용하여야 한다.

이 경우에 부정한 대표행위를 하는 경우에 문제가 된다. 민법 제35조를 유추적용하여 법인의 불법행위책임을 인정할 것인가? 혹은 표현대리를 적용하여(민법 제126조)[237] 그러한 행위는 월권행위로 무효로 할 것인가가 문제된다. 판례는 불법행위의 책임과 표현대리를 인정하는 사례가 각각 있다. 학설은 표현대리의 성립여부를 적용하는 것이 법인의 불법행위를 적용하는 것보다 보다 더 합리적이라고 한다. 이에 관하여 판례를 살펴보기로 한다.

가) 대표이사가 회사의 권리능력 범위 내에서 대표권한을 초과하여 행한 행위의 제3자에 대한 효력 및 대표권의 범위 내에서 개인적인 이익을 위하여 그 권한을 남용한 행위의 효력'의 여부

◆ 판 례

대표이사의 대표권한 범위를 벗어난 행위라 하더라도 그것이 회사의 권리능력의 범위 내에 속한 행위이기만 하면 대표권의 제한을 알지 못하는 제3자가 그 행위를 회사의 대표행위라고 믿은 신뢰는 보호되어야 하고, 대표이사가 대표권의 범위 내에서 한 행위는 설사 대표이사가 회사의 영리목적과 관계없이 자기 또는 제3자의 이익을 도모할 목적으로 그 권한을 남용한 것이라 할지라도 일단 회사의 행위로서 유효하고, 다만 그 행위의 상대방이 대표이사의 진의를 알았거나 알 수 있었을 때에는 회사에 대하여 무효가 되는 것이며, 이는 민법상 법인의 대표자가 대표권한을 남용한 경우에도 마찬가지이다 : 대법원 2004. 3. 26. 선고 2003다34045 판결.

---

237) 第126조 (권한을 넘은 표현대리) 대리인이 그 권한 외의 법률행위를 한 경우에 제삼자가 그 권한이 있다고 믿을 만한 정당한 이유가 있는 때에는 본인은 그 행위에 대하여 책임이 있다.

나) 비법인사단의 대표자의 행위가 대표자 개인의 사리를 도모하기 위한 것이었거나 법령의 규정에 위배된 경우, 민법 제35조 제1항의 직무에 관한 행위에 해당하는지 여부.

◈ 판 례

주택조합과 같은 비법인사단의 대표자가 직무에 관하여 타인에게 손해를 가한 경우 그 사단은 민법 제35조 제1항의 유추적용에 의하여 그 손해를 배상할 책임이 있으며, 비법인사단의 대표자의 행위가 대표자 개인의 사리를 도모하기 위한 것이었거나 혹은 법령의 규정에 위배된 것이었다 하더라도 외관상, 객관적으로 직무에 관한 행위라고 인정할 수 있는 것이라면 민법 제35조 제1항의 직무에 관한 행위에 해당한다 : 대법원 2003. 7. 25. 선고 2002다27088 판결.

(3) 불법행위의 구성요건

민법 제35조 제1항은 일반불법행위인 동법 제750조의[238] 특별규정으로서, 제750조가 요구하는 일반불법행위의 구성요건이 존재하여야 한다. 즉, 첫째 책임능력이 존재하고, 둘째 고의(故意) 또는 과실(過失)이 존재하고, 셋째 가해행위(加害行爲)가 위법하여야 하고, 넷째 피해자가 손해를 입어야 한다. 따라서 대표기관의 행위가 위와 같은 불법행위의 구성요건을 갖추고 있어야 한다. 다음은 민법 제35조 제1항에 의하여 불법행위의 구성요건의 성립여부에 관한 판례를 살펴보기로 한다.

가) 시공회사의 채무를 연대보증하였으나 조합원총회 등의 결의를 거치지 아니한 경우에 민법 제35조 제1항에 의하여 조합의 불법행위책임을 인정여부

◈ 판 례

토지구획정리조합의 대표자가 구획정리사업 시공회사의 원활한 자금 운용 등을 위하여 시공회사의 채무를 연대보증하였으나 조합원총회 등의 결의를 거치지 아니함으로써 연대보증행위가 무효로 된 경우에, 민법 제35조 제1항에 의하여 조합의 불법행위책임을 인정한 사례 : 대법원 2004. 2. 27. 선고 2003다15280 판결.

---

238) 제750조 (불법행위의 내용) 고의 또는 과실로 인한 위법행위로 타인에게 손해를 가한 자는 그 손해를 배상할 책임이 있다.

나) 주식회사 대표이사의 대표권 남용행위의 효력

◆ 판 례

주식회사의 대표이사가 그 대표권의 범위 내에서 한 행위는 설사 대표이사가 회사의 영리목적과 관계없이 자기 또는 제3자의 이익을 도모할 목적으로 그 권한을 남용한 것이라 할지라도 일단 회사의 행위로서 유효하고, 다만 그 행위의 상대방이 대표이사의 진의를 알았거나 알 수 있었을 때에는 회사에 대하여 무효가 되는 것이다 : 대법원 1997. 8. 29. 선고 97다18059 판결.

다) 대표이사가 이사회의 결의 없이 대외적 거래행위를 한 경우의 효력 및 그 경우 상대방의 악의에 대한 주장 입증책임의 소재

◆ 판 례

주식회사의 대표이사가 이사회의 결의를 거쳐야 할 대외적 거래행위에 관하여 이를 거치지 아니하고 한 경우라도 이와 같은 이사회결의 사항은 회사의 내부적 의사결정에 불과하다 할 것이므로 그 거래 상대방이 그와 같은 이사회결의가 없었음을 알거나 알 수 있었을 경우가 아니라면 그 거래행위는 유효하다고 해석되고 위와 같은 상대방의 악의는 이를 주장하는 회사측이 주장. 입증하여야 할 것이다 : 대법원 1993.6.25. 선고 93다13391 판결.

라) 대표이사가 이사회의 결의를 요하는 대외적 거래행위를 이사회 결의 없이 한 경우, 그 거래행위의 효력

◆ 판 례

주식회사의 대표이사가 이사회의 결의를 거쳐야 할 대외적 거래행위에 관하여 이를 거치지 아니한 경우라도, 이와 같은 이사회 결의사항은 회사의 내부적 의사결정에 불과하다 할 것이므로, 그 거래 상대방이 그와 같은 이사회 결의가 없었음을 알았거나 알 수 있었을 경우가 아니라면 그 거래행위는 유효하다 할 것이고, 이 경우 거래의 상대방이 이사회의 결의가 없었음을 알았거나 알 수 있었음은 이를 주장하는 회사측이 주장·입증하여야 한다 : 대법원 2003. 1. 24. 선고 2000다20670 판결.

마) 대표이사가 회사의 권리능력 범위 내에서 대표권한을 초과하여 행한 행위의 제3자에 대한 효력 및 대표권의 범위 내에서 개인적인 이익을 위하여 그 권한을 남용한 행위의 효력

◈ 판 례

대표이사의 대표권한 범위를 벗어난 행위라 하더라도 그것이 회사의 권리능력의 범위 내에 속한 행위이기만 하면 대표권의 제한을 알지 못하는 제3자가 그 행위를 회사의 대표행위라고 믿은 신뢰는 보호되어야 하고, 대표이사가 대표권의 범위 내에서 한 행위는 설사 대표이사가 회사의 영리목적과 관계없이 자기 또는 제3자의 이익을 도모할 목적으로 그 권한을 남용한 것이라 할지라도 일단 회사의 행위로서 유효하고, 다만 그 행위의 상대방이 대표이사의 진의를 알았거나 알 수 있었을 때에는 회사에 대하여 무효가 되는 것이며, 이는 민법상 법인의 대표자가 대표권한을 남용한 경우에도 마찬가지이다 : 대법원 2004. 3. 26. 선고 2003다34045 판결.

3. 기관 개인의 책임

(1) 법인의 불법행위가 성립하는 경우

법인의 불법행위가 성립하면 법인은 그 책임을 부담한다. 이 때에 법인의 기관인 개인이 사실적으로 가해행위를 하였기 때문에 법인과 기관인 개인이 함께 경합하여 피해자에게 배상책임을 부담하느냐가 문제된다. 법인의 불법행위능력을 부정하는 법인의제설에 의하면 비록 법인이 책임을 부담하더라도 대표기관의 행위는 그 기관 자신의 행위이기 때문에 기관 개인이 불법행위책임을 부담한다. 반면, 법인실재설에 의하면 법인의 기관의 행위는 법인의 행위 그 자체이기 때문에 기관 개인의 책임은 있을 수 없다는 입장이다. 그러나 법인실재설 중에서는 피해자를 두텁게 보호하기 위하여 기관 개인의 행위가 바로 법인의 행위일지라고 현실적으로 행위를 하는 자는 기관 개인이므로 개인의 책임성도 발생한다는 입장이다. 법인기관의 행위가 불법행위의 성립요건을 구성하는 경우에 법인 실재설에 의하면 법인과 개인이 병합하여 불법행위에 대하여 연대책임을 부담하는 것이 피해자를 보다 더 안정적으로 보호한다는 주장이다. 입법적으로도 이를 뒷받침하고 있다(민법 제35조 제1항). 법인의 불법행위에 대하여 법인이 피해자에게 손해배상을 하는 경우에 법인은 기관 개인에게 구상권을 행사할 수 있느냐이다. 법인과 기관의 내부관계에 대하여 기관은 선량한 관리자의 주의(注意)로 그 직무를 행할 의무가 있다(민법 제61조).[239] 만약 기관이 그의 직무에 관하여 타인에게 손해를 주어 법인으로 하여금 배상책임을 부담하게 하는 것은 선량한 관리자의 주의를 다한 것이라고 볼 수 없다. 따라서 대표기관이 직무에 관하여 책임을 다하지 못하여 타인에게 손해를 야기하여 법인에게 손해를 배상하게 하였으므로 법인은 기관에 대하여 구상권을 행사할 수 있다고 하여야 할 것이다. 다음은 대표기관의 직무에 관한 주의의무의 판단기준을 판례로 통하여 알아본다.

가) 단체의 대표자가 근로자의 해고를 결정할 때 선관주의의무 등을 위반하였는지 여부의 판단 기준

◈ 판 례

단체의 대표자가 근로자를 해고한 경우에 사후에 법원에 의하여 그 해고가 정당하지 못하여 무효라고 판단되었다고 하여 그러한 사유만으로 곧바로 그 해고 당시에 단체의 대표자가 그 임무를 게을리한 것으로 보아서 대표자 개인이 단체에 대하여 손해배상책임을 부담한다고 볼 수는 없다. 또한, 근로자를 해고할 당시의 객관적 사정이나 근로자에 대한 해고사유의 내용 또는 경중, 근로자에 대하여 해고를 하게 된 경위 등에 비추어 해고할만한 정당한 사유가 있다고 판단할 상당한 근거가 있고, 이와 아울러 소정의 적법한 절차 등을 거쳐서 해고를 한 경우라면 단체에 대한 선량한 관리자로서의 주의의무 또는 충실의무를 위반하였다고 볼 수 없다. 한편, 이와 같이 단체의 대표자가 근로자를 해고하기로 하는 결정을 함에 있어서 선량한 관리자로서의 주의의무 또는 충실의무를 위반하여 자신의 임무를 게을리하였는지 여부는 통상의 합리적인 대표자를 기준으로 하여 해고의 사유 및 절차 등에 관한 여러 사정을 종합하여 볼 때 단체의 대표자로서 근로자를 해고하기로 하는 결정을 함에 있어서 간과하여서는 안 될 잘못이 있는지 여부에 따라 판단하여야 한다 : 대법원 2009.2.12. 선고 2008다74895 판결.

나) 담당 임원이 적절한 채권회수조치를 취하지 아니하여 대금 일부를 회수하지 못하는 손해를 입게 한 것은 위 임원에게 요구되는 선관주의 의무를 위반여부

◈ 판 례

중소기업협동조합법에 의하여 설립된 협동조합(이하 '협동조합'이라 한다)이 공공기관으로부터 공급요청을 받은 물품의 일정량을 특정 조합원에게 배정한 후 그 조합원의 요청에 따라 원자재공급업체로부터 원자재를 구매하여 그 조합원에게 제공함으로써 그 조

239) 제61조 (이사의 주의의무) 이사는 선량한 관리자의 주의로 그 직무를 행하여야 한다.

합원이 이를 가공하여 공공기관에 납품하도록 조력하는 경우, 협동조합이 조합원을 위하여 원자재를 구매·공급해 주는 행위는 협동조합의 채무부담하에 원자재 구매능력이 미약한 조합원을 위하여 행하는 신용공여적인 성질을 갖고 있다고 볼 수 있으므로, 이러한 업무를 담당하는 임원으로서는 구매·공급해 준 원자재가 협동조합의 설립목적과 사업목적에 부합하게 공공기관에 납품하는 데 사용되도록 조치하는 한편, 원자재 구매를 요청한 조합원의 신용도를 조사하고 그 조합원으로부터 담보를 제공받거나 그 밖의 방법으로 합리적인 채권회수조치를 취하여야 할 선량한 관리자의 주의의무가 있고, 이러한 주의의무를 게을리한 채 조합원에게 원자재를 구매·공급해 주어 그로 말미암아 협동조합이 손해를 입게 된 경우에는 협동조합에게 그 손해를 배상할 책임이 있다 : 대법원 2008.5.15. 선고 2006다46094 판결.

(2) 법인의 불법행위가 성립하지 않는 경우

법인의 대표기관의 가해행위가 직무집행의 범위를 이탈한 경우에 대표기관의 행위는 법인의 불법행위에 해당하지 않기 때문에 법인은 그 불법행위에 대하여 책임을 부담하지 아니한다. 이 경우에 기관 개인이 일발불법행위책임을 부담하게 된다. 그러나 기관 개인이 법인의 조직이나 신용을 직접 또는 간접으로 이용하여 행한 불법행위는 타인에게 주는 손해는 적지 않기 때문에 민법은 그 사항의 의결(議決)에 찬성한 사원과 이사 그리고 그것을 집행한 이사, 기타의 대표기관이 공동불법행위의 성립 여부에 관계없이 언제나 연대하여 배상책임을 부담한다(민법 제35조[240] 제2항). 이에 관한 판례를 살펴보기로 한다.

가) 의결에 참여한 사원 등이 대표자와 공동으로 불법행위를 저질렀거나 이에 가담하였다고 볼 수 있는지 여부의 판단 기준

◈ 판 례

법인의 대표자가 그 직무에 관하여 타인에게 손해를 가함으로써 법인에 손해배상책임이 인정되는 경우에, 대표자의 행위가 제3자에 대한 불법행위를 구성한다면 그 대표자도

---

240) 제35조 (법인의 불법행위능력) ① 법인은 이사 기타 대표자가 그 직무에 관하여 타인에게 가한 손해를 배상할 책임이 있다. 이사 기타 대표자는 이로 인하여 자기의 손해배상책임을 면하지 못한다. ② 법인의 목적범위외의 행위로 인하여 타인에게 손해를 가한 때에는 그 사항의 의결에 찬성하거나 그 의결을 집행한 사원, 이사 및 기타 대표자가 연대하여 배상하여야 한다.

제3자에 대하여 손해배상책임을 면하지 못하며(민법 제35조 제1항), 또한 사원도 위 대표자와 공동으로 불법행위를 저질렀거나 이에 가담하였다고 볼 만한 사정이 있으면 제3자에 대하여 위 대표자와 연대하여 손해배상책임을 진다. 그러나 사원총회, 대의원 총회, 이사회의 의결은 원칙적으로 법인의 내부 행위에 불과하므로 특별한 사정이 없는 한 그 사항의 의결에 찬성하였다는 이유만으로 제3자의 채권을 침해한다거나 대표자의 행위에 가공 또는 방조한 자로서 제3자에 대하여 불법행위책임을 부담한다고 할 수는 없다. 이 때 의결에 참여한 사원 등이 대표자와 공동으로 불법행위를 저질렀거나 이에 가담하였다고 볼 수 있는지 여부는, 그 의결에 참여한 법인의 기관이 당해 사항에 관하여 의사결정권한이 있는지 여부 및 대표자의 집행을 견제할 위치에 있는지 여부, 그 사원이 의결 과정에서 대표자의 불법적인 집행 행위를 적극적으로 요구하거나 유도하였는지 여부 및 그 의결이 대표자의 업무 집행에 구체적으로 미친 영향력의 정도, 침해되는 권리의 내용, 의결내용, 의결행위의 태양을 비롯한 위법성의 정도를 종합적으로 평가하여 법인 내부 행위를 벗어나 제3자에 대한 관계에서 사회상규에 반하는 위법한 행위라고 인정될 수 있는 정도에 이르러야 한다 : 대법원 2009.1.30. 자 2006마930 판결.

제4관 법인의 기관

Ⅰ. 법인기관의 개관

1. 기관의 의의

자연인이 아닌 법인이 권리능력을 갖게 된 것은 법인이 일정한 조직체를 구성하고, 그 조직체가 의사를 결정하여, 그 의사에 따라 외부에 대하여 행동을 하고, 내부의 사무를 처리할 수 있기 때문이다. 이러한 법인의 조직이 바로 법인의 기관이다. 여기에는 대표기관, 업무집행기관, 의사기관, 감독기관 등이 있다. 법인과 기관과의 관계에 대하여 법인실재설과 법인의제설은 입장을 달리한다. 실재설에 의하면 기관은 자연인의 뇌나 손 또는 발과 같이 법인의 조직체의 구성부분이고, 법인의 의사를 결정하고, 법인의 행위를 담당하는 것이다. 이 설에 의하면 법인의 기관과 대리인이 구별된다. 반면에 법인의제설에 의하면 기관은 법인의 외부에 대하여 법인과 대립하는 별개의 인격이며, 의제인인 법인의 대리인이라고 보고, 대리인과 법인의 기관은 동일한 의미로 본다.

2. 기관의 종류

법인의 기관 중에는 법률상 반드시 두어야 할 필요기관과 임의로 둘 수 있는 임의기관 있는데, 필요기관은 대표기관과 집행기관인 '이사'가 여기에 속한다. 그런데 이사의 감독기관인 '감사'는 민법상의 법인에서 임의기관이다. 그리고 사원총회는 법인의 최고의사결정기관이며, 사단법인의 경우에는 필요기관이지만 재단법인에는 존재하지 않는 기관이다. 다음은 각 기관에 관하여 살펴보기로 한다.

Ⅱ. 이사

1. 의의

이사는 대외적으로 법인을 대표하고(대표기관, 민법 제59조[241] 제1항 전단), 대내적으로는 법인의 업무를 집행하고(업무집행기관, 동법 제58조[242] 제1항) 반드시 두어야 할 필요기관이다.

1) 이사는 사단법인과 재단법인 모두 반드시 필요기관이다(민법 제57조).[243] 이사의 수는 제한이 없으며(민법 제58조 제2항), 정관에서 임의로 정할 수 있다(동법 제40조, 제43조).

2) 이사는 자연인에 한정되지만 자격상실 또는 자격정지의 형을 받은 자는 이사가 될 수 없다(형법 제43조 4호).

2. 임면

이사의 임면(任免)에 관한 사항은 정관의 필요적 기재사항이며(민법 제40조 5호, 제43조), 정관에 의하여 그 방법이 정해진다.

---

241) 제59조 (이사의 대표권) ① 이사는 법인의 사무에 관하여 각자 법인을 대표한다. 그러나 정관에 규정한 취지에 위반할 수 없고 특히 사단법인은 총회의 의결에 의하여야 한다. ② 법인의 대표에 관하여는 대리에 관한 규정을 준용한다.

242) 제58조 (이사의 사무집행) ① 이사는 법인의 사무를 집행한다. ② 이사가 수인인 경우에는 정관에 다른 규정이 없으면 법인의 사무집행은 이사의 과반수로써 결정한다.

243) 제57조 (이사) 법인은 이사를 두어야 한다.

(1) 선임

1) 이사선임행위의 성질은 법인과 이사와의 사이에 위임(委任)에 비슷한 일종의 계약이다. 이 계약을 통하여 이사는 법인의 대표기관의 지위를 취득한다. 다만, 법인대표자의 유임이나 중임을 특별히 금지하는 정관의 규정이 없는 경우에 임기만료 후에 대표자의 개임이 없었다면 그 대표자를 묵시적으로 다시 선임한 것으로 보아야 한다. 다음은 이사의 직무에 관한 판례를 살펴보기로 한다.

가) 임기가 만료되거나 사임한 비법인사단의 이사가 신임 이사 선임시까지 직무를 계속 수행할 수 있는지 여부

◈ 판 례

민법상 법인과 그 기관인 이사의 관계는 위임자와 수임자의 법률관계와 같은 것으로서 이사의 임기가 만료하면 일단 그 위임관계는 종료되는 것이 원칙이나, 그 후임 이사 선임시까지 이사가 존재하지 않는다면 기관에 의하여 행위를 할 수밖에 없는 법인으로서는 당장 정상적인 활동을 중단하지 않을 수 없는 상태에 처하게 되고, 이는 민법 제691조에[244] 규정된 급박한 사정이 있는 때와 같이 볼 수 있으므로 임기만료되거나 사임한 이사라고 할지라도 그 임무를 수행함이 부적당하다고 인정할 만한 특별한 사정이 없는 한 그 급박한 사정을 해소하기 위하여 필요한 범위 내에서 신임 이사가 선임될 때까지 이사의 직무를 계속 수행할 수 있고, 이러한 법리는 법인 아닌 사단에서도 마찬가지이다 : 대법원 2007.6.15. 선고 2007다6307 판결.

나) 민법상 법인의 유일한 대표자인 회장이 사임한 경우 사임한 회장은 후임회장이 선출될 때까지 대표자의 직무를 계속 수행할 수 있는지 여부 및 그 직무수행권의 범위

◈ 판 례

민법상 법인과 그 기관인 이사와의 관계는 위임자와 수임자의 법률관계와 같아서 이사가 사임하면 일단 위임관계는 종료됨이 원칙이나 후임 이사의 선임시까지 이사가 존재하지 않는다면 기관에 의하여 행위를 할 수밖에 없는 법인으로서는 당장 정상적인 활

244) 제691조 (위임종료시의 긴급처리) 위임종료의 경우에 급박한 사정이 있는 때에는 수임인, 그 상속인이나 법정대리인은 위임인, 그 상속인이나 법정대리인이 위임사무를 처리할 수 있을 때까지 그 사무의 처리를 계속하여야 한다. 이 경우에는 위임의 존속과 동일한 효력이 있다.

동을 중단하여야 할 상황에 놓이게 되고 이는 민법 제691조에 규정된 위임종료의 경우에 급박한 사정이 있는 때와 같으므로 사임한 이사라도 임무를 수행함이 부적당하다고 인정할 만한 특별한 사정이 없는 한 후임 이사가 선임될 때까지 이사의 직무를 계속 수행할 수 있고, 한편 법인의 자치규범인 정관에서 법인을 대표하는 이사인 회장과 대표권이 없는 일반 이사를 명백히 분리함으로써 법인의 대표권이 회장에게만 전속되도록 정하고 회장을 법인의 회원으로 이루어진 총회에서 투표로 직접 선출하도록 정한 경우 일반 이사들에게는 처음부터 법인의 대표권이 전혀 주어져 있지 않기 때문에 회장이 궐위된 경우에도 일반 이사가 법인을 대표할 권한을 가진다고 할 수 없고, 사임한 회장은 후임 회장이 선출될 때까지 대표자의 직무를 계속 수행할 수 있으나, 사임한 대표자의 직무수행권은 법인이 정상적인 활동을 중단하게 되는 처지를 피하기 위하여 보충적으로 인정되는 것이다 : 대법원 2003. 3. 14. 선고 2001다7599 판결.

2) 이사의 선임행위가 정관에 정한 방법에 따르지 아니하거나 그 밖의 흠이 있는 경우에 이해관계인은 그 선임행위의 무효 내지 취소의 소(訴)를 제기할 수 있다. 그리고 그 본안소송의 판결이 있기 전이라도 민사집행법 제300조[245] 제2항의 요건을 갖춘 경우에 이사의 집무집행정지 또는 직무대행자선임의 가처분을 신청할 수 있다(민법 제52조의 2). 가처분으로 직무집행이 정지된 이사가 행한 직무행위는 무효이다. 또한 가처분을 명한 결정이 있는 경우 또는 그의 변경이나 취소가 있는 때에는 주사무소(主事務所)나 분사무소(分事務所)가 있는 곳의 등기소에 이를 등기하여야 한다(민법 제52조의 2).

(2) 해임과 퇴임

이사의 해임 또는 퇴임에 관하여 정관에 규정하고 있으나 만약 정관에 이에 관한 규정이 없거나 있더라도 불충분한 경우에 민법의 위임규정을 준용하여야 한다(민법 제689조[246]). 따라서 이사의 임기 만료 또는 사임으로 그 직무를 물러난

245) 민사집행법 제300조 (가처분의 목적) ① 다툼의 대상에 관한 가처분은 현상이 바뀌면 당사자가 권리를 실행하지 못하거나 이를 실행하는 것이 매우 곤란할 염려가 있을 경우에 한다. ② 가처분은 다툼이 있는 권리관계에 대하여 임시의 지위를 정하기 위하여도 할 수 있다. 이 경우 가처분은 특히 계속하는 권리관계에 끼칠 현저한 손해를 피하거나 급박한 위험을 막기 위하여, 또는 그 밖의 필요한 이유가 있을 경우에 하여야 한다.

246) 제689조 (위임의 상호해지의 자유) ① 위임계약은 각 당사자가 언제든지 해지할 수 있다. ② 당사자 일방이 부득이한 사유없이 상대방의 불리한 시기에 계약을 해지한 때에는 그 손해를 배상하여야 한다.

후에도 후임자가 정해질 때가지 계속하여 직무를 수행할 권한을 갖는다(민법 제691조).[247] 이에 관련한 판례를 살펴보기로 한다.

가) 임기가 만료된 사회복지법인의 대표이사라도 후임 대표이사가 정식으로 취임할때까지는 대표이사의 직무를 수행할 수 있는지 여부

◈ 판 례

사회복지사업법 제14조의 규정과 당해 법인의 정관의 규정에 의하면, 법인의 대표권 내지 이사회의 소집권은 대표이사만이 가지고 있고, 대표이사가 사고가 있는 때에는 이사 중 대표이사가 지명한 자 또는 이사회에서 선출된 자가 그 직무를 대행할 수 있을 뿐이며, 이사회에서 선출된 임원이라 하더라도 감독청의 승인을 받지 아니하고는 취임할 수 없고 이는 대표이사의 경우에도 마찬가지라 할 것인바, 이러한 경우 종전의 대표이사가 임기만료로 퇴임하고 후임 대표이사가 선임된 것만으로 종전의 대표이사가 권한을 상실한다고 보면 후임 대표이사가 감독청의 승인을 받아 취임할 때까지는 아무도 법인을 대표할 자가 없는 결과가 되어 법인의 업무수행이 마비되는 결과가 초래되고, 이사도 아닌 후임 대표이사가 선임되었다고 하여 그를 이사회에서 선출한 대표이사 직무대행자라고 할 수도 없으므로, 임기만료로 퇴임한 종전의 대표이사가 임무를 수행함이 부적당하다고 인정할 만한 특별한 사정이 없는 한 후임 대표이사가 정식으로 취임할 때까지 대표이사의 직무를 계속 수행할 수 있다고 봄이 타당하다고 할 것이고, 그 직무수행의 일환으로서 이사회를 소집할 권한도 가진다: 대법원 1997. 6. 24. 선고 96다45122.

나) 차기 회장이 적법하게 선출될 때까지 전임 회장이 일정한 범위 내에서 대표자 직무를 계속 수행과 입주자대표회의의 당사자능력이 소멸하는 것인지의 여부

◈ 판 례

공동주택 입주자대표회의 회장의 임기만료에 따른 후임 회장의 선출이 부적법하여 효력이 없게 된 사안에서, 차기 회장이 적법하게 선출될 때까지 전임 회장이 일정한 범위 내에서 대표자 직무를 계속 수행할 수 있고, 입주자대표회의의 당사자능력이 소멸하는 것은 아니라고 한 사례 : 대법원 2007.6.15. 선고 2007다6307 판결.

---

247) 제691조 (위임종료시의 긴급처리) 위임종료의 경우에 급박한 사정이 있는 때에는 수임인, 그 상속인이나 법정대리인은 위임인, 그 상속인이나 법정대리인이 위임사무를 처리할 수 있을 때까지 그 사무의 처리를 계속하여야 한다. 이 경우에는 위임의 존속과 동일한 효력이 있다.

다) 임기 만료 또는 사임한 법인의 이사가 신임 이사의 선임시까지 직무를 계속 수행할 수 있는지 여부

◆ 판 례

민법상 법인과 그 기관인 이사와의 관계는 위임자와 수임자의 법률관계와 같은 것으로서 이사의 임기가 만료되면 일단 그 위임관계는 종료되는 것이 원칙이나, 그 후임 이사 선임시까지 이사가 존재하지 않는다면 기관에 의하여 행위를 할 수밖에 없는 법인으로서는 당장 정상적인 활동을 중단하지 않을 수 없는 상태에 처하게 되고, 이는 민법 제691조에 규정된 급박한 사정이 있는 때와 같이 볼 수 있으므로, 임기 만료되거나 사임한 이사라고 할지라도 그 임무를 수행함이 부적당하다고 인정할 만한 특별한 사정이 없는 한 신임 이사가 선임될 때까지 이사의 직무를 계속 수행할 수 있다 : 대법원 1996. 1. 26. 선고 95다40915 판결.

(3) 등기

이사의 성명, 주소는 등기사항이며, 등기하지 아니한 경우에 이사의 선임, 해임, 퇴임을 가지고 제3자에게 대항할 수 없다(민법 제54조[248) 제1항).

3. 직무권한

이사선임행위는 일종의 위임계약이므로 법인과 이사와의 관계는 특수한 위임관계이다. 따라서 이사는 선량한 관리자의 주의로 충실하게 그의 직무를 수행할 의무가 있다(민법 제61조,[249) 제681조[250)). 그리고 이사가 이 의무를 위반하면 법인에 대하여 채무불이행에 의하여 손해배상책임을 부담하게 된다. 계속하여 민법 제65조에서[251) 이사가 그 임무를 해태(懈台 : 게을리)한 경우에 그 이사는 법인에 대하여 연대하여 손해배상의 책임을 부담한다.

---

248) 제54조 (설립등기 이외의 등기의 효력과 등기사항의 공고) ① 설립등기 이외의 본절의 등기사항은 그 등기후가 아니면 제삼자에게 대항하지 못한다. ② 등기한 사항은 법원이 지체없이 공고하여야 한다.

249) 제61조 (이사의 주의의무) 이사는 선량한 관리자의 주의로 그 직무를 행하여야 한다.

250) 제681조 (수임인의 선관의무) 수임인은 위임의 본지에 따라 선량한 관리자의 주의로써 위임사무를 처리하여야 한다.

251) 제65조 (이사의 임무해태) 이사가 그 임무를 해태한 때에는 그 이사는 법인에 대하여 연대하여 손해배상의 책임이 있다.

가) 대표이사의 선관의무를 위반하는 행위에 해당하는지 여부

◆ 판 례

대표이사가 대표이사로서의 업무 일체를 다른 이사 등에게 위임하고, 대표이사로서의 직무를 전혀 집행하지 않는 것은 그 자체가 이사의 직무상 충실 및 선관의무를 위반하는 행위에 해당한다 : 대법원 2003. 4. 11. 선고 2002다70044 판결.

(1) 법인의 대표

1) 대표권(대외적 권한)

이사는 법인의 사무, 즉 법인의 행위능력에 속하는 모든 사항에 관하여 각자 법인을 대표한다(민법 제59조[252] 제1항). 대외적으로 법인의 행위로서 인정되는 행위를 한다. 법인의 행위능력에 속하는 모든 사항에 관하여 대표권을 갖는다. 그런데 이사가 2인 이상인 경우에 각각 대표권을 갖는다. 이사의 법률행위의 방식은 대리규정에 준한다(동법 제59조 제2항).

2) 대표권의 제한

i) 정관에 의한 제한

이사의 대표권은 제한할 수 있으나(민법 제59조 제1항) 그 제한은 정관에 반드시 기재되어야 하고, 정관에 기재하지 아니한 대표권의 제한은 무효이다(동법 제41조).[253] 이러한 제한은 등기되어야 제3자에게 대항할 수 있다(동법 제60조).[254] 여기서 등기 없이 대항할 수 없는 제3자는 선의의 제3자는 물론 악의의 제3자도 해당한다는 것이 다수설이다. 그러나 악의의 제3자를 보호할 필요성이 있겠느냐이다. 이에 관하여 판례를 살펴보기로 한다.

---

252) 제59조 (이사의 대표권) ① 이사는 법인의 사무에 관하여 각자 법인을 대표한다. 그러나 정관에 규정한 취지에 위반할 수 없고 특히 사단법인은 총회의 의결에 의하여야 한다. ② 법인의 대표에 관하여는 대리에 관한 규정을 준용한다.

253) 제41조 (이사의 대표권에 대한 제한) 이사의 대표권에 대한 제한은 이를 정관에 기재하지 아니하면 그 효력이 없다.

254) 제60조 (이사의 대표권에 대한 제한의 대항요건) 이사의 대표권에 대한 제한은 등기하지 아니하면 제삼자에게 대항하지 못한다.

가) 이사 전원의 의결에 의하여 잔여재산을 처분하도록 한 정관 규정이 등기하여야만 대항할 수 있는 청산인의 대표권에 대한 제한인지 여부

◈ 판 례

이사 전원의 의결에 의하여 잔여재산을 처분하도록 한 정관 규정은 성질상 등기하여야만 제3자에게 대항할 수 있는 청산인의 대표권에 관한 제한이라고 볼 수 없다 : 대법원 1995.2.10. 선고 94다13473 판결.

나) 재단법인의 대표자가 그 법인의 채무를 부담하는 계약을 함에 있어서 이사회의 결의를 거쳐 노회와 설립자의 승인을 얻고 주무관청의 인가를 받도록 정관에 규정되어 있으나 등기는 되어 있지 아니한 경우 제3자에 대한 대항력 유무

◈ 판 례

재단법인의 대표자가 그 법인의 채무를 부담하는 계약을 함에 있어서 이사회의 결의를 거쳐 노회와 설립자의 승인을 얻고 주무관청의 인가를 받도록 정관에 규정되어 있다면 그와 같은 규정은 법인 대표권의 제한에 관한 규정으로서 이러한 제한은 등기하지 아니하면 제3자에게 대항할 수 없다 : 대법원 1992.2.14. 선고 91다24564 판결.

다) 법인 대표권의 제한에 관한 규정이 등기되어 있지 않은 경우에 위 대표권 제한으로써 대항할 수 없는 제3자의 범위

◈ 판 례

법인의 정관에 법인 대표권의 제한에 관한 규정이 있으나 그와 같은 취지가 등기되어 있지 않다면 법인은 그와 같은 정관의 규정에 대하여 선의냐 악의냐에 관계없이 제3자에 대하여 대항할 수 없다 : 대법원 1992.2.14. 선고 91다24564 판결.

ii) 총회의 의결에 의한 제한

사단법인의 이사의 대표권은 사원총회의 의결로서 제한할 수 있다(민법 제59조 제1항 단서). 이에 관한 판례를 살펴보기로 한다.

가) 비법인사단의 대표자가 정관에 위반하여 사원총회의 결의 없이 체결한 거래행위의 효력 및 대표권 제한 사실에 대한 상대방의 악의에 관한 주장·입증책임의 소재

◈ 판 례

비법인사단의 경우에는 대표자의 대표권 제한에 관하여 등기할 방법이 없어 민법 제60조의 규정을 준용할 수 없고, 비법인사단의 대표자가 정관에서 사원총회의 결의를 거쳐야 하도록 규정한 대외적 거래행위에 관하여 이를 거치지 아니한 경우라도, 이와 같은 사원총회 결의사항은 비법인사단의 내부적 의사결정에 불과하다 할 것이므로, 그 거래상대방이 그와 같은 대표권 제한 사실을 알았거나 알 수 있었을 경우가 아니라면 그 거래행위는 유효하다고 봄이 상당하고, 이 경우 거래의 상대방이 대표권 제한 사실을 알았거나 알 수 있었음은 이를 주장하는 비법인사단측이 주장·입증하여야 한다 : 대법원 2003. 7. 22. 선고 2002다64780 판결.

나) 사원총회나 이사회의 결의를 얻도록 한 대표권의 제한이 등기되어 있지 아니한 경우 제3자에 대한 대항력 유무

◈ 판 례

사단법인의 대표자가 채무를 인수함에 있어 사원총회와 이사회의 결의를 따로이 거치도록 되어 있다면 이와 같은 총회나 이사회의 결의는 법인대표권에 대한 제한으로서 이러한 제한은 등기하지 않으면 제3자에게 대항할 수 없다 : 대법원 1987.11.24. 선고 86다카2484 판결.

iii) 이익상반(利益相反)의 경우

법인과 이사의 이익이 상반하는 경우에 이사는 그 사항에 관하여 대표권이 없다(민법 제64조[255] 단서). 이처럼 이익이 상반하는 경우에 이해관계인 또는 검사의 청구에 의하여 법원이 선임하는 '특별대리인'이 법인을 대표한다(동법 제64조 단서). 특별대리인은 법인의 대표기관이지만 그 권한은 그 특별한 사항에 대해서만 법인을 대표한다. 이사가 수인(數人)인 경우에 일부 이사가 법인과의 이익이 상반하는 경우에 그 이사는 그 부분에 대하여 법인을 대표할 수 없고, 다른 이사가 그

255) 제64조 (특별대리인의 선임) 법인과 이사의 이익이 상반하는 사항에 관하여는 이사는 대표권이 없다. 이 경우에는 전조의 규정에 의하여 특별대리인을 선임하여야 한다.

부분에 대하여 법인을 대표한다. 이에 관한 판례를 살펴보기로 한다.

가) 사단법인의 이사장 직무대행자가 개인의 입장에서 그 사단법인을 상대로 소송을 하는 것이 민법 제64조가 규정하는 이익상반 사항에 해당하는지 여부

◆ 판 례

이사장 등 직무집행정지가처분에 의하여 선임된 사단법인의 이사장 직무대행자는 위 법인에 대하여 이사와 유사한 권리의무와 책임을 부담하므로, 위 법인과의 사이에 이익이 상반하는 사항에 관하여는 민법 제64조가 준용되고, 위 법인의 이사장 직무대행자가 개인의 입장에서 원고가 되어 법인을 상대로 소송을 하는 경우에는 민법 제64조가 규정하는 이익상반 사항에 해당함이 분명하다 : 대법원 2003. 5. 27. 선고 2002다69211 판결.

나) 비법인사단과 대표자 사이의 이익이 상반되는 사항에 관한 소송행위에 있어 이해관계인이 특별대리인의 선임을 신청할 수 있는지 여부

◆ 판 례

비법인사단과 그 대표자 사이의 이익이 상반되는 사항에 관한 소송행위에 있어서는 위 대표자에게 대표권이 없으므로, 달리 위 대표자를 대신하여 비법인사단을 대표할 자가 없는 한 이해관계인은 민사소송법 제60조, 제58조의 규정에 의하여 특별대리인의 선임을 신청할 수 있고 이에 따라 선임된 특별대리인이 비법인사단을 대표하여 소송을 제기할 수 있다 : 대법원 1992.3.10. 선고 91다25208 판결.

ⅳ) 복임권의 제한

이사는 원칙적으로 자신이 스스로 대표권을 행사하여야 하지만 정관 또는 총회의 결의로 금지하지 않은 사항에 대하여 타인에게 특정의 행위에 관하여 대리하게 할 수 있다(민법 제62조).[256] 이 경우에 포괄적인 위임권은 인정되지 않는다. 그리고 이사는 자신이 선임한 대리인에 대하여 감독의 책임을 부담한다(동법 제121조[257] 제1항).

---

256) 제62조 (이사의 대리인 선임) 이사는 정관 또는 총회의 결의로 금지하지 아니한 사항에 한하여 타인으로 하여금 특정한 행위를 대리하게 할 수 있다.

257) 제121조 (임의대리인의 복대리인선임의 책임) ① 전조의 규정에 의하여 대리인이 복대리인을 선임한 때에는 본인에게 대하여 그 선임감독에 관한 책임이 있다. ② 대리인이 본인의 지명에 의하여 복대리인을 선임한 경우에는 그 부적임 또는 불성실함을 알고

(2) 법인의 업무집행(대내적 권한)

이사는 법인의 모든 내부적 사무를 집행할 권한이 있다(민법 제58조 제1항). 사무집행에 있어서 정관과 총회의 결의에 따라야 하는 것이 원칙이며, 이사가 수인인 경우에 사무집행은 과반수로써 결정한다(민법 제58조 제2항). 이에 관하여 판례를 살펴보기로 한다.

가) 공동대표이사 중 1인이 다른 대표이사에게 대표권의 행사를 일반적, 포괄적으로 위임할 수 있는지 여부

◆ 판 례

주식회사에 있어서의 공동대표제도는 대외 관계에서 수인의 대표이사가 공동으로만 대표권을 행사할 수 있게 하여 업무집행의 통일성을 확보하고, 대표권 행사의 신중을 기함과 아울러 대표이사 상호간의 견제에 의하여 대표권의 남용 내지는 오용을 방지하여 회사의 이익을 도모하려는데 그 취지가 있으므로 공동대표이사의 1인이 그 대표권의 행사를 특정사항에 관하여 개별적으로 다른 공동대표이사에게 위임함은 별론으로 하고, 일반적, 포괄적으로 위임함은 허용되지 아니한다 : 대법원 1989.5.23. 선고 89다카3677 판결.

1) 이사의 주요 사무

i) 재산목록의 작성

법인의 적극적 또는 소극적 모든 재산의 명세서(明細書)가 재산목록이다. 이사는 재산목록을 작성하여 사무소에 비치하여 열람할 수 있게 하여야 한다. 이처럼 재산목록을 작성하게 하는 것은 법인의 재산상태를 명료하게 하고, 법인의 자산상태를 일반 제3자에게 알리는 동시에 이사 개인의 재산과 혼합되는 것을 방지하기 위한 것이다. 이를 게을리 할 경우에 과태료가 부과된다. 이사는 법인이 성립할 때에 기본재산목록을 작성하고, 매년 년초의 3개월 이내에 작년 말 현재의 매년도의 재산목록을 작성하여야 한다(민법 제55조[258] 제1항 전반). 그리고 사업년도를 정하

본인에게 대한 통지나 그 해임을 태만한 때가 아니면 책임이 없다.

258) 제55조 (재산목록과 사원명부) ① 법인은 성립한 때 및 매년 3월내에 재산목록을 작성하여 사무소에 비치하여야 한다. 사업연도를 정한 법인은 성립한 때 및 그 연도말에 이를 작성하여야 한다. ② 사단법인은 사원명부를 비치하고 사원의 변경이 있는 때에

고 있는 법인은 그 성립한 때의 기본재산목록을 작성하고, 매년 사업년도의 초의 3개월 이내에 작년도 사업연도말 현재의 매년도 재산목록을 작성하여야 한다(민법 제55조 제1항 후반).

ii) 사원명부의 작성

사단법인의 이사는 사원명부를 작성하여 사무소에 비치하고, 사원의 변경이 있는 경우에 이를 고쳐 바로잡아야 한다(민법 제55조 제1항). 이를 게을리하거나 부정기재할 경우에 과태료가 부과된다.

iii) 사원총회의 소집

사단법인의 이사는 매년 1회 이상 통상총회(通常總會)를 소집하여야 하고(민법 제69조),[259] 필요한 경우에 임신총회를 소집할 수 있다(민법 제70조[260] 제1항). 그리고 이사는 일정한 수(數)의 사원이 임시총회를 청구할 때에는 총회를 소집하여야 한다(동법 제70조 제2항).

가) 사단법인의 총회에 관한 민법 제73조[261] 제2항, 제75조[262] 제2항의 규정이 권리능력 없는 사단의 경우에 준용되는지 여부

◆ 판 례

민법 제73조 제2항은 사단법인의 사원은 서면이나 대리인으로 결의권을 행사할 수 있다고 규정하고, 제75조 제2항은 사원총회의 결의방법에 있어 제73조 제2항의 경우에는 당해 사원은 출석한 것으로 본다고 규정하고 있는 바, 이러한 사단법인의 총회에 관한

는 이를 기재하여야 한다.

259) 제69조 (통상총회) 사단법인의 이사는 매년 1회 이상 통상총회를 소집하여야 한다.

260) 제70조 (임시총회) ① 사단법인의 이사는 필요하다고 인정한 때에는 임시총회를 소집할 수 있다. ② 총사원의 5분의 1이상으로부터 회의의 목적사항을 제시하여 청구한 때에는 이사는 임시총회를 소집하여야 한다. 이 정수는 정관으로 증감할 수 있다. ③ 전항의 청구있는 후 2주간 내에 이사가 총회소집의 절차를 밟지 아니한 때에는 청구한 사원은 법원의 허가를 얻어 이를 소집할 수 있다.

261) 제73조 (사원의 결의권) ① 각 사원의 결의권은 평등으로 한다. ② 사원은 서면이나 대리인으로 결의권을 행사할 수 있다. ③ 전2항의 규정은 정관에 다른 규정이 있는 때에는 적용하지 아니한다.

262) 제75조 (총회의 결의방법) ① 총회의 결의는 본법 또는 정관에 다른 규정이 없으면 사원 과반수의 출석과 출석사원의 결의권의 과반수로써 한다. ② 제73조 제2항의 경우에는 당해 사원은 출석한 것으로 한다.

규정은 정관에 다른 규정이 없으면 종중과 같은 권리능력 없는 사단의 경우에도 준용된다 : 대법원 1992.9.14. 선고 91다46830 판결.

ⅳ) 총회의결록의 작성

사원총회의 의사에 관하여 의사의 경과, 요령, 결과를 기재하고, 의장 및 출석한 이사가 기명날인한 의사록을 작성하여야 한다. 그 의사록은 주된 사무소에 비치하여야 한다(민법 제76조).[263)]

가) 법인의 총회 또는 이사회의 의사록의 증명력

◆ 판 례

법인의 총회 또는 이사회의 의사에는 의사록을 작성하여야 하고, 의사록에는 의사의 경과, 요령 및 결과 등을 기재하고 이와 같은 의사의 경과요령 및 결과 등은 의사록을 작성하지 못하였다든가 또는 이를 분실하였다는 등의 특단의 사정이 없는 한 이 의사록에 의하여서만 증명된다 : 대법원 1984.5.15. 선고 83다카1565 판결.

ⅴ) 파산신청

법인이 채무를 전부 변제하지 못하는 경우에 이사는 지체없이 파산을 신청하여야 한다(민법 제79조).[264)] 이사가 파산신청을 게을리 할 때에 과태료의 처분을 받는다.

ⅵ) 청산인

법인이 해산(解散)한 경우에 원칙적으로 이사가 청산인이 된다(민법 제82조).[265)] 이에 관하여 판례를 살펴보기로 한다.

---

263) 제76조 (총회의 의사록) ① 총회의 의사에 관하여는 의사록을 작성하여야 한다. ② 의사록에는 의사의 경과, 요령 및 결과를 기재하고 의장 및 출석한 이사가 기명날인하여야 한다. ③ 이사는 의사록을 주된 사무소에 비치하여야 한다.

264) 제79조 (파산신청) 법인이 채무를 완제하지 못하게 된 때에는 이사는 지체없이 파산신청을 하여야 한다.

265) 제82조 (청산인) 법인이 해산한 때에는 파산의 경우를 제하고는 이사가 청산인이 된다. 그러나 정관 또는 총회의 결의로 달리 정한 바가 있으면 그에 의한다.

가) 법인의 청산절차에 관한 규정이 강행규정인지 여부

◆ 판 례

민법 제80조,[266] 제81조,[267] 제87조와[268] 같은 청산절차에 관한 규정은 모두 제3자의 이해관계에 중대한 영향을 미치기 때문에 소위 강행규정이라고 해석되므로 만일 그 청산법인이나 그 청산인이 청산법인의 목적범위 외의 행위를 한 때는 무효라 아니할 수 없다 : 대법원 1980.4.8. 선고 79다2036 판결.

나) 청산등기가 경료되었으나 청산사무가 종료되지 아니한 경우와 청산법인의 존속 여부

◆ 판 례

청산종결등기가 경료된 경우에도 청산사무가 종료되었다 할 수 없는 경우에는 청산법인으로 존속한다 : 대법원 1980.4.8. 선고 79다2036 판결.

다) 민법상의 청산절차에 관한 규정에 반하는 잔여재산 처분행위의 효력

◆ 판 례

민법상의 청산절차에 관한 규정은 모두 제3자의 이해관계에 중대한 영향을 미치기 때문에 이른바 강행규정이라고 해석되므로 이에 반하는 잔여재산의 처분행위는 특단의 사정이 없는 한 무효라고 보아야 한다b: 대법원 1995.2.10. 선고 94다13473 판결.

---

266) 제80조 (잔여재산의 귀속) ① 해산한 법인의 재산은 정관으로 지정한 자에게 귀속한다. ② 정관으로 귀속권리자를 지정하지 아니하거나 이를 지정하는 방법을 정하지 아니한 때에는 이사 또는 청산인은 주무관청의 허가를 얻어 그 법인의 목적에 유사한 목적을 위하여 그 재산을 처분할 수 있다. 그러나 사단법인에 있어서는 총회의 결의가 있어야 한다. ③ 전2항의 규정에 의하여 처분되지 아니한 재산은 국고에 귀속한다.

267) 제81조 (청산법인) 해산한 법인은 청산의 목적범위 내에서만 권리가 있고 의무를 부담한다.

268) 제87조 (청산인의 직무) ① 청산인의 직무는 다음과 같다. 1. 현존사무의 종결, 2. 채권의 추심 및 채무의 변제, 3. 잔여재산의 인도, ② 청산인은 전항의 직무를 행하기 위하여 필요한 모든 행위를 할 수 있다.

vii) 등기

이사는 각종의 법인등기를 하여야 하고, 이를 게을리 한 경우에 과태료의 처분을 받는다(민법 제97조 1호).

4. 이사회

법인의 업무를 집행하기 위한 의사를 결정하기 위하여 이사 전원으로 구성하는 이사회를 구성한다. 이사회를 업무집행기관으로 하기 위하여 정관에 규정할 수 있으나 민법은 이사회를 당연한 법인의 기관으로 보지 않는다. 다음은 이사회에 관한 판례를 살펴보기로 한다.

가) 이사회 결의요건 충족 여부의 판단 시점(=이사회 결의시)

◈ 판 례

이사회 결의요건을 충족하는지 여부는 이사회 결의 당시를 기준으로 판단하여야 하고, 그 결의의 대상인 행위가 실제로 이루어진 날을 기준으로 판단할 것은 아니다 : 대법원 2003. 1. 24. 선고 2000다20670 판결.

나) 이사회가 일반적·구체적으로 대표이사에게 위임하지 않은 업무로서 일상 업무에 속하지 아니한 중요한 업무에 대하여 이사회에게 그 의사결정권한이 있는지 여부

◈ 판 례

법률 또는 정관 등의 규정에 의하여 주주총회 또는 이사회의 결의를 필요로 하는 것으로 되어 있지 아니한 업무 중 이사회가 일반적·구체적으로 대표이사에게 위임하지 않은 업무로서 일상 업무에 속하지 아니한 중요한 업무에 대하여는 이사회에게 그 의사결정권한이 있다 : 대법원 1997. 6. 13. 선고 96다48282 판결.

다) 신용협동조합의 정관 규정만으로 서면결의 방식에 의한 이사회결의의 효력여부

◈ 판 례

'이사회는 재적이사 과반수의 출석으로 개최하고 출석이사 과반수의 찬성으로 의결한다.'는 신용협동조합의 정관 규정은 의사정족수 및 의결정족수에 관한 일반 규정이어서 이른바 서면결의 방식에 의한 이사회결의를 금하는 규정이라고 단정하기 어렵고, 만일 위 규정을 서면결의를 금하는 규정으로 본다고 하더라도 민법 제60조에 의하여 대표권의 제한은 등기를 하지 아니한 이상 제3자에 대항할 수 없으므로 위 정관 규정만으로 서면결의 방식에 의한 이사회결의가 무효라고 할 수 없다 : 대법원 2005. 6. 9. 선고 2005다2554 판결.

라) 구 신용협동조합법이 신용협동조합의 조합원에 대한 대출에 관하여 이사회의 결의를 거치도록 규정한 취지

◈ 판 례

구 신용협동조합법(1998. 1. 13. 법률 제5506호로 개정되기 전의 것) 제1조, 제2조, 제23조 제4항, 제27조, 제29조 제5호, 제31조 제1항 제2호 등의 각 규정을 종합하여 보면, 신용협동조합의 이사장은 조합의 사무를 통할하고 조합을 대표하는 권한을 가지며, 위 법이 신용협동조합의 조합원에 대한 대출에 관하여 이사회의 결의를 거치도록 규정한 것은, 비영리법인인 신용협동조합의 특수성을 고려하여 그 재산의 원활한 관리 및 유지 보호와 재정의 적정을 기함으로써 조합의 건전한 발달을 도모하고 조합으로 하여금 본래의 목적사업에 충실하도록 하기 위하여 그 대표자의 대표권을 제한한 취지이다 : 대법원 2004. 1. 15. 선고 2003다56625 판결.

5. 임시이사

이사는 법인의 필요기관이지만 일단 법인이 성립하고, 나중에 이사가 없게 되거나 결원이 생겨도 법인의 존립에는 아무런 영향이 없으나 이사가 전혀 없거나 정관에 정한 정원에 부족한 경우에 선임, 보충에 시일이 필요하기 때문에 법인 또는 타인에게 손해가 발생할 우려가 있어서 법원은 이해관계인 또는 검사의 청구에 의하여 임시이사를 선임하여야 한다(민법 제63조).[269] 임시이사는 정식 이사가 선

269) 제63조 (임시이사의 선임) 이사가 없거나 결원이 있는 경우에 이로 인하여 손해가 생길 염려 있는 때에는 법원은 이해관계인이나 검사의 청구에 의하여 임시이사를 선임

임될 때가지 일시적이나마 법인의 대표기관이고, 정식 이사가 선임되면 임시이사의 권한은 소멸한다.

6. 특별대리인

법인과 이사와의 이익이 상반되는 사항에 대하여 이사에 대신하는 법인의 대표하는 이해관계인 또는 검사의 청구에 의하여 법원이 선임하는 임시적 기관이지만 법인의 기관이다(민법 제64조).[270]

7. 직무대행자

직무대행자는 이사의 선임행위가 흠(欠)이 있는 경우에 이해관계인의 청구에 의하여 법원이 가처분으로 선임하는 임시적 기관이다. 직무대행자는 가처분명령에 다른 정함이 없는 경우에 법인의 통상사무에 속하는 행위만을 할 수 있다. 그러나 법원의 허가가 있는 경우에 통상사무가 아닌 행위도 할 수 있다(민법 제60조의 2).[271] 이에 관한 판례를 살펴보기로 한다.

가) 민법상 법인이나 비법인사단 등의 대표자에 대해 직무집행정지 및 직무대행자 선임 가처분이 된 경우, 그 대표자 선출 결의의 무효·부존재 확인 소송에서 그 단체를 대표할 자

◆ 판 례

민법상의 법인이나 법인이 아닌 사단 또는 재단의 대표자를 선출한 결의의 무효 또는 부존재 확인을 구하는 소송에서 그 단체를 대표할 자는 의연히 무효 또는 부존재 확인 청구의 대상이 된 결의에 의해 선출된 대표자이나, 그 대표자에 대해 직무집행정지 및 직무대행자선임 가처분이 된 경우에는, 그 가처분에 특별한 정함이 없는 한 그 대표자는 그 본안소송에서 그 단체를 대표할 권한을 포함한 일체의 직무집행에서 배제되고 직무

하여야 한다.

270) 제64조 (특별대리인의 선임) 법인과 이사의 이익이 상반하는 사항에 관하여는 이사는 대표권이 없다. 이 경우에는 전조의 규정에 의하여 특별대리인을 선임하여야 한다.

271) 제60조의 2 (직무대행자의 권한) 제52조의 2의 직무대행자는 가처분명령에 다른 정함이 있는 경우 외에는 법인의 통상사무에 속하지 아니한 행위를 하지 못한다. 다만, 법원의 허가를 얻은 경우에는 그러하지 아니하다.

대행자로 선임된 자가 대표자의 직무를 대행하게 되므로, 그 본안소송에서 그 단체를 대표할 자도 직무집행을 정지당한 대표자가 아니라 대표자 직무대행자로 보아야 한다 : 대법원 1995. 12. 12. 선고 95다31348 판결.

나) 대표이사의 직무집행정지 및 직무대행자선임의 가처분이 이루어진 이후 대표이사가 해임되고 새로운 대표이사가 선임된 경우 새로이 선임된 대표이사가 대표이사로서의 권한을 가지는지 여부

◈ 판 례

대표이사의 직무집행정지 및 직무대행자선임의 가처분이 이루어진 이상, 그 후 대표이사가 해임되고 새로운 대표이사가 선임되었다 하더라도 가처분결정이 취소되지 아니하는 한 직무대행자의 권한은 유효하게 존속하는 반면 새로이 선임된 대표이사는 그 선임결의의 적법 여부에 관계없이 대표이사로서의 권한을 가지지 못한다 : 대법원 1992.5.12. 선고 92다5638 판결.

다) 가처분결정으로 선임된 학교법인 이사직무대행자의 법적 지위 및 권한

◈ 판 례

민사집행법 제300조 제2항의 제300조 제2항의 임시의 지위를 정하는 가처분은 권리관계에 다툼이 있는 경우에 권리자가 당하는 위험을 제거하거나 방지하기 위한 잠정적이고 임시적인 조치로서 그 분쟁의 종국적인 판단을 받을 때까지 잠정적으로 법적 평화를 유지하기 위한 비상수단에 불과한 것으로, 가처분결정에 의하여 학교법인의 이사의 직무를 대행하는 자를 선임한 경우에 그 직무대행자는 단지 피대행자의 직무를 대행할 수 있는 임시의 지위에 놓여 있음에 불과하므로, 가처분결정에 다른 정함이 있는 경우 외에는 학교법인을 종전과 같이 그대로 유지하면서 관리하는 한도 내의 학교법인의 통상업무에 속하는 사무만을 행할 수 있다 : 대법원 2006.1.26. 선고 2003다36225 판결.

라) 가처분결정에 의하여 선임된 학교법인 이사직무대행자가 그 가처분의 본안소송의 제1심판결에 대한 항소권을 포기하는 행위가 위 법인의 통상업무에 속하는 행위인지 여부

◈ 판 례

가처분결정에 의하여 선임된 학교법인 이사직무대행자가 그 가처분의 본안소송인 이사회결의무효확인의 제1심판결에 대하여 항소권을 포기하는 행위는 학교법인의 통상업

무에 속하지 않는다고 보아야 할 것이므로, 그 가처분결정에 다른 정함이 있거나 관할법원의 허가를 얻지 아니하고서는 이를 할 수 없다: 대법원 2006.1.26. 선고 2003다36225.

Ⅲ. 감사

1. 개념과 임면

사단법인 또는 재단법인은 정관 또는 총회의 결의로 이사에 대한 감독기관으로 감사를 1인 또는 수인을 둘 수 있다(민법 제66조).[272] 감사는 외부에 대하여 법인을 대표하는 기관이 아니기 때문에 제3자에게 손해를 야기할 염려가 없다. 그리고 감사는 임의기관이고, 그 자격, 임면방법, 기타 등은 이사와 동일하다. 감사의 성명, 주소는 등기 사항이 아니다.

2. 직무권한

감사의 직무권한은 법인의 내부에서 이사의 사무집행을 감독하는 기관이며, 외부에 대하여 법인을 대표하는 기관이 아니다. 감사가 임무를 게을리 할 때에 법인에 대한 배상책임의 규정은 없으나 그 선임의 성질상 특수 위임관계로 보고, 이사와 같이 선량한 관리자의 주의로써 사무를 처리하여야 할 것이고(민법 제681조), 이 의무를 위반하면 채무불이행에 의한 손해배상책임을 부담하여야 할 것이다(동법 제390조).[273] 감사들이 의무를 위반하는 경우에 연대하여 배상할 책임이 없고(민법 제65조),[274] 감사는 각자 단독으로 직무를 행하고, 공동으로 집행할 필요가 없다. 감사의 주요 업무는, ⅰ) 법인의 재산상황의 감사, ⅱ) 이사의 업무집행의 감사, ⅲ) 재산상황 또는 업무집행에 관하여 부정, 불비한 것이 있음을 발견한 경우에 총회 또는 주무관청에 보고, ⅳ) 보고를 위하여 필요시에 총회를 소집할 수 있

272) 제66조 (감사) 법인은 정관 또는 총회의 결의로 감사를 둘 수 있다.

273) 제390조 (채무불이행과 손해배상) 채무자가 채무의 내용에 좇은 이행을 하지 아니한 때에는 채권자는 손해배상을 청구할 수 있다. 그러나 채무자의 고의나 과실없이 이행할 수 없게 된 때에는 그러하지 아니하다.

274) 제65조 (이사의 임무해태) 이사가 그 임무를 해태한 때에는 그 이사는 법인에 대하여 연대하여 손해배상의 책임이 있다

다(민법 제67조).[275] 그리고 감사는 이사의 감독기관으로써 필요한 경우에 그 밖의 행위도 할 수 있다는 것이 통설이다. 이에 관하여 판례를 살펴보기로 한다.

가) 신용협동조합의 감사가 분식결산 등과 관련하여 조합에 대하여 손해배상책임을 지는 경우

◆ 판 례

신용협동조합의 감사가 분식결산 등과 관련하여 조합에 대하여 손해배상책임을 지는 경우는 당해 분식결산 등의 행위를 알았거나 조합의 장부 또는 회계 관련 서류상으로 분식결산이 명백하여 조금만 주의를 기울였다면 이를 알 수 있었을 것인데 그러한 주의를 현저히 게을리함으로써 감사로서의 임무를 해태한 데 중대한 과실이 있는 때이다 : 대법원 2006.9.14. 선고 2005다22879 판결.

나) 신용협동조합의 감사가 분식결산 등과 관련하여 임무를 해태한 데에 중대한 과실이 있는지 여부의 판단 방법

◆ 판 례

신용협동조합의 감사가 분식결산 등과 관련하여 그 임무를 해태한 데 중대한 과실이 있는지 여부는 감사의 개인적인 사정에 의해 가릴 것이 아니라 문제된 분식회계의 내용, 분식의 정도와 방법, 그 노출 정도와 발견가능성, 감사업무의 실제 수행 여부 등을 심리하여 그에 의해 밝혀진 사정을 토대로 하여 판단하여야 한다 : 대법원 2006.9.14. 선고 2005다22879 판결.

다) 신용협동조합의 감사가 불법·부당대출과 관련하여 신용협동조합에 대하여 손해배상책임을 지기 위한 요건

◆ 판 례

신용협동조합의 감사에게 불법·부당대출과 관련하여 조합에 대하여 손해배상책임을 묻기 위하여는 당해 대출이 불법·부당한 것임을 알았거나 조합의 장부 또는 대출관련서

275) 제67조 (감사의 직무) 감사의 직무는 다음과 같다. 1. 법인의 재산상황을 감사하는 일, 2. 이사의 업무집행의 상황을 감사하는 일, 3. 재산상황 또는 업무집행에 관하여 부정, 불비한 것이 있음을 발견한 때에는 이를 총회 또는 주무관청에 보고하는 일, 4. 전호의 보고를 하기 위하여 필요있는 때에는 총회를 소집하는 일

류상으로 불법·부당한 대출임이 명백하여 조금만 주의를 기울였다면 이를 알 수 있었을 것임에도 그러한 주의를 현저히 게을리함으로써 감사로서의 임무를 해태한 데에 중대한 과실이 있는 경우라야 할 것이다 : 대법원 2004. 4. 9. 선고 2003다5252 판결.

라) 상호신용금고의 출자자 등에 대한 대출 또는 동일인에 대한 여신한도 초과대출이 대표이사 등에 의하여 조직적으로 이루어지고 또한 타인의 명의를 빌림으로써 적어도 서류상으로는 그 대출행위가 위법함을 알아내기 어려운 경우, 감사에 대하여 임무해태로 인한 손해배상책임의 인정여부

◆ 판 례

상호신용금고의 출자자 등에 대한 대출 또는 동일인에 대한 여신한도 초과대출이 대표이사 등에 의하여 조직적으로 이루어지고 또한 타인의 명의를 빌림으로써 적어도 서류상으로는 그 대출행위가 위법함을 알아내기 어려운 경우, 사후에 그 대출의 적법 여부를 감사하는 것에 그치는 감사로서는 불법대출의 의심이 든다는 점만으로는 바로 관계서류의 제출요구, 관계자의 출석 및 답변요구, 회사관계 거래처의 조사자료 징구, 위법부당행위의 시정과 관계 직원의 징계요구 및 감독기관에 보고 등의 조치를 취할 것을 기대하기는 어렵다는 이유로 임무해태로 인한 손해배상책임을 인정하지 않은 사례 : 대법원 2003. 10. 9. 선고 2001다66727 판결.

마) 감사인의 부실감사로 인한 증권거래법상의 손해배상책임과 민법상의 불법행위책임과의 관계

◆ 판 례

구 증권거래법(1997. 12. 13. 법률 제5423호로 개정되기 전의 것) 제197조 제1항 소정의 감사인의 선의의 투자자에 대한 손해배상책임은 그 발생의 요건이 특정되어 있고, 그에 대한 입증책임이 전환되어 있을 뿐만 아니라 손해배상액이 추정되어 선의의 투자자가 보다 신속하게 구제받을 수 있게 하는 한편 유가증권 시장의 안정을 도모하기 위하여 그 책임을 물을 수 있는 기간이 단기간으로 제한되어 있는 손해배상책임으로서 민법상의 불법행위책임과는 별도로 인정되는 법정책임이라 할 것이므로, 감사인의 부실감사로 인하여 손해를 입게 된 선의의 일반 주식투자자들은 감사인에 대하여 증권거래법상의 손해배상책임과 민법상의 불법행위책임을 다함께 물을 수 있다 : 대법원 1999. 10. 22. 선고 97다26555 판결.

Ⅳ. 사원총회

1. 최고의 의사결정기관

사단법인의 최고의 의사결정기관은 사원총회이다. 사회총회는 사단법인을 구성하는 사원의 전원으로써 구성되는 의결기관이고, 또한 반드시 두어야 할 필요기관이다. 사원총회는 정관의 변경, 법인의 해산 등을 비롯하여 사단법인에 관한 모든 기본적인 의사를 결정하는 기관이므로 최고의 의사결정기관이라고도 한다. 이 기관은 정관에 의하여도 폐지할 수 없다. 그러나 재단법인의 최고의사는 정관에 정하여져 있다.

2. 총회의 종류

(1) 통상총회

년 1회 이상 일정한 시기에 소집되는 사원총회를 말한다(민법 제69조).[276] 소집시기는 정관에 정하는 것이 보통이지만 정관에 그러한 규정이 없는 경우에 총회의 결의로 정할 수 있고, 총회의 결의가 없는 경우에 이사가 임의로 결정할 수 있다.

(2) 임시총회

임시총회는 i) 이사가 필요하다고 인정할 때, ii) 감사가 필요하다고 인정할 때, iii) 총사원의 5분의 1 이상(소수사원권)으로부터 회의의 목적사항을 제시하여 청구할 때에 각각 열리는 사원총회를 말한다. 그런데 이사가 사원의 총회소집의 청구가 있은 후 2주간 이내에 총회를 소집하지 아니한 경우에 청구한 사원들은 법원의 허가를 얻어 스스로 소집할 수 있다(민법 제70조[277] 제3항).

---

276) 제69조 (통상총회) 사단법인의 이사는 매년 1회이상 통상총회를 소집하여야 한다.

277) 제70조 (임시총회) ① 사단법인의 이사는 필요하다고 인정한 때에는 임시총회를 소집할 수 있다. ② 총사원의 5분의 1이상으로부터 회의의 목적사항을 제시하여 청구한 때에는 이사는 임시총회를 소집하여야 한다. 이 정수는 정관으로 증감할 수 있다. ③ 전항의 청구있는 후 2주간내에 이사가 총회소집의 절차를 밟지 아니한 때에는 청구한 사원은 법원의 허가를 얻어 이를 소집할 수 있다.

3. 소집절차

총회소집은 총회 1주 전에 그 회의 목적사항(의사일정)을 기재하여 통지를 발송하고, 기타 정관에 정한 방법에 따라야 한다(민법 제71조).[278] 통지의 방법은 개별통지, 신문광고, 기관잡지 등에 게재하는 것이 보통이다. 소집절차가 법률 또는 정관의 규정에 위반하는 경우의 효과에 대하여 아무런 규정이 없다. 이에 관한 판례를 살펴보기로 한다.

가) 총회의 소집권자인 공동대표 중의 1인이 단독으로 총회를 소집한 경우, 그 총회의 결의는 부존재 또는 무효인지 여부

◆ 판 례

총회의 소집권자인 공동대표 중의 1인이 나머지 공동대표자와 공동하지 않은 채 단독으로 총회를 소집하였다 하더라도 특단의 사정이 없는 한 그 총회의 결의가 부존재라거나 무효라고 할 정도의 중대한 하자라고 볼 수는 없다 : 대법원 1999. 6. 25. 선고 99다10363 판결.

나) 비법인 사단 총회의 소집통지가 법정기한보다 단순히 1, 2일 지연되고, 회원들이 회의의 목적사항을 알고 있는 경우, 그 총회결의의 효력

◆ 판 례

비법인 사단의 총회개최에 일정의 유예기간을 두고 소집통지를 하도록 규정한 취지는 그 구성원의 토의권과 의결권의 행사를 보장하기 위한 것이므로 회원에 대한 소집통지가 단순히 법정기한을 1일이나 2일 지연하였을 뿐이고 회원들이 사전에 회의의 목적사항을 알고 있는 등의 사정이 있었다면 회원의 토의권 및 결의권의 적정한 행사는 방해되지 아니한 것이므로 이러한 경우에는 그 총회결의는 유효하다 : 대법원 1999. 6. 25. 선고 99다10363 판결.

---

278) 제71조 (총회의 소집) 총회의 소집은 1주간 전에 그 회의의 목적사항을 기재한 통지를 발하고 기타 정관에 정한 방법에 의하여야 한다.

다) 서면에 의하지 아니하고 전화에 의한 총회소집통지에 의하여 소집된 총회 결의의 효력

◆ 판 례

사단법인의 신임회장을 조속히 선임하여 실추된 명예를 회복하고 업무의 공백을 메워야 할 형편에 있어 정관소정의 기한 내에 전화로 안건을 명시하여 총회소집통보를 하였으며 또한 총회구성원들 모두가 총회결의 등에 관하여 아무런 이의를 제기하지 아니하였다면 총회 소집통지를 서면에 의하지 아니하고 전화로 하였다는 경미한 하자만으로는 총회의 결의를 무효라고 할 수 없다 : 대법원 1987.5.12. 선고 86다카2705 판결.

4. 총회의 권한

사원총회는 정관으로 이사, 기타의 임원에게 위임한 사항을 제외하고, 법인의 사무 전부에 관하여 결정권을 갖는다(민법 제68조).[279] 그러나 강행법규를 위반하는 사항, 사회질서에 반하는 사항, 법인의 본질에 반하는 사항은 결의할 권한이 없다. 그리고 총회는 의결기관이지만 집행기관이 아니기 때문에 총회의 결의사항의 집행은 대표기관 또는 집행기관이 행한다. 총회는 대외적인 대표권이나 내부적인 업무집행권을 갖지 않는다. 총회의 전권사항(專權事項)은 정관의 변경(민법 제42조),[280] 임의해산(동법 제77조[281] 제2항)이므로, 정관으로 이러한 총회의 권한을 폐지 못한다. 그러면 총회에서 사원권을 사원의 동의없이 배제 또는 제한할 수 있겠느냐이다. 다수설은 배제할 수 없다는 견해이다. 이에 관한 판례를 살펴보기로 한다.

---

279) 제68조 (총회의 권한) 사단법인의 사무는 정관으로 이사 또는 기타 임원에게 위임한 사항 외에는 총회의 결의에 의하여야 한다.

280) 제42조 (사단법인의 정관의 변경) ① 사단법인의 정관은 총사원 3분의 2 이상의 동의가 있는 때에 한하여 이를 변경할 수 있다. 그러나 정수에 관하여 정관에 다른 규정이 있는 때에는 그 규정에 의한다. ② 정관의 변경은 주무관청의 허가를 얻지 아니하면 그 효력이 없다.

281) 제77조 (해산사유) ① 법인은 존립기간의 만료, 법인의 목적의 달성 또는 달성의 불능 기타 정관에 정한 해산사유의 발생, 파산 또는 설립허가의 취소로 해산한다. ② 사단법인은 사원이 없게 되거나 총회의 결의로도 해산한다.

가) 골프 보급을 주된 목적으로 하는 사단법인의 회원권의 수가 2구좌에서 1구좌로 줄어드는 것을 법인의 사원의 지위를 박탈당하는 제명으로 볼 수 있는지 여부

◆ 판 례

골프 보급을 주된 목적으로 하는 사단법인의 사원의 지위는 1사람당 하나만 인정되는 것이고, 회원권의 수가 2개라고 하여 2개의 사원권이 인정되는 것은 아니라고 할 것이므로, 위 법인 회원권의 수가 2구좌에서 1구좌로 줄어든다고 하더라도 이는 법인이 운영하는 골프장시설 이용권의 양이 줄어든다는 것을 의미할 뿐이고 그로 인하여 위 법인의 사원의 지위를 박탈당하는 제명과는 성격을 달리하는 것이다 : 대법원 1992.4.14. 선고 91다26850 판결.

나) 민법상 사단법인이 중요하고 유일한 재산을 처분하는 경우에 사원총회의 결의를 요하는가 여부

◆ 판 례

민법상의 사단법인에 있어서는 비록 재산이 중요하고 유일한 것이라 하여도 그 처분에 있어 반드시 사원총회의 결의를 필요로 하는 것은 아니고, 재산의 처분에 총회의 결의가 있어야 유효하다는 것을 대외적으로 주장하려면 법인대표자의 대표권을 제한하여 총회의 결의를 필요로 하는 취지의 대표권제한을 등기하여야 한다 : 대법원 1975.4.22. 선고 74다410 판결.

다) 법인 해산시 잔여재산의 귀속권리자를 사원총회나 이사회의 결의에 따라 정하도록 한 정관 규정도 유효한지 여부

◆ 판 례

민법 제80조 제1항과 제2항의 각 규정 내용을 대비하여 보면, 법인 해산시 잔여재산의 귀속권리자를 직접 지정하지 아니하고 사원총회나 이사회의 결의에 따라 이를 정하도록 하는 등 간접적으로 그 귀속권리자의 지정방법을 정해 놓은 정관 규정도 유효하다 : 대법원 1995.2.10. 선고 94다13473 판결.

5. 총회의 결의

(1) 총회의 성립

총회의 결의가 성립하려면, 총회가 정해진 적법한 절차에 따라 소집되어야 한다. 총회의 성립의 정족수(定足數)에 관하여는 정관에서 정하고 있지만, 정관에 그런 내용이 없으면, 2인 이상의 사원의 출석이 필요하고, 그것으로 총회가 성립한다는 견해가 있다. 그러나 소수설에 의하면 민법 제75조[282] 제1항에 근거하여 총사원의 과반수의 출석으로 총회가 성립한다는 입장이다. 상기의 조항은 의사정족수(議事定足數)를 규정한 것이라 아니라 의결정족수(議決定足數)를 정한 것이다.

(2) 의결사항

총회에서 결의(決議)할 수 있는 사항은 정관에 특별한 규정이 없는 한, 그 총회 소집 때에 미리 통지한 사항에 한정된다(민법 제72조).[283] 그리고 결의사항은 총회의 일반적 권한 내의 사항이고, 사회질서나 강행법규에 위반되지 않아야 한다.

(3) 결의권

각 사원은 원칙적으로 평등한 결의권(決議權)을 갖는다(민법 제73조[284] 제1항). 그러나 이 결의권평등의 원칙은 정관으로 변경할 수 있다(동조 제3항). 그런데 의결권은 사원의 고유권이므로 어떤 사원의 의결권을 완전히 박탈하지 못한다고 하여야 할 것이다. 의결권행사에 관하여 정관에 특별한 규정이 없는 경우에 서면 또는 대리인을 통하여 행사할 수 있다(동법 제73조 제2항). 하지만 법인과 사원 사이에 이해관계가 있는 사항에 관하여는 당사자 사원은 의결권이 없다(민법 제74조).[285]

---

282) 제75조 (총회의 결의방법) ① 총회의 결의는 본법 또는 정관에 다른 규정이 없으면 사원 과반수의 출석과 출석사원의 결의권의 과반수로써 한다. ② 제73조 제2항의 경우에는 당해 사원은 출석한 것으로 한다.

283) 제72조 (총회의 결의사항) 총회는 전조의 규정에 의하여 통지한 사항에 관하여서만 결의할 수 있다. 그러나 정관에 다른 규정이 있는 때에는 그 규정에 의한다.

284) 제73조 (사원의 결의권) ① 각사원의 결의권은 평등으로 한다. ② 사원은 서면이나 대리인으로 결의권을 행사할 수 있다. ③ 전2항의 규정은 정관에 다른 규정이 있는 때에는 적용하지 아니한다.

285) 제74조 (사원이 결의권없는 경우) 사단법인과 어느 사원과의 관계사항을 의결하는 경

(4) 의결의 성립

결의의 성립에 필요한 정수(定數)는 정관에 특별한 규정이 없는 경우에 사원 과반수의 출석과 출석사원의 의결권의 과반수이다(민법 제75조 제1항). 그러나 정관변경 사항은 정관에 특별한 규정이 없으면 총사원의 3분의 2 이상의 찬성으로(민법 제42조),[286] 임의해산(任意解散)은 총사원의 4분의 3 이상의 찬성이 필요하다(동법 제78조).[287]

(5) 의사록의 작성

총회의 의사에 관하여 의사록을 작성하여 주된 사무소에 비치하여야 한다(민법 제76조).[288]

V. 사원권

사단(社團)의 구성원이 '사원(社員)'이다. 사원은 사단법인의 존립의 기초이며, 사회총회라는 의사결정최고기관을 구성하는 구성요소이다. 사원은 사원이라는 자격에 의하여 사단법인에 대하여 여러 가지의 권리를 갖으며, 반대로 의무도 부담한다. 사원은 법인에 대하여 '공익권(共益權)'과 '자익권(自益權)'을 갖는다. 즉, 전자(공익권)은 사단의 관리, 운영에 참가하는 것을 내용으로 하는 권리로서, '의결권과 소수사원권, 감독권, 업무집행권' 등이다. 후자(자익권)는 사원 자신이 이익을 누리는 것을 내용으로 하는 권리이다. 즉, 사단의 설비를 이용하는 권리가 여기에 속한다. 반면에 사원으로서 사단에 대하여 일정한 의무와 출자의무를 부담하여야 한다.

우에는 그 사원은 결의권이 없다.

286) 제42조 (사단법인의 정관의 변경) ① 사단법인의 정관은 총사원 3분의 2 이상의 동의가 있는 때에 한하여 이를 변경할 수 있다. 그러나 정수에 관하여 정관에 다른 규정이 있는 때에는 그 규정에 의한다. ② 정관의 변경은 주무관청의 허가를 얻지 아니하면 그 효력이 없다.

287) 제78조 (사단법인의 해산결의) 사단법인은 총 사원 4분의 3 이상의 동의가 없으면 해산을 결의하지 못한다. 그러나 정관에 다른 규정이 있는 때에는 그 규정에 의한다.

288) 제76조 (총회의 의사록) ① 총회의 의사에 관하여는 의사록을 작성하여야 한다. ② 의사록에는 의사의 경과, 요령 및 결과를 기재하고 의장 및 출석한 이사가 기명날인하여야 한다. ③ 이사는 의사록을 주된 사무소에 비치하여야 한다.

1. 사원권의 개념

사원권은 사원으로서 권리와 의무를 부담하는 것으로 일괄적으로 하는 말이다. 그런데 학자에 따라서는 사원과 사단에 대한 법률관계에 대하여 사원이 사단에 대한 법적 지위 그 자체를 사원권이라고 한다. 따라서 사원권은 재산권, 가족권 또는 인격권 등 그 어느 것에 속하지 아니한 특수한 권리로서 이해되고 있다.

2. 사원권의 법적 지위

사원권은 사원이 사단에 대하여 갖는 법적 지위이지만, 그 사원권의 법적 지위는 법인의 종류에 따라 다르다. 즉, 영리법인에서 자익권(自益權)이 강하지만, 비영리법인에서 공익권(共益權)이 강한 것이 일반적이다. 그리고 영리법인의 사원권은 양도나 상속이 가능하지만(상법 제335조)[289] 비영리법인의 사원권은 양도성이나 상속성을 인정하지 않는다. 즉 '사단법인의 사원의 지위는 양도 또는 상속할 수 없다'라고 규정하고 있다(민법 제56조).[290] 이에 관한 판례를 살펴보기로 한다.

가) 사단법인의 사원의 지위는 양도 또는 상속할 수 없다고 한 민법 제56조의 규정이 강행규정인지 여부

◈ 판 례

'사단법인의 사원의 지위는 양도 또는 상속할 수 없다'고 한 민법 제56조의 규정은 강행규정은 아니라고 할 것이므로, 정관에 의하여 이를 인정하고 있을 때에는 양도·상속이 허용된다 : 대법원 1992.4.14. 선고 91다26850 판결.

---

289) 상법 제335조 (주식의 양도성) ① 주식은 타인에게 이를 양도할 수 있다. 다만, 주식의 양도는 정관이 정하는 바에 따라 이사회의 승인을 얻도록 할 수 있다. ② 제1항 단서의 규정에 위반하여 이사회의 승인을 얻지 아니한 주식의 양도는 회사에 대하여 효력이 없다. ③ 주권발행 전에 한 주식의 양도는 회사에 대하여 효력이 없다. 그러나 회사성립 후 또는 신주의 납입기일 후 6월이 경과한 때에는 그러하지 아니하다.

290) 제56조 (사원권의 양도, 상속금지) 사단법인의 사원의 지위는 양도 또는 상속할 수 없다.

제5관 법인의 주소

법인도 자연인처럼 법률관계는 일정한 주소를 기준으로 하고 있다. 법인의 주소는 주된 사무소의 소재지를 주소로 하고 있다(민법 제36조).[291] 만약 법인의 주소지가 2개 이상이 있는 경우에 중심이 되는 중요한 사무소가 주된 주소지가 된다. 그리고 법인의 설립등기는 주된 사무소의 소재지에 등기하여야 한다(동법 제54조[292] 제1항).

제6관 정관의 변경

Ⅰ. 정관의 의의

'정관의 변경'은 법인이 자신의 동일성을 유지하면서 그 조직을 변경하는 것을 말한다. 그런데 정관변경의 허용여부에 관하여 사단법인과 재단법인은 그 입장을 달리하고 있다. 사단법인의 정관은 원칙적으로 변경할 수 있다. 반면에 재단법인의 정관은 원칙적으로 변경할 수 없다. 다만 정관변경을 전혀 인정하지 않는다면 재단법인이 사회적 현실에 상응하는 활동을 기대할 수 없게 되는 경우에 법률에 근거하여 재단법인의 정관변경을 인정하고 있다. 따라서 사단법인이나 재단법인 모두 정관변경이 인정된다. 그 구체적인 사실에 관하여 살펴보기로 한다.

1. 사단법인의 정관변경

사단법인의 정관변경에 다음과 같은 2가지의 요건이 필요하다.

(1) 요건

1) 사원총회의 결의

사단법인의 정관변경은 사원총회의 결의(決議)로 할 수 있다. 즉, 정관의 변경에

291) 제36조 (법인의 주소) 법인의 주소는 그 주된 사무소의 소재지에 있는 것으로 한다.
292) 제54조 (설립등기 이외의 등기의 효력과 등기사항의 공고) ① 설립등기 이외의 본 절의 등기사항은 그 등기후가 아니면 제삼자에게 대항하지 못한다. ② 등기한 사항은 법원이 지체없이 공고하여야 한다.

는 총사원의 3분의 2 이상의 동의(同意)가 있어야 한다(민법 제42조 제1항). 그러나 총사원의 3분의 2 이상의 특별결의의 정수(定數)는 정관에서 다르게 규정할 수 있다(동조 제1항 단서). 정관변경은 사원총회의 전권사항이기 때문에 정관에서 총회의 결의를 통하지 않고서도 정관을 변경할 수 있다고 규정하여도 그 규정은 무효이다.

2) 주무관청의 허가

사단법인의 정관변경은 주무관청의 허가가 필요하다. 즉, 정관변경은 주무관청의 허가를 얻지 못하면 그 효력이 없다(민법 제42조 제2항). 그리고 허가여부는 주무관청의 자유재량에 속한다. 그러므로 정관을 변경하려면 사원총회의 결의와 주무관청의 허가가 있으면 그 정관변경의 효력이 발생하게 된다. 그런데, 정관의 변경사항이 등기사항인 경우에(민법 제49조[293] 제2항) 그 변경은 등기하여야 제3자에게 대항할 수 있다(민법 제54조).[294]

(2) 문제점

사단법인의 정관변경에는 다음과 같은 2가지의 문제점이 있다.

1) 정관변경의 불가규정의 변경여부

정관에서 그 정관을 변경할 수 없다고 규정하고 있는 경우에 정관을 변경할 수 있는지의 여부이다. 이 경우에도 전 사원의 동의가 있으면 정관을 변경할 수 있다는 입장이다. 왜냐하면 사단법인의 경우에 사회의 변화에 따라 자주적으로 활동하여야 하는 것이 합리적이라고 생각한다.

2) 정관목적의 변경여부

정관에서 정하고 있는 목적을 다른 것으로 변경할 수 있느냐이다. 통설은 민법 제42조의 절차에 따라 동일성을 상실하지 않는 한 정관의 변경을 통하여 목적을

---

293) 제49조 (법인의 등기사항) ① 법인설립의 허가가 있는 때에는 3주간내에 주된 사무소 소재지에서 설립등기를 하여야 한다. ② 전항의 등기사항은 다음과 같다. 1. 목적, 2. 명칭, 3. 사무소, 4. 설립허가의 연월일, 5. 존립시기나 해산사유를 정한 때에는 그 시기 또는 사유, 6. 자산의 총액, 7. 출자의 방법을 정한 때에는 그 방법, 8. 이사의 성명, 주소, 9. 이사의 대표권을 제한한 때에는 그 제한.

294) 제54조 (설립등기 이외의 등기의 효력과 등기사항의 공고) ① 설립등기 이외의 본 절의 등기사항은 그 등기후가 아니면 제삼자에게 대항하지 못한다. ② 등기한 사항은 법원이 지체없이 공고하여야 한다.

변경할 수 있다는 입장이다. 본래 사단이 자주적으로 목적을 변경하여도 그의 동일성을 상실하지 아니한 경우에 민법 제42조에서 특별히 목적의 변경을 금지하지 않고 있기 때문에 통설이 타당하다고 생각한다. 다만 목적의 변경을 인정하여도 일정한 한계, 즉 민법상의 비영리법인이 그 목적을 변경하는 경우에 그 변경된 목적도 역시 비영리성을 가져야 한다. 왜냐하면 비영리법인의 목적을 변경하여 영리법인으로 변경한다면, 그것은 법인의 동일성을 유지한다고 볼 수 없기 때문이다.

2. 재단법인의 정관변경

재단법인은 그 목적과 조직이 설립할 때에 확정되어 있는 타율적 법인이기 때문에 그 정관은 원칙적으로 변경할 수 없으나 다음과 같은 경우에 예외적으로 정관변경을 인정하고 있다.

1) 정관변경

설립자가 정관에서 그 정관의 변경방법을 정하고 있는 경우에 그에 따라 변경을 하고(제45조[295] 제1항), 주무관청의 허가를 받아야 효력이 발생한다(제45조 제3항). 변경된 사항이 등기사항이면 등기하여야 그 변경을 가지고 제3자에게 대항할 수 있다(제54조).

2) 법인의 본질과 관계없는 내용의 변경여부

정관에서 그 변경방법을 정하고 있지 않은 경우일지라도 재단법인의 목적을 달성 또는 재산의 보전을 위하여 적당한 경우에 명칭이나 사무소의 소재지와 같은 법인의 본질에 관계가 적은 사항은 이를 변경할 수 있고(제45조 제2항), 이 경우에도 주무관청의 허가가 있어야 효력이 발생한다(제45조 제3항). 그리고 등기하여야 제3자에게 대항할 수 있다(제54조).

3) 정관의 변경방법

법률에서 정관의 변경방법을 규정하고 있지 아니한 경우에 일정한 제한 아래

---

295) 제45조 (재단법인의 정관변경) ① 재단법인의 정관은 그 변경방법을 정관에 정한 때에 한하여 변경할 수 있다. ② 재단법인의 목적달성 또는 그 재산의 보전을 위하여 적당한 때에는 전항의 규정에 불구하고 명칭 또는 사무소의 소재지를 변경할 수 있다. ③ 제42조 제2항의 규정은 전2항의 경우에 준용한다.

에서 '목적, 기타의 정관의 규정의 변경을 인정한다'. 즉, '재단법인의 목적을 달성할 수 없는 때에 설립자나 이사는 주무관청의 허가를 얻어 설립의 취지를 참작하여 그 목적, 기타 정관의 규정을 변경할 수 있다'고 규정하고 있다(제46조).296) 다음과 같은 조건 아래에서 정관을 변경할 수 있다.

i) 목적을 달성할 수 없을 때

ii) 주무관청의 허가를 얻어야 한다.

iii) 변경사항은 목적을 포함하여 정관의 모든 규정이다.

재단법인은 타율적, 고정성을 본질로 하기 때문에 그 목적을 변경하면 그 동일성이 유지되기 어렵다. 그래서 '설립의 취지를 참작'하여야 한다는 것을 요건으로 하지만 반드시 종전의 목적과 동일하여야 한다는 것은 아니다.

iv) 변경은 설립자나 이사가 할 수 있다.

v) 변경은 등기하여야 제3자에게 대항할 수 있다(제54조).

4) 기본재산의 처분규정

재단법인의 정관변경에서 특히 문제가 되는 것은 그 재단법인의 기본재산을 처분할 수 있느냐이다. 본래 재단법인은 일정한 목적에 바쳐진 재산이라는 실체에 대하여 법인격이 부여되는 것이므로 그 출연된 재산, 즉 재단법인의 기본재산이 바로 법인의 실체인 동시에 법인의 목적을 수행하기 위한 가장 기본적인 수단이다. 따라서 재단법인의 기본재산은 성질상 함부로 처분할 수 없는 것이다. 그러므로 재단법인의 기본재산의 처분에 관한 사항을 정관에 기재하게 되어 있다. 이에 관한 판례를 살펴보기로 한다.

가) 재단법인의 기본재산에 대하여 강제집행을 실시하는 경우, 정관변경에 대한 주무관청의 허가가 경매개시 요건인지 여부

◆ 판 례

재단법인의 기본재산처분행위는 정관변경사항이므로 주무관청의 허가를 요하는 것으로서 이는 재단법인의 채권자가 그 기본재산에 대하여 강제집행을 실시하는 경우도 동일한

---

296) 제46조 (재단법인의 목적 기타의 변경) 재단법인의 목적을 달성할 수 없는 때에는 설립자나 이사는 주무관청의 허가를 얻어 설립의 취지를 참작하여 그 목적 기타 정관의 규정을 변경할 수 있다.

것이기는 하나 그와 같은 재단법인의 정관변경에 대한 주무관청의 허가는 경매개시요건은 아니고 경락인의 소유권취득에 관한 요건이므로 경매신청시에 그 허가서를 제출하지 아니하였다 하여 경매신청을 기각할 것은 아니다 : 대법원 1986.1.17. 자 85마720 판결.

나) 재단법인 명의로 소유권이전등기가 경료된 부동산이 재단법인의 기본재산으로서 주무부장관의 허가가 있었다는 점을 입증하여야 하는지 여부

◆ 판 례

재단법인의 기본재산에 관한 사항은 정관의 기재사항으로서 기본재산의 변경은 정관의 변경을 초래하기 때문에 주무부장관의 허가를 받아야 하고 따라서 기존의 기본재산을 처분하는 행위는 물론 새로이 기본재산으로 편입하는 행위도 주무부장관의 허가가 있어야만 유효하다 할 것이므로 재단법인 명의로 소유권이전등기가 경료된 부동산이 재단법인의 기본재산에 편입되었다고 인정하기 위해서는 그 편입에 관한 주무부장관의 허가가 있었음이 먼저 입증되어야 한다 : 대법원 1982.9.28. 선고 82다카499 판결.

제7관 법인의 소멸

Ⅰ. 법인소멸의 의의

법인의 소멸은 자연인의 사망과 같이 법인이 권리능력을 상실하는 것이다. 법인은 자연인이 아니기 때문에 법인의 소멸은 재산관계를 정리하는 일정한 절차에 따라 단계적으로 처리하면 된다. 그 과정은 다음과 같다. 첫째 법인을 해산하고, 그리고 청산절차에 들어간다. '법인의 청산'은 해산한 법인의 재산관계를 정리하는 과정이다. 따라서 법인은 해산한 후에 청산이 종료할 때까지 제한된 범위에서 법인의 권리능력을 갖는다. 해산한 후에 청산종결까지 존속하는 법인을 '청산법인'이라고 한다. 청산법인은 해산 전(前)의 본래의 법인과 동일한 인격자(人格者)이고, 청산의 종결로 법인은 소멸한다.

Ⅱ. 해산사유

법인의 해산은 그의 본래의 목적수행을 위한 적극적 활동을 정지하고, 청산절

차에 들어가는 것이 해산이다. 해산사유는 다음과 같다.

1. 사단법인과 재단법인의 공통 사유(민법 제77조[297] 제1항)

(1) 존립기간의 만료, 기타 정관에 정한 해산사유의 발생

법인의 존립시기 또는 해산사유는 사단법인의 경우에 정관의 필요적 기재사항이고(민법 제40조 7호), 재단법인은 임의적 기재사유이다(동법 제43조).

(2) 법인의 목적의 달성 또는 달성의 불가능

법인의 목적의 달성여부의 판단기준은 사회관념에 따라서 결정하여야 한다.

(3) 파산

법인이 채무를 완전히 변제할 수 없는 상태, 즉 채무초과가 된 경우에 이사는 지체없이 파산(破産)을 신청하여야 한다(민법 제79조).[298] 법인의 파산사유는 단순한 채무초과로써 충분하다. 채무초과를 파산의 원인으로 하는 것은 채무초과의 법인을 존속시키는 것은 제3자에게 손해를 끼칠 염려가 있기 때문이다. 파산신청자는 민법에서는 이사이다(민법 제79조).

(4) 설립허가의 취소

법인이 목적 이외의 사업을 하거나 설립허가의 조건에 위반하거나 기타 공익을 해치는 행위를 한 때에는 주무관청은 설립허가를 취소할 수 있다(민법 제38조).[299] 설립허가의 취소의 효과는 장래에 대하여 발생하고, 소급효가 없다.

---

297) 제77조 (해산사유) ① 법인은 존립기간의 만료, 법인의 목적의 달성 또는 달성의 불능 기타 정관에 정한 해산사유의 발생, 파산 또는 설립허가의 취소로 해산한다. ② 사단법인은 사원이 없게 되거나 총회의 결의로도 해산한다.

298) 제79조 (파산신청) 법인이 채무를 완제하지 못하게 된 때에는 이사는 지체없이 파산신청을 하여야 한다.

299) 제38조 (법인의 설립허가의 취소) 법인이 목적 이외의 사업을 하거나 설립허가의 조건에 위반하거나 기타 공익을 해하는 행위를 한 때에는 주무관청은 그 허가를 취소할 수 있다.

2. 사단법인의 특유한 해산사유

(1) 사원이 없게 되는 경우

사원이 1명도 없게 되는 경우로서, 사단법인의 성질상 당연하다.

(2) 총회의 결의(決議)

총회의 결의에 의한 해산은 '임의해산'이며, 총회의 전권사항이다. 해산결의는 총사원의 4분의 3 이상의 동의를 필요로 하는 특별결의에 의하여야 한다(제78조).[300] 그러나 그 정족수(定足數)는 정관에서 다르게 규정할 수 있다.

Ⅲ. 청산

1. 의의

청산은 해산한 법인의 잔무를 처리하고, 재산을 정리하는 절차이다. 청산방법에는 2가지, 즉 그 하나는 파산으로 해산하는 경우이며, 이 때는 '채무자 회생 및 파산에 관한 법률'에(법률 제10336호) 따라 청산하고, 다른 하나는 기타의 원인에 의한 해산이며, 이 경우에는 민법이 규정하는 '청산절차'에 따른다. 그런데 청산절차는 제3자의 이해관계에 중대한 영향을 미치기 때문에 이에 관한 규정은 강행규정이다.

2. 청산법인의 능력

청산법인의 능력은 청산의 목적범위 내에서만 권리의무를 갖는다(제81조).[301] 청산의 범위는 본래이 법인의 권리능력에 관한 '목적의 범위 내'(제34조)의[302] 경우에 준하여 해석하여야 한다. 그러나 반드시 청산목적과 직접 관련있는 것에 엄

---

300) 제78조 (사단법인의 해산결의) 사단법인은 총사원 4분의 3이상의 동의가 없으면 해산을 결의하지 못한다. 그러나 정관에 다른 규정이 있는 때에는 그 규정에 의한다.

301) 제81조 (청산법인) 해산한 법인은 청산의 목적범위 내에서만 권리가 있고 의무를 부담한다.

302) 제34조 (법인의 권리능력) 법인은 법률의 규정에 좇아 정관으로 정한 목적의 범위 내에서 권리와 의무의 주체가 된다.

격히 한정할 것이 아니다. 다만, 청산의 목적을 변경하거나 해산 전의 본래의 적극적인 사업을 행하는 것은 청산법인의 권리능력의 범위를 벗어난 것이다. 이처럼 청산법인은 해산전의 법인에 비하여 그 목적이 변하고, 권리능력의 범위도 축소되지만 해산전의 법인과 동일성을 유지하고 있다.

3. 청산법인의 기관

(1) 청산인

1) 법인이 해산하면 이사를 대신하여 청산인이 청산법인의 집행기관이 된다. 청산인은 청산법인의 권리능력의 범위 내에서 내부의 사무를 집행하고, 외부에 대하여 청산법인을 대표한다(민법 제87조).[303] 청산인은 이사의 권한에 준용한다(민법 제96조). 이에 관한 판례를 살펴보기로 한다.

가) 이사 전원의 의결에 의하여 잔여재산을 처분하도록 한 정관 규정이 등기하여야만 대항할 수 있는 청산인의 대표권에 대한 제한인지 여부

◈ 판 례

이사 전원의 의결에 의하여 잔여재산을 처분하도록 한 정관 규정은 성질상 등기하여야만 제3자에게 대항할 수 있는 청산인의 대표권에 관한 제한이라고 볼 수 없다 : 대법원 1995.2.10. 선고 94다13473 판결.

2) 청산인은 첫째, 정관에서 정하고, 둘째 정관에서 정하고 있지 않으면 총회의 결의로 선임된다. 그러나 총회가 선임하지 않은 경우에 해산 당시의 이사가 청산인이 된다(민법 제82조).[304] 다만 법인이 해산하여 이에 해당한 자가 없는 경우에 법원이 직권으로 또는 이해관계인이나 검사의 청구를 통하여 청산인을 선임하게 된다(민법 제83조).[305]

---

303) 제87조 (청산인의 직무) ① 청산인의 직무는 다음과 같다. 1. 현존사무의 종결, 2. 채권의 추심 및 채무의 변제, 3. 잔여재산의 인도, ② 청산인은 전항의 직무를 행하기 위하여 필요한 모든 행위를 할 수 있다.

304) 제82조 (법원에 의한 청산인의 선임) 법인이 해산한 때에는 파산의 경우를 제하고는 이사가 청산인이 된다. 그러나 정관 또는 총회의 결의로 달리 정한 바가 있으면 그에 의한다.

4. 기타의 기관

해산으로 청산인이 이사를 대신하게 되지만 기타의 기관에는 변동이 없다. 즉, 계속하여 다른 기관들은 청산법인의 기관으로 종전과 같은 권한을 갖는다. 예를 들면, 감사는 청산인의 직무를 감독하고, 총회는 그대로 최고의사결정기관으로서의 지위를 지니고 있다.

5. 청산사무(청산인의 직무권한)

(1) 해산의 등기와 신고

청산인은 취임 後 3주간 내에 해산의 사유 및 연. 월. 일. 청산인의 성명과 주소 그리고 청산인의 대리권을 제한한 경우에 그 제한을 주된 사무소와 분사무소의 소재지에 등기하여야 하고(민법 제85조[306] 1항), 그와 같은 내용을 주무관청에 신고하여야 한다(민법 제86조[307] 1항). 청산중에 해산등기사항에 변경이 생기면 3주간 내에 변경등기를 하여야 한다(민법 제52조, 제85조 제2항). 그리고 청산중에 취임한 청산인은 그 성명과 주소를 주무관청에 신고하여야 한다(민법 제86조 제2항). 다만 파산에 의한 청산의 경우에 등기는 법원이 직권으로 등기소에 촉탁하고, 법원은 주무관청에 통지하기 때문에 이 경우에는 청산인은 등기신청이나 신고를 할 필요가 없다.

(2) 현존사무의 종결

(3) 채권의 추심

즉시 추심할 수 없는 채권, 즉 변제기에 있지 않은 채권이나 조건부 채권은

305) 제83조 (법원에 의한 청산인의 선임) 전조의 규정에 의하여 청산인이 될 자가 없거나 청산인의 결원으로 인하여 손해가 생길 염려가 있는 때에는 법원은 직권 또는 이해관계인이나 검사의 청구에 의하여 청산인을 선임할 수 있다.

306) 제85조 (해산등기) ① 청산인은 파산의 경우를 제하고는 그 취임후 3주간 내에 해산의 사유 및 년. 월. 일., 청산인의 성명 및 주소와 청산인의 대표권을 제한한 때에는 그 제한을 주된 사무소 및 분사무소 소재지에서 등기하여야 한다. ② 제52조의 규정은 전항의 등기에 준용한다.

307) 제86조 (해산신고) ① 청산인은 파산의 경우를 제하고는 그 취임 후 3주간 내에 전조 제1항의 사항을 주무관청에 신고하여야 한다. ② 청산중에 취임한 청산인은 그 성명 및 주소를 신고하면 된다.

적당한 방법(양도, 기타 환가처분 등)으로 환가하여야 한다(민사집행법 제241조).

(4) 채무의 변제

절차의 신속한 종결과 제3자의 이익을 위하여 다음과 같은 규정을 두고 있다.

1) 채권신고의 독촉

청산인은 취임한 날로부터 2개월 내에 3회 이상의 공고로 일반채권자에 대하여 일정한 기간 내에 그 채권을 신고할 것을 최고하여야 하고, 그 신고기간은 2개월 이상이어야 한다(민법 제88조[308] 제1항). 이 기간 내에 신고하지 않으면 청산에서 제외된다는 것을 표시하여야 한다(민법 제88조 제2항). 법원의 공고는 법원의 등기사항의 공고와 동일한 방법으로 하여야 한다(민법 제88조 제3항). 그러나 이러한 공고를 알지 못한 일반채권자에게 채권신고를 독촉하기 위한 것에 청산인이 알고 있는 채권자에 대하여 개별적으로 채권을 신고할 것을 최고하여야 한다(민법 제89조).[309]

2) 변제

청산인은 채권신고기간 내에 채권자에게 변제하지 못한다(민법 제90조).[310] 이 경우에 변제기가 이미 도래한 후일지라도 채권신고기간이 경과할 때까지 채권의 만족을 얻지 못하게 되기 때문에 이러한 채권자에게 지연손해배상을 하여야 한다(민법 제90조 단서). 청산중의 법인은 아직 변제기가 도래하지 않은 채권도 변제할 수 있는데, 이것은 청산법인이 기한(期限)의 이익을 포기하여 변제할 수 있다(민법 제91조[311] 제1항). 다만 이러한 경우에 법원이 선임한 감정인의 평가를 통하여 변제할 수 있다. 즉 조건부채권, 존속기간이 불확정한 채권, 기타 가액이 불확정한

---

308) 제88조 (채권신고의 공고) ① 청산인은 취임한 날로부터 2월 내에 3회 이상의 공고로 채권자에 대하여 일정한 기간 내에 그 채권을 신고할 것을 최고하여야 한다. 그 기간은 2월 이상이어야 한다. ② 전항의 공고에는 채권자가 기간 내에 신고하지 아니하면 청산으로부터 제외될 것을 표시하여야 한다. ③ 제1항의 공고는 법원의 등기사항의 공고와 동일한 방법으로 하여야 한다.

309) 제89조 (채권신고의 최고) 청산인은 알고 있는 채권자에게 대하여는 각각 그 채권신고를 최고하여야 한다. 알고 있는 채권자는 청산으로부터 제외하지 못한다.

310) 제90조 (채권신고기간내의 변제금지) 청산인은 제88조 제1항의 채권신고기간 내에는 채권자에 대하여 변제하지 못한다.

311) 제91조 (채권변제의 특례) ① 청산중의 법인은 변제기에 이르지 아니한 채권에 대하여도 변제할 수 있다. ② 전항의 경우에는 조건있는 채권, 존속기간의 불확정한 채권 기타 가액의 불확정한 채권에 관하여는 법원이 선임한 감정인의 평가에 의하여 변제하여야 한다.

채권 등이 여기에 속한다(민법 제91조 제2항). 채권신고기간 내에 신고하지 않은 채권자는 청산에서 제외되지만 법인의 채무를 모두 변제한 후에 귀속권리자에게 인도되지 않은 재산에 대하여만 변제를 청구할 수 있을 뿐이다(민법 제92조).[312] 그러나 잔여재산이 존재하여도 그 귀속권리자에게 인도한 후에는 청구하지 못한다. 따라서 이러한 채권신고기간의 법적 성질은 제척기간이다. 다만, 채권신고기간 내에 신고하지 않은 채권자 중에 청산인이 알고 있는 채권자를 청산에서 제외하지 못하고, 반드시 변제하여야 한다(민법 제89조 단서). 만약 채권자가 변제를 수령하지 않으면 공탁을 하여야 한다(민법 제487조[313] 이하).

(5) 잔여재산의 인도

청산 후에 잔여재산이 있는 경우에 이를 귀속권리자에게 인도한다. 잔여재산의 귀속권리자는 첫째, 정관에서 규정한 자(민법 제80조[314] 제1항 3호), 둘째 이사 또는 청산인이 주무관청의 허가를 얻어 그 법인의 목적에 비슷한 목적을 위하여 처분할 수 있다(동법 제80조 제2항). 법인의 해산 전에는 이사가 처분할 수 있으나 해산 후에는 청산인만이 처분할 수 있다. 사단법인의 경우에 주무관청의 허가, 이외에 총회의 결의가 있어야 한다(민법 제80조 제2항 단서). 셋째, 잔여재산은 국가에 귀속한다(동법 제80조 제3항). 이에 관한 판례를 살펴보도록 한다.

가) 법인 해산시 잔여재산의 귀속권리자를 사원총회나 이사회의 결의에 따라 정하도록 한 정관 규정도 유효한지 여부

◆ 판 례

민법 제80조 제1항과 제2항의 각 규정 내용을 대비하여 보면, 법인 해산시 잔여재산의 귀속권리자를 직접 지정하지 아니하고 사원총회나 이사회의 결의에 따라 이를 정하

312) 제92조 (청산으로부터 제외된 채권) 청산으로부터 제외된 채권자는 법인의 채무를 완제한 후 귀속권리자에게 인도하지 아니한 재산에 대하여서만 변제를 청구할 수 있다.

313) 제487조 (변제공탁의 요건, 효과) 채권자가 변제를 받지 아니하거나 받을 수 없는 때에는 변제자는 채권자를 위하여 변제의 목적물을 공탁하여 그 채무를 면할 수 있다. 변제자가 과실없이 채권자를 알 수 없는 경우에도 같다.

314) 제80조 (잔여재산의 귀속) ① 해산한 법인의 재산은 정관으로 지정한 자에게 귀속한다. ② 정관으로 귀속권리자를 지정하지 아니하거나 이를 지정하는 방법을 정하지 아니한 때에는 이사 또는 청산인은 주무관청의 허가를 얻어 그 법인의 목적에 유사한 목적을 위하여 그 재산을 처분할 수 있다. 그러나 사단법인에 있어서는 총회의 결의가 있어야 한다. ③ 전2항의 규정에 의하여 처분되지 아니한 재산은 국고에 귀속한다.

도록 하는 등 간접적으로 그 귀속권리자의 지정방법을 정해 놓은 정관 규정도 유효하다 : 대법원 1995.2.10. 선고 94다13473 판결.

나) 민법상의 청산절차에 관한 규정에 반하는 잔여재산 처분행위의 효력

◈ 판 례

민법상의 청산절차에 관한 규정은 모두 제3자의 이해관계에 중대한 영향을 미치기 때문에 이른바 강행규정이라고 해석되므로 이에 반하는 잔여재산의 처분행위는 특단의 사정이 없는 한 무효라고 보아야 한다 : 대법원 1995.2.10. 선고 94다13473 판결.

(6) 파산신청

청산절차 도중에 법인의 재산이 그 채무를 모두 변제할 수 없는 경우에 청산인은 지체없이 파산선고를 신청하고, 이를 공고하여야 한다(민법 제93조[315]) 제1항). 이 공고는 법원의 등기사항의 공고방법을 준용한다(동법 제93조 제2항). 법인의 파산으로 파산관재인이 정해지면, 청산인은 파산관재인에게 사무를 인계하여야 한다. 파산재단에 속한 권리의무는 청산인의 임무로부터는 종료되지만 그 밖의 사무에 관한 임무는 청산인에게 그대로 존속한다. 즉, 청산인은 파산관재인의 직무를 제외하고, 청산법인의 사무를 집행하고, 청산법인을 대표한다.

(7) 청산종결의 등기와 신고

청산이 종결하면, 청산인은 3주간 내에 이를 등기하고, 주무관청에 신고하여야 한다(민법 제94조).[316])

---

315) 제93조 (청산중의 파산) ① 청산중 법인의 재산이 그 채무를 완제하기에 부족한 것이 분명하게 된 때에는 청산인은 지체없이 파산선고를 신청하고 이를 공고하여야 한다. ② 청산인은 파산관재인에게 그 사무를 인계함으로써 그 임무가 종료한다. ③ 제88조 제3항의 규정은 제1항의 공고에 준용한다.

316) 제94조 (청산종결의 등기와 신고) 청산이 종결한 때에는 청산인은 3주간 내에 이를 등기하고 주무관청에 신고하여야 한다.

제8관 법인의 등기

Ⅰ. 법인등기의 의의

1) 법인은 자연인과 달리 그 존재나 내용에 관하여 일반 제3자가 쉽게 알 수가 없다. 따라서 거래의 안전을 도모하기 위하여 법인의 조직이나 내용을 등기하게 함으로써 일반인에게 공시하는 제도가 법인등기이다. 법인의 등기 사항은 법원이 지체없이 공고하여야 한다(민법 제54조 제2항).

2) 민법은 법인등기의 효력에 관하여 설립등기는 법인의 성립요건으로 하고, 그 밖의 등기사항은 모두 대항요건으로 하고 있다. 등기의 강제수단으로서 첫째, 등기하지 않으면 제3자에게 대항하지 못하고, 등기의무있는 이사나 청산인 등이 등기를 게을리 하면 과태료의 처벌을 받게 된다(민법 제97조 1호).

Ⅱ. 등기의 유형

1. 설립등기

법인설립의 허가가 있는 경우에 3주간 내에 주된 사무소의 소재지에 설립등기를 하여야 한다(민법 제49조 제1항). 3주간의 기간은 주무관청의 허가서가 도착한 날로부터 이를 기산한다(민법 제53조,[317] 제155조[318] 이하).

등기사항은 민법 제49조 제2항이다. ⅰ) 목적, ⅱ) 명칭, ⅲ) 사무소, ⅳ) 설립허가의 연월일, ⅴ) 존립시기나 해산사유를 정한 때에는 그 시기 또는 사유, ⅵ) 자산의 총액, ⅶ) 출자의 방법을 정한 때에는 그 방법, ⅷ) 이사의 성명, 주소, ⅸ) 이사의 대표권의 제한한 때에 그 제한 등을 등기하여야 한다.

---

317) 제53조 (등기기간의 기산) 전3조의 규정에 의하여 등기할 사항으로 관청의 허가를 요하는 것은 그 허가서가 도착한 날로부터 등기의 기간을 기산한다.

318) 제155조 (본장의 적용범위) 기간의 계산은 법령, 재판상의 처분 또는 법률행위에 다른 정한 바가 없으면 본장의 규정에 의한다.

2. 분사무소설치 및 사무소이전의 등기

주사무소와 분사무소의 소재지에 3주 이내에 분사무소설치에 관하여 등기하여야 한다.

3. 변경등기

설립등기사항의 등기사항에 변경이 있는 경우에 3주간 내에 변경등기를 하여야 한다(민법 제52조). 3주간의 등기기간의 계산은 등기사항이 관청의 허가를 요하는 것이면 허가서가 도착한 날로부터 기산한다(민법 제53조). 변경등기의 효력은 등기하여야 제3자에게 대항할 수 있다(민법 제54조 제1항).

4. 해산등기

청산인은 파산의 경우를 제외하고, 그 취임 후 3주간 내에 해산사유와 연월일, 청산인의 성명과 주소, 청산인의 대표권을 제한한 때에 그 제한 등을 주된 사무소와 분사무소의 소재지에 등기하여야 한다(민법 제85조[319] 제1항). 등기사항에 변경이 있는 경우에 3주간 내에 변경등기하여야 한다. 이에 관한 판례를 살펴보기로 한다.

가) 해산등기 없이 법인의 해산사실을 제3자에게 주장할 수 있는지 여부

◆ 판 례

민법 제54조 제1항, 제85조 제1항의 규정에 따르면 법인이 해산한 경우에 청산인은 파산의 경우를 제외하고 해산등기를 하여야 하고 해산등기를 하기 전에는 제3자에게 해산사실을 대항할 수 없다 : 대법원 1984.9.25. 선고 84다카493 판결.

---

319) 제85조 (해산등기) ① 청산인은 파산의 경우를 제하고는 그 취임후 3주간내에 해산의 사유 및 년 월 일, 청산인의 성명 및 주소와 청산인의 대표권을 제한한 때에는 그 제한을 주된 사무소 및 분사무소 소재지에서 등기하여야 한다. ② 제52조의 규정은 전항의 등기에 준용한다.

제9관 법인의 감독

비영리법인은 설립에서부터 소멸시까지 각종의 국가적 감독을 받는다.

1. 업무감독

업무의 감독은 설립허가를 준 주무관청이 담당하며, 법인의 목적에 따라 업무가 바르게 행하여지도록 하고 있다. 감독의 내용은 법인의 사무와 재산상황의 검사, 설립허가의 취소 등이다.

2. 해산과 청산의 감독

(1) 법인의 해산과 청산의 감독은 법원이 담당하고, 감독권의 내용은 필요한 감사, 청산인의 개임 등이다(민법 제84조,[320] 제95조[321]).

(2) 업무감독은 설립허가를 준 주무관청이 담당하고, 해산과 청산은 법원이 담당하여 감독기관이 다르다. 왜냐하면 법인의 업무는 법인의 목적에 따라 다르기 때문에 주무관청이 담당하는 것이 바람직하고, 해산이나 청산은 법인의 목적과는 관계없이 모두 재산의 정리에 관한 것이기 때문에 제3자의 이해관계와 밀접한 관련이 있으므로 법원이 이를 감독하는 것이 적합하다.

3. 벌칙

법인의 감독의 효과로서 설립허가를 취소하고, 청산인을 해임할 수 있는 권한을 감독기관에게 주고 있으며, 또한 그 밖의 벌칙을 두고 있다. 법인의 이사, 감사 또는 청산인이 그의 직무를 충실하게 다하지 아니한 경우에 과태료의 제재를 부과하고 있다(민법 제97조).

과태료는 형사벌은 아니고, 일종의 질서벌(秩序罰)이므로 과태료에 처하는 절차는 비송사건절차법(제247조 이하)에 따른다. 그 절차는 당사자의 진술을 청취하고,

320) 제84조 (법원에 의한 청산인의 해임) 중요한 사유가 있는 때에는 법원은 직권 또는 이해관계인이나 검사의 청구에 의하여 청산인을 해임할 수 있다.
321) 제95조 (해산, 청산의 검사, 감독) 법인의 해산 및 청산은 법원이 검사, 감독한다.

검사의 의견을 들어 '결정(決定)'의 형식으로 재판을 한다. 이 결정에 대하여 즉시항고(卽時抗告)를 할 수 있다. 과태료의 재판은 검사의 명령으로 이를 집행한다.

제10관 외국법인

Ⅰ. 외국법인

1. 외국법인과 권리능력

(1) 외국법인의 개념

외국법인은 법인 중에서 국내법인이 아닌 법인을 말한다. 내국인과 외국인의 구별의 기준은 국제사법이지만 국내법인과 외국법인의 구분의 기준이 되는 법은 없다. 이에 관하여 학설은 다양한 하다. 즉, 첫째, 준거법설(準據法說), 둘째 주소지설(住所地說), 셋째 설립자국적 기준설 등이 있다. 그러나 외국법인과 내국법인의 구별의 기준은 국내법률에 준거 또는 근거하여 설립한 것이냐의 여부에 따라야 할 것이다. 따라서 국내법률 준거 내지 근거하지 아니한 법인, 즉 외국법령에 준거 내지 근거하여 설립된 법인이 외국법인이다.

(2) 권리능력

민법은 외국법인의 권리능력에 관하여 아무런 규정을 두고 있지 않다. 이것은 국내법인과 외국법인에 대하여 평등하게 대우하겠다는 취지로 보아야 할 것이다. 그러나 외국인의 권리능력에서처럼 법률이나 조약을 통하여 일정한 범위에서 제한을 두고 있는 것처럼 국가의 경제정책이나 군사정책상 특별법에서 개별적으로 외국법인의 범위를 넓게 인정하여 일정한 범위에서 외국법인의 권리능력을 제한하여야 할 것이다. 외국법인의 권리능력에 관한 규정을 두지 않는 것은 입법상의 불비라고 하여야 할 것이다.

제 3 장
권리의 객체

권리에는 주체와 객체가 있는데, 권리의 주체는 자연인과 법인이다. 권리는 권리의 주체에게 일정한 이익을 누릴 수 있도록 법률을 통하여 주어진 법률상의 힘을 말하는데, 이러한 힘의 대상을 권리의 객체라고 한다. 모든 권리에는 그 객체가 있고, 권리의 객체는 권리에 따라 다르다. 예를 들면, 물권(物權)은 일정한 물건을 직접 지배하는 것이 그의 목적 또는 내용이고, 일정한 물건은 그 객체이다. 한편 채권(債權)은 채권자가 채무자에게 특정의 급부행위를 할 것을 청구하여 그 행위를 통하여 이익을 누릴 수 있는 권리이다. 따라서 채무자의 행위, 즉 급부가 채권의 객체이다. 상속권에서는 상속재산이 각각의 권리의 객체가 된다. 아래에서는 권리의 객체에 대하여 살펴보기로 한다.

제1절 물건

Ⅰ. 물건의 의의

민법은 물건의 개념에 대하여 다음과 같이 정의하고 있다. '본법에서 물건이라 함은 유체물(有體物) 및 전기(電氣), 기타 관리할 수 있는 자연력(自然力)을 말한다'(민법 제98조)라고[322] 물건의 개념을 정의하고 있다. 민법상의 물건은 크게 4가지 요건, 즉 ⅰ) 유체물이거나 또는 관리할 수 있는 자연력일 것, ⅱ) 관리(管理)가 가능할 것, ⅲ) 인격체가 아닐 것(외부의 일부일 것), ⅳ) 독립한 물건일 것임을 요구하고 있다. 아래에서는 민법상의 물건의 요건들을 구체적으로 살펴보도록 한다.

(1) 유체물이거나 관리가능한 자연력이어야 한다.

물건에는 유체물(有體物)과 무체물(無體物)이 있다. 유체물이라면 단어의 개념

322) 제98조 (물건의 정의) 본법에서 물건이라 함은 유체물 및 전기 기타 관리할 수 있는 자연력을 말한다.

처럼 어떤 공간의 일부를 차지하고, 사람의 오감(五感)으로 그 존재를 알 수 있는 형태를 가지는 물질, 즉 고체, 액체, 기체 등을 말한다. 이에 반하여 전기, 열, 빛, 음향, 에너지 등의 자연력과 같이 어떤 형태가 없고, 인간의 생각 속에서만 존재하는 것은 무체물이다. 민법은 이러한 무체물도 물건의 개념에 포함하고 있다. 다만, 모든 무체물이 물건에 포함되는 것이 아니라 물건의 일정한 요건, 즉 '관리할 수 있는 자연력'만이 법률상의 물건에 포함된다. 관리할 수 있다는 것은 배타적 지배가 가능하다는 것이다. 그러므로 민법상의 물건은 법률상의 배타적 지배가 가능한 유체물과 물체물 가운데의 자연력을 말한다. 여기서 물건은 사람이 관리할 수 있는 자연력을 포함시키고 있는데, 오늘날 과학기술의 발달을 통하여 자연력을 관리할 수 있는 범위는 크게 넓어지고 있다는 점이다.

(2) 관리가 가능하여야 한다.

법률상의 물건은 사람이 관리할 수 있는 것에 한정한다. 관리가 가능하다는 것은 배타적으로 지배가 가능하다는 것이다. 왜냐하면 지배 내지 관리할 수 없는 물건은 이를 법률상 사용, 수익, 처분할 수 없기 때문에 권리의 객체가 될 수 없다. 관리할 수 있는 물건은 무체물은 물론 유체물도 해당된다. 태양, 달, 별, 바다 등은 유체물이지만 관리할 수 없기 때문에 민법상의 물건의 개념에 포함하지 않는다. 다만 바다의 경우는 인위적으로 일정한 범위를 구획하여 지배할 수 있기 때문에 물건의 객체, 즉 어업권의 객체가 될 수 있다. 그리고 대기 속에 방송되는 전파는 배타적으로 지배할 수 없기 때문에 물건이 아니다. 다만 배타적 지배가능성과 관리가능성에 대하여 시대에 따라 변천하고 있다는 것을 고려해 두어야 한다.

(3) 인격체가 아니어야 한다.

1) 인격을 가지는 사람에 대하여는 배타적 지배를 인정하지 않기 때문에 타인의 신체에 대한 물권을 인정하지 않는다. 자기의 신체에 대하여는 인격권이 성립하지만 소유권은 성립하지 않는다. 즉, 사람의 몸은 법률상의 물건이 아니기 때문에 권리의 객체가 될 수 없다. 또한 인체에 부착된 의치나 의안, 의족 등도 인체에 부착되어 있는 경우에는 신체의 일부가 되므로 물건이 아니다. 다만 인체(人體)의 일부(一部)라도 살아있는 신체(身體)로부터 분리된 것, 즉 치아, 모발, 혈액 등은 물

건이 되고, 그것은 소유권의 객체가 된다. 그러나 신체의 일부를 분리시키는 채권계약(손이나 발 또는 장기의 일부를 절단하는 계약: 의료계약)이나 이러한 계약으로부터 절단된 신체의 일부를 처분행위(병원에 양도하는 행위)는 사회질서에 반하지 않는 한, 유효하다.

2) 시체(屍體)가 물건이냐에 관하여 물건이라는데 의견이 일치한다. 그러나 시체가 소유권의 객체가 될 수 있느냐에 대하여 의견이 갈리고 있다. 특히 다수설의 입장에서 소유권의 객체가 된다는 견해는 시체가 소유권의 객체이지만 재산권처럼 임의대로 사용, 수익, 처분할 수 있는 그러한 권리가 아니라 오로지, 매장, 제사 등을 할 수 있는 권능과 의무가 따르는 특수한 것으로 보고 있다. 반면 소수설은 시체에 대한 권리는 소유권으로 보지 않고, 단지 매장, 제사하는 권리에 불과하고, 양도나 포기할 수 없는 것으로 관습법상의 관리권으로 보고 있다. 시체의 소유권은 누구에게 귀속하느냐도 문제가 되지만 분묘 등의 승계에 관한 민법 제1008조의3에[323] 의하면 시체는 제사를 주관하는 상주에게 속한다는 법리가 합리적이다. 그러면 시체의 귀속권자가 시체를 처분할 수 있느냐이다. 신체는 재산상의 거래처럼 처분할 수 없으며, 비록 대학병원 등에 기증과 같은 행위일지라도 사회질서에 반하기 때문에 불가능하다고 하여야 할 것이다.

(4) 독립한 물건이어야 한다.

물건은 하나의 독립한 존재이어야 한다. 독립한 물건이냐의 여부에 관한 특별한 표준은 없으나 일단 물리적 형태와 거래의 실태에 따라 사회통념 또는 거래관념에 의하여 결정된다. 이처럼 물건이 하나의 독립적인 존재를 요건으로 하는 것은 하나의 물권에는 하나의 권리(1물1권주의)를 취하기 때문이다. 따라서 물건이 물건의 일부이거나 집단은 원칙적으로 물권의 객체가 되지 못한다. 그러나 이러한 원칙에는 넓은 범위의 예외가 인정되고 있다. 즉, 물건의 일부이더라도 권리의 객체가 되는 경우가 있고, 다수의 물건의 집단을 법률의 규정에 의하여 하나의 물건으로 보는 경우도 있다.

323) 제1008조의3 (분묘 등의 승계) 분묘에 속한 1정보이내의 금양임야와 600평 이내의 묘토인 농지, 족보와 제구의 소유권은 제사를 주재하는 자가 이를 승계한다.

Ⅱ. 물건의 종류

1. 물건의 일부

물건의 일부는 일물일권주의(一物一權主義) 원칙에 따라 원칙적으로 권리의 객체가 되지 못한다. 그러나 물건의 일부에 대하여 물권을 인정하여야 할 필요성이나 실이익(實利益)이 있으며, 또한 공시(公示)가 가능하거나 공시와 관계가 없는 경우에 그 범위에서 예외적으로 인정된다. 예컨대, 부동산의 일부가 용익물권의 객체가 되고, 또한 미분리(未分離)의 천연과실(天然果實)과 수목(樹木)의 집단(集團)은 명인방법(明認方法)이라는 관습법상의 공시방법을 갖춘 경우에 독립한 부동산으로 소유권의 객체가 된다.

2. 단일물

형태로 보아 하나로 되어 있고, 각 구성부분이 개성을 상실하고 있는 물건을 단일물(單一物)이라고 한다. 예를 들면, '빵'이나 '음료수' 등을 들을 수 있다. 하나의 물건으로 권리의 객체가 된다.

3. 합성물

각 구성부분이 개성을 잃지 않고, 그들이 결합하여 하나의 형체를 구성하고 있는 물건을 합성물(合成物) 이라고 한다. 예를 들면, 안경, 시계 등을 들 수 있다. 법률상 합성물은 하나의 물건으로 다루어진다.

4. 집합물

다수의 단일물 또는 합성물이 집합하여 경제적으로 하나의 가치로 거래되는 것을 집합물(集合物)이라고 한다. 즉, 공장의 시설물, 기계 등이 하나의 단위로 매매대상이 된다.

Ⅲ. 물건의 분류

민법상 물건은 다음과 같이 분류하고 있다. 즉, 동산(動産)과 부동산(不動産), 주물(主物)과 종물(從物), 원물(元物)과 과실(果實) 등이 있다.

1. 융통물과 불융통물

사법상(私法上) 거래의 객체가 될 수 있는 물건을 '융통물(融通物)'이라고 하고, 그렇지 못한 물건은 '불융통물(不融通物)'이라고 한다. 불융통물은 다음과 같다.

(1) 공용물

국가, 공공단체의 소유에 속하고, 국가나 공공단체가 공적 목적으로 사용하는 물건이 '공용물(公用物)'이다. 관공서의 건물, 국공립학교의 건물 등이다. 공용물은 사법상의 거래가 인정되지 않으나 공용폐지 후에는 사법상의 거래의 객체가 되는 융통물이다.

(2) 공공용물

일반대중의 일반적 사용에 제공되는 물건이 '공공용물(公共用物)'이다. 도로, 하천, 공원, 항만 등이 있다. 공공용물은 공용물과 달리 국가, 공공단체의 소유에 반드시 속하는 것이어야만 하는 것은 아니다. 공공용물이라도 개인의 소유에 속할 수도 있다. 즉, 도로부지는 사유(私有)에 속할 수 있다(도로법 제5조).

(3) 금제물

금제물(禁制物)은 법률의 규정에 의하여 거래가 금지되는 물건을 말한다. 여기에는 소유(所有) 또는 소지(所持)가 금지되는 것과 거래가 금지 또는 제한되는 것이 있다. 형법상 소유 또는 소지가 금지되는 것은 아편, 아편흡식기구, 음란한 문서, 도화, 기타의 물건, 위조와 변조한 통화, 그리고 문화재법상 그 유사물이며, 거래가 금지되는 것은 국보와 지정문화재 등이 있다.

2. 가분물과 불가분물

가분물(可分物)은 물건의 성질 또는 가격을 현저히 손상하지 않고서 분할(나눌) 할 수 있는 물건, 즉 금전이나 토지, 곡물 등이 있으며, 그렇지 못한 것은 불가분물(不可分物)이라고 한다. 예를 들면 건물, 동물, 등이다. 그러나 가분물이라도 당사자의 거래목적에 따라 주관적으로 불가분물로서 다룰 수 있다(민법 제409조).[324) 양자의 구별의 실이익(實利益)은 공유물(共有物)의 분할(민법 제269조),[325)] 다수당사자(多數黨事者)의 채권관계(債權關係) 등에 있다(동법 제408조[326)] 이하).

3. 대체물과 불대체물

양자의 구별은 거래상 물건의 개성을 중요시하느냐의 여부에 따라 일반적, 객관적 구별이다. 즉, 대체물(代替物)은 물건의 개성이 중요시되지 않고, 단순히 종류, 품질, 수량에 의하여 정해지고, 동종, 동질, 동량의 물건으로 바꾸어도 당사자에게 영향이 없는 물건이다. 예를 들면, 금전, 서적, 같은 종류의 등급의 곡물 등이 있다. 그러한 대체성이 없는 물건이 불대체물(不代替物)이다. 즉, 서화, 골동품, 건물 등이다. 양자의 구별의 실이익은 소비대차(消費貸借 : 민법 제598조),[327)] 소비임치(消費賃置 : 동법 제702조)[328)] 등에서 나타난다. 또한 대체물과 불대체물은 물건의 객관성, 즉 객관적 구별이다.

---

324) 제409조 (불가분채권) 채권의 목적이 그 성질 또는 당사자의 의사표시에 의하여 불가분인 경우에 채권자가 수인인 때에는 각 채권자는 모든 채권자를 위하여 이행을 청구할 수 있고 채무자는 모든 채권자를 위하여 각 채권자에게 이행할 수 있다.

325) 제269조 (분할의 방법) ① 분할의 방법에 관하여 협의가 성립되지 아니한 때에는 공유자는 법원에 그 분할을 청구할 수 있다. ② 현물로 분할할 수 없거나 분할로 인하여 현저히 그 가액이 감손될 염려가 있는 때에는 법원은 물건의 경매를 명할 수 있다.

326) 제408조 (분할채권관계) 채권자나 채무자가 수인인 경우에 특별한 의사표시가 없으면 각 채권자 또는 각 채무자는 균등한 비율로 권리가 있고 의무를 부담한다.

327) 제598조 (소비대차의 의의) 소비대차는 당사자일방이 금전, 기타 대체물의 소유권을 상대방에게 이전할 것을 약정하고 상대방은 그와 같은 종류, 품질 및 수량으로 반환할 것을 약정함으로써 그 효력이 생긴다.

328) 제702조 (소비임치) 수치인이 계약에 의하여 임치물을 소비할 수 있는 경우에는 소비대차에 관한 규정을 준용한다. 그러나 반환시기의 약정이 없는 때에는 임치인은 언제든지 그 반환을 청구할 수 있다.

4. 특정물과 불특정물

특정물(特定物)은 구체적인 거래에서 당사자가 물건의 개성을 중요시하고, 동종의 다른 물건과도 바꾸지 못하는 물건이며, 불특정물(不特定物)은 다른 물건으로도 바꿀 수 있는 경우이다. 양자의 구별은 당사자의 주관적 의사에 의한 구별이고, 거래방법에 의한 구별이다.

5. 소비물과 비소비물

소비물(消費物)은 물건의 성질상 그의 용도에 따라 한번 사용하면 반복하여 사용할 수 없는 물건(술, 과자 등)을 말하며, 비소비물(非消費物)은 물건의 용도에 따라 반복하여 사용, 수익할 수 있는 물건이다. 예를 들면, 주택, 토지, 등이다. 양자의 구별의 실이익은 소비대차(민법 제598조 이하), 사용대차(동법 609조[329] 이하), 임대차(賃貸借 : 동법 제618조[330] 이하)에서 발생한다. 소비물만이 소비대차의 목적물이 되고, 사용대차와 임대차는 비소비물만이 적용된다. 그런데 금전이 소비물이냐에 관하여 금전은 계속 반복하여 사용할 수 있기 때문에 비록 개념상 비소비물일지라도 엄격한 의미에서 소유자가 한번 사용하면 다시 사용할 수 없는 물건이므로 소비물로 취급한다. 따라서 금전은 소비대차의 목적물이 되지만 사용대차나 임대차의 목적물이 될 수 없다(민법 제598조).

제2절 동산과 부동산

Ⅰ. 동산과 부동산의 구별

동산과 부동산의 양자구별에서 부동산(不動産)은 움직일 수 있는 성질, 즉 가동

329) 第609조 (사용대차의 의의) 사용대차는 당사자일방이 상대방에게 무상으로 사용, 수익하게 하기 위하여 목적물을 인도할 것을 약정하고, 상대방은 이를 사용, 수익한 후 그 물건을 반환할 것을 약정함으로써 그 효력이 생긴다.

330) 第618조 (임대차의 의의) 임대차는 당사자일방이 상대방에게 목적물을 사용, 수익하게 할 것을 약정하고, 상대방이 이에 대하여 차임을 지급할 것을 약정함으로써 그 효력이 생긴다.

성이 없기 때문에 동일성을 쉽게 확보할 수 있는 반면에 동산(動産)은 가동성이 있기 때문에 장소를 쉽게 이동할 수 있다는 점이다. 그리고 부동산 위의 권리관계는 이를 공적장부(公的帳簿)에 공시(公示)하기에 적합하지만 동산은 그러한 공시가 불가능하다. 따라서 근대법에서 부동산의 물권변동에는 등기제도를 통하여 등기를 공시방법으로 취하고 있으며, 동산의 물권변동은 사실상 점유를 공시방법으로 하고 있다. 그런데 오늘날 동산의 물권변동에서도 동산이면서 등기나 등록 등으로 공적 장부를 통하여 공시하는 방법을 취하는 것들이 있다. 즉, 선박(등기), 자동차(등록), 항공기(등록), 건설기계(등록) 등의 동산은 등기, 등록을 통하여 관리관계를 공시하고 있다.

II. 부동산

민법상 부동산은 '토지(土地)와 그 정착물(定着物)'이다(민법 제99조[331] 제1항).

1. 토지

1) 토지는 일정한 범위의 지면(地面) 내지 지표(地表)와 정당한 이익이 있는 범위 내에서 공중과 지표 그리고 지하를 포함한다. 그러므로 토지의 구성물인 암석, 토사, 지하수 등은 토지의 소유권에 미친다. 그러나 미채굴의 광물은 국가가 이를 채굴, 취득하는 권리(광업권)를 부여하는 권능을 소유하고 있기 때문에(광업법 제2조)[332] 토지소유자의 소유권에 미치지 않는다. 미채굴의 광물에 관하여 국가의 배타적인 채굴·취득허가권의 객체라는 견해도 있지만 국유(國有)에 속하는 독립한 부동산으로 보는 것이 타당할 것 같다.

2) 토지는 지속적으로 연결되어 있으나 그 지표 위에 인위적으로 선을 그어서 경계로 정하고, 이를 지적공부(地籍公簿)(토지대장, 임야대장)에 등록한다(지적법 제3조). 이렇게 등록된 각 구역은 독립성이 인정되고, 지번으로 표시되어 그 개수는 '필(筆)'로서 계산한다. 1'필(筆)'의 토지를 여러 개의 필로 분할하거나 또는 여러 개의 필의 토지를 하나의 필로 합병하려면 분필(分筆) 혹은 합필(合筆)의 절차

331) 제99조 (부동산, 동산) ① 토지 및 그 정착물은 부동산이다. ② 부동산 이외의 물건은 동산이다.

332) 광업법 제2조 (국가의 권능) 국가는 채굴(採掘)되지 아니한 광물에 대하여 채굴하고 취득할 권리를 부여할 권능을 갖는다.

를 걸쳐야 한다. 1필의 토지의 일부를 물권거래의 객체로 하기 위해서는 분필절차를 밟아서 이를 등기하여야 물권변동이 발생한다. 즉, 분필절차를 밟지 않고서는 거래의 객체가 될 수 없다. 다만 토지의 일부에 대하여 분필절차를 밟지 않고서도 용익물권의 설정은 가능하다.

2. 토지의 정착물

토지의 정착물(定着物), 즉 건물, 수목, 교량, 돌담 등을 말한다. 다시 말하면, 토지의 정착물은 토지에 고정되어 쉽게 이동할 수 없는 물건을 말한다. 그러나, 가식(假植)의 수목(樹木), 도지나 건물에 정착되지 않은 기계 등은 정착물이 아닌 동산(動産)이다.

(1) 건물

우리나라에서 건물은 토지로부터 완전히 독립한 별개의 부동산이다. 따라서 건물은 별도로 건축물대장에 등록되고, 토지와 별도로 등기부(건물등기부)를 두고 있다. 또한 건물은 토지와 별개로 권리의 객체가 되고, 그에 관한 물권의 득실변경은 등기하여야 효력이 발생한다(민법 제186조,[333] 제187조[334]). 한편 건축중인 건물은 언제부터 독립한 부동산이 되는가 혹은 헐고 있는 건물은 언제부터 건물의 속성을 상실 하느냐이다. 여기서 문제되는 것은 건물여부에 따라 물권변동의 방법이 다르기 때문이다. 부동산의 경우에 등기하여야 하지만 동산의 경우에는 인도하면 물권변동이 발생한다. 또한 동산과 부동산의 압류방법도 다르다. 그러나 이에 관한 일정한 기준이 없으므로 사회통념에 따라 결정하여야 한다. 그리고 건물의 개수(個數)는 물리적 구조가 아닌 사회통념이나 거래관념에 따라 결정하여야 한다. 따라서 1동(棟)의 건물(建物)의 일부가 독립하여 소유권의 객체가 될 수 있다. 이것은 민법상의 '구분소유(區分所有)'로서 인정하고, 또한 건물의 구분소유관계를 합리적으로 규율할 목적으로 '집합건물의 소유 및 관리에 관한 법률(1984년)'이 제정되었다. 1

333) 제186조 (부동산물권변동의 효력) 부동산에 관한 법률행위로 인한 물권의 득실변경은 등기하여야 그 효력이 생긴다.

334) 제187조 (등기를 요하지 아니하는 부동산물권취득) 상속, 공용징수, 판결, 경매, 기타 법률의 규정에 의한 부동산에 관한 물권의 취득은 등기를 요하지 아니한다. 그러나 등기를 하지 아니하면 이를 처분하지 못한다.

동의 건물로 등기되어 있는 건물의 일부를 구분(區分) 또는 분할(分割)의 등기를 하지 않고서는 양도, 기타의 처분행위를 할 수 없다. 다만 1동의 건물의 일부에 대하여 전세권은 설정할 수 있다.

(2) 수목의 집단

수목(樹木), 특히 산지(山地)에서 자라고 있는 수목들은 이를 지반토지와 분리하여 거래할 필요가 많다. 그러나 민법은 이에 관한 규정이 없기 때문에 특수한 판례이론이 전개되고 있다. 즉, 수목의 집단은 '명인방법(明認方法)'이라는 관습법상의 공시방법을 갖춤으로써 독립한 부동산으로서 거래의 목적으로 하고 있다. 현재, 수목의 집단을 독립한 부동산으로서 거래하는 방법에는 첫째 '입목법(立木法)'에 근거한 것과 둘째 판례법상의 '명인방법'에 근거하는 2가지가 있다. 특히 수목은 본래 그것이 자라고 있는 토지의 정착물로서 토지의 일부임이 원칙이나 수목의 집단이 특히 '명인방법'이라는 관습법상의 공시방법을 갖춘 때에 독립한 부동산으로 거래의 목적이 된다. 이러한 부동산은 소유권의 객체에 해당할 뿐이고, 다른 권리의 객체가 되지 못한다.

(3) 미분리의 과실

미분리(未分離)의 과실(果實)은 수목의 일부에 불과하나 이에 관하여 명인방법을 통하여 독립한 물건으로서 거래의 목적으로 할 수 있다. 이러한 경우에는 미분리의 과실은 동산이다.

(4) 농작물

토지에서 경작, 재배되는 각종의 농작물은 토지의 정착물이고, 그것은 토지의 본질적 구성부분이다. 따라서 그것은 토지의 일부이며, 독립한 물건으로 다루어지지 않는다. 다만, 어떤 행위를 적법 또는 정당하게 하는 법률상의 원인인 정당한 권원(權原)에[335] 근거하여 타인의 토지에서 경작, 재배한 경우에 그 농작물은 토지의 부합(附合)하지 않고, 토지로부터 독립한 별개의 물건으로 다루어진다(민법 제256

---

335) 어떤 행위를 적법 내지 정당하게 하는 법률상의 원인, 즉 전세권, 임차권 등.

조336) 단서). 그리고 아무런 권원없이 타인의 토지에서 경작, 재배한 농작물은 독립성이 없는 단순한 정착물로서 부합에 의하여 토지소유자에게 귀속하는 것이 논리적으로 명백하다. 그러나 판례는 비록 위법하게 타인의 토지 위에 경작·재배한 농작물이라도 그 경작자의 소유로 보고 있다. 이 경우에 농작물은 토지의 정착물중 토지와 별개로 독립한 물건으로 다루어진다. 이에 관한 판례를 살펴보기로 한다.

가) 타인 소유의 토지에 사용수익의 권한없이 농작물을 경작한 경우에 그 농작물의 소유권

◈ 판 례

타인소유의 토지에 사용수익의 권한없이 농작물을 경작한 경우에 그 농작물의 소유권은 경작한 사람에게 귀속된다 : 대법원 1970.3.10. 선고, 70도82 판결.

【사실관계】

타인 소유의 토지에 이를 사용, 수익할 만한 권한이 없이 농작물을 경작한 경우에 그 농작물의 소유권은 경작한 사람에게 귀속된다고 할 것인바(대법원1968.6.4.선고, 68다613,614 판결 참조) 이 사건에 있어서 보면 판시 망 공소외 1 소유 논은 판시 공소외 2 명의로 소유권이전등기가 경료되었으며 피고인이 망인의 딸 공소외 3으로 부터 매수하여 계속 경작하여 오던 것이라 할지라도 피고인이 뽑아버린 콩은 공소외 2가 경작한 것임을 자인하고 있을 터이므로 설사 장차 소송에 의하여 피고인 명의로 소유권이전등기를 받을 수 있는 형편에 있고 또 공소외 2가 불법적으로 피고인의 경작을 방해하기 때문에 흥분한 나머지 범한 것이라 할지라도 피고인에 대한 재물손괴의 죄책을 면할 수 없다고 할 것이다.

나) 남의 땅에 권한없이 경작 재배한 농작물의 소유권

◈ 판 례

남의 땅에 권한없이 경작 재배한 농작물의 소유권은 그 경작자에게 있고 길이 4,5 센치미터에 불과한 모자리도 농작물에 해당한다 : 대법원 1969.2.18. 선고 68도906 판결.

---

336) 第256조 (부동산에의 부합) 부동산의 소유자는 그 부동산에 부합한 물건의 소유권을 취득한다. 그러나 타인의 권원에 의하여 부속된 것은 그러하지 아니하다.

【사실관계】

본건 답 70평에 권원없는 000가 모판을 만들어 심은 모는 독립한 물건으로서의 존재가치가 없어 거래의 대상이 되지 않으므로 부동산의 부합물로서 경작권자인 피고인의 소유라 할 것인데, 피고인이 위 모판을 파헤칠 때에 그 모판에서 성장하고 있었던 모는 길이가 4,5센치 미터에 불과하여 이로써 독립한 물건으로 취급할 수 없었다 할 것이고, 피고인이 위 모판을 파헤쳤다고 하더라도 이를 가리켜 타인의 재물의 손과하였다고는 볼 수 없다라고 판시하였다. 그러나 남의 땅에다 권한없이 경작한자라 할지라도 그가 재배한 농작물의 소유권은 그 경작자에게 있다는 것이 대법원 판례(1968.6.4. 선고 68다613,614 판결 참조이고, 본건 모자리도 농작물에 해당한다 할 것이다.

다) 타인의 토지에 대하여 사용 수익할 권한 없는 자가 경작한 농작물의 소유권

◈ 판 례

타인소유 토지에 농작물을 경작한 경우에도 그 생산물은 사실상 이를 경작배양한 사람의 소유가 된다 : 대법원 1968.6.4. 선고 68다613,68다614 판결.

【사실관계】

1) 원고는 그 남편인 000의 도움을 받아서 1966년도에 경북 대구시 소유인 밭 750여평(경북 달성군 화원면 화원 유원지부근) 중 450여평에는 소자(약초)를, 80여평에는 양파를, 30여평에는 마늘을, 50여평에는 고추를, 100여평에는 보리를 심고 있었는데, 피고들이 1966.4.22. 함부로 위의 밭에 들어와서 파헤치고 위의 재배물들을 못쓰게 만들었다 한다.

2) 이 사건의 원고가 대구시 소유의 남의 토지에 대하여 이것을 사용, 수익할만한 권한이 없이 함부로 농작물을 경작한 경우라 할지라도 원고가 심은 소자, 양파, 마늘, 고추 따위의 소유권은 여전히 원고에게 귀속되는 것이요. 따라서 그 수확도 원고만이 할 수 있고, 이것들이 그 기지의 소유자에게 귀속되는 것은 아니라 할 것이다(대법원 1967.7.11. 선고 67다893 참조).

라) 경작권이 피차 자기에게 있다하여 동일 농지를 공동 경작한 경우에 그 입도(벼)에 대한 소유권

◈ 판 례

타인의 농지를 가사 권원없이 경작을 하였다 하여도 그 경작으로 인한 입도는 그 경작자의 소유에 귀속되고 피차 자기에게 경작권이 있다 하여 동일한 농지를 서로 경작함으로써 결국 동일한 농지를 공동경작을 한 경우에는 그 입도에 대한 소유권은 위의 공동경작자의 공유에 속한다고 할 것이다 : 대법원 1967.7.11. 선고 67다893 판결.

【사실관계】

A는 본건의 대지부분의 토지를 1951년도부터 논으로 개답하여 농지로 경작을 하므로서 (위의 가옥은 6.25 사변 당시 소실되어 그 대지를 개답한 것이다) 위의 토지 전부를 경작하여 오던 중 이를 자기 소유라 하여 소외 B에게 매도하고, B는 C에게 매도하고, C는 D에게 매도하고, D는 1958년 1월 6일 (음력 11월 28일) 피고의 부친 E에게 각각 매도하여 피고의 부친은 적법히 인수한 후 계속경작을 하여 오던 중 원고는 위에서 말한 바와 같이 1965.6.3 소유권이전 등기를 한후 자기 소유라 하면서 피고 부친이 경작하고 있는 본건 농지에 침입하여 '드문드문' '모'를 심어놓자, 피고는 다시 '모'를 제대로 심고, 원피고는 서로 경작을 방해하면서, 서로 '김'(풀이나 잡초; 강의자 주)을 매고, '시비'를 하여 왔던 바, 피고는 1965년 가을, 위의 토지에서 수확된 나락 33두를 자기 소유라 하여 수확하여 갔다는 것이다.

타인의 농지를 가사 권원없이 경작을 하였다 하여도 그 경작으로 인한 입도는 그 경작자의 소유에 귀속되고, 피차 자기에게 경작권이 있다하여 동일한 농지를 서로 경작하므로서 결국 동일한 농지를 공동경작을 한 경우에는 그 입도에 대한 소유권은 위의 공동경작자의 공유에 속한다고 함이 종전 본원의 판례이므로 (1965.7.20선고, 65다874사건 판결)본건에 있어서 원심이 인정한바와 같이 본건 농지를 원피고가 서로 경작권이 있다하여 서로 '모'를 심고, 서로 풀을 매며, 시비를 하므로서 공동경작을 하였다면, 피고가 수확을 하여간 나락 33두는 원피고의 공동소유에 속한다고 하여야 할 것이다.

Ⅲ. 동산

1. 의의

동산은 부동산 이외의 모든 물건 말한다(민법 제99조[337] 제2항). 비록 토지에 부착되어 있는 물건이라도 정착물이 아니면 동산이다.

2. 특수한 동산

금전(金錢)은 재화의 교환을 매개하고, 그 가치(價値)를 측정하는 일반적 기준

337) 제99조 (부동산, 동산) ① 토지 및 그 정착물은 부동산이다. ② 부동산이외의 물건은 동산이다.

이다. 금전의 취득은 그것에 의하여 표상되는 일정액의 가치의 취득에 불과하다. 금전은 동산의 일종이지만 보통의 물건이 가지는 개성이 없고, 가치 그 자체이다.

Ⅳ. 주물과 종물

복수의 물건이 각각 경제적, 독자적 존재를 가지고 있어도 객관적, 경제적 관계에서 한쪽이 다른 쪽의 효용을 도와서 하나의 경제적 가치를 발휘하는 경우에 그들 사이에 상호간에 경제적 운명을 같이하는 것이 일반적이다. 그래서 법률도 그러한 물건들에 대하여 법률적으로 운명을 같이하는 것으로 하고 있다. 이들 사이를 주물과 종물관계라고 한다.

주물(主物)과 종물(從物)은 배와 노, 자물쇠와 열쇠, 시계와 시계줄에서, 배, 자물쇠, 시계 그 자체로서 임무를 충실히 할 수 있지만, 노나 열쇠, 시계줄 그 자체로서는 어떠한 기능도 할 수 없다. 그런데 배와 노, 자물쇠와 열쇠, 시계와 시계줄을 결합하면, 보다 더 경제적으로 활용할 수 있다. 이때에 배나, 자물쇠, 시계를 주물(主物)이라고 하며, 노와 열쇠, 시계줄은 종물(從物)이라고 하여, 양자의 관계를 주물과 종물관계라고 한다.

1. 종물의 요건

(1) 종물(從物)은 주물(主物)의 일반적 상용(常用)에 도움이 되어야 한다(민법 제100조)[338]. 다시 말하면, 종물은 사회관념상 주물의 경제적 가치를 지속적으로 극대화하게 하는데 유익해야 한다. 따라서 어떤 물건의 가치를 일시적으로 증가시키는 것은 종물이 아니다. 그리고 주물과 종물 관계라고 하기 위하여 양자 사이에 경제적 효용에 있어서 장소적으로도 밀접한 위치(부속관계)에 있어야 한다.

(2) 종물은 법률상 독립한 물건이어야 한다. 종물은 주물의 구성부분이 아니고, 주물의 경제적 효용가치를 증가하기 위하여 경제적으로 부속하는 것이다.

(3) 주물과 종물은 모두 동일한 소유자에 귀속하여야 한다(민법 제100조 제1

338) 제100조 (주물, 종물) ① 물건의 소유자가 그 물건의 상용에 공하기 위하여 자기소유인 다른 물건을 이에 부속하게 한 때에는 그 부속물은 종물이다. ② 종물은 주물의 처분에 따른다.

항). 왜냐하면, 다른 소유자에게 귀속한 물건 사이에 주물과 종물의 관계를 인정하면, 종물은 경제적 운명을 주물과 함께 하기 때문에 주물처분으로 제3자의 권리를 침해하는 결과가 발생하기 때문이다(민법 제100조 제2항). 다만, 제3자의 권리를 침해하지 않는 범위에서 다른 소유자에게 속하는 물건 사이에도 주물과 종물의 관계를 인정하여도 무방할 것이다.

2. 종물의 효과

종물은 주물의 처분에 따른다(민법 제100조 제2항). 여기서 처분은 소유권의 양도나 제한물권의 설정과 같은 물권적 처분은 물론 매매, 임대와 같은 채권적 처분도 포함한다. 문제가 되는 것은 주물 위에 저당권이 설정된 경우에 그 저당권의 효력이 종물에도 미치느냐이다. '저당권의 효력은 저당부동산에 부합된 물건과 종물에 미친다. 그러나 법률에 특별한 규정 또는 설정행위에 다른 약정이 있으면 그러하지 아니하다'(민법 제358조).[339]

V. 원물과 과실

1. 원물과 과실의 의의

물건으로부터 생기는 경제적 수익을 '과실(果實)'이라고 하고, 과실이 생기게 하는 물건을 '원물(元物)'이라고 한다. 본래 과실은 수익권자(收益權者)에게 귀속하지만, 수익권자가 변동이 생긴 경우에 그 수익의 귀속이 문제가 되기 때문에 민법은 '법정과실(法定果實)'과 '천연과실(天然果實)'을 따로 규정하고 있다.

(1) 천연과실

1) 의의

물건의 경제적 용도에 따라 거두어들이는 산출물(産出物)을 천연과실이라고 한

---

339) 제358조 (저당권의 효력의 범위) 저당권의 효력은 저당부동산에 부합된 물건과 종물에 미친다. 그러나 법률에 특별한 규정 또는 설정행위에 다른 약정이 있으면 그러하지 아니하다.

다(민법 제101조[340] 제1항). 천연과실은 원물로부터 분리되기 전에는 원물의 구성 부분이고, 분리됨에 따라 독립한 물건이 된다. 천연과실의 관념은 원물로부터 분리될 때에 누구의 권리에 귀속하느냐를 결정하는데 그 실이익이 있다.

2) 귀속

천연과실은 그 원물로부터 분리될 때에 이것을 수취할 수 있는 권리자에게 속한다(민법 제101조 제2항). 수취권(收取權)을 소유하는 자는 원물의 소유자인 것이 보통이지만(민법 제211조)[341] 다음과 같은 예외가 있다.

선의(善意)의 점유자(민법 제201조),[342] 지상권자(제279조),[343] 전세권자(제303조),[344] 유치권자(제323조),[345] 질권자(제343조), 저당권자(제359조),[346] 매도인(제589조),[347] 사용차주(제609조),[348] 유증(遺贈)의 수증자(제1079조)[349] 등에게는 예외적

340) 제101조 (천연과실, 법정과실) ① 물건의 용법에 의하여 수취하는 산출물은 천연과실이다. ② 물건의 사용대가로 받는 금전 기타의 물건은 법정과실로 한다.

341) 제211조 (소유권의 내용) 소유자는 법률의 범위 내에서 그 소유물을 사용, 수익, 처분할 권리가 있다.

342) 제201조 (점유자와 과실) ① 선의의 점유자는 점유물의 과실을 취득한다. ② 악의의 점유자는 수취한 과실을 반환하여야 하며 소비하였거나 과실로 인하여 훼손 또는 수취하지 못한 경우에는 그 과실의 대가를 보상하여야 한다. ③ 전항의 규정은 폭력 또는 은비에 의한 점유자에 준용한다.

343) 제279조 (지상권의 내용) 지상권자는 타인의 토지에 건물, 기타 공작물이나 수목을 소유하기 위하여 그 토지를 사용하는 권리가 있다.

344) 제303조 (전세권의 내용) ① 전세권자는 전세금을 지급하고 타인의 부동산을 점유하여 그 부동산의 용도에 좇아 사용·수익하며, 그 부동산 전부에 대하여 후순위권리자 기타 채권자보다 전세금의 우선변제를 받을 권리가 있다. [개정 84·4·10] ② 농경지는 전세권의 목적으로 하지 못한다.

345) 제323조 (과실수취권) ① 유치권자는 유치물의 과실을 수취하여 다른 채권보다 먼저 그 채권의 변제에 충당할 수 있다. 그러나 과실이 금전이 아닌 때에는 경매하여야 한다. ② 과실은 먼저 채권의 이자에 충당하고 그 잉여가 있으면 원본에 충당한다.

346) 제359조 (과실에 대한 효력) 저당권의 효력은 저당부동산에 대한 압류가 있은 후에 저당권설정자가 그 부동산으로부터 수취한 과실 또는 수취할 수 있는 과실에 미친다. 그러나 저당권자가 그 부동산에 대한 소유권, 지상권 또는 전세권을 취득한 제삼자에 대하여는 압류한 사실을 통지한 후가 아니면 이로써 대항하지 못한다.

347) 제589조 (대금공탁청구권) 전조의 경우에 매도인은 매수인에 대하여 대금의 공탁을 청구할 수 있다.

348) 제609조 (사용대차의 의의) 사용대차는 당사자일방이 상대방에게 무상으로 사용, 수익하게 하기 위하여 목적물을 인도할 것을 약정하고 상대방은 이를 사용, 수익한 후 그 물건을 반환할 것을 약정함으로써 그 효력이 생긴다.

349) 제1079조 (수증자의 과실취득권) 수증자는 유증의 이행을 청구할 수 있는 때로부터 그 목적물의 과실을 취득한다. 그러나 유언자가 유언으로 다른 의사를 표시한 때에는 그

으로 수취권을 인정하고 있다.

3) 미분리의 천연과실

미분리의 천연과실 그 자체는 독립한 물건이 아니기 때문에 일반적으로 독립한 물건의 객체가 아니다. 그러나 이러한 경우에 명인방법과 같은 일정한 공시방법을 통하여 물권의 객체가 될 수 있다.

(2) 법정과실

물건의 사용대가로 받는 금전, 기타의 물건이 '법정과실(法定果實)'이다(민법 제101조 제2항). 물건의 사용대가는 타인에게 물건을 사용하게 한 후에 원물 자체 또는 동종, 동질, 동량의 것을 반환하여야 할 법률관계 있다. 즉, 물건의 대차에서 사용료(전세나 지료 등), 금전대차에서 이자 등이 법정과실이다. 여기서 원물과 과실은 모두 물건이어야 한다. 따라서 노동의 대가나 권리사용의 대가는 과실(果實)이 아니다.

의사에 의한다.

제 4 장
권리의 변동

제1절 권리변동의 개념

Ⅰ. 법률관계의 변동

사람의 사회생활관계 가운데에서 법률의 규율을 받는 것이 법률관계이다. 모든 생활관계가 법률관계는 아니지만, 오늘날 사회생활관계의 대부분은 법률관계 이다. 법률관계의 내용은 여러 가지가 있으나 중요한 법률관계는 사람과 사람과의 권리·의무(權利·義務)의 관계로서 나타난다. 근대사회에서 모든 사람은 자기의 생활에 책임을 지고 있다. 즉, 모든 사람은 자신의 생활에 대하여 전적으로 자기의 책임이다. 따라서 모든 사람은 사회생활을 위하여 활동을 하며, 다른 사람과 생활관계를 맺게 된다. 그런데 사람의 생활관계는 유동적이며, 끝임 없이 변동한다. 여기서 항상 새로운 생활관계가 발생하고, 기존의 생활관계는 변경되거나 소멸해 간다. 이와 같이 사람의 사회생활관계에서 권리의무관계는 발생(發生), 변경(變更), 소멸(消滅)이라는 과정과 모습으로 끝임 없이 변동하고 있다. 이러한 변동은 법률관계에서 법률관계의 발생, 변경, 소멸로서 나타난다. 이처럼 법률관계가 변동한다는 것은 일정한 원인에 의하여 일정한 결과가 생기는 것을 말한다. 이러한 법률관계의 변동의 원인이 되는 것을 '법률요건'이라고 하며, 그 결과가 되는 것을 '법률효과'라고 한다. 즉, 일정한 원인(법률요건)이 있을 때에 그 결과로서 생기는 법률관계의 변동(발생-취득, 변경-이전, 소멸-상실)이 법률효과인 것이다. 그런데 법률관계는 결국 권리·의무의 관계이므로 법률관계의 변동, 즉 법률효과는 권리·의무의 변동을 말한다. 그리고 근대법은 권리본위(權利本位)로 되어 있으므로 법률효과는 권리의 변동, 즉 권리의 발생, 변경, 소멸이라는 모습으로 나타난다.

Ⅱ. 권리변동의 모습

권리의 발생, 변경, 소멸을 권리의 변동이라고 한다. 이것은 권리의 주체를 중심으로 말한다면 권리의 득실변경(得失變更)이 된다. 이때의 권리의 득실(得失)은 권리의 상대적인 발생, 소멸을 의미한다.

1. 권리의 발생

어떤 자에게 권리가 발생한다는 것은 그 자(者)가 권리를 취득한다는 의미이다. 다음은 권리취득의 모습에 따른 권리취득의 유형이다.

(1) 원시취득

원식취득(절대적 발생)은 권리를 취득함에 있어서 타인의 권리를 매개로 하지 않고 원시적(原始的)으로 취득하는 경우를 말한다. 예컨대, 사회적으로 전에는 없었던 권리가 새롭게 발생하는 것이다. 선점(先占: 민법 제252조),[350] 습득(민법 제253조),[351] 시효취득(민법 제245조[352] 이하) 등이 있다. 그리고 인격권, 가족권은 원시적, 자연적으로 취득한다.

(2) 승계취득

승계취득(상대적 발생)은 타인의 권리를 근거(매개)하여 취득하는 것이 승계취득이다. 즉 타인이 가지고 있는 기존의 권리가 승계되어서 어떤 주체에게 권리가 발생하는 것이므로 상대적 발생이라고도 한다. 예컨대 매매, 상속 등에 의한 취득이 여기에 속한다. 이것은 다시 이전전(移轉的) 승계와 설정적(창설적) 승계, 특정승계와 포괄승계로 나누어진다.

1) 이전적 승계는 구권리자(전주 또는 피승계인)에게 속하고 있던 권리가 그

---

350) 제252조 (무주물의 귀속) ① 무주의 동산을 소유의 의사로 점유한 자는 그 소유권을 취득한다. ② 무주의 부동산은 국유로 한다. ③ 야생하는 동물은 무주물로 하고 사양하는 야생동물도 다시 야생상태로 돌아가면 무주물로 한다.

351) 제253조 (유실물의 소유권취득) 유실물은 법률에 정한 바에 의하여 공고한 후 1년 내에 그 소유자가 권리를 주장하지 아니하면 습득자가 그 소유권을 취득한다.

352) 제245조 (점유로 인한 부동산소유권의 취득기간) ① 20년간 소유의 의사로 평온, 공연하게 부동산을 점유하는 자는 등기함으로써 그 소유권을 취득한다. ② 부동산의 소유자로 등기한 자가 10년간 소유의 의사로 평온, 공연하게 선의이며 과실 없이 그 부동산을 점유한 때에는 소유권을 취득한다.

동일성을 유지하면서 그대로 신권리자(후주 또는 승계인)가 취득하는 경우이다. 즉, 권리의 주체에 변경이 생긴 경우이다.

2) 설정적(창설적) 승계는, 구권리자(舊權利者 : 前主)는 그대로의 그의 권리를 보유하면서, 다만 그 권리에 근거하여 그 권리와 성질, 내용이 동일하지만 내용적으로 성립과 존속에 관하여 제한된 새로운 권리가 발생하고, 신권리자(新權利者 : 後主)는 이 새로운 권리만을 취득한다. 예컨대, 소유권에 근거한 지상권, 전세권, 저당권 등의 설정의 경우가 이 경우에 속한다. 따라서 설정적 승계가 있으면 구주(舊主)가 가지는 기본적 권리는 신주(新主)가 취득한 권리의 범위 내에서 제한을 받게 된다. 원시취득과 승계취득과의 차이점은 전자(원시취득)는 기존의 권리를 취득하는 것이 아니므로 취득전의 권리상태는 취득한 권리에 영향을 미치지 않으나 후자(승계취득)의 경우에는 후주(後主)는 전주(前主)가 가지고 있었던 권리 이상의 권리를 취득하지 못한다. 그러므로 전주가 무권리자이면 후주는 권리를 취득하지 못한다. 또한 전주의 권리에 제한이나 하자가 있으면 후주의 권리는 전주의 권리처럼 동일한 제한 또는 하자가 있는 권리를 취득하게 된다.

2. 권리의 변경

권리의 변경은 권리가 그의 동일성을 잃지 않고서 그의 주체, 내용, 작용에 관하여 변경을 받는 것을 말한다. 즉, 주체의 변경은 권리의 승계에 해당한다. 그리고 권리내용의 변경에는 성질적(性質的) 변경과 수량적(數量的) 변경이 있다. 즉, 전자는 물건의 인도를 목적으로 하는 채권이 채무불이행(債務不履行)으로 손해배상채권(損害賠償債權)으로 변하는 것과 같다. 후자는 소유권의 객체에 제한물권(지상권, 전세권, 저당권 등)이 설정되거나 또는 이미 설정되어 있는 제한물권이 소멸하여 소유권이 원만한 상태로 회복되는 것을 말한다. 작용의 변경은 저당권의 순위가 변경되는 경우와 같이 권리의 작용의 변경이다.

3. 권리의 소멸

어떤 자에게 권리가 소멸한다는 것은 그 사람이 권리를 상실한다는 것을 의미한다. 즉, 권리주체로부터 권리가 이탈하는 것이 권리의 소멸 또는 상실이다. 권리상실에는 상대적 또는 주관적인 것과 절대적 또는 객관적인 것이 있다. 전자는 권리의 이전을 전주(前住)의 주관적 입장에서 본 것이고, 권리 자체는 소멸하지 않는다. 후자는 절대적 소멸(상실)은 권리 자체가 이 사회에서 없어지는 것이다. 목적물의 멸실에 의한 권리의 소멸을 들 수 있다.

Ⅲ. 권리변동의 원인

1. 법률요건

민법은 일정한 요건이 충족되면 일정한 효과가 발생한 것으로 규정하고 있다. 예를 들면, 매매계약에서 매도인은 재산권이전과 매수인은 대금지급의 합의(合意)를 요건으로 하고(민법 제563조),[353] 재산권이전의무와 대금지급의무라는 효과가 발생하는 것으로 규정하고 있다(동법 제568조[354] 제1항). 여기서 일정한 효과는 법률효과이다. 이를 권리의 관점에서 보면 '권리의 변동'이다. 반면에 그러한 법률효과 내지 권리의 변동을 가져오는 요건(원인)을 법률요건 또는 구성요건이라고 한다. 따라서 법률요건과 법률효과와의 사이에는 '원인과 결과'의 논리적 관계가 있다. 권리변동의 요건으로서 그 원인에 따라 2가지로 구분할 수 있는데, 첫째 당사자의 의사표시로서 법률행위, 둘째 법률규정에 의한 경우가 있다. 전자는 계약과 같은 법률행위가 전형적인 모델이고, 후자는 준법률행위, 불법행위, 부당이득, 사무관리, 상속, 시효제도 등이 법률규정에 의한 권리변동의 유형이다. 이중에서 가장 중요한 것은 법률행위이다.

2. 법률사실

법률요건은 법률효과를 발생하게 하는 원인으로서 필요하고도 충분한 조건을 갖추고 있는 것을 말한다. 반면에 법률요건을 구성하는 개개의 사실을 '법률사실'이라고 한다. 이처럼 법률사실은 단일한 사실(하나의 의사표시)로 성립되는 경우도 있고, 다수의 사실(2개 이상의 의사표시 : 계약)의 복합으로 되는 경우도 있다. 전

353) 제563조 (매매의 의의) 매매는 당사자일방이 재산권을 상대방에게 이전할 것을 약정하고 상대방이 그 대금을 지급할 것을 약정함으로써 그 효력이 생긴다.

354) 제568조 (매매의 효력) ① 매도인은 매수인에 대하여 매매의 목적이 된 권리를 이전하여야 하며 매수인은 매도인에게 그 대금을 지급하여야 한다. ② 전항의 쌍방의무는 특별한 약정이나 관습이 없으면 동시에 이행하여야 한다.

자는 유언, 동의(同意), 추인(追認) 등은 하나의 '의사표시(意思表示)'이라는 단독의 법률사실이 법률요건으로 되어 있다. 후자의 경우에 계약이라는 법률행위는 청약이라는 의사표시와 승낙이라는 '의사표시'의 두 개의 법률사실이 결합하여 하나의 법률요건을 이루고 있다. 법률사실은 법률요건을 구성하는 개개의 요소이다. 법률요건을 구성하는 사실은 여러 가지이지만 민법상 가치가 있는 것은 사람의 정신작용에 근거하는 사실과 그렇지 않은 사실로 구분할 수 있다.

(1) 사람의 정신작용에 근거한 법률사실

사람의 정신작용에 의한 법률사실을 용태(容態)라고 하는데, 여기에는 외부적 용태와 내부적 용태가 있다, 전자는 작위(作爲)와 부작위(不作爲)의 행위가 있으며, 후자는 행위로서 외부에 나타나지 않는 마음속의 의식에 불과한 경우가 있다.

1) 외부적 용태

i) 적법행위

법률이 가치있는 것으로서 허용하는 행위를 적법행위(適法行爲)라고 한다. 그것은 법률질서에 적법한 것이기 때문에 일정한 사법상의 법률효과를 생기게 하는 행위이다. 민법상의 행위는 대부분은 적법행위이다. 적법행위에는 의사표시와 준법률행위가 있다.

ii) 위법행위

위법행위(違法行爲)는 법률이 허용할 수 없는 것으로 평가하여 행위자에게 불이익한 효과가 발생케 하는 법률사실이다. 즉, 법률질서에 위반하는 것으로 평가되는 행위이다. 민법상의 위법행위에는 채무불이행(민법 제390조[355]) 이하)과 불법행위(민법 제750조[356]) 이하)가 있다.

iii) 사실행위

법률사실과 구별되어야 하는 것이 있는데, 그것은 법률행위로서 사실행위이다.

---

355) 제390조 (채무불이행과 손해배상) 채무자가 채무의 내용에 좇은 이행을 하지 아니한 때에는 채권자는 손해배상을 청구할 수 있다. 그러나 채무자의 고의나 과실없이 이행할 수 없게 된 때에는 그러하지 아니하다.

356) 제750조 (불법행위의 내용) 고의 또는 과실로 인한 위법행위로 타인에게 손해를 가한 자는 그 손해를 배상할 책임이 있다.

이것은 사람의 정신작용이 표현될 필요 없이 법률효과를 발생시키는 행위를 말한다. 사실행위는 행위가 행하여져 있다는 것 또는 그 행위에 의하여 생긴 결과만이 법률에 의하여 법률상의 의미가 있는 것으로 인정되는 행위이다. 여기서 사실행위에 의하여 표시되는 의식의 내용이 무엇을 의미하느냐는 관계없다. 따라서 일정한 사실상의 결과가 발생하기만 하면 되고, 법률효과가 발생하기를 원하는 의사가 표현될 필요가 없는 법률사실이기 때문에 무능력자(無能力者)라도 이를 할 수 있다.

사실행위는 순수사실행위와 혼합사실행위로 나눌 수 있다. 전자는 가공(加工), 주소의 설정, 매장물의 발견, 과실(果實)의 분리행위나 건물의 파괴행위와 같이 외부적 결과의 발생만 있으면 법률효과를 인정하는 행위를 말한다. 반면에 후자는 무주물의 선점(先占), 물건의 인도, 변제, 사무관리 등과 같이, 어떠한 의식과정이 내포되고 있어야 법률효과의 발생을 인정하는 행위를 말한다. 이러한 의미에서 순수사실행위는 사건(事件)과 같고, 혼합사실행위는 법률행위 중의 비표현행위(非表現行爲)로 보고 있다.

2) 내부적 용태

마음속의 의식을 말한다. 법은 사람의 행위를 규율하는 규범이므로 행위로서 외부에 나타나지 않는 마음속의 의식과정 내지 심리적 상태는 법률상 어떤 의미도 주어지지 않는 것이 원칙이다. 그러나 법률은 다른 법률사실과 관련하여 예외적으로 내심적 용태에 대하여도 법률상의 의미를 인정하여 법률사실로 하고 있는 경우가 있다.

i) 관념적 용태

일정한 사실에 관한 관념 또는 인식이 있느냐의 여부에 관한 마음속의 의식을 말한다. 즉, 선의(善意),[357] 악의(惡意),[358] 정당한 대리인이라는 신뢰(민법 제126조)[359] 등이 있다.

ii) 의사적 용태

어떤 사람의 마음속에 일정한 의사를 가지고 있느냐의 여부에 관한 내심적 과

---

357) 어떤 사실을 알지 못한 것.

358) 어떤 사실을 알고 있는 것.

359) 제126조 (권한을 넘은 표현대리) 대리인이 그 권한 외의 법률행위를 한 경우에 제삼자가 그 권한이 있다고 믿을 만한 정당한 이유가 있는 때에는 본인은 그 행위에 대하여 책임이 있다.

정을 말한다. 즉, 소유의 의사(민법 제197조)[360], 제3자의 변제(辨濟)에 있어서의 채무자의 허용 또는 불허용의 의사(동법 제469조),[361] 사무관리의 경우의 본인의 의사(동법 제734조)[362] 등이 있다.

(2) 사람의 정신작용에 근거하지 않는 법률사실

사람의 정신작용에 근거하지 않는 법률사실을 사건(事件)이라고 한다. 예를 들면, 사람의 출생과 사망, 실종(失踪), 시간의 경과, 물건의 자연적인 발생과 소멸, 등과 같이 사람의 정신작용과는 관계없는 사실로서 법률에 근거하여 법률상의 의미가 인정되는 것이 사건이다.

제2절 법률행위

제1관 법률행위의 개관

Ⅰ. 법률행위의 개념

1. 법률행위와 의사표시

(1) 법률행위의 개념

법률행위는 일정한 법률효과의 발생을 목적으로 하는 의사표시를 요소로 하는 법률요건이다. 즉, 유언처럼 하나의 의사표시만으로 그 법률효과가 발생하는 경우도

---

360) 제197조 (점유의 태양) ① 점유자는 소유의 의사로 선의, 평온 및 공연하게 점유한 것으로 추정한다. ② 선의의 점유자라도 본권에 관한 소에 패소한 때에는 그 소가 제기된 때로부터 악의의 점유자로 본다.

361) 제469조 (제삼자의 변제) ① 채무의 변제는 제삼자도 할 수 있다. 그러나 채무의 성질 또는 당사자의 의사표시로 제삼자의 변제를 허용하지 아니하는 때에는 그러하지 아니하다. ② 이해관계없는 제삼자는 채무자의 의사에 반하여 변제하지 못한다.

362) 제734조 (사무관리의 내용) ① 의무없이 타인을 위하여 사무를 관리하는 자는 그 사무의 성질에 좇아 가장 본인에게 이익되는 방법으로 이를 관리하여야 한다. ② 관리자가 본인의 의사를 알거나 알 수 있는 때에는 그 의사에 적합하도록 관리하여야 한다. ③ 관리자가 전2항의 규정에 위반하여 사무를 관리한 경우에는 과실없는 때에도 이로 인한 손해를 배상할 책임이 있다. 그러나 그 관리행위가 공공의 이익에 적합한 때에는 중대한 과실이 없으면 배상할 책임이 없다.

있고, 계약처럼 청약의 의사표시와 승낙이라는 의사표시가 합치하여 하나의 법률행위가 되어 법률효과가 발생하는 경우도 있다. 이처럼 법률행위는 단독행위(單獨行爲)나 계약(契約) 등은 모두 의사표시를 공통의 요소로 하여 법률효과를 발생시키는 개념으로서 양자를 포괄한다. 법률행위는 사적 자치(개인의 자유로운 의사표시를 통하여 성립하는 법률행위 : 법률행위 자유의 원칙)를 실현하기 위한 법률상의 수단이다. 사적 자치는 법률관계에 관한 행동자유를 말한다. 즉 사적 자치(사적 생활 : 특히 거래관계)에 국가권력이 개입하거나 참견해서는 안되며, 사법상(私法上)의 법률관계는 개인이 그의 의사를 통하여 자유롭게 결정할 수 있다는 원칙이다.

(2) 의사표시의 의의

의사표시는 일정한 법률효과의 발생을 목적으로 하는 내적(內的) 의사(意思)(효과의사)를 외부에 표시하는 행위이며, 법률사실이다. 따라서 의사표시가 하나의 법률행위가 성립하면 표의자(表意者)가 희망한 대로의 법률효과가 발생한다.

(3) 법률행위의 성질

1) 법률행위는 실존하는 개념이 아니고, 추상화 개념이다. 실존하는 행위는 매매, 채권양도, 소유권양도, 혼인, 유언 등 개개의 행위유형이다. 그런데 이들 행위유형에는 의사표시를 공통분모로 하고 있다. 이러한 행위유형 전부를 총괄하는 집합개념 내지 추상화된 개념으로서 형성된 상위개념(上位概念)이 법률행위이다. 따라서 법률행위는 추상적인 개념이며, 법률행위는 의사표시를 중심으로 하여 통일적으로 처리하고자 하는 의도에서 설정한 개념이다.

2) 법률행위는 일정한 법률효과의 발생을 목적으로 하는 하나 또는 수 개의 의사표시를 필요로 하다. 법률행위는 행위자(표의자)가 원하는 대로의 일정한 사법상의 효과를 발생하게 한다. 즉, 법률행위의 본질은 행위자가 의도한 행위의 사법상의 효과를 법률이 인정하고, 그의 달성에 협력하는 것이다. 그러므로 행위자가 원하는 대로의 법률효과가 발생하지 않는 것은 법률행위가 아니다. 그래서 행위자가 원하는 대로의 법률효과가 아니라 다른 법률효과가 생기는 적법행위는 '법률적 행위' 또는 '준법률행위'라고 한다. 그러나 의사표시 이외에 일정한 법률사실이 필요로 하는 것도 있다. 예컨대 물건의 인도와 같은 법률사실이 요구되는 법률행위도

있고, 행정관청의 협력(법인의 설립에 있어서의 주무관청의 허가)을 필요로 하는 법률행위도 있다. 부동산물권의 변동에는 물권행위와 등기를 요건으로 한다. 이처럼 법률행위에는 반드시 의사표시를 필요로 한다.

(4) 법률행위 개념의 한계

모든 법률행위는 의사표시를 공통의 요소로 하지만 그 내용 내지 성질은 동일한 것이 아니기 때문에 이것을 의사표시라는 공통분모를 가지고 통일적으로 다루는 데는 한계가 있다. 즉, 재산행위와 신분행위는 그 지도원리가 다르다는 점에서이다. 그래서 법률행위에 관한 총칙편의 규정은 재산행위에 적용되고, 신분행위에는 극히 일부는 제외하고, 원칙적으로 그 적용이 없다는 것이 통설이다.

(5) 법률행위와 의사표시와의 관계

법률행위는 의사표시를 요소로 한다. 그런데 의사표시가 곧 법률행위는 아니다. 물론 유언처럼 하나의 의사표시만으로 법률행위가 성립하는 경우도 있으나 매매계약처럼 매수인의 청약은 의사표시이지만 그에 대응하는 매도인의 승낙의 의사표시가 없는 경우에 매매로서의 법률행위는 성립하지 않는다. 만약에 매매계약이 성립한 경우에 그 효과는 의사표시로부터 발생하는 것이다. 의사표시는 법률행위가 되어야 행위자가 원한대로의 법률효과가 발생하게 된다. 따라서 의사표시가 법률행위를 구성하지 못하면 행위자가 원한대로의 법률효과가 발생하지 않는다. 예를 들면, A소유의 물건(휴대폰)을 B가 일정한 가격(70만원)에 사겠다고는 청약이라는 의사표시를 하고, A가 그 가격으로 팔겠다는 승낙이라는 의사표시를 하면, 매매라는 계약, 즉, 법률행위가 성립하여 일정한 법률효과(A는 대금채권과 B는 목적물소유권이전채권)가 발생하게 된다. 이 경우에 B의 의사표시는 청약(請約)이고, A의 의사표시는 승락(承諾)이다. 다시 말하면 매매라는 법률행위는 '청약과 승낙'이라는 두 개의 의사표시의 합치를 통하여 성립한다. 다시 말하면 A, B의 각각의 의사표시는 매매라는 법률행위의 법률요건을 구성하는 법률사실에 불과하다. 이처럼 법률효과가 발생하는 것은 법률행위를 통해서 발생하는 것이지, 법률행위를 구성하는 의사표시가 아니다. 즉, 법률효과는 법률행위를 구성하는 의사표시에서 표의자(행위자)가 희망하는 효과이다. 그러므로 법률행위와 의사표시가 위와 같은 관계에 있기 때문에 만약 의사표시에 무효가 되는 사정 또는 취소할 수 있는 사정이 있는 경우에 그 법률행위 전체에 영향을 미치게 된다.

2. 법률행위의 요건

법률행위가 그 효과가 발생하려면 우선 법률행위로서 성립하여야 하고, 그리고 성립한 법률행위가 유효한 것이어야 한다. 따라서 법률행위가 법률구성요건을 완전히 갖출 때에 법률행위로서의 법률효과가 발생한다. 이론상으로 법률행위는 법률행위의 구성요건이 먼저 성립하고, 그리고 나서 그것이 '유효'하다는 평가를 받게 된다. 즉, 법률행위의 효력문제는 우선 법률행위가 성립 혹은 불성립의 문제가 있고, 그 후에 성립한 법률행위에 대하여 유효 혹은 무효가 문제된다. 그러므로 법률행위는 성립요건과 효력요건으로 구분할 수 있다.

(1) 법률행위의 성립요건

법률행위가 존재한다고 하기 위해서는 최소한의 외형적, 형식적인 요건이 성립(구성)요건이다. 성립요건에는 일반적으로 모든 법률행위에 공통하는 요건, 즉 '일반적 성립요건'과 특수한 법률행위에 대한 그 밖의 특별한 성립요건, 즉 '특별성립요건'이 있다.

1) 일반적 성립요건

모든 법률행위에 요구되는 요건 3가지가 있다.

i) 당사자, ii) 목적, iii) 의사표시

2) 특별성립요건

개별적인 법률행위에 대하여 법률이 그 성립에 필요한 특별한 요건으로서 법률에 규정되어 있다. 즉, 혼인의 경우에 혼인신고(민법 제812조),[363] 질권설정계약에는 물건의 인도(동법 제330조),[364] 유언의 경우에 만 17세(동법 제1061조)[365] 등이 있다.

363) 제812조 (혼인의 성립) ① 혼인은 「가족관계의 등록 등에 관한 법률」에 정한 바에 의하여 신고함으로써 그 효력이 생긴다. ② 전항의 신고는 당사자쌍방과 성년자인 증인2인의 연서한 서면으로 하여야 한다.

364) 제330조 (설정계약의 요물성) 질권의 설정은 질권자에게 목적물을 인도함으로써 그 효

(2) 법률행위의 효력요건

이미 성립한 법률행위가 법률상 효력의 발생함에 있어서도 일반적 효력요건과 특별효력요건이 있다.

i) 일반적 효력요건

모든 법률행위가 갖추어야만 그 효력이 발생하는 요건들이다.

① 당사자가 행위능력을 소유하고 있어야 한다(행위능력, 민법 제4조).[366]

② 법률행위의 목적이 확정할 수 있고(확정성), 가능하고(가능성), 적법하고(적법성), 사회적 타당성을 가지고 있어야 한다(민법 제103조,[367] 제104조[368])). 위의 4가지의 성질을 모두 갖추어야 한다. 그 중에 어느 하나를 위반하면 법률행위는 무효가 된다.

③ 의사표시에 있어서 의사와 표시가 일치하고, 또한 의사표시가 타인의 부당한 간섭이 없는 자유로운 상태에서 행하여야 한다(의사와 표시의 일치).

ii) 특별효력요건

개별적인 법률행위가 특수한 효력요건을 갖추어야 효력이 발생한다. 예를 들면 대리행위에 있어서 대리권의 존재(민법 제114조[369] 이하), 조건부, 기한부의 법률행위에 있어서 조건의 성취, 기한(期限)의 도래(到来)(동법 제147조[370] 이하), 유언에 있어서 유언자의 사망 등이다(동법 제1073조).[371]

력이 생긴다.

365) 제1061조 (유언적령) 만17세에 달하지 못한 자는 유언을 하지 못한다.

366) 제4조 (성년) 사람은 19세로 성년에 이르게 된다.

367) 제103조 (반사회질서의 법률행위) 선량한 풍속 기타 사회질서에 위반한 사항을 내용으로 하는 법률행위는 무효로 한다.

368) 제104조 (불공정한 법률행위) 당사자의 궁박, 경솔 또는 무경험으로 인하여 현저하게 공정을 잃은 법률행위는 무효로 한다.

369) 제114조 (대리행위의 효력) ① 대리인이 그 권한 내에서 본인을 위한 것임을 표시한 의사표시는 직접본인에게 대하여 효력이 생긴다. ② 전항의 규정은 대리인에게 대한 제삼자의 의사표시에 준용한다.

370) 제147조 (조건성취의 효과) ① 정지조건있는 법률행위는 조건이 성취한 때로부터 그 효력이 생긴다. ② 해제조건 있는 법률행위는 조건이 성취한 때로부터 그 효력을 잃는다. ③ 당사자가 조건성취의 효력을 그 성취전에 소급하게 할 의사를 표시한 때에는 그 의사에 의한다.

371) 제1073조 (유언의 효력발생시기) ① 유언은 유언자가 사망한 때로부터 그 효력이 생긴

제2관 법률행위의 종류

Ⅰ. 단독행위, 계약행위, 합동행위

법률행위의 종류는 법률행위의 요소인 의사표시의 태양(態樣)에 의하여 분류한 가장 기본적인 구별이다.

1. 단독행위

단독행위는 행위자의 한 개의 의사표시로 성립하는 법률행위이다. 여기에는 상대방있는 단독행위와 상대방 없는 단독행위가 있다. 전자의 예는 단독행위가 효력이 발생하려면 그 의사표시가 상대방에게 도달하여야 한다. 예를 들면 동의나 추인, 채무면제, 취소 등이 있다. 반면 후자는 의사표시를 받을 특정한 상대방이 없기 때문에 의사표시를 하면 곧 바로 효력이 발생한다. 예컨대, 유언행위나 권리의 포기, 재단법인의 설립행위 등이 있다.

2. 계약

넓은 의미의 계약은 2인 이상의 당사자가 '청약'과 '승낙'이라는 서로 대립하는 의사표시를 하고, 그 의사표시의 합치(合致)가 성립하는 법률행위를 말한다. 좁은 의미에서 계약은 채권계약을 말한다.

3. 합동행위

합동행위(合同行爲)는 평행적, 구심적으로 방향을 같이 하는 2개 이상의 의사표시가 합치하여 성립하는 법률행위이다. 다만, 합동행위는 계약의 일종에 해당한다는 견해가 있다. 합동행위의 예로서는 사단을 구성하는 경우를 들 수 있다.

다. ② 유언에 정지조건이 있는 경우에 그 조건이 유언자의 사망 후에 성취한 때에는 그 조건성취한 때로부터 유언의 효력이 생긴다.

Ⅱ. 요식행위, 불요식행위

1. 불요식의 원칙

계약자유의 원칙은 '방식의 자유'가 인정되므로 일반적으로 법률행위의 방식은 자유이다.

2. 요식행위

법률행위를 함에 있어서 첫째, 행위 당사자로 하여금 신중하게 행위를 하게 하기 위한 경우(혼인), 둘째 법률행위의 명확성(법인설립행위, 유언), 셋째, 외형을 신뢰하여 활발한 거래를 요구하는 행위(어음행위), 넷째, 의사표시 자체는 불요식이나 그와 함께 일정한 방식(신고)을 요구되어 있는 행위(가족법상의 행위), 다섯째, 의사표시가 반드시 재판상 행하여져야 하는 법률행위 등이 이에 해당한다.

3. 재산행위와 신분행위

법률행위의 결과로 발생하는 법률효과가 재산상의 법률관계이냐 혹은 신분상의 법률관계이냐에 따라 양자를 구별한다. 예컨대, 매매, 임대차, 소유권양도, 채권양도 등은 재산상의 법률행위이고, 혼인, 입양, 약혼, 인지, 유언 등은 신분상의 법률행위이다. 한편, 상속법은 재산관계에 있어서 친족과 관련되어 있다. 즉, 상속법은 가족사이의 재산관계에서 친족에 관련되어 있다는 점에서 일반재산관계에 적용된다. 그런데 재산행위와 신분행위를 구별하는 실이익은 민법총칙의 법률행위는 주로 재산행위에 적용되고, 신분행위에는 거의 적용되지 않는다. 또한 신분행위의 특징은 재산행위와 달리 의사주의와 요식주의를 취하고 있다.

4. 채권행위, 물권행위, 준물권행위

다음은 법률행위의 결과로 인하여 발생하는 법률효과에 따라 구분한 것이다.

(1) 채권행위

채권행위(債權行爲)는 채권채무의 발생을 목적으로 하는 법률행위이다. 채권은 채권자(특정인)가 채무자(다른 특정인)에 대하여 일정한 행위, 즉 급부(이행)를 요구할 수 있는 권리이다. 채권이 발생한다는 것은 채권자가 채무자에게 일정한 급부를 요구할 수 있게 되는 법률관계이다. 채권행위(즉, 증여, 매매, 대차 등)의 원인행위로서 '이행(履行)'이라는 문제가 남는다는 점에서 이행의 문제가 없는 물권행위나 준물권행위와 차이가 있다.

(2) 물권행위

물권행위(物權行爲)는 직접적으로 물권변동(발생, 변경, 소멸)의 발생을 목적으로 하는 의사표시(물권적 의사표시)를 요소로 하여 성립하는 법률행위이다. 예컨대, 부동산의 물권변동은 등기함으로서(제186조),[372] 동산의 물권변동은 인도함으로서 발생한다(제188조[373] 제1항). 물권행위나 준물권행위는 채권행위에 대비하여 '처분행위(處分行爲)'라 하고, 이러한 처분행위가 유효하기 위하여 처분자는 처분권한이 있어야 하며, 처분권한이 없는 자의 처분행위는 무효이다. 반면에 채권행위에서는 타인의 소유권도 매매의 대상으로 할 수 있다(제569조).[374] 왜냐하면, 채권행위에서 채무자는 이행기(履行期)까지 채무이행을 하면 되기 때문이다.

(3) 준법률행위

물권 이외의 권리(채권, 무체재산권)를 종국적으로 변동시키고, 이행이라는 문제는 남기지 않는 법률행위이다. 예를 들면, 채권양도, 채무면제, 광업권이나 어업권 등이 있다.

---

372) 제186조 (부동산물권변동의 효력) 부동산에 관한 법률행위로 인한 물권의 득실변경은 등기하여야 그 효력이 생긴다.

373) 제188조 (동산물권양도의 효력, 간이인도) ① 동산에 관한 물권의 양도는 그 동산을 인도하여야 효력이 생긴다. ② 양수인이 이미 그 동산을 점유한 때에는 당사자의 의사표시만으로 그 효력이 생긴다. 동산에 관한 물권의 양도는 그 동산을 인도하여야 효력이 생긴다.

374) 제569조 (타인의 권리의 매매) 매매의 목적이 된 권리가 타인에게 속한 경우에는 매도인은 그 권리를 취득하여 매수인에게 이전하여야 한다.

5. 출연행위, 비출연행위

출연행위(出捐行爲)란 자기의 재산을 감소시키고, 타인의 재산을 증가하게 하는 효과를 발생시키는 행위이다. 즉 임대차, 매매 등이 있다. 반면에 비출연행위(非出捐行爲)는 타인의 재산을 증가하게 함없이 행위자만이 재산을 감소하거나 또는 직접 재산의 증감을 일어나지 않게 하는 행위이다, 즉 소유권의 포기, 대리권의 수여 등이 있다. 민법상 출연(出捐)을 출재(出財)라고 한다.

(1) 유상행위와 무상행위

유상행위(有償行爲)는 자기의 출연(出捐)에 대하여 상대방으로부터도 그것에 대응하는 출연을 받는 것을 목적으로 하는 행위이며, 무상행위(無償行爲)는 상대방으로부터는 출연을 받지 않는 것이다. 전자는 매매에 관한 규정이 준용된다(제567조).[375)]

(2) 유인행위와 무인행위

출연행위(出捐行爲)의 목적을 출연의 원인으로 할 때에 이 원인이 출연행위의 요건 또는 내용으로 되어 있느냐 여부에 따라 유인행위(有因行爲)와 무인행위(無因行爲)로 구분된다. 출연행위의 목적이 있을 때, 그 원인이 출연행위의 조건인 경우에 그 원인을 유인행위(有因行爲), 그러한 조건이 없는 경우에 원인이 없는 무인행위(無因行爲)라고 한다.

6. 그 밖의 분류

(1) 생전행위와 사후행위

행위자의 사망으로 그 효력이 생기는 법률행위를 사후행위(死後行爲) 또는 사인행위(死因行爲)라고 하고, 여기에는 사인증여(死因贈與 : 제562조)와[376)] 유언(遺言: 제1073조)이[377)] 있으며, 기타의 보통의 행위를 생전행위(生前行爲)라고 한다.

375) 제567조 (유상계약에의 준용) 본 절의 규정은 매매 이외의 유상계약에 준용한다. 그러나 그 계약의 성질이 이를 허용하지 아니하는 때에는 그러하지 아니하다.

376) 제562조 (사인증여) 증여자의 사망으로 인하여 효력이 생길 증여에는 유증에 관한 규정을 준용한다.

(2) 독립행위와 보조행위

법률행위는 법률관계의 변동을 직접적으로 발생하게 하느냐 혹은 다른 법률행위의 효과를 형식적으로 보충하거나 확정하는 것을 목적으로 하느냐를 통하여 구별한다. 통상의 법률행위는 주로 독립행위(獨立行爲)이고, 보조행위(補助行爲)는 동의(同意)나 추인(追認), 대리권(代理權)의 수여(授與) 등이 있으나 양자의 구별의 실이익은 없다.

제3관 법률행위의 목적

법률행위의 목적은 행위자가 그의 법률행위를 통하여 발생시키려고 하는 법률효과를 말하며, 법률행위의 내용이라고도 한다. 다시 말하면, 행위자가 법률행위를 통하여 일정한 효과의 발생을 원한다. 그 법률행위의 목적은 그 법률행위의 요소인 의사표시를 통하여 나타나므로, 결국 법률행위의 목적은 의사표시의 목적이다. 따라서 법률행위의 목적은 효과의사의 내용을 통하여 정해진다. 예를 들면, 매매에서 재산권의 이전과 대금의 지급이 '매매'라는 법률행위의 목적이다. 법률행위는 사적 자치를 위하여 인정되는 법률상의 수단이다. 따라서 법률행위는 사적 자치가 허용되는 사항에 관한 것이고, 그리고 그러한 범위에 속하여야 법률상의 효력을 가질 수 있다. 그러므로 법률행위의 목적도 법에 의하여 승인되고, 보호되는 것이어야 한다. 법률은 일정한 법률행위, 즉 타당성이 인정되는 범위에서 행위자가 원하는 효과가 확실하게 발생하도록 도와준다. 따라서 법률행위의 목적은 첫째 확정성, 둘째 실현가능성, 셋째 적법성, 넷째 사회적 타당성이 있어야 한다. 다음은 이에 관하여 살펴보도록 하겠다.

1. 목적의 확정성

법률행위의 목적은 확정(특정)되어 있거나 확정할 수 있는 것이어야 한다. 목적이 불확정한 법률행위는 외형적으로 법률행위의 모습을 갖추고 있어도 무효이다.

---

377) 제1073조 (유언의 효력발생시기) ① 유언은 유언자가 사망한 때로부터 그 효력이 생긴다. ② 유언에 정지조건이 있는 경우에 그 조건이 유언자의 사망 후에 성취한 때에는 그 조건성취한 때로부터 유언의 효력이 생긴다.

예를 들면, 갑(甲)이 창고에 여러 등급의 쌀을 소유하고 있는데, 을(乙)이 갑(甲)에게 창고에 있는 쌀 1톤을 매수하겠다는 계약서를 작성하였을지라도 매수의 목적이 된 쌀을 확정(또는 특정 : 여러 등급중의 어느 등급)할 수 없기 때문에 비록 그러한 법률행위, 즉 매매계약이 성립되었어도 법률행위의 목적을 특정할 수 없기 때문에 법률행위는 무효이다. 그러나 법률행위의 목적이 반드시 확정되어야 하는 것은 아니다. 통상 법률행위의 목적은 장차 확정될 수 있거나 당사자의 의사에 의하여 정해지지만 경우에 따라서는 주위의 상황이나 거래상의 관습에 의하여 정해지거나(민법 제106조)[378] 법률의 규정에 의하여 그 기준이 정해지는 경우가 있다(동법 제375조,[379] 제376조[380] 등).

2. 목적의 실현가능성

법률행위의 목적은 실현가능성이 있어야 한다. 확정된 목적의 실현이 '불가능'한 경우에 그 법률행위는 무효이다. 목적의 실현가능성의 여부에 관하여 살펴보기로 한다.

(1) 실현가능성의 여부기준

법률행위의 목적의 가능여부는 사회관념 또는 거래관념에 따라 결정된다. 즉, 물리적으로 실현이 절대 불가능한 것이나 혹은 물리적으로 실현이 가능하지만 사회관념상 실현이 불가능이라고 볼 수 있는 것은 실현 불가능이다(한강에 좁쌀크기 보석, 죽은 사람을 살리는 계약 등). 그리고 일시적 불가능의 경우는 나중에 가능할 수가 있기 때문에 불가능은 확정적이어야 한다.

---

378) 제106조 (사실인 관습) 법령중의 선량한 풍속 기타 사회질서에 관계없는 규정과 다른 관습이 있는 경우에 당사자의 의사가 명확하지 아니한 때에는 그 관습에 의한다.

379) 제375조 (종류채권) ① 채권의 목적을 종류로만 지정한 경우에 법률행위의 성질이나 당사자의 의사에 의하여 품질을 정할 수 없는 때에는 채무자는 중등품질의 물건으로 이행하여야 한다. ② 전항의 경우에 채무자가 이행에 필요한 행위를 완료하거나 채권자의 동의를 얻어 이행할 물건을 지정한 때에는 그때로부터 그 물건을 채권의 목적물로 한다.

380) 제376조 (금전채권) 채권의 목적이 어느 종류의 통화로 지급할 것인 경우에 그 통화가 변제기에 강제통용력을 잃은 때에는 채무자는 다른 통화로 변제하여야 한다.

(2) 불가능의 분류

1) 원시적 불가능과 후발적 불가능

원시적 불가능은 법률행위의 당시에 법률행위의 목적물이 이미 실현 불가능한 경우를 말한다. 예를 들면, 갑(甲)과 을(乙) 사이에 자동차 매매계약을 체결하였는데, 그 매매계약이 성립되기 전에 교통사고로 이미 폐차가 된 경우를 들 수 있다. 민법은 원시적 불가능은 계약체결상의 과실이라고 한다(민법 제535조).[381]

후발적 불가능은 법률행위 당시에 실현 가능하였으나 물건의 양도시에 인도가 불가능한 경우이다. 예를 들면, 갑(甲)과 을(乙) 사이에 자동차 매매계약을 체결할 당시에 그 목적물인 자동차가 아무런 이상이 없었으나 갑(甲)이 그 자동차를 을(乙)에게 양도하려고 가는 도중에 교통사고로 목적물인 자동차가 폐차된 경우이다. 이러한 후발적 불가능의 경우는 법률행위가 무효가 아니라 후발적 불능에 대하여 그 책임이 채무자에게 존재하느냐의 여부에 따라 법률효과가 다르다. 첫째, 그 책임이 채무자에게 있는 경우에 채무불이행책임으로서 손해배상과 계약의 경우에 해제권이 발생한다(민법 제390조,[382] 제546조[383]). 둘째, 그 책임이 채무자에게 없는 경우에는 그것이 쌍무계약인 경우에 위험부담주의가 적용된다(민법 제537조).[384] 또한 매매와 같은 유상계약인 경우에는 담보책임이 발생하게 된다(민법 제570조[385] 이하).

---

381) 제535조 (계약체결상의 과실) ① 목적이 불능한 계약을 체결할 때에 그 불능을 알았거나 알수 있었을 자는 상대방이 그 계약의 유효를 믿었음으로 인하여 받은 손해를 배상하여야 한다. 그러나 그 배상액은 계약이 유효함으로 인하여 생길 이익액을 넘지 못한다. ② 전항의 규정은 상대방이 그 불능을 알았거나 알 수 있었을 경우에는 적용하지 아니한다.

382) 제390조 (채무불이행과 손해배상) 채무자가 채무의 내용에 좇은 이행을 하지 아니한 때에는 채권자는 손해배상을 청구할 수 있다. 그러나 채무자의 고의나 과실없이 이행할 수 없게 된 때에는 그러하지 아니하다.

383) 제546조 (이행불능과 해제) 채무자의 책임있는 사유로 이행이 불능하게 된 때에는 채권자는 계약을 해제할 수 있다.

384) 제537조 (채무자위험부담주의) 쌍무계약의 당사자일방의 채무가 당사자쌍방의 책임없는 사유로 이행할 수 없게 된 때에는 채무자는 상대방의 이행을 청구하지 못한다.

385) 제570조 (매도인의 담보책임) 전조의 경우에 매도인이 그 권리를 취득하여 매수인에게 이전할 수 없는 때에는 매수인은 계약을 해제할 수 있다. 그러나 매수인이 계약당시 그 권리가 매도인에게 속하지 아니함을 안 때에는 손해배상을 청구하지 못한다.

2) 전부 불가능과 일부 불가능

법률행위의 목적의 전부가 실현 불가능이 '전부 불가능'이고, 일부분만이 불가능한 경우에 '일부 불가능'이다. 전부 불가능의 법률행위는 무효이다. 일부 불가능의 경우에 그 불가능한 부분은 무효이다. 다만 일부의 무효의 경우에 나머지 가능한 부분도 무효가 되느냐의 여부이다. 이것 '일부무효의 법리'에 따라 해결되어야 한다(민법 제137조).[386] 일부무효의 법리는 원칙적으로 그 법률행위의 전부를 무효로 한다. 그러나 그 무효부분이 없어도 법률행위를 하였으리라고 인정될 경우에 무효부분은 제외하고 나머지 부분만 그대로 유효한 것으로 하고 있다.

3) 법률적 불가능과 사실적 불가능

법률상 허용되지 않는 것, 즉 당사자 사이에 법정물권 이외에 임의대로 물권을 설정하는 계약을 체결하는 경우에 물권 설정계약은 '법률상 불가능'하다. 왜냐하면, 물권은 법정물권만 인정하기 때문이다(민법 제185조).[387] '사실상 불가능'은 기타의 자연적, 물리적 이유에 의한 불가능을 말한다. 예를 들면, 갑(甲)과 을(乙) 사이에 주택매매계약을 체결하였는데, 홍수로 목적물인 주택이 멸실된 경우이다.

3. 목적의 적법성

법률행위가 유효하기 위하여 그 목적이 적법하여야 한다. 즉, '강행법규'를 위반한 내용의 법률행위는 부적법, 위법한 것으로 '무효'이다. '법령 중의 선량한 풍속, 기타 사회질서에 관한 규정'(민법 제105조)이[388] 강행법규이다. 여기서 강행법규는 당사자의 의사에 따라 법률규정을 배제할 수 없는 법규정을 말한다. 반면, 임의규정은 당사자의 의사에 따라 그 법률규정의 적용을 배제할 수 있다. 특히 '법령 중의 선량한 풍속, 기타 사회질서에 관계없는 규정'(민법 제105조, 제106조)이 여기에 해당한다. 법률행위의 적법성 중에서 강행법규의 내용 및 강행법규위반의 법률

386) 제137조 (법률행위의 일부무효) 법률행위의 일부분이 무효인 때에는 그 전부를 무효로 한다. 그러나 그 무효부분이 없더라도 법률행위를 하였을 것이라고 인정될 때에는 나머지 부분은 무효가 되지 아니한다.

387) 제185조 (물권의 종류) 물권은 법률 또는 관습법에 의하는 외에는 임의로 창설하지 못한다.

388) 제105조 (임의규정) 법률행위의 당사자가 법령중의 선량한 풍속 기타 사회질서에 관계없는 규정과 다른 의사를 표시한 때에는 그 의사에 의한다.

행위에 대하여 살펴보도록 하겠다.

(1) 강행법규의 내용

1) 의의

법률규정에는 사법상(私法上)의 법률효과에 대하여 강행법규와 임의법규로 구별할 수 있다. 임의법규 또는 임의규정은 당사자의 의사를 통하여 그 규정의 적용여부를 결정할 수 있는 규정을 말한다. 민법 제105조나 제106조에서 '법령 중의 선량한 풍속, 기타 사회질서에 관계없는 규정'은 이른바 임의규정이다. 반면에 강행규정 또는 강행법규는 당사자의 의사에 의하여 그 규정의 적용여부를 결정할 수 없는 규정을 말한다. 따라서 이 규정은 당사자의 의사에 관계없이 언제나 적용되는 법규가 강행법규이다. 즉 강행규정은 법령 중의 선량한 풍속, 기타 사회질서와 관계있는 규정이다.

2) 강행규정의 판정기준

강행규정여부에 관한 기준은 당사자의 의사와 관계없이 적용되는 법규이므로, 일종의 사적 자치의 한계가 되는 내용이다. 강행법규의 일률적인 기준은 없기 때문에 법규의 종류, 성질, 입법목적 등을 고려하여 개인의 의사에 관계없이 적용되느냐에 의하여 결정된다. 그 주요내용은 다음과 같다.

① 사회의 기본적 윤리관을 반영하는 규정(친족, 상속 등)

② 가족관계질서의 유지에 관한 규정(친족관계)

③ 법률질서의 기본구조에 관한 규정(권리능력, 행위능력, 법인제도 등 규정)

④ 제3자 및 사회일반의 이해에 직접적으로 중요한 영향이 미치는 것(물권편)

⑤ 거래의 안전을 위한 규정(유가증권제도 등)

⑥ 경제적 약자의 보호를 위한 규정 등

⑦ 시효제도의 규정

3) 단속법규와의 관계

대체로 강행법규는 효력규정뿐만 아니라 단속규정(금지규정)도 포함한다. 효력규정은 그 규정을 위반하면 그 위반행위에 대하여 사법상(私法上)의 법률효과를 부정한다. 그러나 단속규정(단속법규)은 국가가 일정한 행위를 단속할 목적으로 그것을 금지하거나 제한(그 행위를 하려면 관청의 허가가 있어야 한다는 경우 등)하는데 불과한 경우에 그 규정을 위반하여도 그 행위 자체의 사법상의 효과는 그대로 인정되지만 그 위반에 대한 벌칙은 적용된다. 따라서 강행법규를 위반하여 그 법률행위의 효과가 무효가 되는 것은 효력법규를 위반한 법률행위이고, 단속규정을 위반한 경우는 그 법률행위는 원칙적으로 유효하지만 단속규정의 위반에 대한 행위자에게 제재(制裁)를 과한다. 어떤 강행규정이 있을 때에 그것이 효력규정이냐 혹은 단속규정이냐를 구별하는 것이 어렵다. 따라서 다음과 같이 구별할 수밖에 없다.

첫째, 행정법규, 특히 경찰법규는 단순한 단속법규이고, 그 위반행위는 원칙적으로 유효하다. 즉, 무허가음식점의 영업행위, 공무원의 영리행위, 행정관청의 허가를 받지 않고서 하는 총포화약류의 거래행위 등은 유효하다. 둘째, 법률이 특히 엄격한 표준을 정하여 일정한 자격을 갖춘 자에 대하여만 일정한 기업을 허용하는 경우에 그 법규는 효력규정이라는 것이 통설이다. 따라서 그러한 허가(許可)나 면허(免許)를 받은 자가 그 명의(名義)를 빌려주는 계약은 일반적으로 무효이다. 즉, 미채굴의 광물은 광업권의 설정 없는 자는 미채굴의 광물을 채굴하지 못하며(광업법 제4조)[389] 광업권은 이를 대차(貸借)하지도 못한다(동법 제8조).[390] 또한 어업권(漁業權)의 임대차(賃貸借)도 금지되어 있다(수산업법 제33조).[391] 따라서 광업권자나 어업권자는 자신의 명의의 광업권이나 어업권을 타인에게 빌려주는 계약은 무효이다. 또한 증권회사는 그의 명의(名義)를 타인에게 빌려줌으로써 증권업을 경영하게 할 수 없다. 따라서 증권회사가 그 명의를 타인에게 대여하는 계약은 무효이다. 셋째, 그러나 위의 사례에서 명의대여계약을 통하여 명의를 대차(貸借)한 자가 제3자와 맺는 계약, 즉 광업권자의 명의를 대차하여 채굴한 광물을 제3자에게 매각하는 행위 등의 효력은 유효라고 해석하여야 한다. 그것은 거래의 안전을 위해서이다.

---

389) 광업법 제4조 (광물의 채굴) 채굴되지 아니한 광물은 채굴권의 설정 없이는 채굴할 수 없다.

390) 제8조 (광업권 및 조광권 행사의 제한) 광업권자나 조광권자는 어떠한 이유로도 광업권이나 조광권을 타인이 행사하게 할 수 없다. 다만, 채굴권에 조광권을 설정하는 경우에는 그러하지 아니하다.

391) 수산업법 제33조 (임대차의 금지) 어업권은 임대차의 목적으로 할 수 없다. 이 경우 어촌계의 계원, 지구별수협의 조합원 또는 어촌계의 계원이나 지구별수협의 조합원으로 구성된 영어조합법인이 제38조에 따른 어장관리규약으로 정하는 바에 따라 그 어촌계 또는 지구별수협이 소유하는 어업권을 행사하는 것은 임대차로 보지 아니한다.

4) 강행법규의 위반의 태양

강행법규의 위반유형으로 직접위반과 간접위반(탈법행위)이 있다. 특히 문제가 되는 것은 간접적 위반인 탈법행위(脫法行爲)이다.

① 직접 위반

강행법규 자체를 정면으로 위반하는 경우이다. 그러한 행위는 당연 무효이다. 그런데 행위의 일부만이 강행법규에 위반하는 경우에 전체로서의 행위의 효력은 일부무효의 법리에 의하여 결정하여야 할 것이다(민법 제137조).[392]

② 간접적 위반(탈법행위)

a) 의의

탈법행위는 직접적으로 강행법규를 위반하지 않으나 강행법규가 금지하고 있는 내용을 회피수단을 통하여 실현하는 행위를 말한다. 즉, 탈법행위는 회피수단을 사용하여 강행법규가 금지하고 있는 내용을 형식적으로 직접 위반하지 않고, 금지하고 있는 내용을 실질적으로 실현하는 경우이다. 예컨대, 공무원 및 군인의 연금을 받을 권리(연금수급권)는 대통령령으로 정하는 금융기관의 담보에 제공할 수 있으나 그 밖에는 이를 담보하는 것은 금지되어 있다. 그런데 연금수급권의 담보금지규정에 직접 위반하는 것을 회피하여 채권자에게 연금증서를 교부하고, 대리권을 수여하여 연금의 추심(推尋)을 위임(委任)하고, 추심한 연금을 변제에 충당하게 하는 방법이다. 이 경우에 원금과 이자를 모두 변제할 때까지 추심위임을 해제하지 않겠다는 특약을 하면 그것은 연금수급권을 담보로 하는 것과 동일한 효과가 있다.

b) 탈법행위의 한계

탈법행위의 한계 내지 범위의 문제는 강행법규가 그의 위반행위를 통하여 발생하는 법률효과를 절대로 인정하지 않거나 금지하려는 경우에 다른 회피수단에 의하여 동일한 결과나 효과를 생기게 하는 것도 인정하지 않는다고 보아야 하므로 그러한 회피수단은 탈법행위로서 무효이다. 그러나 강행법규가 단순히 특정한 수단이나 형식을 통하여 어떤 결과나 효과를 생기지 않게 하려는 것일 때, 금지된 것과는 다른 수단으로 동일한 효과나 결과가 발생하더라도 탈법행위로서 무효가 아니고, 유효하다고 보아야 할 것이다. 왜냐하면, 강행규정의 목적은 일정한 결과나 효과의 발

392) 第137조 (법률행위의 일부무효) 법률행위의 일부분이 무효인 때에는 그 전부를 무효로 한다. 그러나 그 무효부분이 없더라도 법률행위를 하였을 것이라고 인정될 때에는 나머지 부분은 무효가 되지 아니한다.

생을 금지하는데 있는 것이 아니라 그 수단이나 형식 내지 행위를 금지하는데 있기 때문이다. 즉, 동산은 질권의 대상이지만 저당권의 대상이 아니다. 그런데 담보물이 없는 기업주(企業主)가 특정동산의 소유권을 채권자에게 양도하고, 그 특정동산을 채권자로부터 차용하여 종전처럼 생산활동을 계속하는 경우이다. 이러한 제도가 거래관행상 인정되는 양도담보(讓渡擔保) 또는 매도담보(賣渡擔保)라고 한다. 양도담보는 동산에 질권을 설정하면 동산을 채권자에게 인도하는 규정(민법 제332조)과[393] 유질계약(流質契約)을 금지하는 규정(민법 제339조)을[394] 위반한 탈법행위이다. 그러나 이러한 양도담보제도가 거래관행상 인정되고 있으므로 강행법규를 위반한 탈법행위이므로 무효이지만 거래관행상 인정되는 유효한 제도이다.

4. 목적의 사회적 타당성

(1) 민법 제103조의 의의

법률행위의 목적이 개개의 강행법규에 위반하지 않더라도 '선량한 풍속(風俗), 기타 사회질서'에 위반하는 경우에, 즉 사회관념상 타당성을 상실한 경우에 그 법률행위는 무효이다. 민법 제103조가[395] 이를 규정하고 있다. 민법은 법률행위(계약) 자유의 원칙을 인정하고, 법률행위가 행하여진 경우에 그 목적이 달성되도록 도와주려고 한다. 다만 이 경우에 법률이 가지는 이념상의 범위 안에서만 인정된다.

(2) 사회질서의 개념

민법 제103조 '선량한 풍속, 기타 사회질서에 위반(違反)한 사항을 내용으로 하는 법률행위는 무효로 한다'라고 규정하고 있다. 여기서 말하는 '선량한 풍속'은 사회의 일반적 도덕(윤리)관념, 즉 모든 국민에게 지킬 것이 요구되는 최소한의 도덕률을 말한다. 그렇다면 '사회질서'라 함은 국가, 사회의 공공의 질서 내지 일반적 이익을 뜻한다. 따라서 '선량한 풍속'을 '사회질서의 일종으로 보고 있다. 즉, '

393) 제332조 (설정자에 의한 대리점유의 금지) 질권자는 설정자로 하여금 질물의 점유를 하게 하지 못한다.

394) 제339조 (유질계약의 금지) 질권설정자는 채무변제기전의 계약으로 질권자에게 변제에 가름하여 질물의 소유권을 취득하게 하거나 법률에 정한 방법에 의하지 아니하고 질물을 처분할 것을 약정하지 못한다.

395) 제103조 (반사회질서의 법률행위) 선량한 풍속 기타 사회질서에 위반한 사항을 내용으로 하는 법률행위는 무효로 한다.

사회질서는 상위개념(上位槪念)이고, 그것이 민법 제103조의 중심개념이다. 그렇다면 '사회질서'의 개념은 우리의 사회생활의 평화와 질서를 유지하는데 있어서 일반국민이 반드시 지켜야 할 일반규범을 의미한다. 그러므로 이러한 의미에서 민법 제103조는 일반적으로 '사회적 타당성' 또는 '사회성'이라는 용어가 사용되고 있다. 다음은 선량한 풍속, 기타 사회질서의 위반여부에 관한 판례를 살펴보기로 한다.

가) 민법 제103조에 의하여 무효로 되는 '반사회질서의 법률행위'의 의미

◆ 판 례

민법 제103조에 의하여 무효로 되는 반사회질서 행위는 법률행위의 목적인 권리의무의 내용이 선량한 풍속 기타 사회질서에 위반되는 경우뿐만 아니라, 그 내용 자체는 반사회질서적인 것이 아니라고 하여도 법률적으로 이를 강제하거나 법률행위에 반사회질서적인 조건 또는 금전적인 대가가 결부됨으로써 반사회질서적 성질을 띠게 되는 경우 및 표시되거나 상대방에게 알려진 법률행위의 동기가 반사회질서적인 경우를 포함한다 : 대법원 2005. 7. 28. 선고 2005다23858 판결.

나) 강행법규 위반의 무효행위에 의하여 급부한 것이라 하여도 그 행위가 선량한 풍속, 기타 사회질서를 해치는 것이 아니면 그 이익의 반환 또는 손해배상의 청구여부

◆ 판 례

금원지급의 원인되는 행위가 불법에 위반되는 무효의 것이라 하여도, 그 지급행위의 원인되는 행위가 선량한 풍속, 기타 사회질서에 위반되는 불법의 것이라고는 할 수 없는 바이므로, 원고의 본건 금원지급이 불법원인에 의한 것이라 할 수 없다 : 대법원 1969.11.11. 선고 69다925 판결.

다) 선량한 풍속 기타 사회질서에 위반하여 무효인 부분의 이자 약정을 원인으로 차주가 대주에게 임의로 지급한 이자의 반환을 청구할 수 있는지 여부

◆ 판 례

선량한 풍속 기타 사회질서에 위반하여 무효인 부분의 이자 약정을 원인으로 차주가 대주에게 임의로 이자를 지급하는 것은 통상 불법의 원인으로 인한 재산 급여라고 볼 수 있을 것이나, 불법원인급여에 있어서도 그 불법원인이 수익자에게만 있는 경우이거나 수익자의 불법성이 급여자의 그것보다 현저히 커서 급여자의 반환청구를 허용하지 않는 것이 오히려 공평과 신의칙에 반하게 되는 경우에는 급여자의 반환청구가 허용되므로, 대주가 사회통념상 허용되는 한도를 초과하는 이율의 이자를 약정하여 지급받은 것은 그의 우월한 지위를 이용하여 부당한 이득을 얻고 차주에게는 과도한 반대급부 또는 기타의 부당한 부담을 지우는 것으로서 그 불법의 원인이 수익자인 대주에게만 있거나 또는 적어도 대주의 불법성이 차주의 불법성에 비하여 현저히 크다고 할 것이어서 차주는 그 이자의 반환을 청구할 수 있다 : 대법원 2007.2.15. 선고 2004다50426 전원합의체 판결[다수의견].

(3) 사회질서위반의 효과

'선량한 풍속, 기타 사회질서에 위반한 법률행위는 무효이다'(민법 제103조). 사회질서위반의 법률행위의 효과는 '무효', 즉 그 법률행위를 통하여 발생시키려고 의욕하였던 결과(법률효과)의 발생을 부정하는 것이다. 법률행위의 목적은 사회적 타당성이 있어야 하는데, 사회질서의 위반행위는 무효이므로 무효인 법률행위에 근거하여 이행전후를 구분하여 효과를 판단하여야 한다. 즉, 법률행위가 채권행위이면, 아직 이행(履行)전이라면 채무자는 이행할 의무가 없고, 채권자 또한 채무이행청구권이 없다. 반면에 이미 채무를 이행하였다면 급부자(채무자)는 수급자(채권자)에게 부당이득으로서 반환을 청구할 수 있는 것처럼 보이나(민법 제741조,[396] 제748조,[397] 제749조[398]) 민법 제746조의[399] 규정에 의하여 그러한 급부(給付)는 불법원인급여(不法原因給與)로서 반환청구가 인정되지 않는 것이 원칙이다. 사회질서를 위반한 행위의 효력에 관한 판례를 살펴보기로 한다.

---

396) 제741조 (부당이득의 내용) 법률상 원인없이 타인의 재산 또는 노무로 인하여 이익을 얻고 이로 인하여 타인에게 손해를 가한 자는 그 이익을 반환하여야 한다.

397) 제748조 (수익자의 반환범위) ① 선의의 수익자는 그 받은 이익이 현존한 한도에서 전조의 책임이 있다. ② 악의의 수익자는 그 받은 이익에 이자를 붙여 반환하고 손해가 있으면 이를 배상하여야 한다.

398) 제749조 (수익자의 악의인정) ① 수익자가 이익을 받은 후 법률상 원인 없음을 안 때에는 그때부터 악의의 수익자로서 이익반환의 책임이 있다. ② 선의의 수익자가 패소한 때에는 그 소를 제기한 때부터 악의의 수익자로 본다.

399) 제746조 (불법원인급여) 불법의 원인으로 인하여 재산을 급여하거나 노무를 제공한 때에는 그 이익의 반환을 청구하지 못한다. 그러나 그 불법원인이 수익자에게만 있는 때에는 그러하지 아니하다.

가) 도급인이 일방적으로 공사의 완공이 불가능할 정도의 공기 단축을 요구하여 수급인으로 하여금 부득이 이에 응하게 한 경우, 그 단축된 준공기한 위반을 이유 로 지체상금을 물게 하는 것은 선량한 풍속 기타 사회질서 위반여부

◆ 판 례

도급인의 지위에 있는 행정기관이 당초의 입찰이나 계약체결시에 약정한 공사기간을 그 후 행정상의 이유로 일방적으로, 수급인이 당초 전혀 예상하지 못했을 정도로 상당한 기간의 단축을 요구하여 수급인으로 하여금 이에 부득이 응하게 한 경우, 공사기간을 단축할 당시에 있어서의 기성공정률과 그 공사의 완공에 필요한 총기간 및 남은 공사기간 등을 참작하여 그 단축된 기간 내에 공사를 준공하는 것이 물리적으로 불가능하거나 총체적으로 부실공사를 강요하는 것이 될 수밖에 없다면, 당초의 지체상금에 관한 약정을 그대로 적용하여 그와 같이 준공이 불가능할 정도로 단축된 준공기한을 기준으로 일률적으로 계산한 지체 일수 전부에 대하여 당초의 약정에 의한 지체상금의 배상을 그대로 물게 하는 것은 선량한 풍속 기타 사회질서에 비추어 허용할 수 없으므로, 준공기한을 앞당기기로 하는 그 합의는 준공에 절대적으로 필요한 최소한의 기간에 해당하는 지체상금 부분에 한하여 무효이다 : 대법원 1997. 6. 24. 선고 97다2221 판결.

나) 금전소비대차계약의 당사자 사이의 경제력 차이로 인하여 이율이 사회통념상 허용되는 한도를 초과하여 현저하게 고율로 정해진 경우, 그 부분 이자 약정의 효력여부

◆ 판 례

금전 소비대차계약과 함께 이자의 약정을 하는 경우, 양쪽 당사자 사이의 경제력의 차이로 인하여 그 이율이 당시의 경제적·사회적 여건에 비추어 사회통념상 허용되는 한도를 초과하여 현저하게 고율로 정하여졌다면, 그와 같이 허용할 수 있는 한도를 초과하는 부분의 이자 약정은 대주가 그의 우월한 지위를 이용하여 부당한 이득을 얻고 차주에게는 과도한 반대급부 또는 기타의 부당한 부담을 지우는 것이므로 선량한 풍속 기타 사회질서에 위반한 사항을 내용으로 하는 법률행위로서 무효이다 : 대법원 2007.2.15. 선고 2004다50426 전원합의체 판결.

다) 불법원인급여와 물권적 청구권의 행사

◆ 판 례

민법 제746조는 단지 부당이득제도만을 제한하는 것이 아니라 동법 제103조와 함께 사법의 기본이념으로서, 결국 사회적 타당성이 없는 행위를 한 사람은 스스로 불법한 행

위를 주장하여 복구를 그 형식 여하에 불구하고 소구할 수 없다는 이상을 표현한 것이므로, 급여를 한 사람은 그 원인행위가 법률상 무효라 하여 상대방에게 부당이득반환청구를 할 수 없음은 물론 급여한 물건의 소유권은 여전히 자기에게 있다고 하여 소유권에 기한 반환청구도 할 수 없고 따라서 급여한 물건의 소유권은 급여를 받은 상대방에게 귀속된다 : 대법원 1979.11.13. 선고 79다483 전원합의체 판결

【사실관계】

이 사건 임야는 원래 피고의 아버지 소외인의 소유였는데, 그가 원고와 불륜의 내연관계를 맺고 그 대가로 원고에게 이를 증여하여, 소유권이전등기를 넘겨주었다는 취지의 사실을 인정한 다음, 그렇다면 원고는 민법 제746조에 의하여 그대로 그 소유권을 취득한다고 하여, 원고 앞으로 된 위 소유권이전등기가 불법원인급여를 원인으로 한 것이기 때문에 무효라는 취지의 피고의 주장을 배척하고 있는 바, 원심의 위와 같은 판단은 결과적으로 위의 설시와 같은 취지로 보여지므로 정당하고, 거기에 소론과 같은 불법원인급여의 법리를 오해한 위법이 있다고 할 수 없으므로, 논지는 이유없고, 이 법원이 종전의 다른 판결(대법원 1960.9.15 선고 4293민상57 판결; 1977.6.28 선고 77다728 판결 등)에서, 이와 다르게 판시한 의견은 모두 이 판결로써 변경하기로 한다.

라) 도박채무에 대한 양도담보조로 경료한 소유권이전등기의 말소청구 가부

◆ 판 례

민법 제746조의 규정취의는 민법 제103조와 함께 사법의 기본이념으로 사회적 타당성이 없는 행위를 한 사람은 그 형식여하를 불문하고 스스로 한 불법행위의 무효를 주장하여 그 복구를 소구할 수 없다는 법의 이상을 표현한 것이고 부당이득반환청구만을 제한하는 규정이 아니므로 불법의 원인으로 급여를 한 사람이 그 원인행위가 무효라고 주장하고 그 결과 급여물의 소유권이 자기에게 있다는 주장으로 소유권에 기한 반환청구를 하는 것도 허용할 수 없는 것이니, 도박채무가 불법무효로 존재하지 않는다는 이유로 양도담보조로 이전해 준 소유권이전등기의 말소를 청구하는 것은 허용되지 않는다 : 대법원 1989.9.29. 선고 89다카5994 판결.

(4) 불공정한 법률행위

1) 개념

ⅰ) 자기의 급부(給付)에 비하여 현저하게 균형을 잃은 반대급부(反對給付)를

상대방에게 하게 함으로써 부당한 재산적 이익을 취득하는 행위가 '불공정한 법률행위' 또는 '폭리행위(暴利行爲)'이다. 불공정한 법률행위는 금전소비대차에 한정하지 않고, 모든 재산상의 유상행위(有償行爲)에 관하여 인정된다. 이에 관한 판례를 살펴보기로 한다.

가) 증여계약과 같은 일방적 급부행위가 민법 제104조 소정의 불공정한 법률행위에 해당될 수 있는지 여부

◈ 판 례

민법 제104조가 규정하는 현저히 공정을 잃은 법률행위라 함은 자기의 급부에 비하여 현저하게 균형을 잃은 반대급부를 하게 하여 부당한 재산적 이익을 얻는 행위를 의미하는 것이므로, 증여계약과 같이 아무런 대가관계 없이 당사자 일방이 상대방에게 일방적인 급부를 하는 법률행위는 그 공정성 여부를 논의할 수 있는 성질의 법률행위가 아니다 : 대법원 2000. 2. 11. 선고 99다56833 판결.

ii) 민법 제104조는[400] 폭리행위를 금지하고 있다. '당사자의 궁박(窮迫), 경솔(輕率) 또는 무경험(無經驗)으로 인하여 현저하게 공정(公正)을 잃은 법률행위는 무효로 한다'라고 규정하고 있다. 불공정한 법률행위는 민법 제103조 사회질서에 위반하는 행위중의 하나이다는 것이 통설, 판례의 입장이다. 다음은 불공정한 법률행위의 성립요건에 관한 판례를 살펴보자.

가) 불공정한 법률행위의 성립 요건

◈ 판 례

민법 제104조에 규정된 불공정한 법률행위는 객관적으로 급부와 반대급부 사이에 현저한 불균형이 존재하고, 주관적으로 그와 같이 균형을 잃은 거래가 피해 당사자의 궁박, 경솔 또는 무경험을 이용하여 이루어진 경우에 성립하는 것으로서, 약자적 지위에 있는 자의 궁박, 경솔 또는 무경험을 이용한 폭리행위를 규제하려는 데에 그 목적이 있고, 불공정한 법률행위가 성립하기 위한 요건인 궁박, 경솔, 무경험은 모두 구비되어야 하는 요건이 아니라 그 중 일부만 갖추어져도 충분한데, 여기에서 '궁박'이라 함은 '급박한 곤궁'을 의미하는 것으로서 경제적 원인에 기인할 수도 있고 정신적 또는 심리적 원

400) 제104조 (불공정한 법률행위) 당사자의 궁박, 경솔 또는 무경험으로 인하여 현저하게 공정을 잃은 법률행위는 무효로 한다.

인에 기인할 수도 있으며, 당사자가 궁박한 상태에 있었는지 여부는 그의 나이와 직업, 교육 및 사회경험의 정도, 재산 상태 및 그가 처한 상황의 절박성의 정도 등 여러 사정을 종합하여 구체적으로 판단하여야 하며, 한편 피해 당사자가 궁박한 상태에 있었다고 하더라도 그 상대방 당사자에게 그와 같은 피해 당사자 측의 사정을 알면서 이를 이용하려는 의사, 즉 폭리행위의 악의가 없었다거나 또는 객관적으로 급부와 반대급부 사이에 현저한 불균형이 존재하지 아니한다면 민법 제104조에 규정된 불공정 법률행위는 성립하지 않는다 : 대법원 2011.1.27. 선고 2010다53457 판결.

나) 불공정한 법률행위의 성립요건 및 '궁박'과 '무경험'의 의미

◆ 판 례

민법 제104조에 규정된 불공정한 법률행위는 객관적으로 급부와 반대급부 사이에 현저한 불균형이 존재하고, 주관적으로 그와 같이 균형을 잃은 거래가 피해 당사자의 궁박, 경솔 또는 무경험을 이용하여 이루어진 경우에 성립하는 것으로서, 약자적 지위에 있는 자의 궁박, 경솔 또는 무경험을 이용한 폭리행위를 규제하려는 데에 그 목적이 있고, 불공정한 법률행위가 성립하기 위한 요건인 궁박, 경솔, 무경험은 모두 구비되어야 하는 요건이 아니라 그 중 일부만 갖추어져도 충분한데, 여기에서 '궁박'이라 함은 '급박한 곤궁'을 의미하는 것으로서 경제적 원인에 기인할 수도 있고 정신적 또는 심리적 원인에 기인할 수도 있으며, '무경험'이라 함은 일반적인 생활체험의 부족을 의미하는 것으로서 어느 특정영역에 있어서의 경험부족이 아니라 거래일반에 대한 경험부족을 뜻하고, 당사자가 궁박 또는 무경험의 상태에 있었는지 여부는 그의 나이와 직업, 교육 및 사회경험의 정도, 재산 상태 및 그가 처한 상황의 절박성의 정도 등 제반 사정을 종합하여 구체적으로 판단하여야 하며, 한편 피해 당사자가 궁박, 경솔 또는 무경험의 상태에 있었다고 하더라도 그 상대방 당사자에게 그와 같은 피해 당사자측의 사정을 알면서 이를 이용하려는 의사, 즉 폭리행위의 악의가 없었다거나 또는 객관적으로 급부와 반대급부 사이에 현저한 불균형이 존재하지 아니한다면 불공정 법률행위는 성립하지 않는다 : 대법원 2002. 10. 22. 선고 2002다38927 판결.

다) 불공정한 법률행위의 요건 및 판단 기준

◆ 판 례

민법 제104조에 규정된 불공정한 법률행위는 객관적으로 급부와 반대급부 사이에 현저한 불균형이 존재하고, 주관적으로 위와 같이 균형을 잃은 거래가 피해 당사자의 궁박, 경솔 또는 무경험을 이용하여 이루어진 경우에 성립하는 것으로서, 약자적 지위에 있는 자의 궁박, 경솔 또는 무경험을 이용한 폭리행위를 규제하려는 데에 그 목적이 있다 할 것이고, 불공정한 법률행위가 성립하기 위한 요건인 궁박, 경솔, 무경험은 모두 구비되어야 하는 것이 아니고 그 중 일부만 갖추어져도 충분하며, 여기에서 '궁박'이라 함은 '급박한 곤궁'을 의미하는 것으로서 경제적 원인에 기인할 수도 있고, 정신적 또는 심리적 원인에 기인할 수도 있으며, 당사자가 궁박의 상태에 있었는지 여부는 그의 신분과 재산상태 및 그가 처한 상황의 절박성의 정도 등 제반 상황을 종합하여 구체적으로 판단하여야 한다 : 대법원 1999. 5. 28. 선고 98다58825 판결.

① **객관적 요건**

폭리가 성립하려면 급부와 반대급부와의 사이에 현저한 불균형이 있어야 한다. 불균형이 있는지의 판단시기에 관하여는 판례는 이행기를 기준으로 하고 있으나 학설은 계약체결시를 기준으로 하고 있다.

② **주관적 요건**

피해자의 '궁박, 경솔 또는 무경험'을 이용하였어야 한다. '궁박'이라 함은 어려운 처지를 벗어날 길이 없는 경우를 말하는데, 반드시 경제적인 것일 필요는 없다. '경솔'이라 함은 의사를 결정할 때에 그 행위의 결과나 장래에 관하여 보통인이 베푸는 고려를 하지 않는 심리상태를 말한다. 그리고 '무경험'은 일반적인 생활체험이 불충분한 것을 의미한다. 폭리자는 피해자가 위와 같은 사정이 있음을 알고서 그것을 이용하려는 의사, 즉 악의(惡意)가 있어야 한다. 이에 관한 판례를 살펴보기로 한다.

가) 폭리행위에 대한 악의의 존재가 불공정한 법률행위의 성립요건인지 여부

◆ 판 례

민법 제104조에 규정된 불공정한 법률행위는 객관적으로 급부와 반대급부 사이에 현저한 불균형이 존재하고, 주관적으로 그와 같이 균형을 잃은 거래가 피해 당사자의 궁박, 경솔 또는 무경험을 이용하여 이루어진 경우에 성립하는 것으로서, 약자적 지위에 있는 자의 궁박, 경솔 또는 무경험을 이용한 폭리행위를 규제하려는 데 그 목적이 있는바, 피해 당사자가 궁박, 경솔 또는 무경험의 상태에 있었다고 하더라도 그 상대방 당사자에게 위와 같은 피해 당사자측의 사정을 알면서 이를 이용하려는 의사, 즉 폭리행위의 악의가 없었다면 불공정 법률행위는 성립하지 않는다 : 대법원 2002. 9. 4. 선고 2000다54406,5441 판결.

나) 불공정한 법률행위의 주관적 성립요건으로서 폭리행위의 악의가 필요한지 여부

◈ 판 례

민법 제104조에 규정된 불공정한 법률행위는 객관적으로 급부와 반대급부 사이에 현저한 불균형이 존재하고 주관적으로 그와 같은 균형을 잃은 거래가 피해 당사자의 궁박, 경솔 또는 무경험을 이용하여 이루어진 경우에 한하여 성립하는 것으로서 약자적 지위에 있는 자의 궁박, 경솔 또는 무경험을 이용한 폭리행위를 규제하려는 데에 그 목적이 있으므로, 피해 당사자가 궁박, 경솔 또는 무경험의 상태에 있었다고 하더라도 그 상대방 당사자에게 그와 같은 피해 당사자측의 사정을 알면서 이를 이용하려는 의사, 즉 폭리행위의 악의가 없었다면 불공정한 법률행위는 성립하지 않는다 : 대법원 1996. 10. 11. 선고 95다1460 판결.

다) 불공정 법률행위의 성립 요건

◈ 판 례

민법 제104조에 규정된 불공정한 법률행위는 객관적으로 급부와 반대급부 사이에 현저한 불균형이 존재하고 주관적으로 그와 같이 균형을 잃은 거래가 피해 당사자의 궁박, 경솔 또는 무경험을 이용하여 이루어진 경우에 성립하는 것으로서, 약자적 지위에 있는 자의 궁박, 경솔 또는 무경험을 이용한 폭리행위를 규제하려는 데 그 목적이 있고, 여기에서 '궁박'이라 함은 '급박한 곤궁'을 의미하는 것으로서 경제적 원인에 기인할 수도 있고 정신적 또는 심리적 원인에 기인할 수도 있으며, 당사자가 궁박의 상태에 있었는지 여부는 그의 신분과 재산 상태 및 그가 처한 상황의 절박성의 정도 등 제반 상황을 종합하여 구체적으로 판단하여야 하며, 한편 피해 당사자가 궁박, 경솔 또는 무경험의 상태에 있었다고 하더라도 그 상대방 당사자에게 위와 같은 피해 당사자측의 사정을 알면서 이를 이용하려는 의사, 즉 폭리행위의 악의가 없었다면 불공정법률행위는 성립하지 않는다 : 대법원 1997. 7. 25. 선고 97다15371 판결.

iii) 이상의 두 가지의 요건을 갖추고 있는 경우에 불공정한 법률행위는 무효이다. 법률행위가 채권행위인 경우에 채권이 아직 이행되지 않은 경우에는 채무이행을 할 필요가 없으나 채무자가 이미 채무를 급부하였다면, 급부자는 수급자(폭리자)에게 급부물의 반환을 청구할 수 있다. 이 경우에는 불법급여가 아니다. 왜냐하면 불법원인이 폭리자에게만 존재하기 때문에 피해자(급부자)는 민법 제746조 단서가 적용되어 급부물의 반환을 청구할 수 있다. 이에 관하여 판례를 살펴보기로 한다.

가) 대리인에 의하여 이루어진 법률행위가 불공정한 법률행위에 해당하는지 여부의 판단 기준이 되는 사람(경솔·무경험=대리인, 궁박=본인)

◆ 판 례

대리인에 의하여 법률행위가 이루어진 경우 그 법률행위가 민법 제104조의 불공정한 법률행위에 해당하는지 여부를 판단함에 있어서 경솔과 무경험은 대리인을 기준으로 하여 판단하고, 궁박은 본인의 입장에서 판단하여야 한다 : 대법원 2002. 10. 22. 선고 2002다38927 판결.

나) 교통사고로 피해자가 사망한 후 5일만에 피해자의 처가 보험회사와 사이에 체결한 부제소 합의가 불공정한 법률행위의 여부

◆ 판 례

교통사고로 스포츠용품 대리점과 실내골프연습장을 운영하던 피해자가 사망한 후 망인의 채권자들이 그 손해배상청구권에 대하여 법적 조치를 취할 움직임을 보이자 전업주부로 가사를 전담하던 망인의 처가 망인의 사망 후 5일만에 친지와 보험회사 담당자의 권유에 따라 보험회사와 사이에 보험약관상 인정되는 최소금액의 손해배상금만을 받기로 하고 부제소 합의를 한 경우, 그 합의는 불공정한 법률행위에 해당한다 : 대법원 1999. 5. 28. 선고 98다58825 판결.

다) 사실과 다른 고소에 의하여 구속된 상태에서 고소인의 주장을 인정하고 한 합의가 불공정한 법률행위에 해당여부

◆ 판 례

사실과 다른 고소에 의하여 구속된 상태에서, 시부모와 남편 및 본인까지도 병중에 있었고, 경영하던 회사는 부도 위기에 처하는 등 정신적, 경제적으로 궁박한 상태에 있었으며, 합의의 내용도 고소인의 주장을 그대로 인정하고 이루어진 것이라면 그 합의가 불공정한 법률행위에 해당한다 : 대법원 1998. 3. 13. 선고 97다51506 판결.

라) 수사기관에 불법구금된 상태에서 5억여 원에 경락받은 토지지분 편취에 따른 손해배상으로 지분반환 외에 2억 4천만 원을 추가지급키로 한 합의를 불공정한 법률행위의 여부

◆ 판 례

일반인이 수사기관에서 법관의 영장에 의하지 않고 30시간 이상 불법구금된 상태에서 구속을 면하고자 하는 상황에 처해 있었다면, 특별한 사정이 없는 한 정신적 또는 심리적 원인에 기인한 급박한 곤궁의 상태에 있었다고 봄이 상당하고, 금 514,010,000원에 경락받은 토지지분을 편취한 데에 따른 손해배상으로 그 지분을 반환하는 외에 금 240,000,000원이라는 거액을 추가로 지급하기로 한 것은 불법행위로 인하여 상대방이 입게 된 정신적 고통 등의 손해를 감안하더라도 지나치게 과도한 것이라고 보지 않을 수 없으므로 특별한 사정이 없는 한 급부와 반대급부 사이에 현저한 불균형이 있다고 보아야 한다는 이유로, 불공정한 법률행위의 주장을 배척한 원심판결을 파기한 사례 : 대법원 1996. 6. 14. 선고 94다46374 판결.

제4관 법률행위의 해석

Ⅰ. 법률행위의 해석의 의의

1) 법률행위의 해석은 법률행위의 목적 내지 내용을 명확하게 하는 것이다. 법률행위는 의사표시를 통하여 하게 되는데, 그 의사표시의 내용이 반드시 명확하다고는 할 수 없다. 우선 법률행위가 성립하기 위하여 그 법률행위의 내용(목적)이 명확하여야 한다. 법률행위의 해석은 법률행위로서의 의사표시가 불명확한 것을 명백하게 하여 당사자가 도모하는 목적(내용)을 달성할 수 있도록 법률이 도와주는 것이다. 그런데 법률행위는 의사표시를 요소로 하기 때문에 법률행위의 해석은 곧 의사표시의 해석이라고 할 수 있다.

2) 법률행위 또는 의사표시는 당사자가 원하는 대로 효과가 발생하는 것을 본질로 하기 때문에 법률행위(의사표시)의 해석은 당사자의 의사를 밝히는 것이다. 의사의 내용은 당사자의 진의(眞意) 내지 내심적 효과의사(內心的 效果意思)를 밝히는 것이 아니라 당사자의 객관적인 표현이라고 볼 수 있는 의사, 즉 표시행위가 가지는 의미를 밝히는 것이다. 다만, 당사자의 내심적 효과의사는 법률행위의 효력

에 영향을 줄 수 있으나 그것은 법률행위의 해석의 문제가 아니고, 법률의 적용 내지 법률의 효력에 관한 문제이다.

Ⅱ. 법률해석의 표준

법률행위 해석의 기준 내지 표준에 대하여 외국의 입법례(프랑스, 독일, 스위스 등)는 명백히 규정하는 예가 있으나 우리나라는 그러한 일반규정을 두고 있지 않고, 민법 제106조의 규정을 두고 있을 뿐이다. 의사의 해석기준으로, 첫째 당사자의 법률행위의 목적, 둘째 관습, 셋째 임의법규, 넷째 신의성실(信義誠實)의 원칙(原則)이 중요한 요소가 된다. 그리고 의사표시가 행하여진 당시의 사정도 표준으로 삼을 수 있을 것이다. 왜냐하면 이것이 표시행위 그 자체를 구성한다고 볼 수 있기 때문이다. 다음은 법률행위(의사표시)의 해석에 관하여 판례를 통하여 구체적으로 살펴보기로 한다.

1. 당사자가 도모하는 목적

법률행위는 본래 일정한 사회적, 경제적 목적을 자치적으로 달성하기 위한 법률상의 수단이다. 따라서 법률행위(의사표시)의 해석은 우선적으로 당사자가 달성하려는 목적을 밝히는 것이 중요하다. 이를 위해서는 표시행위의 표현이나 문자에 구애됨 없이 당사자가 도모하는 취지를 밝히고, 그 취지를 달성하도록 해석하여야 한다. 즉 법률행위 가운데 모순되는 부분은 가능한 통일적으로 해석하고, 행위의 내용 내지 목적은 될 수 있는 대로 가능, 유효하도록 해석하여야 한다.

2. 관습

(1) 관습

법령 중의 선량한 풍속, 기타 사회질서에 관계없는 규정(임의규정)과 다른 관습이 있는 경우에 당사자의 의사가 명확하지 않을 때에는 그 관습에 의한다(민법 제106조).[401] 다시 말하면 강행법규에 위반하지 않고, 또한 임의법규와 다른 관습이

---

401) 제106조 (사실인 관습) 법령중의 선량한 풍속 기타 사회질서에 관계없는 규정과 다른

있을 때에 당사자가 특히 그 관습에 따르지 않는다는 것을 명백히 한 경우를 제외하고, 그 관습은 임의법규에 우선하여 법률행위를 해석하는 표준으로 한다.

(2) 민법 제106조의 적용요건

1) 강행법규에 위반하지 않고 또한 임의법규와는 다른 관습이 존재

법령 중의 선량한 풍속에 관계있는 규정, 즉 강행법규에 위반하는 관습은 그 효력을 인정할 수 없다. 법령 중의 선량한 풍속, 기타 사회질서에 관계없는 규정, 즉 임의법규는 법률행위 해석의 한 표준이지만 이 임의법규와 다른 관습이 있는 경우에 본조(제106조)에 의하여 관습이 우선하여 해석의 기준이 된다.

2) 당사자의 의사가 명확하지 않아야 한다.

당사자가 관습에 근거한다는 의사표시를 하는 경우에 그 관습이 법률행위의 내용이 되기 때문에 민법 제105조에[402] 의하여 그 관습에 당연히 따르게 되어 제106조가 적용될 여지가 없게 된다. 한편 당사자가 분명하게 관습에 따르지 아니한다는 의사를 표시한 경우에 그 관습에 따르지 않는다. 그러므로 당사자가 관습에 따른다는 의사가 분명하지 않는 경우에 제106조가 비로소 적용된다. 여기서 관습은 당사자 사이에 공통하는 관습이어야 한다. 다음은 법률행위 중에 당사자의 의사가 불분명한 경우의 법률행위의 해석에 관한 판례를 살펴보기로 한다.

가) 당사자가 표시한 문언에 의하여 객관적 의미가 명확하게 드러나지 않는 경우, 법률행위의 해석

◆ 판 례

법률행위의 해석은 당사자가 그 표시행위에 부여한 객관적인 의미를 명백하게 확정하는 것으로서, 당사자가 표시한 문언에 의하여 그 객관적인 의미가 명확하게 드러나지 않는 경우에는 그 문언의 내용과 그 법률행위가 이루어지게 된 동기 및 경위, 당사자가 그 법률행위에 의하여 달성하려고 하는 목적과 진정한 의사, 거래의 관행 등을 종합적으로 고찰하여 사회정의와 형평의 이념에 맞도록 논리와 경험의 법칙, 그리고 사회일반의 상

관습이 있는 경우에 당사자의 의사가 명확하지 아니한 때에는 그 관습에 의한다.

402) 제105조 (임의규정) 법률행위의 당사자가 법령중의 선량한 풍속 기타 사회질서에 관계없는 규정과 다른 의사를 표시한 때에는 그 의사에 의한다.

식과 거래의 통념에 따라 합리적으로 해석하여야 할 것이고, 특히 당사자 일방이 주장하는 법률행위의 내용이 상대방의 권리의무관계에 중대한 영향을 초래하게 되는 경우에는 더욱 엄격하게 해석하여야 할 것이다(대법원 2001. 1. 19. 선고 2000다33607 판결, 2006. 7. 6. 선고 2004다3482 판결 등 참조) : 대법원 2007.4.13. 선고 2005다68950 판결.

나) 저작권에 관한 계약에 있어서 저작권 양도계약인지 이용허락계약인지가 명백하지 아니한 경우, 계약 해석의 기준과 방법

◆ 판 례

저작권에 관한 계약을 해석함에 있어 과연 그것이 저작권 양도계약인지 이용허락계약인지는 명백하지 아니한 경우, 저작권 양도 또는 이용허락되었음이 외부적으로 표현되지 아니한 경우에는 저작자에게 권리가 유보된 것으로 유리하게 추정함이 상당하며, 계약내용이 불분명한 경우 구체적인 의미를 해석함에 있어 거래관행이나 당사자의 지식, 행동 등을 종합하여 해석함이 상당하다 : 대법원 1996. 7. 30. 선고 95다29130 판결.

다) 저작권 이용허락계약시 저작권 이용허락을 받은 매체의 범위에 대한 명시적 약정이 없는 경우, 새로운 매체에 관한 이용을 허락한 것으로 볼 것인지에 관한 의사해석의 원칙

◆ 판 례

저작권에 관한 이용허락계약의 해석에 있어서 저작권 이용허락을 받은 매체의 범위를 결정하는 것은 분쟁의 대상이 된 새로운 매체로부터 발생하는 이익을 누구에게 귀속시킬 것인가의 문제라고 할 것이므로, '녹음물 일체'에 관한 이용권을 허락하는 것으로 약정하였을 뿐 새로운 매체에 관한 이용허락에 대한 명시적인 약정이 없는 경우 과연 당사자 사이에 새로운 매체에 관하여도 이용을 허락한 것으로 볼 것인지에 관한 의사해석의 원칙은, ① 계약 당시 새로운 매체가 알려지지 아니한 경우인지 여부, 당사자가 계약의 구체적 의미를 제대로 이해한 경우인지 여부, 포괄적 이용허락에 비하여 현저히 균형을 잃은 대가만을 지급 받았다고 보여지는 경우로서 저작자의 보호와 공평의 견지에서 새로운 매체에 대한 예외조항을 명시하지 아니하였다고 하여 그 책임을 저작자에게 돌리는 것이 바람직하지 않은 경우인지 여부 등 당사자의 새로운 매체에 대한 지식, 경험, 경제적 지위, 진정한 의사, 관행 등을 고려하고, ② 이용허락계약 조건이 저작물 이용에 따른 수익과 비교하여 지나치게 적은 대가만을 지급하는 조건으로 되어 있어 중대한 불균형이 있는 경우인지 여부, 이용을 허락 받은 자는 계약서에서 기술하고 있는 매체의 범위 내에 들어간다고 봄이 합리적이라고 판단되는 어떠한 사용도 가능하다고 해석할 수 있는 경우인지 여부 등 사회일반의 상식과 거래의 통념에 따른 계약의 합리적이고

공평한 해석의 필요성을 참작하며, ③ 새로운 매체를 통한 저작물의 이용이 기존의 매체를 통한 저작물의 이용에 미치는 경제적 영향, 만일 계약 당시 당사자들이 새로운 매체의 등장을 알았더라면 당사자들이 다른 내용의 약정을 하였으리라고 예상되는 경우인지 여부, 새로운 매체가 기존의 매체와 사용, 소비 방법에 있어 유사하여 기존 매체시장을 잠식, 대체하는 측면이 강한 경우이어서 이용자에게 새로운 매체에 대한 이용권이 허락된 것으로 볼 수 있는지 아니면 그와 달리 새로운 매체가 기술혁신을 통해 기존의 매체시장에 별다른 영향을 미치지 않으면서 새로운 시장을 창출하는 측면이 강한 경우이어서 새로운 매체에 대한 이용권이 저작자에게 유보된 것으로 볼 수 있는지 여부 등 새로운 매체로 인한 경제적 이익의 적절한 안배의 필요성 등을 종합적으로 고려하여 사회정의와 형평의 이념에 맞도록 해석하여야 한다 : 대법원 1996. 7. 30. 선고 95다29130 판결.

라) 작사자, 작곡자 및 실연자와 음반제작사 사이의 음반제작계약을 비배타적 저작권 이용허락계약으로 해석하고, 음반제작계약시에는 상용화되지 않은 새로운 매체인 시디(CD)음반으로 제작·판매한 것이 이용허락 범위 내에 포함여부

◆ 판 례

작사자, 작곡자 및 실연자와 음반제작사 사이의 음반제작계약을 비배타적 저작권 이용허락계약으로 해석하고, 음반제작계약시에는 상용화되지 않은 새로운 매체인 시디(CD)음반으로 제작·판매한 것이 이용허락 범위 내에 포함된다 : 대법원 1996. 7. 30. 선고 95다29130 판결.

(3) 사실인 관습

1) 민법 제106조의 법률행위 해석의 기준이 되는 관습은 동법 제1조의 '관습법'이 아닌 '사실인 관습'이다. 제106조에서 말하는 '사실인 관습'은 아직 사회의 법적 확신에 의하여 지지될 정도에 이르지 않은 것으로 당사자의 의사를 해석하는 표준이 됨으로써 의사표시의 내용이 되어 비로소 효력을 가지게 된다. 또한 사실인 관습은 법률행위의 해석을 통하여 임의법규를 개폐하는 효력을 가지게 된다.

2) 민법 제1조의 법의 적용면에서는 첫째 강행법규(효력규정), 둘째 임의법규, 셋째 관습법의 순위이다. 한편 제106조에 의하면 첫째 강행법규, 둘째 사실인 관습, 셋째 임의법규, 넷째 관습법의 순위이다.

3) 법의 존재의 형식면에서 관습법과 사실인 관습 사이에는 다르지만, 법률행

위를 해석하는 기준으로서 법원(法院)이 어떠한 형식의 규범의 법을 적용하느냐는 점에서 본다면 제106조의 '사실인 관습'은 임의법규에 우선하여 적용되는 '재판규범'이 되므로 관습법과 다르지 않다. 즉, 사적 자치가 인정되는 범위에서 '사실인 관습'이나 '관습법'이나 모두 임의법규에 우선하여 해석의 기준이 된다. 다음은 사실인 관습과 관습법에 관한 판례를 살펴보기로 한다.

가) 관습법의 의의와 효력 및 '사회의 거듭된 관행으로 생성한 사회생활규범'이 법적 규범으로 승인되기에 이르렀다고 하기 위한 요건

◆ 판 례

관습법이란 사회의 거듭된 관행으로 생성한 사회생활규범이 사회의 법적 확신과 인식에 의하여 법적 규범으로 승인·강행되기에 이른 것을 말하고, 그러한 관습법은 법원(法源)으로서 법령에 저촉되지 아니하는 한 법칙으로서의 효력이 있는 것이고, 또 사회의 거듭된 관행으로 생성한 어떤 사회생활규범이 법적 규범으로 승인되기에 이르렀다고 하기 위하여는 헌법을 최상위 규범으로 하는 전체 법질서에 반하지 아니하는 것으로서 정당성과 합리성이 있다고 인정될 수 있는 것이어야 하고, 그렇지 아니한 사회생활규범은 비록 그것이 사회의 거듭된 관행으로 생성된 것이라고 할지라도 이를 법적 규범으로 삼아 관습법으로서의 효력을 인정할 수 없다 : 대법원 2005. 7. 21. 선고 2002다13850 전원합의체 판결.

나) 관습법과 사실인 관습의 차이

◆ 판 례

관습법이란 사회의 거듭된 관행으로 생성한 사회생활규범이 사회의 법적 확신과 인식에 의하여 법적 규범으로 승인·강행되기에 이르른 것을 말하고, 사실인 관습은 사회의 관행에 의하여 발생한 사회생활규범인 점에서 관습법과 같으나 사회의 법적 확신이나 인식에 의하여 법적 규범으로서 승인된 정도에 이르지 않은 것을 말하는 바, 관습법은 바로 법원으로서 법령과 같은 효력을 갖는 관습으로서 법령에 저촉되지 않는 한 법칙으로서의 효력이 있는 것이며, 이에 반하여 사실인 관습은 법령으로서의 효력이 없는 단순한 관행으로서 법률행위의 당사자의 의사를 보충함에 그치는 것이다 : 대법원 1983.6.14. 선고 80다3231 판결.

다) 관습법으로 승인되었던 '사회의 거듭된 관행으로 생성한 사회생활규범'이 그 법적 규범으로서의 효력을 상실하게 되는 경우

◆ 판 례

사회의 거듭된 관행으로 생성된 사회생활규범이 관습법으로 승인되었다고 하더라도 사회 구성원들이 그러한 관행의 법적 구속력에 대하여 확신을 갖지 않게 되었다거나, 사회를 지배하는 기본적 이념이나 사회질서의 변화로 인하여 그러한 관습법을 적용하여야 할 시점에 있어서의 전체 법질서에 부합하지 않게 되었다면 그러한 관습법은 법적 규범으로서의 효력이 부정될 수밖에 없다 : 대법원 2005. 7. 21. 선고 2002다13850 전원합의체 판결.

라) 사실인 관습의 효력범위

◆ 판 례

사실인 관습은 사적 자치가 인정되는 분야, 즉 그 분야의 제정법이 주로 임의규정일 경우에는 법률행위의 해석기준으로서 또는 의사를 보충하는 기능으로서 이를 재판의 자료로 할 수 있을 것이나 이 이외의, 즉 그 분야의 제정법이 주로 강행규정일 경우에는 그 강행규정 자체에 결함이 있거나 강행규정 스스로가 관습에 따르도록 위임한 경우 등 이외에는 법적 효력을 부여할 수 없다 : 대법원 1983.6.14. 선고 80다3231 판결.

(4) 임의법규

법률행위의 당사자가 법령 중의 선량한 풍속, 기타 사회질서에 관계없는 규정(임의규정)과 다른 의사를 표시한 때에는 그 의사에 의한다(민법 제105조). 다시 말하면 의사표시의 내용이 임의법규와 다를 때에 임의법규는 그 적용이 배제된다. 이 규정은 사적 자치를 원칙으로 하고 있다. 그러므로 이 규정을 반대해석하면, 특별한 의사의 표시가 없는 경우 또는 의사표시가 불완전, 불명료한 경우에 임의규정이 적용된다. 이 경우에는 임의규정이 법률행위의 해석의 기준이 된다.

(5) 신의성실의 원칙

법률행위의 해석은 표시행위가 가지는 객관적인 법률적 의미를 확정하는 것이다. 따라서 법률행위의 의미를 해석을 통하여 확정할 수 없는 경우에 신의성실의 원칙 또는 법의 근본이념이 되는 원리에 따라야 한다. 법률행위의 해석은 당사자가 도모하는 목적, 관습, 임의법규를 해석의 기준으로 하여 사적 자치를 인정하는 것이 합목적적 또는 합리적이다.

(6) 법률행위의 해석은 법률문제이다.

법률행위의 해석은 첫째, 보통사람은 법률지식이 적기 때문에 그의 의사표시는 비법률적인 것이 일반적이며, 표시행위의 수단인 언어, 문장, 동작 등이 불명확하고, 불완전한 것이 많다. 따라서 그러한 법률행위의 내용이나 효력에 관하여 분쟁이 발생한 경우에 비법률적인 것을 법률적으로 구성하고, 불명확하고, 불완전한 것을 완전, 명확하게 하여 법률적 의미를 표시행위, 즉 법률행위의 해석이 필요하다. 그런데 당사자의 내심적 의사는 하나의 객관적인 사실에 불과하지만 법률행위의 해석은 법률적 가치판단이므로 '법률문제'이다. 이처럼 사실문제이냐 법률문제이냐는 소송법에서 중요한 문제이다. 왜냐하면 법률문제는 상고이유가(민소법 제423조)[403] 되지만 사실문제는 상고이유가(민소법 제432조)[404] 되지 않는다.

제5관 의사표시

제1항 의사표시의 개관

Ⅰ. 의사표시

1. 의사표시의 의의

법률행위의 2가지의 전형적인 유형은 단독행위와 계약이다. 양자 사이에 공통점은 법률사실인 표시된 의사, 즉 의사표시이다. 따라서 의사표시의 문제는 양자 모두에게 적용된다. 법률행위에서 의사표시의 문제는 의사표시의 개념을 중심으로 체계

403) 민사소송법 제423조 (상고이유) 상고는 판결에 영향을 미친 헌법 · 법률 · 명령 또는 규칙의 위반이 있다는 것을 이유로 드는 때에만 할 수 있다.
404) 민사소송법 제432조 (사실심의 전권) 원심판결이 적법하게 확정한 사실은 상고법원을 기속한다.

적, 포괄적으로 규율하는데 있다. 또한 의사표시가 주로 문제되는 것은 법률행위의 성립과정에서 발생하는 의사와 표시의 불일치(의사의 흠결 혹은 하자있는 의사)이다.

2. 의사표시의 구성요소

(1) 의의

의사표시의 요소는 '의사와 표시'이다. 민법에서 다루는 의사표시의 문제는 '의사와 표시의 불일치'이다. 예를 들면, 갑(甲)이 을(乙)에게 노트북을 구입하기 위하여 청약의 의사표시를 할 경우에 다음과 같은 과정으로 진행된다. 첫째, 갑(甲)이 노트북을 사용할 목적으로 구입할 동기를 가지고, 그 동기에 근거하여 일정한 법률효과의 발생을 목적으로 하는 의사(효과의사)를 결정하고, 둘째 이 의사를 외부, 즉 타인(매도자)에게 알리기 위하여 발표하려는 의사(표시의사)에 매개되어 일정한 행위가 되어 외부에 나타나게 된다(표시행위). 이처럼 의사표시는 효과의사를 결정하고, 그 의사가 표시의사에 매개되어 표시행위로 나타난다. 이러한 단계에서 의사표시의 중심이 되는 것이 어느 것이냐에 관하여 과거에는 마음 속의 효과의사를 그 중심으로 보았으나(개인의사 절대원칙) 오늘날은 표시행위를 의사표시의 핵심으로 보고 있다(다수설). 이 설에 의하면 표시행위를 통하여 행위자가 가지고 있는 일정한 효과의사의 존재 및 내용을 판단하여야 하기 때문이다. 다음의 의사표시의 3대 요소를 구체적으로 살펴보기로 한다.

1) 효과의사

효과의사는 일정한 효과의 발생을 희망하는 의사를 추측, 판단하게 하는 것이어야 한다. 즉 일정한 법률효과를 원하는 의사가 바로 효과의사이다. 이러한 효과의사는 일상적으로 표시행위를 통하여 외부에 나타난다. 예컨대, 물건을 사겠다는 청약에서 매수인이 되려는 의사가 '효과의사'이다. 즉, 효과의사는 대금지급의무를 부담하는 대신에 목적물의 소유권을 취득하겠다는 의사이다. 따라서 효과의사는 법이 그 효과의사에 대하여 법률적 가치를 인정하고, 일정한 법률효과를 인정하는 것이다. 그러나 도의적, 종교적, 사교적인 것을 내용으로 하는 의사는 효과의사가 되지 못한다. 효과의사는 행위자가 의욕하였기 때문에 법률이 그 달성에 조력한 것이다. 효과의사는 표시행위를 통하여 외부에서 추측, 판단되는 의사이므로 행위자가 착오, 기타의 이유로 그 표시행위에 상응하는 의사가 실제로 없는 경우가 있을 수 있다. 이러한 경우와 구별하기 위하여 표시행위로부터 추측, 판단되는 효과의사를 '표시상의 효과의사'라고 하고, 표의자가 실제로 가지고 있었던 의사, 즉 진의(마음속의 의사)을 '내심적 효과의사'라고 한다. 그런데 의사표시의 핵심이 되는 것은 표시상의 효과의사이다. 그러나 표시상의 효과의사와 내심적 효과의사가 상호간에 불일치하는 경우에도 언제나 표시상의 효과의사에 근거하여 법률효과를 인정한다면 표의자에게 너무나 가혹한 경우가 발생할 수 있다. 이것에 대비하여 법률은 일정한 경우에 의사표시로부터 법률효과가 발생하는 것을 부인하거나 또는 일단 법률효과가 발생하지만 취소할 수 있는 것으로 하고 있다. 이것은 일반적으로 '의사와 표시의 불일치'에서 다루고 있다.

2) 표시행위

사람이 사회생활에서 법의 적용되는 것은 밖으로 나타난 행위이다. 즉 사람의 마음속의 정신(의식 : 내심적 효과의사)의 세계는 법률상 의미가 없다. 따라서 내심적 의식작용이 원칙적으로 외부에 표시되어야 그 의미를 비로소 가지게 된다. 외부에 표시된 행위를 통하여 어떤 의사표시로서의 표시가치가 인정되면, 그 행위는 일정한 효과의사를 표시한 것으로 다루어진다. 이와 같이 의사표시로서의 가치(표시가치)를 가진 적극, 소극의 모든 행위를 '표시행위'라고 한다. 표시행위는 보통 언어, 문자 등으로 성립하지만 기타의 거동(머리를 끄덕이거나 손을 들거나 신호를 보내는 경우)에 의하는 경우도 있다. 그리고 의사표시라고 하기 위해서 의식있는 거동이어야 하므로 수면중의 행위나 강제에 의한 거동은 표시행위로서의 가치가 없다.

3) 표시의사

효과의사를 외부에 대하여 발표하려는 의사, 즉 효과의사와 표시행위를 심리적으로 매개하는 의사를 표시의사라고 한다. 현재 학설은 표시의사를 의사표시의 요소로 보고 있지 않다.

Ⅱ. 의사표시의 이론

사회생활에서 모든 인간에게 사적 자치가 인정되기 때문에 어떤 법률행위가 있으면 일정한 법률효과의 발생이 법에 의하여 인정된다. 법률행위에 의하여 발생하는 법률효과는 그 법률행위를 구성하는 의사표시에서 행위자(표의자)가 발생시키기를 원하였던 효과의사에 불과하다. 그런데 의사표시는 기본적으로 의사(효과의사, 표시의사, 행위의사)와 표시(表示)라는 두 요소로 되어 있다고 생각한다. 따라서 이러한 의사표시에서 의사적 요소가 존재하지 않거나 또는 의사적 요소가 있다고 하더라도 어떤 흠이 있는 경우에 그 표시의 효력에 관한 학설이 의사표시이론이다. 여기에는 다음과 같은 이론이 있다.

1. 의사주의

법률행위(의사표시)는 개인의 의사에 따라 즉, 그가 희망하는 대로 법률효과가 주어지는 것이므로 여기에 행위자(표의자)의 진실한 '의사'가 현실적으로 존재하여야 한다는 입장이다. 이 설에 의하면 비록 표시행위(表示行爲)가 존재하더라도 그것에 대응하는 내심적 효과의사가 없는 경우에 그 의사표시(意思表示)는 모두 무효 또는 불성립으로 다루어지게 된다는 견해이다. 이와 같이 의사표시에 관하여 법률상 어떻게 다루어야 하느냐에 대하여 표의자의 의사, 즉, 내심적(內心的) 효과의사(效果意思)를 의사의 최고, 절대의 것으로 보는 것이 의사주의(意思主義)이론이다. 이 설에 의하면 의사표시의 본체는 효과의사이지 표시행위가 아니라고 보고 있다.

2. 표시주의

법률행위(의사표시)는 표의자의 의사를 바탕으로 하는 것이지만 이것이 외부에 표현되지 않는다면, 즉 표시행위(表示行爲)를 수반하지 않는다면 법률적 의미를 갖지 않는다. 그리고 제3자가 표의자의 내심적의 의사(효과의사)를 알려면, 표시행위에 나타난 것, 즉 표시행위로부터 추측, 판단되는 것(표시상의 효과의사)을 통하여 아는 것 이외에 방법이 없다. 그러므로 표시행위에 대응하는 내심의 의사가 없는 경우에도 표시행위로부터 추측, 판단되는 의사가 존재하는 것으로 보고, 표시행위대로의 법률효과를 인정하는 것이 합리적인 경우가 많다. 이처럼 의사표시를 법률상 다루는데 있어서 표의자의 내심적 효과의사보다는 '표시행위'에 중점을 두는 학설이 '표시주의'(表示主義)이론이다. 이 설에 의하면 의사표시의 본체는 표시행위로 보는 것이다.

3. 절충주의

내심의 의사와 표시행위 중의 어느 하나를 주(主)로 하고, 다른 하나는 적당히 덧붙이는 것이 절충주의(折衷主義)이다. 다시 말하면 표의자를 보호할 필요가 있는 경우에 의사주의, 그리고 상대방을 보호할 필요가 있는 경우에 표시주의를 따르는 이론이다.

4. 민법의 태도

표시주의는 행위의 외형을 신뢰한 상대방을 보호하고, 거래의 안전을 도모하려는 것으로 재산법관계에서 중요하게 다루어진다. 반면에 당사자의 진의(眞意) 즉, 참된 의사가 절대적으로 존중되는 가족법관계에서 의사주의이론을 따르고, 표시주의이론은 원칙적으로 적용되지 않는다.

제2항 의사와 표시와의 불일치

(1) 법률행위는 사적 자치를 달성하기 위한 수단으로 인정되는 것이므로 법률행위의 요소가 되는 의사표시에 있어서 표의자의 마음속의 의사(내심적 효과의사, 진의)가 표시행위를 통하여 그대로 표현되는 경우 즉, 의사와 표시가 일치하는 경우에 당사자가 희망하는 대로의 법률효과가 비로소 발생한다. 다시 말하면 의사와 표시의 일치는 법률행위제도의 기본적인 조건이다. 그러나 거래의 실제에 있어서 여러 사정으로 표의자의 마음속의 의사가 표시행위로부터 추측, 판단되는 것(표시상의 효과의사)과 부합 내지 합치하지 않은 경우가 있게 된다. 이와 같이 의사와 표시, 즉 내심적 효과의사와 표시상의 효과의사가 일치하지 않은 경우를 '의사와 표시와의 불일치(不一致)' 또는 '의사의 흠결(欠缺)'이라고 한다. 이처럼 의사와 표시와의 불일치가 있는 경우에 그 의사표시의 효력에 대하여 문제가 된다. 즉, 의사주의에 의하면 그 효력을 인정할 수 없는 것이고, 표시주의에 의하면 표시된 대로의 효력이 발생하게 될 것이다. 그런데 우리 민법은 어느 극단에 흐르지 않고, 절충주의를 취하고 있다. 즉, 거래의 안전을 해치지 않는 한도에서 표의자의 진의를 존중하면서, 표의자의 이익과 사회 일반의 이익을 조화를 도모하고 있다.

(2) 의사와 표시의 불일치에 대하여 표의자가 스스로 불일치를 알고 있는 경우(의사의 의식적 흠결)와 그러한 불일치를 알지 못하는 경우(의사의 무의식적 흠결)로 구분할 수 있다. 표의자가 '의사와 표시의 불일치'를 스스로 알고 있는 경우가 있다. 여기서, 상대방이 있는 경우에 의사표시자가 상대방과의 통정(通情, 通謀)여부에 따라 첫째, 상대방과 통정이 없는 의사표시(진의 아닌 의사표시, 비진의표시), 둘째 상대방과의 통정이 있는 의사표시(허위의사표시)가 있다. 한편, '의사와 표시의 불일치'에서 표의자가 스스로 의사와 표시를 모르는 의사표시(착오)가 있다. 이에 관하여 차례대로 살펴보도록 한다.

Ⅰ. 진의 아닌 의사표시

1. 의의

표시행위에 대한 진의(眞意), 즉 참된 의사가 없는 경우이다. 의사(내심적 효과의사)와 표시(표시상의 효과의사)가 일치하지 않은 것을 표의자가 스스로 알면서 하는 의사표시를 '진의(眞意) 아닌 의사표시' 또는 '비진의표시'(非眞意表示)라고 한다(민법 제107조).[405] 이러한 의사표시는 표의자가 단독으로 하고, 상대방이 있을지라도 그와 통정(모의)하지 않는다는 점에서 허위표시와 구별된다.

2. 요건

(1) 효과있는 의사표시

일정한 효과의사를 추측할 수 있는 의사표시가 있어야 한다. 그러나 법률효과의 발생을 의욕하지 않는 것이 분명한 경우(연극이나 드라마의 대사 등)에는 비진의표시의 문제가 되지 않는다.

---

405) 第107조 (진의 아닌 의사표시) ① 의사표시는 표의자가 진의 아님을 알고한 것이라도 그 효력이 있다. 그러나 상대방이 표의자의 진의 아님을 알았거나 이를 알 수 있었을 경우에는 무효로 한다. ② 전항의 의사표시의 무효는 선의의 제삼자에게 대항하지 못한다.

(2) 의사와 표시의 불일치

진의와 표시가 불일치, 즉 내심적 효과의사와 표시상의 효과의사가 불일치하여야 하고, 표의자가 그 불일치를 알고 있어야 한다. 표의자가 자신의 말을 상대방이 진의(진실)가 아니라는 것을 이해할 것이라는 기대 아래에서 한 경우에도 진의 아닌 의사표시(비진의표시)가 된다. 예컨대, 어떤 물건을 매매할 생각이 없으면서 '매매하겠다'고 하거나 계약을 체결할 의사가 없으면서 계약서에 서명하는 경우이다.

3. 효과

(1) 원칙

진의 아닌 의사표시는 원칙적으로 의사표시한 대로 효과가 발생한다(민법 제107조 제1항 본문). 진의 아닌 의사표시는 표시주의이론에 따라 효력이 발생하고, 이러한 경우까지 표의자를 보호할 필요성이 없기 때문이다.

(2) 예외

'상대방이 표의자의 진의가 아님을 알았거나 이를 알 수 있었을 경우'에 그 진의 아닌 의사표시는 무효이다(동조 제1항 단서). '알 수 있었을 경우'란 과실로 알지 못한 경우이다. 즉, 보통 사람의 주의를 베풀었다면 알 수 있는 경우이다.

(3) 예외적으로 무효

진의 아닌 의사표시가 예외적으로 무효로 되는 경우에 그 무효는 '선의의 제3자'에게 대항하지 못한다(동조 제2항). 이는 거래안전을 위하여 둔 규정이다. 여기서 '선의 제3자'는 무효인 법률행위에 근거하여 새로운 법률관계 맺는 자를 말한다. 선의, 악의의 판단기준은 법률상 이해관계자가 발생한 경우이다. 다음은 민법 제107조 진의 아닌 의사표시에 관한 판례를 살펴보도록 한다.

가) 민법 제107조 제1항의 취지

◈ 판 례

민법 제107조 제1항의 뜻은 표의자의 내심의 의사와 표시된 의사가 일치하지 아니한 경우에는 표의자의 진의가 어떠한 것이든 표시된 대로의 효력을 생기게 하여 거짓의 표의자를 보호하지 아니하는 반면에 만약 그 표의자의 상대방이 표의자의 진의 아님에 대하여 악의 또는 과실이 있는 경우라면 이때에는 그 상대방을 보호할 필요가 없이 표의자의 진의를 존중하여 그 진의 아닌 의사표시를 무효로 돌려버리려는데 있다 : 대법원 1987.7.7. 선고, 86다카1004 판결.

나) 민법 제107조 제1항 단서의 규정을 유추 적용하여 행위의 효과가 자(子)에게 미치지 않는지 여부

◈ 판 례

진의 아닌 의사표시가 대리인에 의하여 이루어지고 대리인의 진의가 본인의 이익이나 의사에 반하여 자기 또는 제3자의 이익을 위한 배임적인 것임을 상대방이 알았거나 알 수 있었을 경우에는 민법 제107조 제1항 단서의 유추해석상 대리인의 행위에 대하여 본인은 아무런 책임을 지지 않는다고 보아야 하고, 상대방이 대리인의 표시의사가 진의 아님을 알았거나 알 수 있었는지는 표의자인 대리인과 상대방 사이에 있었던 의사표시 형성 과정과 내용 및 그로 인하여 나타나는 효과 등을 객관적인 사정에 따라 합리적으로 판단하여야 한다. 그리고 미성년자의 법정대리인인 친권자의 법률행위에서도 마찬가지라 할 것이므로, 법정대리인인 친권자의 대리행위가 객관적으로 볼 때 미성년자 본인에게는 경제적인 손실만을 초래하는 반면, 친권자나 제3자에게는 경제적인 이익을 가져오는 행위이고 그 행위의 상대방이 이러한 사실을 알았거나 알 수 있었을 때에는 민법 제107조 제1항 단서의 규정을 유추 적용하여 행위의 효과가 자(子)에게는 미치지 않는다고 해석함이 타당하다 : 대법원 2011.12.22. 선고 2011다64669 판결.

다) 진의 아닌 의사표시에 있어서의 '진의'의 의미 및 표의자가 의사표시의 내용을 진정으로 바라지는 아니하였으나 그것을 최선이라고 판단하여 의사표시를 한 경우에 진의 아닌 의사표시에 해당하는지 여부

◈ 판 례

진의 아닌 의사표시에 있어서의 '진의'란 특정한 내용의 의사표시를 하고자 하는 표의자의 생각을 말하는 것이지 표의자가 진정으로 마음속에서 바라는 사항을 뜻하는 것은

아니므로 표의자가 의사표시의 내용을 진정으로 마음속에서 바라지는 아니하였다고 하더라도 당시의 상황에서는 그것이 최선이라고 판단하여 그 의사표시를 하였을 경우에는 이를 내심의 효과의사가 결여된 진의 아닌 의사표시라고 할 수 없다 : 대법원 2003. 4. 25. 선고 2002다11458; 동 2001. 1. 19. 선고 2000다51919,51926 판결.

【사실관계】

1) 피고 소속의 '구조조정비상대책회의'가 1999. 1.경 인력구조조정의 일환으로 명예퇴직제도와 함께 순환명령휴직제도를 실시하기로 결정하면서 순환명령휴직 대상자를 선정하기 위하여 기준을 정하였는바, 위 기준에 해당하여 내부적으로 순환명령휴직 대상자로 선정된 원고가 위 명예퇴직제도 및 순환명령휴직제도의 실시에 즈음하여 1999. 1. 15. 명예퇴직을 신청하였다.

2) 원고는 자신이 순환명령휴직 대상자에 선정될 것을 예상하고 그와 같은 경우 휴직기간 경과 후 복직이 이루어지지 아니할 것을 우려한 나머지 피고에게 명예퇴직을 허락하여 달라는 내용이 기재된 이 사건 사직원을 작성하여 제출하였을 뿐 피고로부터 원고가 순환명령휴직 대상자로 선정되었다는 이유로 명예퇴직을 종용받아 위 사직원을 제출한 것은 아니다.

다) 비진의 의사표시에 있어서의 '진의'의 의미 및 표의자가 강박에 의하여 증여의 의사표시를 한 경우에 비진의 의사표시에 해당하는지 여부

◆ 판 례

비진의 의사표시에 있어서의 진의란 특정한 내용의 의사표시를 하고자 하는 표의자의 생각을 말하는 것이지 표의자가 진정으로 마음속에서 바라는 사항을 뜻하는 것은 아니라고 할 것이므로, 비록 재산을 강제로 뺏긴다는 것이 표의자의 본심으로 잠재되어 있었다 하여도 표의자가 강박에 의하여서나마 증여를 하기로 하고 그에 따른 증여의 의사표시를 한 이상 증여의 내심의 효과의사가 결여된 것이라고 할 수는 없다 : 대법원 1993.7.16. 선고 92다41528; 동 2002. 12. 27. 선고 2000다47361 판결.

【사실관계】

1) 강박에 의한 법률행위가 무효로 되기 위하여는 강박의 정도가 극심하여 의사표시자의 의사결정의 자유가 완전히 박탈되는 정도에 이른 것임을 요한다는 전제 아래 그 증거를 종합하여, 원고가 피고 산하 계엄사령부 소속 합동수사본부의 수사관 등에 의하여 그 판시와 같은 강박을 받은 끝에 이 사건 부동산의 증여의 의사표시를 하고 그 등기이전에 필요한 서류 등을 발급받아 준 사실은 인정되나, 원고가 위 수사관 등의 계속적인 재산헌

납 강요에도 당시 원고의 부인 소외000의 형사사건 변호를 맡고 있던 변호사들과 상의한 끝에 이를 거절하기도 하였다가 위 000의 재판결과에 악영향을 끼칠까 두려워한 나머지 이 사건 부동산을 증여하기에 이른 점 등으로 미루어, 강박으로 인하여 완전히 의사결정의 자유를 박탈당한 상태에 놓여 있었다고 보기는 어렵다고 판단하였다.

2) 원심은 강박을 이유로 이 사건 증여의 의사표시를 취소한다는 원고의 주장에 대하여, 위 000의 무기징역형이 확정되고 그에 따라 원고의 집에 배치되어 있던 무장군인들이 철수한 1980.5.20.경 이후 위 000에 대한 사면, 복권이 이루어진 1988.2.27.경까지도 원고가 계속 외포상태에 있었다고 인정할 아무런 자료가 없으므로, 원고의 이 사건 소장송달로서 한 취소권의 행사는 추인할 수 있는 날로부터 3년이 훨씬 경과한 후에 이루어졌음이 역수상 명백하다고 하여 원고의 취소권은 이미 제척기간의 경과로 소멸하였다.

Ⅱ. 허위표시

1. 의의

상대방과 통정하여 하는 진의(眞意) 아닌 거짓의 의사표시를 '허위표시(虛僞表示)'라고 한다. 허위표시에 의한 법률행위를 가장행위(假裝行爲)라고도 한다. 즉, 허위표시는 표의자가 진의가 아닌 거짓의 의사표시를 하고, 그러한 의사표시에 대하여 상대방과의 사이에 합의(모의)가 있는 경우이다. 허위의사표의 법률상 효과는 무효이다(민법 제108조).[406] 예컨대 채무자가 자신 소유의 부동산에 대한 채권자의 집행을 면탈을 목적으로 타인과 서로 모의(통정)하여 그에게 매도한 것으로 하고 등기명의를 이전해 주는 경우이다.

2. 요건

1) 유효한 의사표시처럼 외관이 있는 의사표시가 있어야 한다. 즉, 증서를 작성하거나 등기 등에 의해 제3자가 보아서 의사표시가 있었다고 인정할 만한 외형이 있어야 한다.

2) 의사와 표시가 불일치하고, 이를 표의자가 알고 있어야 한다.

406) 제108조 (통정한 허위의 의사표시) ① 상대방과 통정한 허위의 의사표시는 무효로 한다. ② 전항의 의사표시의 무효는 선의의 제삼자에게 대항하지 못한다.

3) 의사와 다른 표시를 하는 것에 관하여 상대방과의 합의가 있어야 한다. 합의의 목적이나 동기는 문제되지 않는다.

3. 효과

(1) 당사자 사이

허위의사표시는 당사자 사이에 언제나 무효이다(민법 제108조 제1항). 표의자가 비진의표시를 하였으나 상대방도 그 의사표시에 동조하였기 때문에 상대방의 신뢰가 존재하지 않는다는 점에서 그 의사표시는 무효이다. 따라서 이 경우에 이행을 하지 않았으면 이행할 필요가 없고, 만약 이행하였다면 부당이득반환의무를 부담하게 된다(민법 제741조[407] 이하). 한편 허위표시에 대하여 불법원인급여를 원인으로 하는 반환청구의 금지(민법 제746조)가[408] 적용되지 않는다. 왜냐하면 허위표시는 그 자체가 불법이 아니기 때문이다.

(2) 제3자 사이

1) 허위표시의 무효는 선의의 제3자에게 대항하지 못한다(민법 제108조 제2항). 허위표시의 외형을 신뢰한 제3자 이익을 보호하기 위해서이다. 여기서 제3자는 허위표시의 당사자 및 포괄승계인 이외의 자로서 허위표시를 통하여 외형상 형성된 법률관계를 토대로 새로운 법률원인에 근거하여 이해관계를 가지게 된 자를 말한다.

2) 선의(善意)는 앞의 행위가 허위표시임을 알지 못하는 것이다. 선의에 대하여 무과실을 요구하지 않는다.

3) '대항하지 못한다'는 것은 허위표시의 당사자는 허위표시가 무효임을 제3자에게 주장하지 못하는 것을 말한다. 따라서 허위표시는 그 당사자 사이에 무효이지만 선의의 제3자에 대하여는 유효가 된다.

---

407) 제741조 (부당이득의 내용) 법률상 원인없이 타인의 재산 또는 노무로 인하여 이익을 얻고 이로 인하여 타인에게 손해를 가한 자는 그 이익을 반환하여야 한다.

408) 제746조 (불법원인급여) 불법의 원인으로 인하여 재산을 급여하거나 노무를 제공한 때에는 그 이익의 반환을 청구하지 못한다. 그러나 그 불법원인이 수익자에게만 있는 때에는 그러하지 아니하다.

4. 허위표시의 철회

허위표시는 당사자 사이에 합의로 철회(撤回)할 수 있느냐이다. 선의의 제3자를 침해하지 않는 한 철회할 수 있다고 보는 것이 타당하다.

5. 적용범위

1) 허위표시는 계약은 물론이고, 상대방이 있는 단독행위(즉, 채무면제 등)에도 적용된다. 그러나 상대방이 없는 단독행위에는 적용될 여지가 없다. 왜냐하면 허위표시는 상대방과의 통정이 있어야 하기 때문이다.

2) 허위표시는 본인의 진정한 의사가 절대적으로 존중되는 가족법상의 법률행위에는 적용되지 않는다. 다음은 이에 관한 판례를 살펴보기로 한다.

가) 통정허위표시에 의한 증여계약이 성립한다고 인정하기 위한 요건

◆ 판 례

채무자가 다른 사람의 예금계좌로 송금한 금전에 관하여 통정허위표시에 의한 증여계약이 성립하였다고 하려면, 무엇보다도 우선 객관적으로 채무자와 다른 사람 사이에서 그와 같이 송금한 금전을 다른 사람에게 종국적으로 귀속되도록 '증여'하여 무상 공여한다는 데에 관한 의사 합치가 있는 것으로 해석되어야 한다 : 대법원 2012.7.26. 선고 2012다30861 판결.

나) 통정행위의 적용여부

◆ 판 례

어음행위에 민법 제108조가 적용됨을 전제로, 실제로 어음상의 권리를 취득하게 할 의사는 없이 단지 채권자들에 의한 채권의 추심이나 강제집행을 피하기 위한 약속어음 발행행위가 통정허위표시로서 무효라고 한 원심의 판단을 수긍한 사례 : 대법원 2005. 4. 15. 선고 2004다70024 판결.

다) 통정허위표시에 대하여 제3자가 악의라는 사실에 관한 주장 · 증명책임

◆ 판 례

민법 제108조 제1항에서 상대방과 통정한 허위의 의사표시를 무효로 규정하고, 제2항에서 그 의사표시의 무효는 선의의 제3자에게 대항하지 못한다고 규정하고 있는데, 여기에서 제3자는 특별한 사정이 없는 한 선의(善意)로 추정할 것이므로, 제3자가 악의라는 사실에 관한 주장·입증책임은 그 허위표시의 무효를 주장하는 자에게 있다 : 대법원 2006.3.10. 선고 2002다1321 판결.

라) 민법 제108조 제2항 소정의 '제3자'에 해당하는지 여부의 판단 기준

◆ 판 례

상대방과 통정한 허위의 의사표시는 무효이고 누구든지 그 무효를 주장할 수 있는 것이 원칙이나, 허위표시의 당사자와 포괄승계인 이외의 자로서 허위표시에 의하여 외형상 형성된 법률관계를 토대로 실질적으로 새로운 법률상 이해관계를 맺은 선의의 제3자에 대하여는 허위표시의 당사자뿐만 아니라 그 누구도 허위표시의 무효를 대항하지 못하는 것인바, 허위표시를 선의의 제3자에게 대항하지 못하게 한 취지는 이를 기초로 하여 별개의 법률원인에 의하여 고유한 법률상의 이익을 갖는 법률관계에 들어간 자를 보호하기 위한 것이므로, 제3자의 범위는 권리관계에 기초하여 형식적으로만 파악할 것이 아니라 허위표시행위를 기초로 하여 새로운 법률상 이해관계를 맺었는지 여부에 따라 실질적으로 파악하여야 한다 : 대법원 2000. 7. 6. 선고 99다51258 판결.

마) 통정 허위표시의 선의의 제3자에 대한 효력

◆ 판 례

상대방과 통정한 허위의 의사표시는 무효이고 누구든지 그 무효를 주장할 수 있는 것이 원칙이나, 허위표시의 당사자 및 포괄승계인 이외의 자로서 허위표시에 의하여 외형상 형성된 법률관계를 토대로 실질적으로 새로운 법률상 이해관계를 맺은 선의의 제3자에 대하여는 허위표시의 당사자뿐만 아니라 그 누구도 허위표시의 무효를 대항하지 못하고, 따라서 선의의 제3자에 대한 관계에 있어서는 허위표시도 그 표시된 대로 효력이 있다 : 대법원 1996. 4. 26. 선고 94다12074 판결.

바) 허위표시상의 제3자여부

◈ 판 례

통정허위표시의 무효를 대항할 수 없는 제3자란 허위표시의 당사자 및 포괄승계인 이외의 자로서 허위표시에 의하여 외형상 형성된 법률관계를 토대로 새로운 법률원인으로써 이해관계를 갖게 된 자를 말한다. 따라서, 소외인 (A)가 부동산의 매수자금을 피고로부터 차용하고 담보조로 가등기를 경료하기로 약정한 후 채권자들의 강제집행을 우려하여 소외인 (B)에게 가장양도한 후 피고 앞으로 가등기를 경료케 한 경우에 있어서 피고는 형식상은 가장 양수인으로부터 가등기를 경료받은 것으로 되어 있으나 실질적인 새로운 법률원인에 의한 것이 아니므로 통정허위 표시에서의 제3자로 볼 수 없다: 대법원 1982.5.25. 선고 80다1403.

사) 민법 제108조 제2항의 선의의 제3자에 대한 효력

◈ 판 례

통정 허위표시를 원인으로 한 부동산에 관한 가등기 및 그 가등기에 기한 본등기로 인하여 갑의 소유권이전등기가 말소된 후 다시 그 본등기에 터잡아 을이 부동산을 양수하여 소유권이전등기를 마친 경우, 을이 통정 허위표시자로부터 실질적으로 부동산을 양수하고 또 이를 양수함에 있어 통정 허위표시자 명의의 각 가등기 및 이에 기한 본등기의 원인이 된 각 의사표시가 허위표시임을 알지 못하였다면, 갑은 선의의 제3자인 을에 대하여는 그 각 가등기 및 본등기의 원인이 된 각 허위표시가 무효임을 주장할 수 없고, 따라서 을에 대한 관계에서는 그 각 허위표시가 유효한 것이 되므로 그 각 허위표시를 원인으로 한 각 가등기 및 본등기와 이를 바탕으로 그 후에 이루어진 을 명의의 소유권이전등기도 유효하다는 이유로, 을이 선의라 하더라도 을에 대하여 갑이 그 부동산의 소유권자임을 주장할 수 있다 : 대법원 1996. 4. 26. 선고 94다12074 판결.

Ⅲ. 착오에 의한 의사표시

1. 의의

일반적인 의미에서 '착오(錯誤)'는 어떤 객관적 사실에 대한 인식에 잘못이 있는 경우이다. 즉, 사실과 관념이 일치하지 않은 경우이다. 이러한 착오에 빠진 상태에서 한 의사표시를 '착오에 의한 의사표시'라고 한다. 그런데 '착오에 의한 의사표시'의

정의에 대하여 일치하지 않는다. 다수설은 착오에 의한 의사표시는 표시행위로부터 추측·판단되는 의사(표시상의 효과의사)와 진의(내심적 효과의사)가 일치하지 않는 의사표시로서 그 불일치를 표의자 자신이 알지 못하는 것을 의미한다. 그리고 비진의표시나 허위표시는 표의자 자신이 그 불일치를 알고 있으나 착오에 의한 의사표시는 표의자 자신이 그 불일치 사실을 모른다는 점에서 차이가 있다.그런데 다수설은 표시상의 착오나 내용의 착오에 대하여 설명이 가능하지만 동기의 착오에 대한 설명에는 부적절하다. 따라서 '착오에 의한 의사표시'가 동기의 착오까지 포함하는 '착오에 의한 의사표시'의 정의는 진의(眞意)와 표시와의 불일치'라고 하는 것이 가장 합리적이다. 여기서 '진의'는 표의자가 진정으로 도모하려고 하였던 의사, 즉 착오가 없었더라면 가졌을 것으로 생각되는 의사'를 의미한다. 그러므로 '착오에 의한 의사표시'는 표의자의 착오, 즉 잘못된 인식이 원인이 되어 표시행위로부터 추측되는 효과의사와 진의가 불일치하는 것을 의미한다. 예를 들면 직장인이 서울에 있는 사무소에 발령될 것으로 알고, 서울에서 아파트를 임대차계약을 하였는데, 사실은 지방 사무소에 발령된 경우에 임대차계약에서 표의자가 착오에 의한 의사표시이다.

2. 종류

(1) 표시상의 착오

표시행위 자체를 잘못하여 의사와 표시의 불일치가 생긴 경우에 착오를 이유로 취소할 수 있다. 오기(誤記) 등이 여기에 해당한다. 여기서 문제가 되는 것은 표시의사는 의사표시의 요소로 보느냐의 여부에 따라 그 결론은 다르다. 첫째, 표시의사를 의사표시의 요소로 본다면 표시상의 착오는 그러한 표시의사가 없기 때문에 무조건 의사표시는 성립하지 않는다. 둘째, 표시의사를 의사표시의 요소로 보지 않는 경우는 표시상의 착오는 내용의 착오와 구별할 필요가 없다.

(2) 내용상의 착오

표시행위 자체는 착오가 없으나 표시행위가 가지는 의미를 잘못 이해하는 것이다. 파운드와 달러를 동일가치로 알고 파운드의 표시를 달러로 표시하는 경우이다. 이 경우에도 착오를 이유로 취소할 수 있다.

(3) 동기상의 착오

1) 의의

의사표시를 하게 된 '동기에 착오'가 있는 경우이다. 모조품을 진품으로 알고 비싼 가격에 구입하는 경우이다. 고속도로가 신설된다고 믿고서 토지를 비싼 가격에 구입하는 경우 등이다. 다수설과 판례는 동기착오는 '동기가 표시되고, 상대방도 알고 있는 경우에 그 동기는 의사표시의 내용이 되므로 그 범위 안에서 동기의 착오는 표시행위의 내용의 착오의 문제가 된다. 그러나 동기가 표시되지 않은 경우에는 착오의 문제가 발생하지 않는다. 이에 관한 판례를 살펴보기로 한다.

가) 의사표시의 동기에 착오가 있는 경우에 민법 제109조에 정한 취소권 행사 여부

◆ 판 례

회사 소속 차량에 사람이 치어 부상하였으나 사실은 회사차량 운전수에게는 아무런 과실이 없어 회사에 손해배상책임이 돌아올 수 없는 것임에도 불구하고 회사 사고담당 직원이 회사 운전수에게 잘못이 있는 것으로 착각하고, 회사를 대리하여 병원경영자와 간에 환자의 입원치료비의 지급을 연대보증하기로 계약한 경우는, 의사표시의 동기에 착오가 있는 것에 불과하므로, 특히 그 동기를 계약내용으로 하는 의사를 표시하지 아니한 이상, 착오를 이유로 계약을 취소할 수 없다 : 대법원 1979.3.27. 선고 78다2493 판결.

나) 동기의 착오를 이유로 계약을 취소할 수 있는 경우

◆ 판 례

매수인이 토지에 대한 전용허가를 받기 위하여는 구 중소기업창업지원법에 의한 사업계획의 승인을 받는 등의 복잡한 절차를 거쳐야 한다는 사실을 모르고, 곧바로 벽돌공장을 지을 수 있는 것으로 잘못 알고 있었다고 하여도, 그러한 착오는 동기의 착오에 지나지 않으므로 당사자 사이에 그 동기를 의사표시의 내용으로 삼았을 때 한하여 의사표시의 내용의 착오가 되어 취소할 수 있다 : 대법원 1997. 4. 11. 선고 96다31109 판결.

다) 동기의 착오를 이유로 법률행위를 취소하기 위한 요건

◆ 판 례

동기의 착오가 법률행위의 내용의 중요부분의 착오에 해당함을 이유로 표의자가 법률행위를 취소하려면 그 동기를 당해 의사표시의 내용으로 삼을 것을 상대방에게 표시하고, 의사표시의 해석상 법률행위의 내용으로 되어 있다고 인정되면 충분하고, 당사자들 사이에 별도로 그 동기를 의사표시의 내용으로 삼기로 하는 합의까지 이루어질 필요는 없지만, 그 법률행위의 내용의 착오는 보통 일반인이 표의자의 입장에 섰더라면 그와 같은 의사표시를 하지 아니하였으리라고 여겨질 정도로 그 착오가 중요한 부분에 관한 것이어야 한다 : 대법원 2000. 5. 12. 선고 2000다12259 판결.

라) 동기의 착오를 이유로 계약을 취소할 수 있는 경우

◆ 판 례

동기에 착오를 일으켜서 계약을 체결한 경우에는 당사자 사이에 특히 그 동기를 계약 당시에 상대방에게 표시함으로써 계약의 내용으로 삼은 때에 한하여 이를 이유로 당해 계약을 취소할 수 있다 : 대법원 1995.5.23. 선고 94다60318 판결.

마) 동기의 착오가 법률행위의 중요 부분에 해당하고, 착오가 상대방의 적극적 행위에 의해 유발되는 등 제반 사정에 비추어 표의자에게 중대한 과실이 없다고 하여 착오를 이유로 한 매매계약의 취소여부

◆ 판 례

건물에 대한 매매계약 체결 직후 건물이 건축선을 침범하여 건축된 사실을 알았으나 매도인이 법률전문가의 자문에 의하면 준공검사가 난 건물이므로 행정소송을 통해 구청장의 철거 지시를 취소할 수 있다고 하여 매수인이 그 말을 믿고 매매계약을 해제하지 않고 대금지급의무를 이행한 경우라면 매수인이 건물이 철거되지 않으리라고 믿은 것은 매매계약과 관련하여 동기의 착오라고 할 것이지만, 매수인과 매도인 사이에 매매계약의 내용으로 표시되었다고 볼 것이고, 나아가 매수인뿐만 아니라 일반인이면 누구라도 건물 중 건축선을 침범한 부분이 철거되는 것을 알았더라면 그 대지 및 건물을 매수하지 아니하였으리라는 사정이 엿보이므로, 결국 매수인이 매매계약을 체결함에 있어 그 내용의 중요 부분에 착오가 있는 때에 해당하고, 한편 매도인의 적극적인 행위에 의하여 매수인이 착오에 빠지게 된 점, 매수인이 그 건물의 일부가 철거되지 아니할 것이라고 믿게 된 경위 등 제반 사정에 비추어 보면 착오가 매수인의 중대한 과실에 기인한 것이라고 할 수 없다 : 대법원 1997. 9. 30. 선고 97다26210 판결.

바) 매매대상 토지 중 20~30평 가량만 도로에 편입될 것이라는 중개인의 말을 믿고 주택 신축을 위하여 토지를 매수하였으나 실제로는 전체 면적의 약 30%에 해당하는 197평이 도로에 편입된 경우, 동기의 착오를 이유로 매매계약의 취소여부

◆ 판 례

매매대상 토지 중 20~30평 가량만 도로에 편입될 것이라는 중개인의 말을 믿고 주택 신축을 위하여 토지를 매수하였고 그와 같은 사정이 계약 체결 과정에서 현출되어 매도인도 이를 알고 있었는데 실제로는 전체 면적의 약 30%에 해당하는 197평이 도로에 편입된 경우, 동기의 착오를 이유로 매매계약의 취소를 인정한 사례 : 대법원 2000. 5. 12. 선고 2000다12259 판결.

2) 효과

ⅰ) 원칙

법률행위의 내용의 중요부분에 착오가 있는 경우에 그 의사표시는 취소할 수 있다(민법 제109조[409] 제1항 본문). 따라서 중요하지 않은 부분에 착오가 있으면 취소하지 못하고, 그 법률행위는 유효하다(민법 제109조 제1항 단서). 그러면 여기서 무엇이 법률행위의 중요 부분의 착오이냐가 문제된다.

첫째, 법률행위의 중요부분의 착오의 의의

의사표시에 의하여 달성하려는 의사표시의 내용의 중요한 부분에 착오가 있다고 하기 위해서는 ① 주관적 요소로서 표의자가 그러한 착오가 없었다면 그 의사표시를 하지 않았으리라고 생각할 정도로 중요한 것이어야 하고, ② 개관적으로 보통 일반인도 표의자의 처지에 있었다면 그러한 의사표시를 하지 않았으리라고 생각될 정도로 중요한 것이어야 한다. 이에 관하여 판례를 살펴보기로 한다.

---

409) 제109조 (착오로 인한 의사표시) ① 의사표시는 법률행위의 내용의 중요부분에 착오가 있는 때에는 취소할 수 있다. 그러나 그 착오가 표의자의 중대한 과실로 인한 때에는 취소하지 못한다. ② 전항의 의사표시의 취소는 선의의 제삼자에게 대항하지 못한다.

가) 법률행위의 중요 부분의 착오에 해당하는지 여부

◆ 판 례

법률행위 내용의 중요 부분에 착오가 있다고 하기 위하여는 표의자에 의하여 추구된 목적을 고려하여 합리적으로 판단하여 볼 때 표시와 의사의 불일치가 객관적으로 현저하여야 하는바, 재건축아파트 설계용역에서 건축사 자격이 가지는 중요성에 비추어 볼 때, 재건축조합이 건축사 자격이 없이 건축연구소를 개설한 건축학 교수에게 건축사 자격이 없다는 것을 알았더라면 재건축조합만이 아니라 객관적으로 볼 때 일반인으로서도 이와 같은 설계용역계약을 체결하지 않았을 것으로 보이므로, 재건축조합측의 착오는 중요 부분의 착오에 해당한다 : 대법원 2003. 4. 11. 선고 2002다70884 판결.

나) 건축사 자격이 없이 건축연구소를 개설한 건축학 교수와 재건축아파트 설계용역계약을 체결한 재건축조합이 상대방의 건축사 자격 유무를 조사하지 아니하여 그의 무자격을 알지 못한 것이 중대한 과실로 인한 착오에 해당여부

◆ 판 례

설계용역계약 체결을 전후하여 건축사 자격이 없다는 것을 묵비한 채 자신이 미국에서 공부한 건축학교수이고 '(명칭 생략)건축연구소'라는 상호로 사업자등록까지 마치고 건축설계업을 하며 상당한 실적까지 올린 사람이라고 소개한 경우, 일반인의 입장에서는 그에게 당연히 건축사 자격이 있는 것으로 믿을 수밖에 없었을 것이므로, 재건축조합 측이 그를 무자격자로 의심하여 건축사자격증의 제시를 요구한다거나 건축사단체에 자격 유무를 조회하여 이를 확인하여야 할 주의의무가 있다고 볼 수는 없다고 보아 재건축조합의 착오가 중대한 과실로 인한 것이 아니라고 한 사례 : 대법원 2003. 4. 11. 선고 2002다70884 판결.

다) 고려청자로 알고 매수한 도자기가 진품이 아닌 것으로 밝혀진 경우, 개인 소장자인 매수인이 그 출처의 조회나 전문적 감정인의 감정 없이 매수한 점만으로는 중과실의 여부

◆ 판 례

고려청자로 알고 매수한 도자기가 진품이 아닌 것으로 밝혀진 경우, 매수인이 도자기를 매수하면서 자신의 골동품 식별 능력과 매매를 소개한 자를 과신한 나머지 고려청자 진품이라고 믿고 소장자를 만나 그 출처를 물어 보지 아니하고 전문적 감정인의 감정을 거치지 아니한 채, 그 도자기를 고가로 매수하고 만일 고려청자가 아닐 경우를 대비하여 필요한 조치를 강구하지 아니한 잘못이 있다고 하더라도, 그와 같은 사정만으로는 매수인이 매매계약 체결시 요구되는 통상의 주의의무를 현저하게 결여하였다고 보기는 어렵다는 이유로 착오를 이유로 매매계약을 취소할 수 있다 : 대법원 1997. 8. 22. 선고 96다26657 판결.

라) '중대한 과실'에 해당여부

◈ 판 례

공장을 경영하는 자가 공장이 협소하여 새로운 공장을 설립할 목적으로 토지를 매수함에 있어 토지상에 공장을 건축할 수 있는지 여부를 관할관청에 알아보지 아니한 과실이 "중대한 과실"에 해당한다 : 대법원 1993.6.29. 선고 92다38881 판결.

마) 착오로 인하여 표의자가 경제적 불이익을 입지 아니한 경우, 법률행위 내용의 중요 부분의 착오라고 볼 수 있는지 여부

◈ 판 례

착오가 법률행위 내용의 중요 부분에 있다고 하기 위하여는 표의자에 의하여 추구된 목적을 고려하여 합리적으로 판단하여 볼 때 표시와 의사의 불일치가 객관적으로 현저하여야 하고, 만일 그 착오로 인하여 표의자가 무슨 경제적인 불이익을 입은 것이 아니라면 이를 법률행위 내용의 중요 부분의 착오라고 할 수 없다: 대법원 2006.12.7. 선고 2006다41457.

ii) 예외

착오가 표의자의 중대한 과실로 생긴 때에는 비록 중요한 부분의 착오가 있을지라도 표의자는 그의 의사표시를 착오를 이유로 취소하지 못한다(민법 제109조 제1항 단서). 여기서 '중대한 과실'이란 표의자의 직업, 행위의 종류, 목적 등에 비추어 보통 요구되는 주의를 현저하게 결여한 것을 말한다. 다만 상대방이 그 사정을 알면서 이를 이용한 때에는 상대방은 표의자의 중과실을 원용할 수 없으며, 표의자는 그 의사표시를 취소할 수 있다.

가) 민법 제109조 제1항 단서 소정의 '중대한 과실'의 의미

◈ 판 례

법률행위 내용의 중요 부분에 착오가 있는 때에는 그 의사표시를 취소할 수 있으나 그 착오가 표의자의 중대한 과실로 인한 때에는 취소하지 못하는 것인바, 여기서 '중대한 과실'이라 함은 표의자의 직업, 행위의 종류, 목적 등에 비추어 보통 요구되는 주의를 현저히 결여한 것을 의미한다 : 대법원 2003. 4. 11. 선고 2002다70884.

나) 착오에 의한 의사표시를 취소할 수 없는 표의자의 '중대한 과실'의 의미

◈ 판 례

착오에 의한 의사표시에서 취소할 수 없는 표의자의 '중대한 과실'이라 함은 표의자의 직업, 행위의 종류, 목적 등에 비추어 보통 요구되는 주의를 현저히 결여하는 것을 의미한다 : 대법원 2000. 5. 12. 선고 2000다12259. 판결

제3항 사기, 강박에 의한 의사표시

Ⅰ. 의의

의사표시가 완전히 유효하기 위하여는 그것이 자유로운 결정을 통하여 표시된 의사에 근거한다. 그런데 타인(他人)의 부당한 간섭 내지 개입으로 자유로운 의사표시가 방해된 상태에서 행해진 의사표시에 대하여 그대로 효력을 인정한다면 표의자에게 너무나 가혹하다. 또한 자유롭지 못한 상태에서 행한 의사표시에 효력을 인정한다면 부당하다. 그래서 민법은 이와 같이 자유롭지 못한 상태에서 의사를 결정하고, 행한 의사표시에 대하여 그 의사표시를 취소할 수 있는 제도를 인정하고 있는데, 그것이 바로 '사기와 강박에 의한 의사표시'이다(민법 제110조).[410]

---

410) 제110조 (사기, 강박에 의한 의사표시) ① 사기나 강박에 의한 의사표시는 취소할 수 있다. ② 상대방있는 의사표시에 관하여 제삼자가 사기나 강박을 행한 경우에는 상대방이 그 사실을 알았거나 알 수 있었을 경우에 한하여 그 의사표시를 취소할 수 있다. ③ 전2항의 의사표시의 취소는 선의의 제삼자에게 대항하지 못한다.

'사기와 강박에 의한 의사표시'는 표시에 해당하는 내심의 효과의사는 존재하지만 그 의사결정이 자유롭지 못한 상태이므로 비록 표시에 해당하는 내심의 효과의사는 존재하여도 그 의사결정이 자유롭지 못했기 때문에 의사표시의 성립에 있어서 문제가 되고 있다. '사기'는 고의로 사람을 기망(欺罔)하여 착오에 빠지게 하는 위법행위(違法行爲)이고, '강박'은 고의로 해악(害惡)을 주겠다고 위협하여 공포심을 일으키게 하는 위법행위이다. 사기나 강박의 위법행위에 대한 피해자를 구제하는 법적 수단에는 형법적 구제와 민법적 구제의 두 가지가 있다. 형법은 사기, 강박을 하는 자를 벌함으로써 피해자를 구제하고, 사회의 해악을 제거하려는데 그 목적이 있다. 반면에 민법은 그 사기나 강박이 불법행위의 요건을 갖추는 경우에 피해자에게 손해배상청구권을 주어서 구제하고(민법 제750조), 또한 피해자에게 사기나 강박에 의한 의사표시의 취소권을 인정하여 그 의사표시에 의한 법률적 구속을 벗어날 수 있도록 하고 있다(민법 제110조). 민법 제110조는 사기나 강박에 의한 의사표시는 자유롭지 못한 상태에서 행한 의사표시를 표의자가 이를 취소할 수 있는 것으로 하고 있다.

Ⅱ. 사기, 강박에 의한 의사표시의 요건

1. 사기에 의한 의사표시

(1) 사기의 의의

표의자가 타인(상대방 또는 제3자)의 기망행위로 인하여 착오에 빠지고, 그러한 상태에서 행한 의사표시가 '사기에 의한 의사표시'이다(민법 제110조). '사기에 의한 의사표시'도 착오에 의한 의사표시라는 점에서 이미 기술한 '착오'와 동일하지만 사기에서 '착오'는 표의자가 의사를 결정함에 있어서 타인의 부당한 간섭 내지 개입(사기)에 의한 의사표시이므로 법률행위의 내용의 중요한 부분에 착오가 없어도 사기에 의한 의사표시는 취소할 수 있다는 점에서 통상의 착오에 의한 의사표시와는 다르다.

(2) 사기에 의한 의사표시의 요건

1) 사기자에게 고의(故意)가 있어야 한다.

표의자를 속여 착오에 빠지게 하려는 고의, 그리고 다시 그 착오에 빠진 상태에서 표의자로 하여금 일정한 의사표시를 하려는 고의가 있어야 한다.

2) 기망행위가 있어야 한다.

여기서 '기망행위'란 표의자에게 그릇된 관념이나 판단을 가지게 하거나 그러한 관념을 강화 또는 유지하려는 모든 용태(容態)를 말한다. 예컨대, 적극적으로 거짓의 사실을 사실처럼 꾸미는 것뿐만 아니라 소극적으로 진실한 사실을 숨기는 것을 말한다.

3) 사기가 위법해야 한다.

사회생활에서 타인(他人)의 부지(不知)나 착오(錯誤)를 이용하는 것이 어느 정도까지는 허용되지만 기망행위가 거래상 요구되는 신의성실의 원칙에 반하는 경우에 위법한 기망행위라고 하여야 한다. 예컨대, 전문점의 상품선전과 노점이나 고물상의 진술은 신의칙상의 평가가 다르다.

4) 표의자가 착오에 빠져야 한다.

표의자가 착오에 빠지고, 그 착오에 근거한 의사표시가 있어야 한다. 즉, 착오와 의사표시 사이에 인과관계(因果關係)가 있어야 한다. 여기서 착오는 내심적 효과의사를 결정하는 동기(動機)가 되어도 무방하다. 사기에 의한 의사표시의 취소에 관한 판례를 살펴보기로 한다.

가) 사기에 의한 의사표시의 의의 및 사기에 의한 의사표시의 법리가 적용되는지 여부

◆ 판 례

사기에 의한 의사표시란 타인의 기망행위로 말미암아 착오에 빠지게 된 결과 어떠한 의사표시를 하게 되는 경우이므로 거기에는 의사와 표시의 불일치가 있을 수 없고, 단지 의사의 형성과정 즉 의사표시의 동기에 착오가 있는 것에 불과하며, 이 점에서 고유한 의미의 착오에 의한 의사표시와 구분되는데, 신원보증서류에 서명날인한다는 착각에 빠진 상태로 연대보증의 서면에 서명날인한 경우, 결국 위와 같은 행위는 강학상 기명날인의 착오(또는 서명의 착오), 즉 어떤 사람이 자신의 의사와 다른 법률효과를 발생시키는 내용의 서면에, 그것을 읽지 않거나 올바르게 이해하지 못한 채 기명날인을 하는 이른바 표시상의 착오에 해당하므로, 비록 위와 같은 착오가 제3자의 기망행위에 의하여 일어난 것이라 하더라도 그에 관하여는 사기에 의한 의사표시에 관한 법리, 특히 상대방이 그러한 제3자의 기망행위 사실을 알았거나 알 수 있었을 경우가 아닌 한 의사표시자가 취소권을 행사할 수 없다는 민법 제110조 제2항의 규정을 적용할 것이 아니라, 착오에 의한 의사표시에 관한 법리만을 적용하여 취소권 행사의 가부를 가려야 한다 : 대법원 2005. 5. 27. 선고 2004다43824 판결.

나) 사기를 이유로 한 법률행위의 취소로써 대항할 수 없는 '선의의 제3자'의 범위

◆ 판 례

사기를 이유로 한 법률행위의 취소로써 대항할 수 없는 민법 제110조 제3항 소정의 제3자라 함은 사기에 의한 의사표시의 당사자 및 포괄승계인 이외의 자로서 사기에 의한 의사표시를 기초로 하여 새로운 법률원인으로써 이해관계를 맺은 자를 의미한다 : 대법원 1997. 12. 26. 선고 96다44860 판결.

다) 타인의 권리의 매매의 경우에 있어서 매수인이 민법 제110조에 의하여 매수의 의사표시를 취소할 수 있는지 여부

◆ 판 례

민법 제569조가 타인의 권리의 매매를 유효로 규정한 것은 선의의 매수인의 신뢰 이익을 보호하기 위한 것이므로, 매수인이 매도인의 기망에 의하여 타인의 물건을 매도인의 것으로 알고 매수한다는 의사표시를 한 것은 만일 타인의 물건인줄 알았더라면 매수하지 아니하였을 사정이 있는 경우에는 매수인은 민법 제110조에 의하여 매수의 의사표시를 취소할 수 있다고 해석해야 할 것이다 : 대법원 1973.10.23. 선고 73다268 판결.

라) 상품의 선전·광고에 있어 다소의 과장·허위가 기망행위가 되는지 여부

◆ 판 례

일반적으로 상품의 선전·광고에 있어 다소의 과장·허위가 수반되는 것은 그것이 일반 상거래의 관행과 신의칙에 비추어 시인될 수 있는 한, 기망성이 결여된다 : 대법원 1995.9.29. 선고 95다7031 판결.

2. 강박에 의한 의사표시

(1) 강박의 의의

표의자가 타인(상대방 또는 제3자)의 강박행위에 의하여 공포심을 가지게 되고, 그 해악을 피하기 위하여 마음에도 없는 진의 아닌 의사표시를 하는 경우에 '강박에 의한 의사표시'이다. 이 경우에 '의사와 표시'가 불일치하다는 것을 표의자가 스스로 알고 있다는 점에서 '진의 아닌 의사표시 또는 허위표시에 가깝고, '착오나 사기에 의한 의사표시'와는 다르다.

(2) 강박에 의한 의사표시의 요건

1) 강박자(强拍者)의 고의가 있어야 한다.

표의자에게 공포심을 가지게 하려는 고의, 그리고 그 공포심에 의하여 의사표시를 하게 하려는 고의가 있어야 한다.

2) 강박행위가 있어야 한다.

강박행위의 방법이나 종류는 묻지 않는다. 즉, 무서워하고, 두려워하는 공포의 정도는 표의자가 자유를 완전히 상실할 정도로 강한 것이 아니어야 한다. 만약 강박의 정도가 극심하여 표의자가 의사결정에 대한 자유가 완전히 박탈되는 정도라면 그러한 강박에 의한 의사표시는 효과의사에 대응하는 내심의 의사가 없기 때문에 무효이다.

3) 강박행위가 위법한 것이어야 한다.

정당한 권리행사는 비록 표의자에게 공포심을 발생하게 하더라도 강박이 되지 않는다. 실제로 문제가 되는 것은 불법행위를 한 자를 고발 또는 고소하여 형사상의 소추를 하겠다고 하는 경우이다. 이 경우에 단순히 형사상의 소추하겠다는 의사일 때는 문제가 되지 않으나 어떤 부정한 이익을 취득할 목적으로 할 경우에 위법한 강박이 된다.

4) 표의자가 강박으로 인하여 공포심으로 의사표시를 하여야 한다.

표의자가 강박의 결과 공포심을 가지게 되고, 그 공포심으로 인하여 의사표시를 하여야 한다. 이 경우에, 공포심과 의사표시 사이에는 인과관계가 있어야 한다. 강박에 의한 의사표시에 관한 판례를 살펴보기로 한다.

가) 법률행위 취소의 원인이 될 강박의 성립요건

◈ 판 례

법률행위 취소의 원인이 될 강박이 있다고 하기 위하여서는 표의자로 하여금 외포심을 생기게 하고 이로 인하여 법률행위 의사를 결정하게 할 고의로써 불법으로 장래의 해악을 통고할 경우라야 한다 : 대법원 1992.12.24. 선고 92다25120 판결.

나) 부정행위에 대한 고소, 고발이 강박행위가 되는 경우

◈ 판 례

일반적으로 부정행위에 대한 고소, 고발은 그것이 부정한 이익을 목적으로 하는 것이 아닌 때에는 정당한 권리행사가 되어 위법하다고 할 수 없으나, 부정한 이익의 취득을 목적으로 하는 경우에는 위법한 강박행위가 되는 경우가 있고 목적이 정당하다 하더라도 행위나 수단 등이 부당한 때에는 위법성이 있는 경우가 있을 수 있다 : 대법원 1992.12.24. 선고 92다25120 판결.

다) 간통으로 피소될 처지에 있는 자에게 합의금으로 약속어음공정증서를 작성하게 한 행위가 강박행위인지의 여부

◈ 판 례

간통으로 피소될 처지에 있는 자에게 합의금으로 금 170,000,000원의 약속어음공정증서를 작성하게 한 행위가 부정한 이익을 목적으로 위법한 강박행위를 한 것이 아니라고 한 원심판결을 수긍한 사례 : 대법원 1997. 3. 25. 선고 96다47951 판결.

라) 강박에 의한 법률행위가 무효로 되기 위한 요건

◆ 판 례

강박에 의한 법률행위가 하자 있는 의사표시로서 취소되는 것에 그치지 않고, 나아가 무효로 되기 위하여는 강박의 정도가 단순한 불법적 해악의 고지로 상대방으로 하여금 공포를 느끼도록 하는 정도가 아니고, 의사표시자로 하여금 의사결정을 스스로 할 수 있는 여지를 완전히 박탈한 상태에서 의사표시가 이루어져 단지 법률행위의 외형만이 만들어진 것에 불과한 정도이어야 한다 : 대법원 1997. 3. 11. 선고 96다49353 판결.

마) 강박의 정도와 그에 의한 의사표시의 효력

◆ 판 례

상대방 또는 제3자의 강박에 의하여 의사결정의 자유가 완전히 박탈된 상태에서 이루어진 의사표시는 효과의사에 대응하는 내심의 의사가 결여된 것이므로 무효라고 볼 수 밖에 없으나, 강박이 의사결정의 자유를 완전히 박탈하는 정도에 이르지 아니하고 이를 제한하는 정도에 그친 경우에는 그 의사표시는 취소할 수 있음에 그치고 무효라고까지 볼 수 없다 : 대법원 1984.12.11. 선고 84다카140 판결.

바) 강박에 의한 법률행위가 무효로 되기 위한 요건

◆ 판 례

강박에 의한 법률행위가 하자 있는 의사표시로서 취소되는 것에 그치지 아니하고 더 나아가 무효로 되기 위하여는 강박의 정도가 극심하여 의사표시자의 의사결정의 자유가 완전히 박탈되는 정도에 이른 것임을 요한다 : 대법원 1996. 10. 11. 선고 95다1460 판결.

3. 사기, 강박에 의한 의사표시의 효과

(1) 상대방의 사기나 강박의 경우

표의자의 상대방의 사기 또는 강박으로 인하여 의사표시한 경우에 표의자는 그 의사표시를 취소할 수 있다. 따라서 표의자가 취소하지 아니한 경우에 비록 사기나 강박이 범죄가 되는 경우이라도 그 의사표시는 유효하다.

(2) 제3자의 사기 또는 강박의 경우

제3자의 사기나 강박에 의한 의사표시가 상대방이 있는 경우에 그 의사표시의 상대방이 제3자에 의한 사기나 강박이라는 사실을 알았거나 알 수 있었을 때에 한하여 그 의사표시를 취소할 수 있다. 선의, 악의나 과실의 유무는 행위 당시를 표준으로 하여 결정한다.

(3) 제3자에 대한 관계

사기, 강박에 의한 의사표시의 취소는 '선의 제3자'에게 대항하지 못한다(민법 제110조 제3항).

제4항 의사표시의 효력발생

Ⅰ. 의사표시의 효력발생문제

1. 상대방이 없는 의사표시

의사표시는 모든 성립요건을 갖출 때에 효력을 발생하게 된다. 의사표시 중 '상대방이 없는 의사표시'는 원칙적으로 표시행위가 완료할 때에 효력이 발생한다. 왜냐하면 그 의사표시를 깨달아 이해할 특정한 상대방이 없기 때문이다. 그러나 일정한 법률행위 내지 의사표시의 효력발생시기에 대하여 개별적인 규정을 두고 있다.

2. 상대방이 있는 의사표시

상대방이 있는 의사표시는 그것이 단독행위이거나 계약이든 언제나 상대방에게 알리는 것을 목적으로 하기 때문에 상대방의 입장을 고려하여야 한다. 특히 문제가 되는 것은 '의사표시의 효력발생시기'와 '의사표시의 수령능력'이다. 또한 의사표시의 효력발생시기에 상대방이 누구인지를 알지 못하거나 혹은 상대방이 어디에 있는지를 알지 못하는 경우에도 문제가 된다.

Ⅱ. 의사표시의 효력발생시기

1. 입법주의

상대방이 있는 의사표시에 관하여 그 의사표시는 표의자로부터 상대방에게 의사가 전달되어야 한다. 그런데 문제가 되는 것은 장소적으로 떨어져 있는 경우에 서면(書面) 등으로 의사표시를 하는 경우[즉, 격지자(隔地者) 사이의 의사표시]에 그 전달과정은 다음과 같이 4단계를 걸쳐서 전달된다. 즉, 첫째 표의자가 의사를 표백하고(表白: 서면을 작성하는 방법으로 의사표시를 나타낸다), 둘째 이것을 발신(發信)하여(우체국이나 우체통에 투입하는 방법으로 의사표시를 보내는 것), 셋째 상대방이 이를 수령하고(受領: 상대방이 언제라도 인식할 수 있는 곳에 도달, 즉 '우편함' 등), 넷째 상대방이 이를 요지(了知: 서면의 내용을 읽고 이해하는 것)하는 순서로 나타난다.

(1) 표백주의

표백주의(表白主義)는 의사표시가 성립할 때에 효력이 발생한다는 입장이다. 즉, 표의자가 의사표시를 서면으로 작성이 끝난 경우에 의사표시의 효력이 발생한다. 이 견해는 너무 표의자의 중심으로 의사표시의 효력을 규정하고 있다. 따라서 상대방은 표의자의 의사표시의 사실을 전혀 알지도 못하는 경우에도 의사표시의 효력이 발생하게 된다.

(2) 발신주의

발신주의(發信主義)는 의사표시가 외형적인 존재를 갖추고, 표의자의 지배를 떠나서 상대방에게 발신한 경우에 의사표시의 효력이 발생한다는 견해이다. 즉, 작성한 서면을 우편함에 투입하거나 우체국 창구에서 발송하는 경우에 효력이 발생한다는 입장이다. 이 견해도 표의자의 중심으로 의사표시의 효력발생시기를 정하고 있다는 문제점이 있다. 그러나 오늘날 동일한 내용을 다수에게 보내는 경우에 이 견해를 취하는 것이 보다 합리적인 경우가 많다. 예컨대 사원총회, 주주총회 공공 등이 있다. 따라서 신속하고, 활발한 거래나 다수자에게 동일한 내용을 통지한 경우에 의사표시의 시기를 획일적으로 정하여야 할 때에 적합하다.

(3) 도달주의

도달주의(到達主義)는 의사표시가 상대방에게 도달할 때, 즉 상대방의 지배권 내에 들어갈 때에 효력이 발생한다는 견해이다. 이를 수신주의(受信主義), 수령주의(受領主義)라고도 한다. 이 견해는 서면이 상대방에게 전달된 경우에 효력이 발생하므로 당사자 쌍방 사이의 이익을 가장 잘 조화한 모델이다. 우리민법은 도달주의를 취하고 있다.

(4) 요지주의

요지주의(了知主義)는 상대방이 의사표시의 내용을 요지(了知), 즉 읽어서 깨달아 알게 된 경우에 의사표시의 효력이 발생한다는 주의이다. 즉, 상대방이 서면을 읽고, 그 내용을 이해하는 경우에 효력이 발생한다는 입장이다. 이 견해는 상대방의 보호에 치중한 나머지 상대방을 중심으로 의사표시의 효력발생시기를 정한다는 점에서 비판을 받고 있다.

2. 도달주의의 원칙

우리민법은 의사표시의 효력발생시기에 관하여 도달주의(到達主義)를 원칙으로 하고 있다. '상대방 있는 의사표시는 그 통지가 상대방에 도달한 때부터 그 효력이 생긴다'(민법 제111조[411]) 제1항).

(1) 도달의 원칙

의사표시가 상대방의 지배영역 내에 있어서 상대방이 언제라도 그 내용을 알 수 있는 상태가 되었다고 인정되는 것이 '도달'이다. 즉, 우편이 수신함에 투입된 때 또는 동거하는 가족이나 친족 또는 피용자가 수령한 경우에 비록 상대방이 여러 가지 이유나 사정으로 미처 보지 않아 알지 못하더라도 도달한 것으로 효력이 생긴다. 또한 상대방이 수령을 거절하더라도 정당한 이유가 없는 한 도달한 것이

411) 제111조 (의사표시의 효력발생시기) ① 상대방이 있는 의사표시는 상대방에게 도달한 때에 그 효력이 생긴다. ② 의사표시자가 그 통지를 발송한 후 사망하거나 제한능력자가 되어도 의사표시의 효력에 영향을 미치지 아니한다.

다. 다만, 도달은 상대방이 알 수 있는 상태가 되어야 한다. 그리고 수령자는 수령능력을 가지고 있어야 한다. 이것은 격지자와 대화자를 구별할 필요는 없다.

격지자와 대화자와의 구별은 거리적, 장소적 관념이 아니라 시간적 관념이다. 그러므로 전화나 신호를 통하여 의사표시를 하는 경우에 두 사람 사이의 거리에 관계없이 대화자 사이의 의사표시로 본다. 따라서 상대방이 수화기를 귀에 대고, 들을 준비를 한 이상, 고의로 표의자의 말을 듣지 않아도 의사표시는 도달한 것이 되어 의사표시의 효력이 발생하게 된다. 이에 관하여 판례를 살펴보기로 한다.

가) 채권양도 통지의 도달의 의미

◆ 판 례

채권양도의 통지와 같은 준법률행위의 도달은 의사표시와 마찬가지로 사회관념상 채무자가 통지의 내용을 알 수 있는 객관적 상태에 놓여졌을 때를 지칭하고, 그 통지를 채무자가 현실적으로 수령하였거나 그 통지의 내용을 알았을 것까지는 필요하지 않다 : 대법원 1983.8.23. 선고 82다카439 판결.

나) 채권양도의 통지가 채무자에게 도달되었다고 보기 위해서는 채무자가 이를 현실적으로 수령하였거나 그 내용을 알았을 것까지 요하는지 여부

◆ 판 례

채권양도의 통지는 채무자에게 도달됨으로써 효력을 발생하는 것이고, 여기서 도달이라 함은 사회관념상 채무자가 통지의 내용을 알 수 있는 객관적 상태에 놓여졌다고 인정되는 상태를 지칭한다고 해석되므로, 채무자가 이를 현실적으로 수령하였다거나 그 통지의 내용을 알았을 것까지는 필요로 하지 않는다 : 대법원 1997. 11. 25. 선고 97다31281 판결.

다) 채권양도의 통지가 채무자에게 도달하였는지 여부에 대하여 민사소송법의 송달에 관한 규정을 유추적용할 수 있는지 여부

◆ 판 례

민사소송법상의 송달은 당사자나 그 밖의 소송관계인에게 소송상 서류의 내용을 알 기회를 주기 위하여 법정의 방식에 좇아 행하여지는 통지행위로서, 송달장소와 송달을 받을 사람 등에 관하여 구체적으로 법이 정하는 바에 따라 행하여지지 아니하면 부적법하여 송달로서의 효력이 발생하지 아니한다. 한편 채권양도의 통지는 채무자에게 도달됨으로써 효력이 발생하는 것이고, 여기서 도달이라 함은 사회통념상 상대방이 통지의 내용을 알 수 있는 객관적 상태에 놓여졌다고 인정되는 상태를 가리킨다. 이와 같이 도달은 보다 탄력적인 개념으로서 송달장소나 수송달자 등의 면에서 위에서 본 송달에서와 같은 엄격함은 요구되지 아니하며, 이에 송달장소 등에 관한 민사소송법의 규정을 유추 적용할 것이 아니다. 따라서 채권양도의 통지는 민사소송법상의 송달에 관한 규정에서 송달장소로 정하는 채무자의 주소·거소·영업소 또는 사무소 등에 해당하지 아니하는 장소에서라도 채무자가 사회통념상 그 통지의 내용을 알 수 있는 객관적 상태에 놓여졌다고 인정됨으로써 족하다 : 대법원 2010.4.15. 선고 2010다57 판결.

(2) 도달주의 효과

1) 의사표시의 철회

의사표시는 상대방에게 도달한 때에 그 효력이 발생하므로, 발신 후에 상대방에게 도달하기 전에 그 의사표시를 철회할 수 있다. 의사표시의 철회는 늦어도 먼저 발신한 의사표시와 동시에 도달되어야 한다. 만약 먼저 표시한 의사표시가 도달했다면 비록 상대방이 아직 알기 전이라도 표의자가 자신의 의사표시를 철회하지 못한다.

2) 의사표시의 불착, 연착

도달주의를 취한 결과, 의사표시의 불착 또는 연착은 모두 표의자의 불이익에 돌아간다. 최고기간 등의 계산도 도달한 때로부터 계산하여 정한다(민법 제528조).[412]

3) 발신후 사정의 변화

의사표시의 도달은 이미 성립한 의사표시의 객관적인 효력발생요건이므로 도달한 후에 즉, 발신 후에 표의자가 사망하거나 또는 행위능력을 잃더라도 그 의사표시의 효력에는 아무런 영향이 없다(민법 제111조 제2항).

---

412) 第528조 (승낙기간을 정한 계약의 청약) ① 승낙의 기간을 정한 계약의 청약은 청약자가 그 기간 내에 승낙의 통지를 받지 못한 때에는 그 효력을 잃는다. ② 승낙의 통지가 전항의 기간 후에 도달한 경우에 보통 그 기간 내에 도달할 수 있는 발송인 때에는 청약자는 지체없이 상대방에게 그 연착의 통지를 하여야 한다. 그러나 그 도달 전에 지연의 통지를 발송한 때에는 그러하지 아니하다. ③ 청약자가 전항의 통지를 하지 아니한 때에는 승낙의 통지는 연착되지 아니한 것으로 본다.

Ⅲ. 의사표시의 공시송달

의사표시는 도달에 의하여 효력이 발생하므로 표의자가 상대방이 누구인지를 알 수 없거나 또는 그의 있는 곳을 알 수 없는 경우에 의사표시의 효력을 발생하게 할 수 없다. 이러한 불편을 제거하기 위하여 민법은 '공시(公示)의 방법에 의한 의사표시, 즉 공시송달제도(公示送達制度)'를 두고 있다(민법 제113조).[413]

1. 의사표시의 공시송달 요건

1) '상대방을 알지 못하거나' 또는 '상대방의 소재를 알지 못한 경우'이다. 예컨대, 상대방이 사망하여 상속인이 누구인지를 알지 못하거나 또는 백지위임장을 준 경우에 수임인이 누구인지를 알지 못하는 경우가 상대방을 알 수 없는 전형적인 예이다. 그리고 '상대방의 소재를 알지 못하는 경우'는 상대방은 누구인지 알고 있으나 그가 현재 있는 곳을 알 수 없는 경우이며, 특히 상대방이 행방불명인 경우가 그 예이다.

2) '상대방 또는 그의 소재를 알지 못하는 데 있어서 표의자에게 과실이 없어야 한다. 즉, 보통 일반인의 주의(注意: 선량한 관리자의 주의)를 베풀었음에도 불구하고 알지 못하여야 한다.

3) 공시의 방법은 민사소송법이 정하는 공시송달의 규정에 의한다(민소법 제194조).[414] 이 규정에 의하면 법원사무관 등이 송달할 서류를 보관하고, 그 사유를 법원게시판에 게시함으로써 한다(민소법 제195조).[415] 공시송달에 의한 의사표시는 게시한 날로부터 2주일이 경과한 때에 상대방에게 도달한 것이 되어 효력이 발생한다(민소법 제196조 제1항).[416]

---

413) 제113조 (의사표시의 공시송달) 표의자가 과실없이 상대방을 알지 못하거나 상대방의 소재를 알지 못하는 경우에는 의사표시는 민사소송법공시송달의 규정에 의하여 송달할 수 있다.

414) 민사소송법 제194조 (공시송달의 요건) ① 당사자의 주소 등 또는 근무장소를 알 수 없는 경우 또는 외국에서 하여야 할 송달에 관하여 제191조의 규정에 따를 수 없거나 이에 따라도 효력이 없을 것으로 인정되는 경우에는 재판장은 직권으로 또는 당사자의 신청에 따라 공시송달을 명할 수 있다. ② 제1항의 신청에는 그 사유를 소명하여야 한다.

415) 민사소송법 제195조 (공시송달의 방법) 공시송달은 법원사무관 등이 송달할 서류를 보관하고, 그 사유를 법원게시판에 게시하거나, 그 밖에 대법원규칙이 정하는 방법에 따라서 하여야 한다.

416) 민사소송법 제196조 (공시송달의 효력발생) ① 첫 공시송달은 제195조의 규정에 따라

Ⅳ. 의사표시의 수령능력

의사표시의 도달은 상대방의 지배영역 내에 들어가는 것뿐만 아니라 사회통념상 알 수 있는 상태에서 성립하는 것이므로 의사표시의 수령자에게 그 내용을 알 만한 능력이 없다면 도달이 되지 않는다. 이와 같이 타인의 의사표시의 내용을 알 수 있는 능력이 의사표시의 수령능력이다. 그런데 의사표시의 수령능력은 타인의 의사표시의 내용을 이해할 수 있는 능력이기 때문에 스스로 의사를 결정하고, 발표할 수 있는 능력인 행위능력보다는 그 능력이 낮아도 무방하다. 그러므로 수령능력은 행위무능력자를 모두 수령무능력자로 할 필요는 없다. 그러나 의사표시가 효력을 발생하면 일정한 법률효과가 발생하게 되므로 행위무능력자를 보호하려면 수령에도 행위능력을 필요로 하여야 할 것이다. 따라서 민법은 모든 무능력자는 의사표시의 수령무능력자로 하고 있다(민법 제112조).[417] 이에 관한 판례를 살펴보기로 한다.

가) 국민학교 3학년에 재학중인 8세 10월의 여아에게 한 유치송달의 효력

◆ 판 례

국민학교 3학년에 재학중인 8세된 여아는 송달영수에 관하여 사리를 판단할 지능이 있는 자라고 볼 수 있다 : 대법원 1968.5.7. 자 68마336 판결.

【사실관계】

주민등록표에 기재되어 있지 아니하다하여 재항고인이 다른 가족들의 거주지인 주소지(주민등록표의 주소지)에 거주하지 아니한다는 절대적인 증거가 될 수 있는 것은 아니므로 소명자료인 세대주 소외 1의 주민등록표에 재항고인이 등재되어 있지 아니한다는 한 가지 사실만으로서는 이 사건의 경매기일통지가 송달되었던 일시인 1967.10.22. 당시에 서울 성북구 안암동 (상세 주소 생략)에 재항고인이 거주하지 아니하였다는 소명이 되었다고는 볼 수 없다. 기록 제84장에 있는 우편송달 보고서의 기재에 보면

실시한 날부터 2주가 지나야 효력이 생긴다. 다만, 같은 당사자에게 하는 그 뒤의 공시송달은 실시한 다음 날부터 효력이 생긴다. ② 외국에서 할 송달에 대한 공시송달의 경우에는 제1항 본문의 기간은 2월로 한다. ③ 제1항 및 제2항의 기간은 줄일 수 없다.

417) 제112조 (제한능력자에 대한 의사표시의 효력) 의사표시의 상대방이 의사표시를 받은 때에 제한능력자인 경우에는 의사표시자는 그 의사표시로써 대항할 수 없다. 다만, 그 상대방의 법정대리인이 의사표시가 도달한 사실을 안 후에는 그러하지 아니하다.

> 1967.11.2.10:00의 경매기일 통지서가 재항고인의 동거인인 딸 김정숙에게 적법하게 유치송달이 된 사실이 인정된다. 기록 제58장에 있는 우편송달보고서에 보면 재항고인 본인이 위의 주소지에서 스스로 경매기일통지서를 영수하고 있는 사실도 인정된다. 소외 2는 국민학교 3학년에 재학중인 만8세 10월의 여아인 것이 기록상 나타나 있는데 이러한 정도면 송달영수에 관하여 사리를 판식할 지능있는 자라고 볼 수 있다. 이와 마찬가지의 취지로 판시한 원심판단은 정당하고, 여기에 논지가 공격하는 바와 같은 위법사유가 없다.

나) 만 11세 6월인 아이의 송달수령능력 유무

◆ 판 례

만 11세 6월의 아이는 송달영수에 관하여 사리를 변식할 지능이 있는 자라고 볼 수 있다 : 대법원 1990.2.14. 자 89재다카9 결정.

제6관 대리제도

제1항 대리제도의 개관

Ⅰ. 대리제도의 의의

1. 의의

대리(代理)는 타인(대리인)이 본인(本人)의 이름으로 법률행위(의사표시)를 하거나 또는 의사표시를 수령함으로써 그 법률효과가 직접 본인(本人)에 관하여 생기는 제도를 말한다. 이를 '직접대리'라고도 한다. 본래 의사표시의 효과는 그것을 행하는 표의자 자신에 관하여 생기는 것이 원칙이다. 그런데 이처럼 '법률효과가 표의자 자신에게 귀속한다'라는 원칙에 중대한 예외가 바로 '대리제도(代理制度)'이다. 대리제도는 대리인(代理人)의 의사표시의 효과가 본인(本人)에게 귀속하는 점에서 '법률효과가 표의자 자신이 아닌 자(본인)에게 귀속한다'는 점이다. 근세에 이르러 거래관계가 발전하고, 복잡화하여 다방면에 걸쳐서 있을 뿐만 아니라 또한 모든 인간은 독립한 인격(人格)을 취득하게 되었기 때문에, 타인을 사용하는 관계는 봉건적, 신분적 예속에 의하지 않고 자유로운 계약을 통하여 성립하게 되자 대리제도는 경제활동에 불가피하게 되었다. 그러므로 17세기경부터 로마법을 계수한 이래 독일에서 '제3자를 위한 계약이론'이 발전, 확장됨으로써 직접대리가 일반적으로 독립한 제도로서 인정하게 되었다. 19세기 이후의 각국의 법전은 대리제도를 채용하게 되었다.

2. 대리제도의 기능

근대사법의 소산인 대리제도는 근대법에서 다음과 같은 중요한 역할을 한다.

(1) 사적 자치의 확장

근대법에서 사적 자치의 원칙은 각 개인은 자신의 자유의사를 통하여 법률관계의 형성을 인정하고, 그 수단으로서 법률행위 특히 계약과 같은 제도를 인정하고 있다. 그러나 자본주의 경제가 고도로 발전함에 따라 거래관계는 기술화, 전문화하고 또한 전국적, 전세계적 규모로 확대되어, 그 결과 개인이 자기의 자유의사만으로 거래를 하여도 거기에 일정한 한계가 있으며, 또한 모두를 혼자서 한다는 것은 거의 불가능하다. 이러한 문제점을 해결하기 위하여 타인을 대리인으로 하고, 그 대리인의 의사를 통하여 자기의 법률관계를 처리하게 하는 것을 인정한다면 개인의 활동범위는 그의 활동능력 이상으로 크게 확대된다. 이러한 의미에서 대리제도는 사적 자치의 범위의 확대 내지 연장이라고 할 수 있다. 대리제도는 오늘날 기업활동에 있어서 불가결한 제도가 되었다. 그러나 대리제도는 자기의 의사에 근거하지 않은 행위를 통하여 권리, 의무의 발생을 인정한다는 점에서 대리제도는 개인의사절대의 원칙에 제한하는 것이 되고 있다.

(2) 사적 자치의 보충

근대법에서 모든 사람에게 권리능력이 인정되고, 각자는 스스로의 법률행위를 통하여 권리, 의무를 자기에게 귀속케 할 수 있다. 그러나 의사무능력자는 전혀 법률행위를 할 수 없기 때문에 사적 자치활동을 하지 못한다. 또한 행위무능력자제도는 행위무능력자 자신을 보호하기 위하여 행위능력이 제한되어 있다. 이들 무능력자가 권리나 의무를 취득하려면 법정대리인의 대리 혹은 동의가 있어야만 한다.

즉, 무능력자가 권리, 의무를 취득할 수 있는 것은 대리제도가 인정되어 있기 때문에 가능하다. 이러한 의미에서 대리제도는 무능력자에 대한 행위능력을 보충한다. 이것이 이른바 사적 자치의 보충이라는 역할을 하고 있다.

기술한 (1)은 거래를 중심으로 하여 계약관계에 의하여 발생하는 대리관계(임의대리)이다. (2)는 일정한 가족관계를 배경으로 하여 법률상 당연히 생기는 대리제도(법정대리)이다. 여기서 대리의 본질(제1차)적 역할은 사적 자치의 확장에 있으며, 사적 자치의 보충은 대리제도의 부수(제2차)적 역할이다.

3. 대리의 법률상의 본질

대리는 대리인이 본인(本人)의 이름으로 행한 또는 받은 의사표시에 의하여 표의자인 대리인 또는 상대방이 원한대로 본인에게 직접 법률효과가 발생한다. 그러므로 대리제도에서 법률행위 내지 의사표시를 하는 자와 그 법률효과의 귀속하는(받는) 자가 분리된다. 대리행위에서 본인에게 직접 법률효과가 발생하는 것은 본인을 위하여 하려고 하는 대리인의 효과의사에 대하여 그에 따른 법률효과가 주어지는 것에 불과하다. 즉, 계약의 자유가 인정되는 이상, 그러한 사적 자치의 법률효과는 유효하다는 것이다. 다음은 대리행위의 본질에 관하여 알아보기로 한다.

(1) 본인행위설

대리행위에서 본인과 상대방을 행위의 당사자로 보고, 대리인은 본인의 기관(Organ)에 불과하다는 견해이다. 다시 말하면 이설은 대리인의 행위를 본인의 행위로 의제하는 견해이다. 이 의제된 행위를 통하여 본인에게 법률효과가 귀속하는 것이다. 따라서 법률행위의 여러 요건(행위능력, 의사의 흠결, 착오나 하자의 유무)은 현실적으로 행위자인 대리인을 표준으로 하는 것이 아니라 본인을 표준으로 하여 결정하여야 한다는 입장이다.

(2) 공동행위설

대리행위에서 법률효과는 본인과 대리인의 공동행위로부터 생긴다. 혹은 본인의 대리인에 대한 의사와 대리인의 상대방에 대한 의사가 결합하여 효력을 발생케 한다는 견해이다.

(3) 대리인행위설

법률행위의 당사자는 본인이 아닌 행위자인 대리인으로 본다. 그러나 법률행위의 효과는 법률의 규정에 의하여 본인에게 귀속한다는 이론구성이다. 따라서 법률행위의 여러 요건도 본인이 아닌 대리인을 표준으로 결정한다는 견해이다. 생각건대, 이상의 견해들, 즉 본인행위설과 공동행위설은 본인의 행위나 의사에 의하지 않고서 본인에게 법률효과가 발생할 수 없다는 사적 자치의 원칙에 전제한 이론이다. 반면에 대리인행위설은 법률행위자와 법률효과의 귀속자가 분리되는 대리제도의 성질을 직시한 타당한 견해이라고 할 수 있다. 그런데 대리제도에서 본인에게 직접적인 법률효과가 생기는 것은 본인을 위하여 하려는 대리인의 효과의사에 대하여 그에 따른 법률효과를 인정하는 것에 지나지 않는다. 결국 대리는 의사표시의 내용이 되는 효과의사의 특수한 것에 불과하다. 계약의 자유, 다시 말하면 사적 자치가 인정되는 이상, 그러한 법률효과도 인정하는 것이 타당하다고 생각된다. 우리나라의 현행법에서도 대리행위의 하자의 유무는 대리인을 기준으로 결정하고 있다(민법 제116조[418] 제1항).

4. 대리가 인정되는 범위

대리는 대리인이 스스로 법률행위를 하고, 그 법률효과를 직접 본인에게 귀속시키려고 하는 대리인의 효과의사에 대하여 법률이 그것을 인정하고, 그에 따른 법률효과가 발생하도록 하는 것이다. 여기서 대리행위가 인정되는 범위는 법률행위, 즉 의사표시를 하거나(능동대리) 또는 의사표시를 받는 것(수동대리)에 한한다(민법 제114조).[419] 따라서 법률행위 이외의 행위, 즉 사실행위나 불법행위에 관하여는 대리가 인정되지 않는다. 대리는 법률행위 내지 의사표시에 한하여 인정되지만 모든 의사표시에 대리가 인정되는 것은 아니다. 다시 말하면 법률행위 중에 '대

418) 제116조 (대리행위의 하자) ① 의사표시의 효력이 의사의 흠결, 사기, 강박 또는 어느 사정을 알았거나 과실로 알지 못한 것으로 인하여 영향을 받을 경우에 그 사실의 유무는 대리인을 표준하여 결정한다. ② 특정한 법률행위를 위임한 경우에 대리인이 본인의 지시에 좇아 그 행위를 한 때에는 본인은 자기가 안 사정 또는 과실로 인하여 알지 못한 사정에 관하여 대리인의 부지를 주장하지 못한다.

419) 제114조 (대리행위의 효력) ① 대리인이 그 권한 내에서 본인을 위한 것임을 표시한 의사표시는 직접본인에게 대하여 효력이 생긴다. ② 전항의 규정은 대리인에게 대한 제삼자의 의사표시에 준용한다.

리를 인정할 수 없는 행위'가 있다. 예컨대, 재산상의 법률행위는 일반적으로 대리가 인정되지만 혼인, 인지, 유언과 같이 본인의 의사결정이 절대적으로 필요로 하는 법률행위나 의사표시, 즉 가족법상의 법률행위는 대리가 인정되지 않는다.

(1) 대리와 구별할 행위

1) 대표기관의 행위

법인의 이사, 기타의 대표기관의 행위는 대리가 아니다.

2) 사실행위

사실행위(事實行爲)는 사실행위(가공 등)에 제3자의 협력이 있어도 그것은 대리가 아니라 '보조행위'이다. 점유의 이전, 즉 인도는 사실행위이고, 법률행위인 의사표시가 아니므로 대리가 인정되지 않는다. 그러나 사실행위에 의사표시가 결합하여 법률행위를 구성할 경우는 법률행위의 대리가 인정하는 견해도 있다. 예컨대 동산양도계약(민법 제188조 내지 제190조)이나 질권설정계약(민법 제330조,[420] 제332조,[421] 제355조[422]) 등의 대리에 있어서는 사실행위인 동산의 인도에 관하여 대리가 가능하다.

3) 준법률행위

준법률행위(準法律行爲)는 의사표시가 아니므로 대리가 인정되지 않는다. 그러나 준법률행위 중에 의사통지(민법 제15조,[423] 제131조[424])와 관념의 통지(민법 제

420) 제330조 (설정계약의 요물성) 질권의 설정은 질권자에게 목적물을 인도함으로써 그 효력이 생긴다.

421) 제332조 (설정자에 의한 대리점유의 금지) 질권자는 설정자로 하여금 질물의 점유를 하게 하지 못한다.

422) 제355조 (준용규정) 권리질권에는 본 절의 규정 외에 동산질권에 관한 규정을 준용한다.

423) 제15조 (제한능력자의 상대방의 확답을 촉구할 권리) ① 제한능력자의 상대방은 제한능력자가 능력자가 된 후에 그에게 1개월 이상의 기간을 정하여 그 취소할 수 있는 행위를 추인할 것인지 여부의 확답을 촉구할 수 있다. 능력자로 된 사람이 그 기간 내에 확답을 발송하지 아니하면 그 행위를 추인한 것으로 본다. ② 제한능력자가 아직 능력자가 되지 못한 경우에는 그의 법정대리인에게 제1항의 촉구를 할 수 있고, 법정대리인이 그 정하여진 기간 내에 확답을 발송하지 아니한 경우에는 그 행위를 추인한 것으로 본다. ③ 특별한 절차가 필요한 행위는 그 정하여진 기간 내에 그 절차를 밟은 확답을 발송하지 아니하면 취소한 것으로 본다.

71조,[425] 제450조,[426] 제528조[427] 제3항)에 관하여 대리를 유추적용하는 것이 좋을 것이다.

Ⅱ. 대리의 종류

1. 임의대리와 법정대리

본인의 신임을 받아서 대리인이 되는 것이 '임의대리'이고, 그렇지 않고 법률규정에 의하여 대리인이 되는 것이 '법정대리'이다. 임의대리는 현행법상 '법률행위에 의하여 수여된 대리권'이라고 하고(민법 제120조,[428] 제128조[429]), 법정대리는 대리권이 법률규정에 의하여 부여되는 경우이다. 예를 들면, 미성년자의 법정대리 등이 있다.

2. 능동대리와 수동대리

대리인이 본인을 위하여 제3자에게 의사표시를 하는 대리를 '능동대리'라고 말하고, 본인을 위하여 제3자로부터 의사표시를 수령하는 것을 '수동대리'라고 한다.

---

424) 제131조 (상대방의 최고권) 대리권없는 자가 타인의 대리인으로 계약을 한 경우에 상대방은 상당한 기간을 정하여 본인에게 그 추인여부의 확답을 최고할 수 있다. 본인이 그 기간 내에 확답을 발하지 아니한 때에는 추인을 거절한 것으로 본다.

425) 제71조 (총회의 소집) 총회의 소집은 1주간 전에 그 회의의 목적사항을 기재한 통지를 발하고 기타 정관에 정한 방법에 의하여야 한다.

426) 제450조 (지명채권양도의 대항요건) ① 지명채권의 양도는 양도인이 채무자에게 통지하거나 채무자가 승낙하지 아니하면 채무자 기타 제삼자에게 대항하지 못한다. ② 전항의 통지나 승낙은 확정일자 있는 증서에 의하지 아니하면 채무자이외의 제삼자에게 대항하지 못한다.

427) 제528조 (승낙기간을 정한 계약의 청약) ① 승낙의 기간을 정한 계약의 청약은 청약자가 그 기간 내에 승낙의 통지를 받지 못한 때에는 그 효력을 잃는다. ② 승낙의 통지가 전항의 기간 후에 도달한 경우에 보통 그 기간 내에 도달할 수 있는 발송인 때에는 청약자는 지체없이 상대방에게 그 연착의 통지를 하여야 한다. 그러나 그 도달전에 지연의 통지를 발송한 때에는 그러하지 아니하다. ③ 청약자가 전항의 통지를 하지 아니한 때에는 승낙의 통지는 연착되지 아니한 것으로 본다.

428) 제120조 (임의대리인의 복임권) 대리권이 법률행위에 의하여 부여된 경우에는 대리인은 본인의 승낙이 있거나 부득이한 사유있는 때가 아니면 복대리인을 선임하지 못한다.

429) 제128조 (임의대리의 종료) 법률행위에 의하여 수여된 대리권은 전조의 경우 외에 그 원인된 법률관계의 종료에 의하여 소멸한다. 법률관계의 종료전에 본인이 수권행위를 철회한 경우에도 같다.

3. 유권대리와 무권대리

'유권대리(有權代理)'는 대리인이 정당한 대리권을 가지고 행하는 대리행위를 말하고, '무권대리(無權代理)'는 대리인이 정당한 대리권을 없이 행하는 대리행위를 말한다. 무권대리에는 넓은 의미의 무권대리와 좁은 의미의 무권대리가 있다.

Ⅲ. 대리권

1. 대리권의 의의

대리권(代理權)은 타인(대리인)이 본인의 이름으로 의사표시를 하거나 또는 의사표시를 수령함으로써 본인에게 법률효과를 직접 귀속시킬 수 있는 타인(대리인)의 본인에 대한 법률상의 지위 또는 자격을 말한다.

2. 대리권의 발생원인

(1) 법정대리권의 발생원인

1) 본인에 대하여 일정한 지위가 있는 자

친권자, 후견인(미성년자, 피성년후견인, 피한정후견인 : 본인, 배우자, 4촌 이내의 친족, 미성년후견인, 미성년후견감독인, 한정후견인, 한정후견감독인, 특정후견인, 특정후견감독인, 검사 또는 지방자치단체의 장: 민법 제9조).

2) 본인 이외의 일정한 지정권자의 지정으로 대리인이 되는 경우

지정후견인, 지정유언집행자

3) 법원이 선임하는 자가 대리인이 되는 경우

부재자재산관리인, 상속재산관리인, 유언집행자.

(2) 임의대리권의 발생원인

임의대리는 대리권을 수여하는 본인의 행위, 즉 본인의 의사에 근거한 '수권행위'에 의하여 발생한다.

3. 대리권의 범위와 제한

(1) 법정대리의 범위

법정대리의 범위는 각각 법규에 규정하고 있다.

(2) 임의대리의 범위

1) 임의대리의 범위는 수권행위(대리권수여행위)에 의하여 정해진다. 본인이 일정한 사항을 한정하거나 또는 일정한 범위의 사항에 관하여 포괄적으로 혹은 특정의 상대방을 한정하거나 그러한 제한없이 대리권을 줄 수 있다.

2) 수권행위(授權行爲)의 해석을 통하여 대리권의 범위를 명백히 할 수 없는 경우를 대비하여 보충적 규정을 두고 있다. 즉 대리권은 명백히 존재하나 그 범위가 불분명한 경우에 대리인은 보존행위(保存行爲), 이용행위(利用行爲), 개량행위(改良行爲), 기한이 도래한 채무의 변제, 부패하기 쉬운 물건의 처분 등의 이른바 관리행위(管理行爲)만을 할 수 있고, 처분행위(處分行爲)는 할 수 없다(민법 제118조).[430]

i) 보존행위

보존행위는 재산의 가치를 상태 그대로 유지하는 것을 목적으로 하는 행위를 말한다. 예컨대, 가옥의 수선행위, 소멸시효의 중단, 미등기부동산의 등기 등이다. 대리인의 이러한 보존행위는 무제한으로 할 수 있다.

ii) 이용행위, 개량행위

① '이용행위'는 물건을 임대하거나 금전을 이자부로 대여하는 것과 같이 재산의 수익을 도모하는 행위이다.

② '개량행위'는 사용가치 또는 교환가치를 증가하는 행위이다. 예컨대, 무이자의 금전대여를 이자부로 하는 행위는 그 예이다. 대리인은 이 두 행위를 할 수 있

---

430) 제118조 (대리권의 범위) 권한을 정하지 아니한 대리인은 다음 각 호의 행위만을 할 수 있다. 1. 보존행위, 2. 대리의 목적인 물건이나 권리의 성질을 변하지 아니하는 범위에서 그 이용 또는 개량하는 행위

으나 보존행위처럼 무제한으로 하지 못하고, 대리의 목적인 물건이나 권리의 성질이 변하지 않는 범위에서만 할 수 있다. 객체의 성질의 변경 여부를 결정하는 표준은 사회의 거래관념이다. 예컨대, 예금을 주식으로 바꾼다든가 은행예금을 개인에게 대금(貸金)하는 것은 객체의 성질을 변하는 것이 된다. 대리권의 범위에서 대리인의 대리행위의 결과, 본인에게 손해가 발생하여도 그 행위는 대리권의 범위내에 속한다. 이때에 대리인이 본인에 대하여 책임을 부담하더라도 그것은 본인과 대리인 사이의 내부관계이지 대리관계는 아니다. 그리고 객체의 성질을 변하게 하는 이용행위나 개량행위를 하여 그 결과 본인에게 이익이 되었다고 하여도 그것은 대리권의 범위를 벗어나는 행위로서 대리행위로서 성립하지 못한다. 다만 무권대리로서 본인이 추인하면 무방하다. 이에 관하여 판례를 살펴보기로 한다.

가) 예금계약의 체결을 위임받은 자의 대리권에 그 예금을 담보로 하여 대출을 받거나 이를 처분할 수 있는 대리권이 포함되는지 여부

◆ 판 례

예금계약의 체결을 위임받은 자가 가지는 대리권에 당연히 그 예금을 담보로 대출을 받거나 이를 처분할 수 있는 대리권이 포함되어 있는 것은 아니다 : 대법원 2002. 6.14. 선고 2000다38992 판결.

나) 금전소비대차 내지 담보권설정계약을 체결할 권한을 수여받은 대리인에게 계약관계를 해제할 대리권이 있는지 여부

◆ 판 례

일반적으로 법률행위에 의하여 수여된 대리권은 원인된 법률관계의 종료에 의하여 소멸하는 것이므로 특별한 다른 사정이 없는 한, 본인을 대리하여 금전소비대차 내지 그를 위한 담보권설정계약을 체결할 권한을 수여받은 대리인에게 본래의 계약관계를 해제할 대리권까지 있다고 볼 수 없다 : 대법원 1993. 1.15. 선고 92다39365 판결.

다) 부동산을 매수할 권한을 수여받은 대리인에게 그 부동산을 처분할 대리권도 있는지 여부

◈ 판 례

법률행위에 의하여 수여된 대리권은 그 원인된 법률관계의 종료에 의하여 소멸하는 것이므로 특별한 다른 사정이 없는 한 부동산을 매수할 권한을 수여받은 대리인에게 그 부동산을 처분할 대리권도 있다고 볼 수 없다 : 대법원 1991. 2.12. 선고 90다7364 판결.

라) 매매계약을 체결할 권한이 있는 대리인이 그 잔대금수령권의 여부

◈ 판 례

부동산의 소유자를 대리하여 매매계약을 체결할 권한이 있는 대리인은 특별한 사정이 없는 한 그 잔대금도 수령할 권한이 있다 : 대법원 1991. 1.29. 선고 90다9247 판결.

(3) 대리권의 제한

1) 자기계약과 쌍방계약

'자기계약'은 대리인이 한편으로는 본인(本人)을 대리하고, 다른 한편으로는 자기 자신의 자격으로 자기 혼자서 본인, 대리인 사이의 계약을 맺는 것을 자기계약(자기대리)이라고 한다. 반면, '쌍방대리'는 대리인이 한편으로는 본인을 대리하고, 다른 한편으로는 상대방을 대리하여 자기 혼자서 쌍방의 계약을 맺는 것이다. 이처럼 '자기계약'과 '쌍방대리'는 원칙적으로 금지된다(민법 제124조).[431] 그 이유는 본인의 이익의 보호에 있다. 따라서 이러한 금지는 대리권의 범위에 관한 특수한 제한이다. 그러나 본인의 이익을 해할 염려가 없는 경우에 특별히 금지할 이유가 없다. 예컨대, 첫째, 본인이 미리 자기계약, 쌍방대리를 위임하거나 또는 대리권의 수여로 허용한 경우에 그러한 대리는 유효하다(민법 제124조 본문). 둘째, 채무의 이행에서 자기계약이나 쌍방대리가 허용된다(민법 제124조 단서). 왜냐하면 채무의 이

---

431) 제124조 (자기계약, 쌍방대리) 대리인은 본인의 허락이 없으면 본인을 위하여 자기와 법률행위를 하거나 동일한 법률행위에 관하여 당사자쌍방을 대리하지 못한다.

행은 그것에 의하여 새로운 이해관계가 발생하는 것이 아니고, 이미 성립한 이해관계의 결제에 불과하기 때문이다. 예컨대, 예금출납권이 있는 대리인이 본인에 대하여 채권을 가지고 있는 경우에 그 기한이 도래하여 본인의 예금에서 출금하여 변제에 충당하거나 본인에 대한 의사표시는 아니지만 주식명의개서나 부동산의 이전등기신청 등도 이해의 충돌이 없는 한 예외가 된다.

2) 무권대리

자기계약, 쌍방대리(민법 제124조)를 위반하는 행위는 절대 무효가 아니라 무권대리행위이다. 따라서 무권대리는 본인에 대하여 당연히 효력을 발생하지는 않으나 본인이 이를 추인하면 완전히 유효하게 된다.

4. 대리권의 소멸

(1) 대리권의 소멸원인에는 임의대리와 법정대리에 공통한 것과 양자의 각각에 특유한 것이 있다. 법정대리에 특유한 소멸원인은 각각의 법정대리에서 규정하고 있다. 예컨대, 부재자재산관인에 있어서 부재자가 돌아오는 경우 등의 규정이 있다.

1) 대리권의 공통의 소멸원인(민법 제127조)[432]

ⅰ) 본인의 사망

'법정대리'에서 본인의 사망으로 더 이상 대리가 불필요한 경우이다. 그리고 '임의대리'는 본인과 대리인과의 특별한 신임관계(信任關係)가 그 기초를 이루고 있기 때문에 본인이 신임하는 대리인을 그대로 본인의 상속인의 대리인으로 하는 것은 적당하지 않다. 그러나 위와 같이 본인의 사망으로 대리권이 소멸한다는 원칙에는 예외가 있다.

① 새 대리인이 선임전의 경우

임의대리에서 본인의 사망에도 불구하고 그 기초가 되는 대내관계(對內關係)가 존속하는 경우에 그 범위에서 대리권이 존속한다. 즉, 후속인사가 그 대리를 처리할 때까지 전임대리인이 업무를 계속한다.

---

432) 제127조 (대리권의 소멸사유) 대리권은 다음 각 호의 어느 하나에 해당하는 사유가 있으면 소멸된다. 1. 본인의 사망, 2. 대리인의 사망, 성년후견의 개시 또는 파산

② **상행위의 경우**

상행위(商行爲)의 위임(委任)에 의한 대리권은 본인의 사망으로 소멸하지 않는다(상법 제50조).[433] 왜냐하면 상행위의 대리는 본인과 대리인 사이의 개인적 신임관계를 기초로 하기보다는 '기업중심의 신임관계'이고, 대리인이 본인의 기업을 상속하는 상속인을 위하여 그대로 대리인이 되는 것이 적당하고, 또한 그것이 거래의 안전을 위하여도 적절하기 때문이다.

ii) **대리인의 사망**

대리인이 사망하는 경우에 그의 상속인을 대리인으로 하는 것은 부적합하다.

iii) **대리인의 금치산 또는 파산**

금치산자도 의사능력만 있으면 임의대리를 할 수 있다(민법 제117조).[434] 파산자도 마찬가지다. 그러나 대리인인 자가 후에 금치산선고를 받거나 파산선고를 받을 경우에 대리권 발생의 기초가 되는 본인과 대리인과의 사이에 신임관계와 대리인의 경제적 신용이 사라지므로 대리권도 소멸하는 것이 타당하다.

2) 임의대리의 특유한 소멸원인

i) **원인된 법률관계의 종료**

임의대리권은 그 원인된 법률관계(기초적 내부관계)의 종료에 의하여 소멸한다(민법 제128조[435] 전단). 본래 수권행위는 그 원인이 된 법률관계의 수단으로서 행하여지는 것이 보통이므로(유인성) 내부관계, 예컨대 위임이 종료하면 대리권도 철회되는 것이 보통이다. 그러나 본인은 원인이 된 법률관계가 종료한 후에도 대리권만 그대로 존속시킬 수 있다.

ii) **수권행위의 철회**

원인이 된 법률관계가 아직 존속하고 있지만 본인이 수권행위를 철회하여 대

---

433) 상법 제50조 (대리권의 존속) 상인이 그 영업에 관하여 수여한 대리권은 본인의 사망으로 인하여 소멸하지 아니한다.

434) 제117조 (대리인의 행위능력) 대리인은 행위능력자임을 요하지 아니한다.

435) 제128조 (임의대리의 종료) 법률행위에 의하여 수여된 대리권은 전조의 경우 외에 그 원인된 법률관계의 종료에 의하여 소멸한다. 법률관계의 종료 전에 본인이 수권행위를 철회한 경우에도 같다.

리권을 소멸시킬 수 있다(민법 제128조 후단). 그리고 철회의 상대방은 대리인이나 거래의 상대방이다.

Ⅳ. 대리행위

1. 대리의사의 표시

(1) 현명주의

대리행위의 당사자는 대리인과 상대방이다. 대리인의 행위가 대리행위로서 성립하려면 '본인을 위한 것임을 표시'하여야 한다. 다시 말하면 본인을 위한 것임을 의사표시하여야 한다(민법 제114조).[436] 왜냐하면 대리인은 대리행위의 법률효과를 본인에게 귀속시키려고 하는 의사, 즉 대리의사를 표시하여야 한다. 왜냐하면 대리의 법률효과가 직접 본인에게 귀속하려면 대리인의 본인을 위한다는 대리적 효과의사, 즉 대리인의 의사표시에 근거하여 발생하기 때문이다. 따라서 대리인의 의사표시의 방법은 '갑(甲)의 대리인 을(乙)' 또는 '갑(甲)의 대리인 을(乙)'이라고 하지만 반드시 이러한 표시를 하지 않아도 주위의 사정으로부터 본인이 누구인지 알 수 있으면 된다. 예컨대, 회사명이나 직명을 적어도 가능하다. 한편 대리인이 자기의 이름을 표시하지 않고, 마치 본인 자신이 하는 것과 같은 외관으로 대리행위하는 경우가 많다. 즉 계약서 등의 서면에 본인의 이름만을 적고, 본인의 인장을 찍는 방법으로 대리행위를 하는 경우가 있다.

(2) 현명하지 않은 경우

1) 대리인이 본인을 위한 것임을 표시하지 않고서 한 의사표시, 다시 말하면 대리의사가 표시되지 않은 대리인의 의사표시는 대리인 자신을 위하여 한 것으로 본다(민법 제115조[437] 본문). 따라서 대리인은 그의 내심의 의사와 표시가 일치하

---

436) 제114조 (대리행위의 효력) ① 대리인이 그 권한 내에서 본인을 위한 것임을 표시한 의사표시는 직접본인에게 대하여 효력이 생긴다. ② 전항의 규정은 대리인에게 대한 제삼자의 의사표시에 준용한다.

437) 제115조 (본인을 위한 것임을 표시하지 아니한 행위) 대리인이 본인을 위한 것임을 표시하지 아니한 때에는 그 의사표시는 자기를 위한 것으로 본다. 그러나 상대방이 대리

지 않음을 이유로 착오를 주장하지 못하게 된다. 대리인의 착오의 주장을 금지(禁止)함으로써 상대방이 받게 될 예상치 못한 손해를 방지하고, 거래의 안전을 도모하려는 것이다. 그러나 상대방이 대리인로서 한 것임을 알았거나 알 수 있었을 때에 그 의사표시는 대리행위로서 효력이 발생한다(민법 제115조 단서).

2) 대리의사를 표시하지 않은 대리행위에 대하여 수권대리에는 적용이 없다. 즉, 수권대리에서 대리인이 대리의사를 표시하지 않아도 대리효과가 발생한다. 상대방이 본인에게 효과를 미칠 의사로써 그러나 이를 표시하지 않고서 대리인에게 의사표시한 경우이다. 이 경우에는 의사표시의 해석문제로 처리하지만 일반적으로는 의사표시의 효력발생을 부인하게 된다.

(3) 현명주의의 예외

1) 상행위에서 현명주의가 적용되지 않는다. 왜냐하면 기업활동은 비개인성이라는 특수성 때문이다.

2) 민법상의 법률행위에서 대리인의 개인을 중시하지 않는 거래, 즉 특정의 영업주를 상대로 하는 거래나 행위의 상대방이 누구이든지 그 개별성에 중점을 두지 않는 거래 등에 있어서는 현명주의를 인정하지 않는다.

2. 대리행위의 하자

(1) 대리행위에서 법률행위의 당사자는 대리인이므로 의사표시의 요건은 대리인을 중심으로 정한다. '의사표시의 효력이 의사의 흠결, 사기, 강박 또는 어느 사정을 알았거나 과실로 알지 못한 것으로 인하여 영향을 받을 경우에 그 사실의 유무는 대리인을 표준하여 결정한다.'(민법 제116조[438] 제1항)라고 규정하고 있다. 그러나 대리행위에서 생기는 법률효과(취소권, 무효 등)는 본인에게 귀속한다.

인으로서 한 것임을 알았거나 알 수 있었을 때에는 전조 제1항의 규정을 준용한다.

438) 제116조 (대리행위의 하자) ① 의사표시의 효력이 의사의 흠결, 사기, 강박 또는 어느 사정을 알았거나 과실로 알지 못한 것으로 인하여 영향을 받을 경우에 그 사실의 유무는 대리인을 표준하여 결정한다. ② 특정한 법률행위를 위임한 경우에 대리인이 본인의 지시에 좇아 그 행위를 한 때에는 본인은 자기가 안 사정 또는 과실로 인하여 알지 못한 사정에 관하여 대리인의 부지를 주장하지 못한다.

(2) 대리행위에서 법률효과가 본인에게 직접 귀속하므로 선의(善意), 악의(惡意)가 법률행위의 효력에 영향이 미치는 경우에 비록 대리인이 선의이지만, 본인이 악의이면, 그 본인은 선의의 보호를 받을 자격이 없다. 여기서 대리행위는 본인이 특정한 행위를 대리인에게 위임한 경우에 본인이 특정한 부분에 대하여 의사를 결정한 경우에 적용된다. '특정한 법률행위를 위임한 경우에 대리인이 본인의 지시에 좇아 그 행위를 한 때에는 본인은 자기가 안 사정 또는 과실로 인하여 알지 못한 사정에 관하여 대리인의 부지(不知)를 주장하지 못한다.'라고 규정하고 있다(민법 제116조 제2항).

3. 대리인의 능력

(1) 대리행위를 위한 능력

1) 대리인이 대리인으로서 대리행위를 함에 있어서 '행위능력자'임을 요구하지 않는다(민법 제117조).[439] 왜냐하면 본래 법률행위의 주체는 행위능력을 가지고 있어야 하지만 대리행위에서 법률효과가 모두 본인에게 귀속하고, 대리인 자신은 대리행위의 법률효과의 귀속자가 아니기 때문이다. 그러므로 본인 적당하다고 생각하여 대리인으로 선정한 이상 무능력자를 대리인으로 한 데서 발생하는 불이익은 본인이 감수하여야 한다. 따라서 대리인은 행위무능력자이더라도 상관없으나 적어도 '의사능력'만은 가지고 있어야 한다. 왜냐하면 의사무능력자의 행위는 법률행위로서의 효력을 인정되지 않기 때문이다. 즉, 의사무능력자의 행위효과는 무효이다.

2) 민법 제117조는 임의대리뿐만 아니라 법정대리도 적용된다. 그러나 법정대리는 본인이 스스로 선임하는 것이 아니므로 임의대리와는 크게 사정이 다르다. 왜냐하면 본인의 이익을 보호하기 위하여 무능력자가 법정대리인이 되는 것을 금지하는 규정을 두고 있기 때문이다. 그러나 특별한 규정을 두고 있지 않는 경우에는 법정대리인은 행위능력자이어야 할 것이다.

(2) 행위무능력자인 대리인과 본인과의 관계

대리인이 무능력자라는 것을 이유로 그의 대리행위를 취소하지 못한다. 이것은

---

439) 제117조 (대리인의 행위능력) 대리인은 행위능력자임을 요하지 아니한다.

본인과 대리인 사이의 내부관계인 수권행위가 대리인의 무능력으로 그 영향을 받아 효력을 상실하느냐의 여부는 문제가 되지 않는다.

Ⅴ. 대리행위의 법률효과

1. 법률효과는 본인에의 귀속

(1) 대리인이 행한 의사표시의 효과는 모두 '직접' 본인에게 귀속한다(민법 제114조). 즉 일단 대리인에게 대리행위의 효과가 귀속하였다가 그것이 다시 본인에게 귀속하는 것이 아니라(간접대리) 마치 본인 자신이 그 법률행위를 직접 행한 것과 같이 바로 본인에게 법률효과가 발생한다. 왜냐하면 대리인이 대리행위의 법률효과를 본인에게 직접 귀속하게 하는 의사표시를 하였기 때문이다.

(2) 대리인이 불법행위를 한 경우에 그 책임은 적법행위인 의사표시의 효과가 아니므로 본인에게 귀속하지 않는다. 다만 본인과 대리인 사이에 기초적 내부관계가 사용자와 피용자의 관계에 있는 경우에 그 내부관계로 인하여 본인이 사용자로서 불법행위책임을 부담한다(민법 제756조[440] 제1항). 반면에 대리인의 불법행위의 효과는 대리인에게 발생한다.

2. 본인의 능력

본인은 스스로 법률행위 내지 의사표시를 하는 것이 아니므로 의사능력을 반드시 가지고 있어야 할 필요는 없다. 그러나 대리행위의 효과가 본인에게 직접 귀속하기 때문에 권리능력을 반드시 가지고 있어야 한다.

---

440) 제756조 (사용자의 배상책임) ① 타인을 사용하여 어느 사무에 종사하게 한 자는 피용자가 그 사무집행에 관하여 제삼자에게 가한 손해를 배상할 책임이 있다. 그러나 사용자가 피용자의 선임 및 그 사무감독에 상당한 주의를 한 때 또는 상당한 주의를 하여도 손해가 있을 경우에는 그러하지 아니하다. ② 사용자에 가름하여 그 사무를 감독하는 자도 전항의 책임이 있다. ③ 전2항의 경우에 사용자 또는 감독자는 피용자에 대하여 구상권을 행사할 수 있다.

제2항 무권대리

Ⅰ. 무권대리의 의의

1. 무권대리의 개념

무권대리(無權代理)는 대리권없이 행한 대리행위, 즉 대리행위의 다른 요건을 갖추고 있으나 대리권만이 없는 행위를 말한다. 따라서 무권대리에는 대리권이 전혀 없는 경우(민법 제125조,[441] 제129조[442])와 대리권의 범위를 넘은 경우(민법 제126조[443])의 두 가지가 있다. 전자는 처음부터 전혀 대리권이 없는 경우(민법 제125조)와 일단 주어졌던 대리권이 소멸한 경우도(민법 제129조) 포함한다.

2. 무권대리의 문제점

무권대리는 대리권없이 행하여진 대리행위이므로 그 무권대리인의 대리행위의 법률효과를 본인에게 귀속시킬 수 없다. 그런데 무권대리행위는 무권대리인이 대리의사를 가지고 행한 것이기 때문에 또한 대리행위의 법률효과는 대리인에게도 귀속할 수 없다. 결국 무권대리행위는 법률효과를 발생시킬 수 없는 것이 되어 무권대리인과 그의 상대방과의 사이에 불법행위의 문제로 남게 된다. 무권대리는 이론적으로 위와 같은 결과가 되기 때문에 이 이론을 관철한다면 대리제도는 거래안전을 위협하게 된다. 본래 대리권이라는 것은 관념적인 것이어서 어떤 외형적 존재를 가지는 것은 아니다. 그 뿐만 아니라 대리권의 유무나 그 범위는 본인과 대리인 사이에의 내부관계이기 때문에 상대방이 이를 쉽게 알 수 있는 것도 아니다. 그런데 대리제도는 본인을 위하여 유용하고 또한 편리한 것이지만 그 반면에 상대

---

441) 제125조 (대리권수여의 표시에 의한 표현대리) 제삼자에 대하여 타인에게 대리권을 수여함을 표시한 자는 그 대리권의 범위 내에서 행한 그 타인과 그 제삼자간의 법률행위에 대하여 책임이 있다. 그러나 제삼자가 대리권없음을 알았거나 알 수 있었을 때에는 그러하지 아니하다.

442) 제129조 (대리권소멸후의 표현대리) 대리권의 소멸은 선의의 제삼자에게 대항하지 못한다. 그러나 제삼자가 과실로 인하여 그 사실을 알지 못한 때에는 그러하지 아니하다.

443) 제126조 (권한을 넘은 표현대리) 대리인이 그 권한 외의 법률행위를 한 경우에 제삼자가 그 권한이 있다고 믿을 만한 정당한 이유가 있는 때에는 본인은 그 행위에 대하여 책임이 있다.

방 또는 제3자에게 있어서 위험이 매우 크다. 대리제도가 사회적으로 유용하고 또한 필요하지만 그에 따르는 위험이 크면 대리제도는 유용한 제도가 될 수 없으며, 또한 대리제도의 사회적 유용성이 상실하게 될 것이다. 그렇다고 하여 모든 무권대리행위의 효력을 본인에게 귀속하게 하는 것은 본인의 이익을 침해하기 때문에 이를 인정할 수도 없다. 따라서 본인의 이익을 부당하게 침해하지 않으면서 대리제도에 따르는 위험을 최소한의 예방책을 강구하는 입법정책이 필요하다. 이러한 목적을 위하여 우리민법은 대리제도의 신용을 유지하고, 거래의 안정을 도모하고, 한편으로는 본인의 이익의 침해를 최소화하기 위한 대책으로서 아래와 같은 두 가지의 특별규정을 두고 있다.

1) 대리인의 무권대리행위에 본인에게도 책임의 일부가 있다고 생각되는 특별한 사정이 있는 경우에 본인에게 책임을 부담하게 함으로써 본인의 이익의 희생아래 상대방을 보호하고, 거래의 안전을 도모하는 제도인데, 이것이 바로 표현대리제도이다.

2) 무권대리행위가 당연히 무효가 되는 것으로 하지 않고, 본인에게 추인(追認)의 여지를 인정하고, 그러한 추인이 없는 경우에 대리인에게 특별한 책임을 묻기로 하는 제도이다. 이것이 좁은 의미의 무권대리제도이다. 무권대리중에서 첫 번째의 것은 표현대리(表見代理)라고 하고, 두 번째의 것은 좁은 의미의 무권대리라고 한다. 이 둘을 합쳐서 넓은 의미의 무권대리라고 하는 것이 통설이다.

Ⅱ. 넓은 의미의 무권대리

1. 표현대리의 의의

대리인에게 대리권이 없음에도 불구하고 마치 대리권이 있는 것과 같은 외관(外觀)이 있고, 또한 그러한 외관의 발생에 관하여 본인이 어느 정도의 원인을 주고 있는 경우에 그 무권대리행위에 대하여 본인에게 책임을 부담하게 함으로써 그러한 외관을 신뢰한 선의, 무과실의 제3자를 보호하고, 거래의 안전을 보장하며, 나아가서는 대리제도의 신용을 유지하려는 것이 표현대리제도이다. 표현대리가 성립하려면 무엇보다도 대리인에게 대리권이 있는 것과 같이 보이는 특별한 사정 내지 외관이 있어야만 한다. 그러한 특별한 사정이 인정되는 경우로서 첫째, 대리권을 수여하였다는 뜻을 본인이 상대방에게 표시하였으나 사실은 대리권을 주고 있지 않은 경우(민법 제125조), 둘째 대리인이 권한밖의 법률행위를 한 경우(동법 제126조), 셋째 대리권이 소멸한 경우(동법 제129)로 규정하고 있다. 표현대리제도는 거래의 상대방인 선의의 제3자를 보호하기 위한 제도이며, 거래상대방은 본인에게 무권대리행위를 표현대리하고 주장하여 대리행위의 법률효과를 주장할 수 있다. 즉, 표현대리제도는 거래의 상대방의 보호, 거래의 안전이라는 목적을 위하여 본인을 구속하는 제도이다. 그 밖의 점에서 무권대리의 성질을 갖는다. 따라서 거래의 상대방은 철회권(撤回權)을 갖으나(민법 제134조)[444] 본인은 무권대리를 적극적으로 추인하여(민법 제130조)[445] 상대방의 철회권을 소멸시킬 수 있다. 한편 표현대리를 통하여 손해 혹은 불이익은 받은 본인은 무권대리인에게 기초적인 내부관계에서 의무위반 내지 불법행위를 이유로 손해배상을 청구할 수 있다.

2. 표현대리(민법 제125조)

(1) 요건

본인이 제3자에게 대하여 특정인(대리인)에게 대리권을 수여하였음을 표시(통지)하여야 한다(민법 제125조). 여기서 제3자는 대리행위의 상대방이 될 자를 말한다. 표시방법은 위임장 혹은 서면, 구두 등도 무방하다. 혹은 표시방법이 특정의 제3자 혹은 신문광고, 불특정의 다수인도 가능하다. 본인이 백지위임장을 교부하는 것은 일반적으로 그 소지자에게 대리권을 준 뜻을 표시하는 것이 된다.

1) 대리권의 수여표시

여기서 대리권을 주었다는 뜻을 표시함에 있어서는 반드시 '대리인' 혹은 '대리권'이라는 문자를 사용하여야 하는 것이 아니다. 예컨대, 사용자가 어떤 범위의 대리권을 가지고 있다는 것을 제3자가 믿을 만한 물증으로 그의 피용자로 하여금 대외적으로 사용케 하거나 또는 피용자가 그와 같이 자칭하고 있음을 사용자가 알고 있으면서 묵인하고 있는 경우에도 대리권수여의 표시가 있다고 할 수 있다. 뿐

444) 제134조 (상대방의 철회권) 대리권없는 자가 한 계약은 본인의 추인이 있을 때까지 상대방은 본인이나 그 대리인에 대하여 이를 철회할 수 있다. 그러나 계약 당시에 상대방이 대리권 없음을 안 때에는 그러하지 아니하다.

445) 제130조 (무권대리) 대리권없는 자가 타인의 대리인으로 한 계약은 본인이 이를 추인하지 아니하면 본인에 대하여 효력이 없다.

만 아니라 명의대여관계, 즉 타인에게 대하여 자기명의의 사용을 허용하거나 묵인하는 것도 대리권수여의 표시에 해당한다.

2) 대리권범위 내의 행위

무권대리인은 수권(授權)한 것으로 표시된 대리권의 범위 내의 대리행위를 하였어야 한다. 그리고 대리행위는 통지받은 상대방과의 사이에서 행한 것이어야 한다. 따라서 통지를 받지 않은 불특정인에게 한 경우는 문제가 되지 않는다(이 경우에 무권대리이다). 다만 특정인에게 대하여 행한 경우에 그 특정인만이 보호받는다(민법 제125조).

3) 상대방의 선의, 무과실

상대방은 선의(善意), 무과실(無過失)이어야 한다. 선의는 대리권이 없음을 알지 못하는 것, 다시 말하면 대리권이 있는 것으로 믿고 있는 것이다. 무과실은 선의(善意)인데 과실(過失)이 없어야 한다. 즉 보통 일반인의 주의를 하였음에도 불구하고 대리권이 없음을 알지 못하는 것이다. 이때에 상대방의 악의, 유과실의 입증책임은 본인에게 있다.

4) 임의대리의 경우

본조의 적용은 임의대리에 한하며, 법정대리는 적용이 없다. 왜냐하면 법정대리는 본인이 선임하는 것이 아니기 때문이다. 이에 관한 판례를 살펴보기로 한다.

가) 민법 제125조의 대리권 수여의 표시에 의한 표현대리의 성립요건

◆ 판 례

민법 제125조가 규정하는 대리권 수여의 표시에 의한 표현대리는 본인과 대리행위를 한 자 사이의 기본적인 법률관계의 성질이나 그 효력의 유무와는 관계없이 어떤 자가 본인을 대리하여 제3자와 법률행위를 함에 있어 본인이 그 자에게 대리권을 수여하였다는 표시를 제3자에게 한 경우에 성립한다 : 대법원 2007.8.23. 선고 2007다23425 판결.

나) 민법 제125조 소정의 대리권 수여의 표시에 의한 표현대리의 성립 요건

◆ 판 례

민법 제125조가 규정하는 대리권 수여의 표시에 의한 표현대리는 본인과 대리행위를 한 자 사이의 기본적인 법률관계의 성질이나 그 효력의 유무와는 직접적인 관계가 없이 어떤 자가 본인을 대리하여 제3자와 법률행위를 함에 있어 본인이 그 자에게 대리권을 수여하였다는 표시를 제3자에게 한 경우에는 성립될 수가 있고, 또 본인에 의한 대리권 수여의 표시는 반드시 대리권 또는 대리인이라는 말을 사용하여야 하는 것이 아니라 사회통념상 대리권을 추단할 수 있는 직함이나 명칭 등의 사용을 승낙 또는 묵인한 경우에도 대리권 수여의 표시가 있은 것으로 볼 수 있다 : 대법원 1998. 6. 12. 선고 97다53762 판결.

다) 민법 제125조의 표현대리를 주장하기 위한 요건

◆ 판 례

민법 제125조의 표현대리에 해당하기 위하여는 상대방은 선의·무과실이어야 하므로 상대방에게 과실이 있다면 제125조의 표현대리를 주장할 수 없다 : 대법원 1997. 3. 25. 선고 96다51271 판결.

라) 갑(甲: 보증인)의 도장과 보증용 과세증명서를 소지하게 된 주채무자가 임의로 갑(甲)을 대위하여 채권자와 사이에 보증계약을 체결한 경우, 민법 제125조 소정의 표현대리의 성립여부

◆ 판 례

갑(甲)이 주채무액을 알지 못한 상태에서 주채무자의 부탁으로 채권자와 보증계약 체결 여부를 교섭하는 과정에서 채권자에게 보증의사를 표시한 후 주채무가 거액인 사실을 알고서 보증계약 체결을 단념하였으나 갑(甲)의 도장과 보증용 과세증명서를 소지하게 된 주채무자가 임의로 갑(甲)을 대위하여 채권자와 사이에 보증계약을 체결한 경우, 갑(甲)이 채권자에 대하여 주채무자에게 보증계약 체결의 대리권을 수여하는 표시를 한 것이라 단정할 수 없고, 대리권 수여의 표시를 한 것으로 본다 하더라도 채권자에게는 주채무자의 대리권 없음을 알지 못한 데 과실이 있다고 보아 민법 제125조 소정의 표현대리의 성립을 부정한 사례 : 대법원 2000. 5. 30. 선고 2000다2566 판결.

(2) 효과

1) 법률효과의 본인에게 귀속

본인(本人)은 무권대리인의 무권대리행위에 책임이 있다. 다시 말하면 본인은 무권대리행위라는 것을 이유로 그 대리행위의 법률효과가 자기에게 미치는 것을 거부하지 못한다. 따라서 무권대리행위는 대리권이 있는 대리인의 행위와 마찬가지로 다루어지고, 그 무권대리행위의 법률효과는 본인에게 귀속한다.

2) 상대방의 표현대리 주장

표현대리는 상대방이 주장하는 경우에 문제가 비로소 되는 것이고, 상대방이 주장하지 않는 한, 본인쪽에서 표현대리를 주장하지 못한다. 만일 본인이 그 표현대리행위를 유효한 대리행위로서 효력을 발생하기 원한다면 거래상대방이 무권대리행위의 법률효과를 부인하는 철회권을 행사하기 전에 본인이 먼저 추인하면 된다. 반대로 본인이 무권대리행위의 추인을 거절하여도 상대방이 주장하는 표현대리의 효과를 막지 못한다.

3) 상대방의 철회권과 본인의 추인권

기술한 바와 같이 표현대리제도는 거래의 상대방의 보호, 거래의 안전을 위하여 본인(本人)을 희생하는 제도이다. 그 밖의 점에서 '무권대리'로서의 성질을 갖는다. 표현대리제도의 본질은 무권대리이기 때문에 거래상대방은 표현대리를 무권대리행위로서 철회할 수 있고, 이에 대응하여 본인은 추인함으로써 상대방의 철회권을 소멸시킬 수 있다. 상대방은 본인에 대하여 추인여부의 확답을 최고할 수 있다(민법 제131조).[446] 그러므로 거래상대방의 철회와 본인의 추인 중 어느 것이 먼저이냐에 따라서 표현대리의 운명이 결정된다.

---

446) 제131조 (상대방의 최고권) 대리권없는 자가 타인의 대리인으로 계약을 한 경우에 상대방은 상당한 기간을 정하여 본인에게 그 추인여부의 확답을 최고할 수 있다. 본인이 그 기간 내에 확답을 발하지 아니한 때에는 추인을 거절한 것으로 본다.

3. 표현대리(민법 제126조)

(1) 요건

1) 권한밖의 법률행위

대리인이 권한밖의 법률행위를 하였어야 한다(민법 제126조).[447]

i) 대리인이 행한 권한(權限)의 범위를 벗어난 법률행위에 관하여 대리권은 없으나 그 이외에 일정한 범위의 대리권은 반드시 가지고 있어야 한다. 따라서 전혀 대리권이 없는 자의 대리행위는 비록 상대방뿐만 아니라 누구든지 대리권이 있는 것으로 일반적으로 생각되는 경우일지라도 민법 제126조의 표현대리가 성립할 여지는 없다. 예컨대 대리권이 없는 자가 위임장 또는 인감을 도용하여 대리행위를 한 경우에 상대방이 그 진위(眞僞)를 판단할 수 없는 때에도 민법 제126조가 적용되지 않는다. 왜냐하면 전혀 아무런 권한이 없는 경우까지 제3자의 신뢰를 보호하는 것은 본인에게 너무 가혹하므로 본인의 정적 안전의 보호를 위한 최소한도의 요건이다.

ii) 대리인은 반드시 대리권이 있어야 하지만 권한을 벗어난 행위가 반드시 같은 종류 또는 비슷한 대리권이어야 하는 것은 아니다. 전혀 별개의 행위를 하는 경우에도 적용된다. 예건대, 임야불하에 관한 동업계약을 맺은 대리권을 수여받은 자가 본인 소유의 부동산을 매도한 경우에도 본조의 표현대리가 성립한다.

2) 상대방의 선의, 무과실

상대방은 선의(善意)이고 또한 무과실이어야 한다. 즉 대리인이 일정한 대리권을 가지고 있다는 점에 근거하여 문제의 월권행위(越權行爲)에 관하여서도 대리인에게 대리권이 있는 것으로 믿고 또한 그와 같이 믿는데 관하여 과실이 없어야 한다.

i) 여기서 상대방은 대리행위의 상대방을 의미한다. '그 권한이 있다고 믿을 만한 정당한 이유가 있는 때'는 상대방이 믿는데 과실이 없었음을 말한다. 왜냐하면 '정당한 이유'라는 것은 무권대리행위가 행하여졌을 때에 존재한 여러 사정으로부터 객관적으로 판단하여 보통사람(통상인)이면 대리권이 있는 것으로 믿는 것이 당연하다고 생각되는 것을 뜻한다. 따라서 '정당한 이유'의 유무는 거래 당시의

---

447) 제126조 (권한을 넘은 표현대리) 대리인이 그 권한 외의 법률행위를 한 경우에 제삼자가 그 권한이 있다고 믿을 만한 정당한 이유가 있는 때에는 본인은 그 행위에 대하여 책임이 있다.

사정으로부터 객관적으로 거래의 통념에 따라 판단되어야 하며, 상대방이 대리인의 권한을 믿었더라도 믿는데 과실이 있으면 '정당한 이유'는 없게 된다.

ii) 선의, 무과실의 입증책임은 본인에게 있다. 즉 본인은 상대방의 악의, 유과실(有過失)을 입증하여야 한다.

iii) 대리인에게 일정한 범위의 대리권이 있기 때문에 상대방이 월권행위에 관하여도 대리권이 있는 것으로 믿었다고 인정할 만한 관계가 있어야 한다. 즉 대리권의 존재와 상대방의 신뢰와의 사이에 인과관계가 있어야 한다. 여기서 상대방의 신뢰에 관하여 본인의 과실이나 행위가 원인이 되었어야 할 필요는 없다. 즉 대리권의 존재라는 사실에 근거하여 상대방의 신뢰가 생긴 것으로 충분하다.

iv) 민법 제126조는 임의대리, 법정대리 모두가 적용된다는 것이 통설이다.

부부의 일방이 정당한 대리권없이 타방을 대리하여 그 명의의 재산을 처분하거나 또는 그 명의로 금전을 차용하는 예가 많다. 이 경우에 본조를 적용하려면 반드시 어떤 대리권이 있어야 한다. 부부간의 일상가사대리권을 기본대리권으로 보고, 부부간에도 민법 제126조가 적용된다. 다만, 표현대리의 적용에 있어서 '정당한 사유'가 있어야 한다. 다시 말하면 법정대리권인 부부 상호간의 가사대리권에 관하여 제3자가 '일상의 가사의 범위내의 행위'라고 믿을 만한 '정당한 사유'가 있는 경우에 한하여 민법 제126조가 적용된다.

(2) 효과

본인은 대리인의 권한밖의 행위에 대하여 책임을 부담한다. 이에 관하여 판례를 살펴보기로 한다.

가) 아내가 특별수권 없이 남편 소유부동산에 관하여 근저당권 설정등기를 이행한 경우 이를 표현대리로 볼 수 있는 지의 여부

◆ 판 례

처가 부 소유 부동산을 타인에게 양도하거나 근저당권을 서정한 경우에 본조의 표견대리가 되려면 그 아내에게 가사대리권이 있었다는 것뿐만 아니라 상대방이 남편이 그 아내에게 그 행위에 관한 대리권을 주었다고 믿었음을 정당화할 만한 객관적인 사정이 있었어야 한다 : 대법원 1968.11.26. 선고 68다1727,68다1728 판결.

나) 남편소유의 부동산에 관한 아내의 법률행위와 권한을 넘은 표현대리여부

◆ 판 례

남편 부동산의 처분에 관한 아내의 대리권은 이례에 속하므로 본조 소정의 표현대리가 되려면 아내에게 가사대리권이 있다는 것만으로는 부족하고, 남편이 아내에게 그 행위에 관한 대리의 권한을 주었다고 믿었음은 정당화할 만한 객관적인 사정이 있어야 할 것이다 : 대법원 1970.3.10. 선고, 69다2218 판결.

다) 처가 특별한 수권 없이 남편을 대리하여 보증을 한 경우, 민법 제126조 소정의 표현대리가 성립하기 위한 요건

◆ 판 례

타인의 채무에 대한 보증행위는 그 성질상 아무런 반대급부 없이 오직 일방적으로 불이익만을 입는 것인 점에 비추어 볼 때, 남편이 처에게 타인의 채무를 보증함에 필요한 대리권을 수여한다는 것은 사회통념상 이례에 속하므로, 처가 특별한 수권 없이 남편을 대리하여 위와 같은 행위를 하였을 경우에 그것이 민법 제126조 소정의 표현대리가 되려면 처에게 일상가사대리권이 있었다는 것만이 아니라 상대방이 처에게 남편이 그 행위에 관한 대리의 권한을 주었다고 믿었음을 정당화할 만한 객관적인 사정이 있어야 한다 : 대법원 1998. 7. 10. 선고 98다18988 판결.

라) 처가 임의로 남편의 인감도장과 대리방식으로 발급받은 인감증명서를 소지하고 남편을 대리하여 친정 오빠의 할부판매보증보험계약상의 채무를 연대보증한 경우, 남편의 표현대리 책임여부

◆ 판 례

처가 임의로 남편의 인감도장과 용도란에 아무런 기재 없이 대리방식으로 발급받은 인감증명서를 소지하고 남편을 대리하여 친정 오빠의 할부판매보증보험계약상의 채무를 연대보증한 경우, 남편의 표현대리 책임을 부정한 사례 : 대법원 1998. 7. 10. 선고 98다18988 판결.

마) 민법 제126조의 권한유월 표현대리 성립의 전제가 되는 기본대리권이 존재시기

◈ 판 례

민법 제126조의 표현대리는 현재에 대리권을 가진 자가 그 권한을 넘는 경우에 성립되고, 과거에 가졌던 대리권을 넘는 경우에는 적용이 없다 : 대법원 1979.3.27. 선고 79다234 판결.

바) 권한을 넘은 표현대리에 있어 정당한 이유여부

◈ 판 례

연대보증계약 체결 당시 대리인이 본인이 직접 발급받은 본인의 인감증명과 납세증명원, 본인의 인감도장을 보증보험회사 직원에게 교부하였고, 대리인이 자신 소유의 승용차를 구입할 때에도 본인을 대리하여 보증보험계약을 체결하면서 본인 명의의 인감증명과 납세증명원, 본인의 인감도장을 이용하였으므로 담당직원이 위 거래를 통하여 대리인과 본인의 관계를 알게 되어 대리인에게 본인을 대리할 권한이 있는지 여부를 의심할 만한 특별한 사정이 없었으며, 회사를 대리하여 보증보험계약을 체결하는 직원이 연대보증인 본인에 대하여 직접 보증의사를 확인하고 서명날인을 받도록 하는 업무지침이나 실무관행이 없어 회사가 전문금융기관이라는 것만으로 회사의 직원이 본인에게 직접 보증의사를 확인할 주의의무가 있다고 보기 어려우며, 연대보증약정서에 기재된 연대보증인의 전화번호는 차후 연락을 위한 것으로 반드시 연대보증인 본인의 전화번호만을 기재하여야 하는 것도 아니라면, 회사의 직원으로서는 대리인이 본인을 대리하여 연대보증계약을 체결할 대리권이 있다고 믿을 만한 정당한 이유가 있었다 : 대법원 1997. 7. 8. 선고 97다9895 판결.

사) 본인으로부터 아파트에 관한 일체의 관리권한을 위임받아 본인으로 가장하여 아파트를 임대한 바 있는 대리인이 다시 본인으로 가장하여 임차인에게 아파트를 매도하였다면 권한을 넘은 표현대리의 법리를 유추적용할 수 있는지 여부

◈ 판 례

본인으로부터 아파트에 관한 임대 등 일체의 관리권한을 위임받아 본인으로 가장하여 아파트를 임대한 바 있는 대리인이 다시 자신을 본인으로 가장하여 임차인에게 아파트를 매도하는 법률행위를 한 경우에는 권한을 넘은 표현대리의 법리를 유추적용하여 본인에 대하여 그 행위의 효력이 미친다고 볼 수 있다 : 대법원 1993.2.23. 선고 92다52436 판결.

아) 대리행위의 표시를 하지 아니하고 본인인 것처럼 기망하여 본인 명의로 직접 법률행위를 한 경우, 민법 제126조의 표현대리의 성립 여부

◆ 판 례

민법 제126조의 표현대리는 대리인이 본인을 위한다는 의사를 명시 혹은 묵시적으로 표시하거나 대리의사를 가지고 권한 외의 행위를 하는 경우에 성립하고, 사술을 써서 위와 같은 대리행위의 표시를 하지 아니하고 단지 본인의 성명을 모용하여 자기가 마치 본인인 것처럼 기망하여 본인 명의로 직접 법률행위를 한 경우에는 특별한 사정이 없는 한 위 법조 소정의 표현대리는 성립될 수 없다 : 대법원 2002. 6. 28. 선고 2001다49814 판결.

자) 민법 제126조의 표현대리 규정이 법정대리에도 적용되는지 여부

◆ 판 례

민법 제126조 소정의 권한을 넘는 표현대리 규정은 거래의 안전을 도모하여 거래상대방의 이익을 보호하려는 데에 그 취지가 있으므로 법정대리라고 하여 임의대리와는 달리 그 적용이 없다고 할 수 없고, 따라서 한정치산자의 후견인이 친족회의 동의를 얻지 않고 피후견인의 부동산을 처분하는 행위를 한 경우에도 상대방이 친족회의 동의가 있다고 믿은 데에 정당한 사유가 있는 때에는 본인인 한정치산자에게 그 효력이 미친다 : 대법원 1997. 6. 27. 선고 97다3828 판결.

4. 표현대리(민법 제129조)

(1) 요건

1) 대리권소멸

대리인이 이전에 대리권을 가지고 있었으나 대리행위를 할 때에 그 대리권이 소멸하고 있어야 한다(민법 제129조).[448)]

2) 상대방의 선의, 무과실

상대방은 선의, 무과실이어야 한다. 즉 대리인이 이전에 대리권을 가지고 있었

---

448) 제129조 (대리권소멸후의 표현대리) 대리권의 소멸은 선의의 제삼자에게 대항하지 못한다. 그러나 제삼자가 과실로 인하여 그 사실을 알지 못한 때에는 그러하지 아니하다.

기 때문에 상대방이 지금도 그 대리권이 존속하는 것으로 믿고 또한 그와 같이 믿는데 과실이 없어야 한다.

3) 임의(법정)대리

본조는 임의대리, 법정대리 모두 적용된다.

(2) 효과

본인은 표현대리인이 대리권의 소멸한 후에 상대방과의 사이에 행한 대리행위에 대하여 책임을 부담한다. 이에 관하여 판례를 살펴보도록 한다.

가) 대리권소멸 후의 표현대리에 관한 민법 129조가 법정대리인의 대리권소멸에 관하여도 적용되는가 여부

◆ 판 례

대리권소멸 후의 표현대리에 관한 민법 제129조는 법정대리인의 대리권소멸에 관하여도 적용이 있다 : 대법원 1975.1.28. 선고 74다1199 판결.

나) 민법 제129조의 표현대리가 권한을 넘는 대리행위가 있을 때 민법 제126조의 표현대리가 성립될 수 있는지 여부

◆ 판 례

민법 제129조의 대리권 소멸 후의 표현대리로 인정되는 경우에, 그 표현대리의 권한을 넘는 대리행위가 있을 때에는 민법 제126조의 표현대리가 성립될 수 있다 : 대법원 2008.1.31. 선고 2007다74713 판결.

다) 대리인이 대리권 소멸 후 선임한 복대리인과 상대방 사이의 법률행위에도 민법 제129조의 표현대리가 성립하는지 여부

◆ 판 례

표현대리의 법리는 거래의 안전을 위하여 어떠한 외관적 사실을 야기한 데 원인을 준 자는 그 외관적 사실을 믿음에 정당한 사유가 있다고 인정되는 자에 대하여는 책임이 있다는 일반적인 권리외관 이론에 그 기초를 두고 있는 것인 점에 비추어 볼 때, 대리인이 대리권 소멸 후 직접 상대방과 사이에 대리행위를 하는 경우는 물론 대리인이 대리권 소멸 후 복대리인을 선임하여 복대리인으로 하여금 상대방과 사이에 대리행위를 하도록 한 경우에도, 상대방이 대리권 소멸 사실을 알지 못하여 복대리인에게 적법한 대리권이 있는 것으로 믿었고 그와 같이 믿은 데 과실이 없다면 민법 제129조에 의한 표현대리가 성립할 수 있다 : 대법원 1998. 5. 29. 선고 97다55317 판결.

제3항 좁은 의미의 무권대리

Ⅰ. 무권대리의 개관

무권대리, 즉 대리인이 대리권없이 대리행위를 한 경우에 표현대리라고 볼 수 있는 특별한 사정도 존재하지 않은 경우의 무권대리를 '좁은 의미의 무권대리'라고 말한다. 즉, 대리인에게 전혀 대리권이 존재하지 않는 무권대리행위를 말한다. 넓은 의미의 무권대리중에서 기술한 3개의 표현대리를 제외한 무권대리를 '좁은 의미의 무권대리'라고 한다. 그러나 표현대리에 해당하여도 거래상대방이 이를 주장하느냐의 여부에 따라 '좁은 의미의 무권대리'의 적용여부가 결정된다.

1. 계약의 무권대리

(1) 본인과 상대방과의 법률효과

1) 본인에 대한 효과

i) 좁은 의미의 무권대리까지 본인을 구속된다고 한다면 본인에게 너무나 가혹하기 때문에 무권대리는 본인에게 법률효과가 발생하지 않는다(민법 제130조).[449] 그러나 무권대리라도 본인에게 유리할 수도 있고 또한 상대방을 위하여 그대로 효력이 인정되는 것이 처음의 기대에 부합하기 때문에 만약 본인이 원한다면 그의 추인을 통하여 그 무권대리의 법률효과를 발생케 할 수 있다. 즉 본인에게 무권대리행위에 대하여 추인권을 인정하고 있다(민법 제130조). 따라서 좁은 의미의 무권대리의 법

449) 제130조 (무권대리) 대리권없는 자가 타인의 대리인으로 한 계약은 본인이 이를 추인하지 아니하면 본인에 대하여 효력이 없다.

률효과는 무효인 것이 아니고, 일단 그 무권대리행위의 법률효과가 유효 또는 무효가 아직 확정되지 않은 상태에 있다. 즉 무권대리에 의한 계약이 본인에게 효력발생의 여부는 본인이 그 무권대리행위의 추인의 유무에 의하여 좌우된다. 여기서 추인은 '취소할 수 있는 행위의 추인'(민법 제143조)과[450] 다르다. 즉 '취소할 수 있는 행위의 추인'은 일단 효력이 발생한 행위에 대하여 이를 확정적으로 유효하게 하는 것이고, 무권대리에서 추인은 효력발생의 여부가 불확정적인 법률행위에 대하여 그 행위의 효과를 자기에게 직접 발생케 하는 것을 목적으로 하는 의사표시이다.

ii) 본인의 추인의 효과는 무권대리행위는 처음부터 유권대리행위와 같은 법률효과가 발생한다. 즉, 본인이 무권대리행위를 추인을 하면 그 동안 무권대리인의 법률행위의 효과가 불확정적인 상태에서 처음부터 확정적인 법률효과가 발생한다(민법 제133조[451] 본문).

iii) 예외적으로 추인이 있는 경우일지라도 추인의 효과는 소급효(遡及效)가 제한된다. 추인의 경우에 다른 의사표시가 있는 경우에 소급효가 없다(동조). 만약 무권대리행위가 계약이면 본인과 상대방 사이에 계약이 있어야 한다는 것이 학설의 입장이다. 그리고 추인의 소급효는 제3자의 권리를 해(害)하지 못한다(동조 단서). 제3자의 권리를 해하는 범위에서는 소급효가 제한된다.

iv) 추인여부는 본인의 의사에 달려있다. 무권대리행위는 본인에게 아무런 효력이 없기 때문에 그냥 내버려 두더라도 무방하나, 본인이 적극적으로 추인할 의사가 없다는 의사표시를 하여 무권대리행위를 무효로 할 수 있다. 이처럼 본인이 추인을 거절하면 본인에 대하여 효력이 없다는 것을 확정하게 된다.

2) 상대방에 대한 효과

무권대리행위는 본인의 의사에 의하여 그 효력이 좌우되기 때문에 상대방의 지위는 매우 불확정적이다. 따라서 민법은 무권대리행위의 상대방을 보호하기 위하여 상대방에게 '최고권(催告權: 민법 제131조)'과 '철회권(撤回權: 민법 제134조)'을 인정하고 있다.

---

450) 제143조 (추인의 방법, 효과) ① 취소할 수 있는 법률행위는 제140조에 규정한 자가 추인할 수 있고 추인 후에는 취소하지 못한다. ② 전조의 규정은 전항의 경우에 준용한다.
451) 제133조 (추인의 효력) 추인은 다른 의사표시가 없는 때에는 계약시에 소급하여 그 효력이 생긴다. 그러나 제삼자의 권리를 해하지 못한다.

A. 최고권

최고(催告)는 무권대리행위의 상대방이 본인에게 무권대리행위의 추인여부를 독촉하는 행위이다. 여기 말하는 최고는 무능력자의 상대방이 가지는 최고권과 동일한 성질을 갖는다. 최고의 방법은 첫째, 상당한 기간을 정하고, 둘째 문제의 무권대리행위에 대하여 추인여부를 확실하게 답변하라는 뜻을 표시하여, 셋째 이를 본인에게 알린다(민법 제131조[452] 본문). 이러한 최고가 있는 경우에 본인이 그 기간 내에 확실한 답변을 하지 아니한 경우는 추인을 거절한 것으로 본다(동조 후문). 최고의 의사표시는 발신주의를 취하여 거래상대방을 보호하고 있다.

B. 철회권

철회권는 무권대리행위의 상대방이 무권대리인과의 사이에서 체결한 계약을 확정적으로 무효로 하는 행위이다. 상대방이 철회권을 행사한 후에 본인이 문제의 무권대리행위를 추인할 수 없다. 철회권의 행사방법은 첫째, 본인의 추인이 있기 전에, 둘째 본인이나 무권대리인에 대하여 철회의사를 표시하여야 한다(민법 제134조[453] 본문). 이 철회권은 선의의 상대방에게만 인정된다(동조 후문). 즉, 무권대리인에게 대리권이 없을 알지 못하는 상대방이다. 선의, 악의의 결정기준은 '계약당시'이다. 이에 관하여 판례를 살펴보기로 한다.

가) 무권대리행위의 추인의 의미 및 성질

◈ 판 례

무권대리행위의 추인은 무권대리행위가 있음을 알고, 그 행위의 효과를 자기에게 귀속시키도록 하는 단독행위이다 : 대법원 2000. 9. 8. 선고 99다58471 판결

---

452) 제131조 (상대방의 최고권) 대리권없는 자가 타인의 대리인으로 계약을 한 경우에 상대방은 상당한 기간을 정하여 본인에게 그 추인여부의 확답을 최고할 수 있다. 본인이 그 기간 내에 확답을 발하지 아니한 때에는 추인을 거절한 것으로 본다.

453) 제134조 (상대방의 철회권) 대리권없는 자가 한 계약은 본인의 추인이 있을 때까지 상대방은 본인이나 그 대리인에 대하여 이를 철회할 수 있다. 그러나 계약당시에 상대방이 대리권 없음을 안 때에는 그러하지 아니하다.

나) 무권대리행위의 효력 및 그에 대한 추인의 방법

◆ 판 례

무권대리행위는 그 효력이 불확정 상태에 있다가 본인의 추인 유무에 따라 본인에 대한 효력발생 여부가 결정되는 것인바, 그 추인은 무권대리행위가 있음을 알고 그 행위의 효과를 자기에게 귀속시키도록 하는 단독행위이다 : 대법원 1995. 11. 14. 선고 95다28090 판결.

다) 무권대리행위의 추인의 방식 및 그 상대방

◆ 판 례

무권대리행위의 추인에 특별한 방식이 요구되는 것이 아니므로 명시적인 방법만 아니라 묵시적인 방법으로도 할 수 있고, 그 추인은 무권대리인, 무권대리행위의 직접의 상대방 및 그 무권대리행위로 인한 권리 또는 법률관계의 승계인에 대하여도 할 수 있다 : 대법원 1981.4.14. 선고 80다2314 판결.

라) 무권대리행위의 추인의 방식 및 그 상대방

◆ 판 례

무권대리행위의 추인은 무권대리인이나 상대방에게 명시 또는 묵시의 방법으로 할 수 있는 바이므로 원고가 그 장남이 일건 서류를 위조하여 매도한 부동산을 피고에게 인도하고 10여 년간 아무런 이의를 제기하지 않았다면 원고는 무권대리인인 그 장남의 위 매매행위를 묵시적으로 추인한 것으로 볼 것이다 : 대법원 1981.4.14. 선고 81다151 판결.

마) 무권대리행위에 대하여 이의 제기없이 장시간 방치한 것을 추인으로 볼 수 있는지 여부

◆ 판 례

무권대리행위에 대하여 본인이 그 직후에 그것이 자기에게 효력이 없다고 이의를 제기하지 아니하고 이를 장시간에 걸쳐 방치하였다고 하여 무권대리행위를 추인하였다고 볼 수 없다 : 대법원 1990.3.27. 선고 88다카181 판결.

(2) 상대방과 대리인과의 법률효과

1) 무권대리인의 책임

무권대리가 표현대리가 되거나 좁은 의미의 무권대리가 되어도 본인이 추인을 하거나 상대방이 철회하는 경우에 상대방이 희망하는 결과에 도달하거나 적어도 손해를 받지 않을 것이다. 그러나 위의 어느 쪽에도 해당하지 않은 경우에 상대방은 손해가 발생하게 된다. 이러한 경우를 대비하여 민법 제135조는[454] 상대방의 보호와 거래의 안전을 도모하고, 대리제도의 신용을 유지하기 위하여 무권대리인에게 무거운 책임을 인정하고 있다. 즉, 무권대리인에게 무과실책임을 인정하고 있다.

2) 책임발생의 요건

ⅰ) 무권대리인이 대리권을 증명할 수 없어야 한다(민법 제135조 제1항). 무권대리인이 책임을 부담하지 않으려면 무권대리인 자신에게 대리권이 있었음을 입증하여야 한다.

ⅱ) 상대방은 무권대리인에게 대리권이 없음을 알지 못하고, 알지 못하는데 대하여 선의, 무과실이어야 한다(민법 제135조 제2항).

ⅲ) 상대방이 아직 철회권을 행사하고 있지 않아야 한다.

ⅳ) 무권대리인은 행위능력자이어야 한다. 다만 무능력자가 법정대리인의 동의를 얻어서 무권대리행위를 한 경우에 능력자과 동일하게 책임을 부담하게 하여도 무방할 것이다. 무권대리인은 무과실책임이다.

3) 책임의 내용

상대방의 선택에 따라 이행 내지 손해배상의 책임을 부담하여야 한다.

ⅰ) 이행

이행책임은 그 무권대리행위가 본인에게 효력이 발생하였더라면 본인이 상대방에게 부담하였을 것과 같은 내용의 채무를 부담한다.

---

454) 제135조 (상대방에 대한 무권대리인의 책임) ① 다른 자의 대리인으로서 계약을 맺은 자가 그 대리권을 증명하지 못하고 또 본인의 추인을 받지 못한 경우에는 그는 상대방의 선택에 따라 계약을 이행할 책임 또는 손해를 배상할 책임이 있다. ② 대리인으로서 계약을 맺은 자에게 대리권이 없다는 사실을 상대방이 알았거나 알 수 있었을 때 또는 대리인으로서 계약을 맺은 사람이 제한능력자일 때에는 제1항을 적용하지 아니한다.

ii) 손해배상

손해배상의 경우에 이행이익(履行利益: 계약이익), 즉 계약이 유권대리로서 효력이 발생하였으나 그것이 이행되지 않아서 발생한 손해배상이냐 아니면 신뢰이익(信賴利益: 소극적 계약이익: 계약의 효력이 발생하지 않으나 그것이 효력을 발생하는 유권대리라고 믿었기 때문에 받은 손해)의 배상이냐이다. 현재 학설은 이행에 갈음(대신)하는 손해배상, 즉 이행이익의 배상을 인정하고 있다.

(3) 본인과 대리인과의 사이의 효과

좁은 의미 무권대리행위는 본인이 추인하지 않으면 본인에 대하여 효력이 발생하지 않는다(민법 제130조).[455] 또한 본인과 대리인 사이에 아무런 법률관계도 생기지 않는다. 만약 본인이 추인하면 사무관리(민법 제734조)가[456] 성립할 것이다. 그리고 무권대리행위로 인하여 본인의 이익이 침해되면 불법행위(민법 제750조)가[457] 될 수도 있다. 그 밖에 무권대리인에게 부당한 이득이 생긴 경우에 부당이득(민법 제741조)이[458] 문제될 것이다. 이들의 권리는 일반법리에 의하여 발생하는 것이고, 무권대리에서 발생한 것은 아니다.

2. 단독행위의 무권대리

단독행위의 무권대리는 수동, 능동대리에 관계없이 모두 절대 무효를 원칙으로 한다. 그러나 넓은 범위의 예외를 인정하고 있다(민법 제136조).[459]

---

455) 제130조 (무권대리) 대리권없는 자가 타인의 대리인으로 한 계약은 본인이 이를 추인하지 아니하면 본인에 대하여 효력이 없다.

456) 제734조 (사무관리의 내용) ① 의무없이 타인을 위하여 사무를 관리하는 자는 그 사무의 성질에 좇아 가장 본인에게 이익되는 방법으로 이를 관리하여야 한다. ② 관리자가 본인의 의사를 알거나 알 수 있는 때에는 그 의사에 적합하도록 관리하여야 한다. ③ 관리자가 전2항의 규정에 위반하여 사무를 관리한 경우에는 과실없는 때에도 이로 인한 손해를 배상할 책임이 있다. 그러나 그 관리행위가 공공의 이익에 적합한 때에는 중대한 과실이 없으면 배상할 책임이 없다.

457) 제750조 (불법행위의 내용) 고의 또는 과실로 인한 위법행위로 타인에게 손해를 가한 자는 그 손해를 배상할 책임이 있다.

458) 제741조 (부당이득의 내용) 법률상 원인없이 타인의 재산 또는 노무로 인하여 이익을 얻고 이로 인하여 타인에게 손해를 가한 자는 그 이익을 반환하여야 한다.

459) 제136조 (단독행위와 무권대리) 단독행위에는 그 행위 당시에 상대방이 대리인이라 칭하

(1) 상대방이 없는 경우

상대방 없는 단독행위는 언제나 절대 무효이고, 본인이 추인하여도 효력이 없다.

(2) 상대방이 있는 경우

상대방이 있는 단독행위는 원칙적으로 무효이다. 그러나 다음과 같은 예외가 있다.

1) 능동대리

상대방이 대리권 없이 대리행위를 하는데 동의하거나 또는 그 대리권을 다투지 아니한 때에는 계약의 경우와 동일한 효과가 발생한다(민법 제136조). 여기서 '대리권을 다투지 아니한 때'의 의미는 대리권이 없음을 알면서 다투지 않았거나 또는 알지 못해서 다투지 않았거나 동일하게 해석한다. 다만, 단독행위가 있는 후에 지체없이 이의를 제기하면 다툰 것이 된다.

2) 수동대리

무권대리인의 '동의를 얻어' 행위를 한 때에 한하여 계약과 동일한 효과가 발생한다(민법 제136조 후단).

제7관 법률행위의 무효와 취소

Ⅰ. 무효와 취소의 일반

지금까지 법률행위가 무효로 되는 경우와 취소할 수 있는 경우를 이미 살펴보았다. 법률행위 중에 무효가 되는 경우는 다음과 같은 행위들이다. 즉, 의사무능력자의 법률행위, 불능한 법률행위, 강행법규를 위반하는 법률행위, 반사회질서의 법률행위, 불공정한 법률행위, 비진의표시, 허위표시 등이다. 반면에 취소할 수 있는 법률행위들은 다음과 같다. 즉, 무능력자의 법률행위, 착오에 의한 의사표시, 사기·

는 자의 대리권없는 행위에 동의하거나 그 대리권을 다투지 아니한 때에 한하여 전6조의 규정을 준용한다. 대리권 없는 자에 대하여 그 동의를 얻어 단독행위를 한 때에도 같다.

강박에 의한 의사표시 등이다.

여기에서는 법률행위의 '무효와 취소'에 대하여 공통개념을 중심으로 하여 살펴보기로 한다(민법 제137조-제146조).

1. 무효와 취소의 차이점

무효는 누구의 주장이나 행위를 기다리지 않고서 처음부터 당연히 효력이 없다. 반면에 취소는 특정인(취소권자)이 그 효력을 상실하게 하기 위한 주장(취소)이나 행위를 할 때에 효력이 비로소 없게 된다.

(1) 무효는 특정인의 주장을 필요로 하지 않으며, 효력은 처음부터 당연히 없다. 반면에 취소는 특정인(취소권자)의 주장(취소)이 있어야 효력이 비로소 없게 된다.

(2) 무효는 처음부터 효력이 없으므로 누구든지 효력이 없는 것으로서 다루게 된다. 반면, 취소는 취소권자가 취소를 하기 전까지는 효력이 있는 것으로 다루어진다.

(3) 무효는 시간의 경과에 의하여 법률행위의 효력에 변동이 없으나 취소는 일정한 시간의 경과로 인하여 취소권은 소멸하고, 유효하게 되지만 취소권을 행사하면 처음부터 효력이 없었던 것으로 된다.

이상과 같이 무효와 취소와의 사이에 근본적인 차이가 있으나 어떤 경우에 법률행위 내지 의사표시를 무효로 하고 또는 취소할 수 있는 것으로 하느냐는 입법정책의 문제이지 절대적인 원칙은 아니다. 그러므로 시대의 변천에 따라 혹은 사회에 따라서는 취소할 수 있는데 지나지 않았던 것을 무효인 것으로 하게 되고 또는 종래 무효이었던 것을 취소할 수 있는 것으로 하는 데 그치게 된다. 법률행위에 무효이냐 혹은 취소이냐의 일반적인 경향은 다음과 같다. 첫째, 법질서 전체의 이상에 비추어서 개개인의 의사를 묻지 않고, 당연히 효력을 인정할 수 없다고 할 만한 객관적 이유가 있는 경우에 대체로 무효로 한다. 예컨대, 위법한 행위 또는 반사회질서의 행위를 무효로 하는 것이 좋은 예이다. 둘째, 효력의 부인을 특정인의 의사에 의하여 좌우하게 하여도 무방하다고 할 수 있는 경우, 즉 특정인을 보호를 목적으로 하는 경우나 비교적 경미한 절차상의 하자가 있는 경우에는 취소할 수 있는 것으로 하는 수가 많다. 무효와 취소는 법률행위 또는 의사표시로서의 효과가 전혀 또는 완전히 생기지 않는다. 따라서 그 밖의 어떤 효과가 발생하는 것은 별개의 문제이다. 특히 무효인 법률행위 또는 취소된 법률행위에 기하여 이미 현실적으로 어떤 결과가 일어나고 있을 경우(무효 또는 취소할 수 있는 행위를 유효한 것으로 알고, 그것에 근거하여 이행행위를 하는 경우)에 그 결과로서 언제나 부당이득반환의 효과가 발생하며, 또한 취소의 원인이 동시에 불법행위의 요건을 갖출 때(사기, 강박)에는 손해배상의 효과가 생기게 된다.

Ⅱ. 법률행위의 무효

1. 법률행위의 무효의 개관

법률행위의 무효라 함은 법률행위가 성립한 당초부터 법률상 그 효력이 당연히 발생하지 않는 것으로 확정되어 있는 것을 말한다. 그러나 이것은 어디까지 원칙적으로 그렇다는 것을 의미한다. 법률행위의 무효는 법률행위가 성립한 것을 전제로 하기 때문에 법률행위의 '불성립'과 구별하여야 한다. 논리적으로 법률행위를 법률요건이라고 한다면 법률행위로서 성립하고 있으면서 법률효과가 발생하지 않는 그러한 법률행위는 정지조건부 또는 기한부 법률행위의 경우를 제외하고는 논리적으로 존재하지 않는다. 다시 말하면 논리적으로 법률효과를 수반하지 않는 법률행위는 법률행위가 아니고, 법률행위의 부존재이다. 그러나 우리의 일상생활에서 법률행위가 법률요건을 구성하고, 그것이 일단 법률행위로서의 외형적 존재가 있는 경우에 이를 법률행위로서 다룬다. 그리고 나서 그것이 법률요건으로서 필요한 모든 요건을 갖추어 법률효과를 발생시키고 있는가를 판단을 하고 있다. 즉 법률행위로서의 외형적 존재가 인정되는 경우에 일단 법률행위의 성립을 인정하고, 이를 불성립(부존재)으로부터 구별하여 다루고, 그 후에 이 성립한 법률행위에 관하여 다시 그것이 법률요건으로서의 실질을 갖추고 있느냐의 여부에 따라 유효, 무효를 문제로 삼는다. 따라서 법률행위의 유효, 무효는 법률행위의 성립을 전제로 한다는 점에서 법률행위의 불성립은 처음부터 법률행위의 유효, 무효는 문제되지 않는다.

2. 무효의 종류

(1) 절대적 무효와 상대적 무효

무효는 원칙적으로 누구에게 대하여도 또한 누구에 의해서도 이를 주장할 수 있다. 이를 '절대적(絶對的) 무효(無效)'라고 한다. 의사무능력자의 법률행위, 반사회질서의 법률행위 등은 그 예이다. 그러나 이 경우에도 제3자가 공신(公信)의 원칙(原則)에 의하여 보호되는 경우가 있다. 즉, 특정인에 대하여 법률행위의 무효를 주장할 수 없는 경우가 있는데, 이러한 경우의 무효를 '상대적(相對的) 무효(無效)'라고 한다. 예컨대 비진의표시가 무효인 경우 또는 허위표시의 무효는 이를 선의의 제3자에게 주장하지 못한다(민법 제107조[460) 제2항, 동법 제108조[461) 제2항). 이와 같이 법률이 무효를 선의 제3자에게 주장할 수 없는 것으로 제한하는 이유는 거래의 안전을 보호하기 위한 것이다.

(2) 당연무효와 재판상의 무효

무효는 원칙적으로 법률상 당연히 무효이고, 법률행위를 무효로 하기 위하여 특별한 행위나 절차를 필요로 하지 않는다. 이를 '당연무효(當然無效)'라고 하며, 민법상의 무효는 이에 속한다. 그러나 소(訴)의 방법을 통해서만 주장할 수 있는 무효가 '재판상 무효'이다. 이처럼 소를 통해서 무효를 주장하게 하는 것은 무효의 결과가 제3자에게 중대한 영향을 미치기 때문에 '재판에 의한 무효선고'를 기다려서 법률관계를 획일적으로 확정하여 효력을 상실하게 하려는데 있다. 여기에는 '회사설립의 무효', '회사합병의 무효'는 소(訴)에 의하여만 이를 주장할 수 있고 또한 원고적격과 출소기한이 제한되어 있다. 그러므로 재판상의 무효는 그 원인에 대하여 무효원인에 상당하지만 효력에 있어서는 취소와 같다.

(3) 전부무효와 일부무효

법률행위의 내용의 전부에 관하여 무효의 원인이 있을 경우에 그 법률행위의 전부가 무효로 된다. 이를 전부무효(全部無效)라고 한다. 그런데 무효의 원인이 법률행위의 내용의 일부에만 존재하는 경우에 전부무효가 되느냐 혹은 일부무효(一部無效)이느냐가 문제이다. 현행법에서 법률행위의 일부분이 무효인 경우에 원칙적으로 그 전부를 무효로 한다(민법 제137조[462) 본문). 그러나 그 무효부분이 없더라

---

460) 제107조 (진의 아닌 의사표시) ① 의사표시는 표의자가 진의 아님을 알고한 것이라도 그 효력이 있다. 그러나 상대방이 표의자의 진의 아님을 알았거나 이를 알 수 있었을 경우에는 무효로 한다. ② 전항의 의사표시의 무효는 선의의 제삼자에게 대항하지 못한다.

461) 제108조 (통정한 허위의 의사표시) ① 상대방과 통정한 허위의 의사표시는 무효로 한다. ② 전항의 의사표시의 무효는 선의의 제삼자에게 대항하지 못한다.

도 법률행위를 하였으리라고 인정될 경우에 나머지 부분은 유효하다(동조 단서). 이에 관하여 판례를 살펴보기로 한다.

가) 일부무효 법리의 적용 범위 및 강행법규와의 관계

◆ 판 례

민법 제137조는 임의규정으로서 의사자치의 원칙이 지배하는 영역에서 적용된다고 할 것이므로, 법률행위의 일부가 강행법규인 효력규정에 위배되어 무효가 되는 경우 그 부분의 무효가 나머지 부분의 유효·무효에 영향을 미치는가의 여부를 판단함에 있어서는 개별 법령이 일부무효의 효력에 관한 규정을 두고 있는 경우에는 그에 따라야 하고, 그러한 규정이 없다면 원칙적으로 민법 제137조가 적용될 것이나, 당해 효력규정 및 그 효력규정을 둔 법의 입법 취지를 고려하여 볼 때 나머지 부분을 무효로 한다면 당해 효력규정 및 그 법의 취지에 명백히 반하는 결과가 초래되는 경우에는 나머지 부분까지 무효가 된다고 할 수는 없다 : 대법원 2007.6.28. 선고 2006다38161,38178 판결.

(1) 무효행위의 일반적 효과

1) 무효의 효과는 법률효과가 법률상 당연히 확정적으로 발생하지 않는다는 것이다. 따라서 법원은 무효에 관하여 당사자의 주장이 없어도 직권으로 이를 조사하여 법률효과를 부인하여야 한다.

2) 무효인 법률행위에 근거하여 이행행위가 없는 경우에 이행문제는 발생하지 않으나 만약 이미 이행된 경우에 그 급부는 원칙적으로 부당이득에 관한 규정에 의하여 반환되어야 한다(민법 제741조 이하).

3. 무효행위의 전환

(1) 무효행위의 전환의 개념

무효행위의 전환이론은 무효인 법률행위가 다른 법률행위의 요건을 갖추고 있어서 당사자가 그 무효를 알았더라면 다른 법률행위를 하는 것을 의욕하였으리라고

---

462) 제137조 (법률행위의 일부무효) 법률행위의 일부분이 무효인 때에는 그 전부를 무효로 한다. 그러나 그 무효부분이 없더라도 법률행위를 하였을 것이라고 인정될 때에는 나머지 부분은 무효가 되지 아니한다.

인정될 경우에 다른 법률행위로서의 효력을 인정하는 것이다(민법 제138조).[463] 예를 들면 A라는 행위는 법률행위로서 무효이고, 그런데 A라는 행위가 B라는 행위로서 법률행위의 요건을 갖추고 있어서, 당사자가 A라는 행위가 법률행위로서 무효라는 것을 알았더라면 B라는 행위로서 법률행위를 희망하였으리라고 할 경우에 B라는 행위로서 법률행위의 효력을 인정하는 것을 무효행위의 전환이라고 한다.

(2) 요건

무효행위의 전환이 인정되기 위해서는 다음의 3가지의 요건이 필요하다. 첫째 무효인 법률행위가 있어야 하고, 둘째 그 행위가 다른 유효한 법률행위의 요건을 구성하고 있어야 하고, 셋째 당사자가 그 무효를 알았다면 다른 법률행위를 할 것을 의욕하였으리라고 인정되어야 한다. 다음은 무효행위의 전환이론의 판례동향과 판례를 살펴보기로 한다.

가) 타인(他人)의 자(子)를 자기의 친생자(親生子)로서 허위출생신고의 경우

◈ 판 례

'입양은 이를 시장 또는 읍, 면장에게 신고함으로써 그 효력이 발생함은 조선민사령 제1조 제1항에 규정되어 있는 바이나 아직 출생신고를 하지 않은 유아를 양자로 하는 입양에 있어서 다른 요건이 전부 구비된 경우에 당사자 간(間)의 합의로써 신고에 갈음하여 양부(養父)될 당사자가 양자(養子)될 자(者)를 그 처(妻)와의 사이에 출생한 적출자(혼인중의 子: 강의자 주해)로 출생신고를 할 때에는 이로써 입양의 효력이 발생한다고 해석함이 상당하다고'고 판시하였다 : 대법원, 1947. 11. 25 4280 민상 126 판결.

나) 허위친생자출생신고(虛僞親生子出生申告)를 입양신고로 전환여부

◈ 판 례

신고에 의하여서만 비로소 입양의 효력을 발생하며, 그 입양에 여러 가지 무효요건의 정함이 있는 요식행위인 입양신고를 양자(兩者)가 될 타인의 소생자(출생자)를 양친이 될

---

463) 제138조 (무효행위의 전환) 무효인 법률행위가 다른 법률행위의 요건을 구비하고 당사자가 그 무효를 알았더라면 다른 법률행위를 하는 것을 의욕하였으리라고 인정될 때에는 다른 법률행위로서 효력을 가진다.

부부간의 적출자(혼인중의 자: 강의자의 주해)로 출생신고함으로써 갈음할 수 없다할 것이고, 따라서 양친의 적출자(嫡出子)로 신고된 자(者)가 그 신고에 의한 처분에 따라 양친(養親)을 상속한 후 일가친척으로부터의 아무런 이의없이 다년간 그 신분상의 지위를 유지하여 온 사실이 있었다 하여 동인(同人)을 그 적출자신고에 의하여 양친의 양자로 입양된 것으로 보아 줄 수는 없다고 할 것이다 : 대법원, 1967. 7. 18, 67 다 1004 판결.

다) 입양의사로 허위출생신고

◈ 판 례

당사자 사이에 양친자 관계를 창설하려는 명백한 의사가 있고, 기타 입양의 성립요건이 모두 구비된 경우에는 요식성을 갖춘 입양신고 대신 친생자 출생신고가 있다 하더라도 입양의 효력이 있다 : 대법원 1977.7.26. 선고 77다492 전원합의체 판결(다수의견).

라) 무효인 혼인중 출생한 자(子)를 출생신고한 자의 인지(認知)의 효력여부

◈ 판 례

혼인신고가 위법하여 무효인 경우에도 무효한 혼인중 출생한 자를 그 호적(현행 가족관계등록부)에 출생신고하여 등재한 이상 그 자(子)에 대한 인지(認知)의 효력이 있다 : 대법원 1971.11.15. 선고 71다1983 판결.

마) 입양의 의사로서 한 친생자출생신고의 효력

◈ 판 례

당사자가 양친자관계를 창설할 의사로 친생자출생신고를 하고, 거기에 입양의 실질적 요건이 모두 구비되어 있다면 그 형식에 다소 잘못이 있더라도 입양의 효력이 발생하고 양친자관계는 파양에 의하여 해소될 수 있는 점을 제외하고는 법률적으로 친생자관계와 똑같은 내용을 갖게 되므로 이 경우의 허위의 친생자출생신고는 법률상의 친자관계인 양친자관계를 공시하는 입양신고의 기능을 발휘하게 된다 : 대법원 1988.2.23. 선고 85므86 판결.

바) 허위친생자출생신고를 한 경우 입양으로서의 효력 유무

◆ 판 례

당사자 사이에 양친자관계를 창설하려는 명백한 의사가 있고 기타 입양의 실질적 성립요건이 모두 구비된 경우 입양신고 대신 친생자출생신고가 있다면 형식에 다소 잘못이 있더라도 입양의 효력이 있다 : 대법원 1993.2.23. 선고 92다51969 판결.

4. 무효행위의 추인

무효행위는 법률행위의 효과가 발생하지 않는 것으로 확정하고 있기 때문에 나중에 그 법률행위를 유효하게 하는 의사표시(추인)를 하더라도 유효하게 되지 않는다. 그러나 당사자의 의사를 추측하여 비소급적인 추인을 인정하고 있다.

(1) 소급적 추인

무효행위는 당사자가 추인을 하여도 처음으로 소급하여 효력을 발생하지 않는다(제139조[464] 본문). 그러나 당사자 사이 또는 제3자의 권리를 해하지 않는 범위에서 제3자에 대한 관계에 있어서도 소급적으로 추인할 수 있다. 예컨대, 갑(甲)의 소유권을 을(乙)이 처분한 경우에 갑(甲)이 이를 추인하면 을(乙)의 처분행위는 그 행위 당시부터 유효하게 된다.

(2) 비소급적 추인

당사자가 그 행위가 무효임을 알고서 이를 추인하는 경우에 새로운 법률행위를 한 것으로 본다(제139조 단서). 이 경우에 당사자가 다시 동일한 법률행위를 되풀이 할 필요가 없이 편의상 새로운 법률행위를 한 것으로 보는 것이다. 예컨대 가장매매(假裝賣買)의 당사자가 추인을 하면 그 때부터 비소급적으로 유효한 매매가 된다. 그러나 법률행위의 성질상 추인에 의하여 새로운 행위로서의 요건을 갖추더라도 그 행위가 역시 유효할 수 없는 것이면 아무리 추인을 하여도 유효한 것

---

464) 제139조 (무효행위의 추인) 무효인 법률행위는 추인하여도 그 효력이 생기지 아니한다. 그러나 당사자가 그 무효임을 알고 추인한 때에는 새로운 법률행위로 본다.

이 못된다. 예컨대, 강행법규위반의 행위나 반사회질서의 행위 또는 불공정한 행위 등은 몇 번이고 추인하여도 유효한 것이 되지 못한다. 이에 관하여 판례를 살펴보기로 한다.

가) 무효행위의 추인과 소급효

◈ 판 례

무효행위의 추인이라 함은 법률행위로서의 효과가 확정적으로 발생하지 않는 무효행위를 뒤에 유효케 하는 의사표시를 말하는 것으로 무효인 행위를 사후(事後)에 유효로 하는 것이 아니라 새로운 의사표시에 의하여 새로운 행위가 있는 것으로 그때부터 유효케 되는 것이므로 원칙적으로 소급효가 인정되지 않는 것이다 : 대법원 1983.9.27. 선고 83므22 판결.

나) 무효행위의 추인의 법률관계

◈ 판 례

무효행위를 추인한 때에는 달리 소급효를 인정하는 법률규정이 없는 한 새로운 법률행위를 한 것으로 보아야 할 것이고, 이는 무효인 결의를 사후(事後)에 적법하게 추인하는 경우에도 마찬가지라 할 것이다 : 대법원 1995.4.11. 선고 94다53419 판결.

다) 무효인 법률행위를 추인에 의하여 새로운 법률행위를 한 것으로 보기 위하여는 당사자가 이전의 법률행위가 무효임을 알고 그 행위에 대하여 추인하여야 하는지 여부

◈ 판 례

무효인 법률행위를 추인에 의하여 새로운 법률행위로 보기 위하여는 당사자가 이전의 법률행위가 무효임을 알고 그 행위에 대하여 추인하여야 한다b: 대법원 1998. 12. 22. 선고 97다15715판결.

라) 당사자 간에 무효인 신고행위에 상응하는 신분관계가 실질적으로 형성되어 있지 아니한 경우, 무효인 신분행위에 대한 추인의 의사표시만으로 그 무효행위의 효력을 인정할 수 있는지 여부

◆ 판 례

친생자 출생신고 당시 입양의 실질적 요건을 갖추지 못하여 입양신고로서의 효력이 생기지 아니하였더라도 그 후에 입양의 실질적 요건을 갖추게 된 경우에는 무효인 친생자 출생신고는 소급적으로 입양신고로서의 효력을 갖게 된다고 할 것이나, 민법 제139조 본문이 무효인 법률행위는 추인하여도 그 효력이 생기지 않는다고 규정하고 있음에도 불구하고, 입양 등의 신분행위에 관하여 이 규정을 적용하지 아니하고 추인에 의하여 소급적 효력을 인정하는 것은 무효인 신분행위 후 그 내용에 맞는 신분관계가 실질적으로 형성되어 쌍방 당사자가 이의 없이 그 신분관계를 계속하여 왔다면, 그 신고가 부적법하다는 이유로 이미 형성되어 있는 신분관계의 효력을 부인하는 것은 당사자의 의사에 반하고 그 이익을 해칠 뿐만 아니라, 그 실질적 신분관계의 외형과 호적의 기재를 믿은 제3자의 이익도 침해할 우려가 있기 때문에 추인에 의하여 소급적으로 신분행위의 효력을 인정함으로써 신분관계의 형성이라는 신분관계의 본질적 요소를 보호하는 것이 타당하다는 데에 그 근거가 있다고 할 것이므로, 당사자 간에 무효인 신고행위에 상응하는 신분관계가 실질적으로 형성되어 있지 아니한 경우에는 무효인 신분행위에 대한 추인의 의사표시만으로 그 무효행위의 효력을 인정할 수 없는 것이다 : 대법원 2004. 11. 11. 선고 2004므1484 판결.

Ⅲ. 법률행위의 취소

1. 취소의 의의

취소(取消)는 원칙적으로 행위무능력 또는 의사표시가 착오·사기·강박으로 행하여졌다는 것을 이유로 일단 유효하게 성립한 법률행위의 효력을 나중에 법률행위 당시에 소급하여 소멸케 하는 특정인(취소권자)의 의사표시이다. 이와 같이 취소할 수 있는 상태에 있는 법률행위를 '취소할 수 있는 법률행위'라고 한다. 따라서 특정인(취소권자)의 취소의 의사표시가 있는 경우에 그의 법률적 효과가 비로소 소멸하고, 그 때까지는 일단 법률효과는 유효한 것으로서 다루어지는 법률행위이다. 그러나 취소할 수 있는 법률행위에 대하여 추인(취소권의 포기)이 있거나 또는 취소권이 소멸하면 처음부터 유효하였던 것으로 확정된다. 여기서 취소와 구별하여야 할 용어는 철회와 해제이다. 즉, 철회(撤回)는 법률행위의 효과가 발생하기 전

에 그 효과의 발생을 방지하는 행위를 말한다. 철회는 취소가 일단 법률행위의 효력이 발생하고 있는 법률행위의 효력을 소멸케 하는 것과 다르다. 한편, 해제(解除)는 일단 유효하게 성립한 계약에서 당사자 일방의 채무불이행이 있는 경우에 그 상대방이 일방적으로 계약의 효력을 소급적으로 소멸케 하는 것이다.

2. 취소권

(1) 의의 및 성질

법률행위의 취소는 취소권자(특정인)가 상대방(다른 특정인)에게 대하여 취소의 의사표시를 하면 이미 발생하고 있는 법률행위의 효력이 처음부터 무효이었던 것으로 보게 된다. 그러므로 취소할 수 있는 지위(地位)는 하나의 권리이며, 이를 '취소권(取消權)'이라고 한다. 그리고 취소권은 권리자의 일방적 의사표시를 통하여 법률관계의 변동이 발생하므로 그것은 형성권(形成權)의 일종에 속한다.

(2) 취소권자

취소할 수 있는 법률행위는 무능력자, 하자있는 의사표시를 한 자, 그 대리인 또는 승계인에 한하여 취소할 수 있다(제140조).[465]

(3) 법률효과

1) 취소한 법률행위는 처음부터 무효인 것으로 본다(민법 제141조[466] 본문). 즉 일단 발생한 법률효과는 소급하여 처음부터 무효인 것과 같은 효과가 있으며, 이를 '취소(取消)의 소급효(遡及效)'라고 한다. 취소의 효과는 당사자의 행위무능력을 이유로 하는 취소는 절대적이지만 기타의 이유에 의한 취소의 효과는 상대적이다. 즉 거래의 안전을 고려하여 '착오, 사기, 강박에 의한 의사표시의 취소'는 이를 선의(善意)의 제3자에게 대항할 수 없는 것으로 하고 있다(민법 제109조[467] 제2항, 동법

465) 제140조 (법률행위의 취소권자) 취소할 수 있는 법률행위는 제한능력자, 착오로 인하거나 사기·강박에 의하여 의사표시를 한 자, 그의 대리인 또는 승계인만이 취소할 수 있다.
466) 제141조 (취소의 효과) 취소된 법률행위는 처음부터 무효인 것으로 본다. 다만, 제한능력자는 그 행위로 인하여 받은 이익이 현존하는 한도에서 상환(償還)할 책임이 있다.
467) 제109조 (착오로 인한 의사표시) ① 의사표시는 법률행위의 내용의 중요부분에 착오가

제110조[468] 제3항). 그런데 취소할 수 있는 법률행위에 근거하여 이미 실행행위(實行行爲)가 행하여져 있는 경우에 원상에 회복하여야 한다. 이 경우에 당사자들이 부담하는 의무는 원상회복의무가 아니라 부당이득반환의무로서 이해되고 있다.

3. 취소할 수 있는 법률행위의 추인

(1) 의의

추인(追認)은 취소할 수 있는 법률행위를 취소하지 않겠다는 의사표시이며, 추인에 의하여 취소할 수 있는 행위는 확정적으로 유효하게 된다. 즉 취소권의 포기이다. 일반적으로 추인은 '사후(事後)의 동의(同意)'를 말하며, 추인은 다음과 같이 세 가지의 유형이 있다. 첫째, 무권대리행위의 추인, 둘째, 무효행위의 추인, 셋째, 취소할 수 있는 행위의 추인 등이 있다.

(2) 요건

1) 취소할 수 있는 법률행위의 추인권자는 취소권자이다(민법 제143조).[469]

2) 추인은 '취소의 원인이 종료한 후'에 하여야만 한다(민법 제144조[470] 제1항). 따라서 무능력자는 능력자가 된 후에 하여야 하고, 착오·사기·강박으로 의사표시를 한 자는 착오·사기·강박의 상태를 벗어난 후에 추인하여야 한다. 그러나 법정대리인은 이러한 제한이 없다(민법 제144조 제2항). 그리고 무능력자이더라도 금치산자가 아닌 자, 즉 미성년자는 법정대리인의 동의를 얻어 유효한 법률행위를 할 수 있으므로(민법 제5조)[471] 능력자가 되기 전이라도 법정대리인의 동의를 얻

있는 때에는 취소할 수 있다. 그러나 그 착오가 표의자의 중대한 과실로 인한 때에는 취소하지 못한다. ② 전항의 의사표시의 취소는 선의의 제삼자에게 대항하지 못한다.

468) 제110조 (사기, 강박에 의한 의사표시) ① 사기나 강박에 의한 의사표시는 취소할 수 있다. ② 상대방있는 의사표시에 관하여 제삼자가 사기나 강박을 행한 경우에는 상대방이 그 사실을 알았거나 알 수 있었을 경우에 한하여 그 의사표시를 취소할 수 있다. ③ 전2항의 의사표시의 취소는 선의의 제삼자에게 대항하지 못한다.

469) 제143조 (추인의 방법, 효과) ① 취소할 수 있는 법률행위는 제140조에 규정한 자가 추인할 수 있고 추인 후에는 취소하지 못한다. ② 전조의 규정은 전항의 경우에 준용한다.

470) 제144조 (추인의 요건) ① 추인은 취소의 원인이 종료한 후에 하지 아니하면 효력이 없다. ② 전항의 규정은 법정대리인이 추인하는 경우에는 적용하지 아니한다.

471) 제5조 (미성년자의 능력) ① 미성년자가 법률행위를 함에는 법정대리인의 동의를 얻어

어 유효하게 추인할 수 있다.

3) 추인은 그 법률행위가 취소할 수 있는 것임을 알고서 하여야 한다.

(3) 추인효과

추인이 있으면 이제는 취소할 수 없고, 법률행위는 유효한 것으로 확정된다(민법 제143조).

4. 법정추인

(1) 의의

취소할 수 있는 법률행위의 추인은 반드시 명시적으로 하여야 하는 것은 아니며, 묵시적으로도 할 수 있다. 그러므로 실제에 있어서 추인(追認)의 여부(與否)가 명백하지 않은 경우가 있게 된다. 따라서 현행법은 취소할 수 있는 법률행위에 관하여 일반적으로 추인이라고 인정할 수 있는 일정한 사실이 있는 경우에 취소권자의 추인의사의 유무를 묻지 않고서 법률상 당연히 추인이 있었던 것으로 보고 있다. 이를 법정추인(法定追認)이라고 한다(민법 제145조).[472] 따라서 법정추인이 성립하기 위하여 취소권자에게 추인의 의사가 있어야 할 필요는 없다. 또한 취소권의 존재를 알고 있을 필요도 없다. 다음과 같은 경우에 법정추인을 한 것으로 본다.

1) 전부나 일부의 이행

취소할 수 있는 법률행위로부터 발생한 채권에 관하여 취소권자가 상대방에게 이행한 경우와 상대방이 이행을 수령한 경우

2) 이행의 청구

취소권자가 청구하는 경우에 한한다. 즉 취소권자가 상대방의 채무이행을 청구

야 한다. 그러나 권리만을 얻거나 의무만을 면하는 행위는 그러하지 아니하다. ② 전항의 규정에 위반한 행위는 취소할 수 있다.

472) 제142조 (법정추인) 취소할 수 있는 법률행위에 관하여 전조의 규정에 의하여 추인할 수 있는 후에 다음 각 호의 사유가 있으면 추인한 것으로 본다. 그러나 이의를 보류한 때에는 그러하지 아니하다. 1. 전부나 일부의 이행, 2. 이행의 청구, 3. 경개, 4. 담보의 제공, 5. 취소할 수 있는 행위로 취득한 권리의 전부나 일부의 양도, 6. 강제집행.

하는 것이다.

3) 경개

취소할 수 있는 법률행위에 근거하여 발생한 채권 또는 채무를 소멸시키고, 그 것에 대신하여 다른 채권이나 채무를 발생케 하는 계약이 '경개'이다. 취소권자가 채권자이든 혹은 채무자이든 상관없다.

4) 담보의 제공

취소권자가 채무자로서 담보를 제공하는 경우뿐만 아니라 채권자로서의 담보의 제공을 받는 경우도 포함한다. 제공하는 담보는 물적 담보(질권, 저당권 등)에 한하지 않으며, 인적 담보(보증인을 세우는 경우)라도 무방하다. 취소할 수 있는 행위로 취득한 권리의 전부나 일부의 양도의 경우는 취소권자가 양도하는 경우에 한한다.

5. 취소권의 단기소멸

(1) 의의

현행법은 취소할 수 있는 법률행위에 관하여 가능한 법률관계를 빨리 확정하고, 상대방을 불안전한 지위에서 벗어날 수 있도록 하기 위하여 취소권의 존속기간을 단기로 정하고 있다. 즉 '취소권은 추인할 수 있는 날로부터 3년 내' 또는 '법률행위를 한 날로부터 10년 내'에 행사하여야 한다(민법 제146조).[473] '추인할 수 있는 날'로부터라는 것은 취소의 원인이 종료한 때부터의 개념이다(민법 제144조).[474] 그리고 취소기간이 만료하면 취소권은 소멸한다. 즉 두 기간 중에서 어느 것이든지 먼저 종료하는 것이 있으면 취소권은 소멸하게 된다. 민법 제146조는 '행사하여야 한다'고 단순히 규정하고 있기 때문에 '제척기간'이라는 데 일치한다. 그리고 기간 내에 취소권을 행사하면 원상회복청구권이나 현존이익의 반환청구권이 발생한다. 이에 관하여 판례를 살펴보기로 한다.

---

473) 제441조 (취소권의 소멸) 취소권은 추인할 수 있는 날로부터 3년 내에 법률행위를 한 날로부터 10년 내에 행사하여야 한다.

474) 제144조 (추인의 요건) ① 추인은 취소의 원인이 종료한 후에 하지 아니하면 효력이 없다. ② 전항의 규정은 법정대리인이 추인하는 경우에는 적용하지 아니한다.

가) 법률행위 일부 취소의 요건과 효력

◆ 판 례

하나의 법률행위의 일부분에만 취소사유가 있다고 하더라도 그 법률행위가 가분적이거나 그 목적물의 일부가 특정될 수 있다면, 나머지 부분이라도 이를 유지하려는 당사자의 가정적 의사가 인정되는 경우 그 일부만의 취소도 가능하다고 할 것이고, 그 일부의 취소는 법률행위의 일부에 관하여 효력이 생긴다고 할 것이다 : 대법원 2002. 9. 4. 선고 2002다18435 판결.

나) 민법 제146조 소정의 취소권 행사의 제척기간의 기산점

◆ 판 례

민법 제146조 전단은 '취소권은 추인할 수 있는 날로부터 3년 내에 행사하여야 한다.'고 규정하는 한편, 민법 제144조 제1항에서는 '추인은 취소의 원인이 종료한 후에 하지 아니하면 효력이 없다.'고 규정하고 있는바, 위 각 규정의 취지와 추인은 취소권의 포기를 내용으로 하는 의사표시인 점에 비추어 보면, 민법 제146조 전단에서 취소권의 제척기간의 기산점으로 삼고 있는 '추인할 수 있는 날'이란 취소의 원인이 종료되어 취소권행사에 관한 장애가 없어져서 취소권자가 취소의 대상인 법률행위를 추인할 수도 있고, 취소할 수도 있는 상태가 된 때를 가리킨다고 보아야 한다 : 대법원 1998. 11. 27. 선고 98다7421 판결.

다) 취소할 수 있는 법률행위로부터 생긴 채무의 이행을 위하여 발행한 여러 장의 당좌수표 중 일부가 지급된 경우, 나머지 수표금 채무까지 법정추인의 여부

◆ 판 례

취소권자가 상대방에게 취소할 수 있는 법률행위로부터 생긴 채무의 전부 또는 일부를 이행한 것은 민법 제145조 제1호 소정의 법정추인 사유에 해당하여 추인의 효력이 발생하고 그 이후에는 취소할 수 없게 되는 것이나, 여기서 말하는 취소할 수 있는 법률행위로부터 생긴 채무란 취소권자가 취소권을 행사한 채무 그 자체를 말하는 것이라고 보아야 하고, 또한 일시에 여러 장의 당좌수표를 발행하는 경우 매수표의 발행행위는 각각 독립된 별개의 법률행위이고 그 수표금 채무도 수표마다 별개의 채무가 되는 것이므로, 취소할 수 있는 법률행위로부터 생긴 채무의 이행을 위하여 발행·교부한 당좌수표 중 일부가 거래은행에서 지급되게 하였다고 하여 나머지 당좌수표의 수표금 채무의 일부를 이행한 것이라고 할 수 없다는 이유로, 나머지 당좌수표의 발행행위를 추인하였다거나 법정추인 사유에 해당한다는 항변을 배척한 원심의 판단을 수긍한 사례 : 대법원 1996. 2. 23. 선고 94다58438 판결.

제8관 법률행위의 부관

Ⅰ. 법률행위의 부관의 개관

1. 법률행위의 부관

(1) 부관의 의의

법률행위의 부관(附款)의 개념은 첫째 넓은 의미에서 '법률행위에 따르는 약관[約款: 원래의 개념은 법령이나 계약 등에서 정하여진 약정(約定) 하나하나의 조항을 말한다]이라는 의미에서 이자약관, 담보약관, 환매약관, 면책약관 등을 가리키는 수가 있다. 둘째, 좁은 의미에서 법률행위에 따르는 독립한 약관이 아니라 법률행위의 효과의 발생 또는 소멸을 제한하기 위하여 법률행위의 내용으로 덧붙여지는 약관을 가리킨다. 일반적으로 법률행위의 부관이라고 하는 경우는 후자를 뜻한다.

(2) 법률행위의 사적 자치

1) 법률행위의 내용인 조건과 부관

법률행위가 성립하면 그 효력이 발생하는 것이 원칙이다. 민법도 이러한 전제에서 계약에 관하여 규정하고 있다(민법 제554조,[475] 제563조[476]). 그런데 당사자가 법률행위를 하면서 그 '효력의 발생 또는 소멸'을 '장래의 일정한 사실'과 연계할 수 있다. 여기서 '장래의 일정한 사실'의 발생이 불확실한 것이면 '조건(條件)'이고, 확실한 것이면 '기한(期限)'이다. 이러한 조건이나 기한을 법률행위의 일부로서 부가된 것이라는 의미에서 법률행위의 부관이라고 한다.

2) 조건과 기한의 성질

법률행위의 내용인 조건과 기한은 다음과 같은 성질을 갖는다. 첫째 법률행위의 효력에 관하여 그 발생 또는 소멸에 관련한다. 둘째 법률행위와 동시에 부가된

---

475) 제554조 (증여의 의의) 증여는 당사자일방이 무상으로 재산을 상대방에 수여하는 의사를 표시하고 상대방이 이를 승낙함으로써 그 효력이 생긴다.

476) 제563조 (매매의 의의) 매매는 당사자일방이 재산권을 상대방에게 이전할 것을 약정하고 상대방이 그 대금을 지급할 것을 약정함으로써 그 효력이 생긴다.

것이어야 한다. 그러므로 법률행위 후에 그 효력에 관한 약정을 맺은 경우에는 별개의 법률행위로 보아야 한다. 셋째 조건과 기한은 장래에 실현될 수 있는 것이어야 한다. 따라서 기정사실이나 실현 불가능한 것은 이에 해당하지 않는다. 넷째 당사자의 의사에 의해 부가한 것이어야 한다. 따라서 법정조건이나 법정기한은 이에 해당하지 않는다.

3) 민법의 규정

조건 및 기한은 법률행위의 내용을 이루는 것이므로 그 구체적인 내용은 법률행위 해석의 문제에 속한다. 민법은 이러한 관점에서 조건과 기한에 관해 일정한 기준을 정하고 있다. 첫째, 조건부 법률행위의 일반적 효력으로서 '조건의 성취와 불성취', 조건부 권리(민법 제148조,[477] 제149조[478])를 규정하고 있고, 외관상 형식적 조건이지만 실질적으로는 조건으로서의 효력이 인정되지 않는 '가장조건'(민법 제151조)의[479] 효력을 규정하고 있다. 둘째, 기한에 관하여 기한부 법률행위의 효력으로서 '기한도래의 효과'(민법 제152조)와[480] '기한부 권리'(동법 제154조)에[481] 규정하고, '기한의 이익과 그 포기'(민법 제153조)를[482] 규정하고 있다.

(3) 부관의 종류

법률행위의 부관에는 조건(條件), 기한(期限), 부담(負擔)의 세 가지가 있다. 그

---

477) 제148조 (조건부권리의 침해금지) 조건있는 법률행위의 당사자는 조건의 성부가 미정한 동안에 조건의 성취로 인하여 생길 상대방의 이익을 해하지 못한다.

478) 제149조 (조건부권리의 처분 등) 조건의 성취가 미정한 권리의무는 일반규정에 의하여 처분, 상속, 보존 또는 담보로 할 수 있다.

479) 제151조 (불법조건, 기성조건) ① 조건이 선량한 풍속 기타 사회질서에 위반한 것인 때에는 그 법률행위는 무효로 한다. ② 조건이 법률행위의 당시 이미 성취한 것인 경우에는 그 조건이 정지조건이면 조건없는 법률행위로 하고 해제조건이면 그 법률행위는 무효로 한다. ③ 조건이 법률행위의 당시에 이미 성취할 수 없는 것인 경우에는 그 조건이 해제조건이면 조건없는 법률행위로 하고 정지조건이면 그 법률행위는 무효로 한다.

480) 제152조 (기한도래의 효과) ① 시기있는 법률행위는 기한이 도래한 때로부터 그 효력이 생긴다. ② 종기있는 법률행위는 기한이 도래한 때로부터 그 효력을 잃는다.

481) 제154조 (기한부권리와 준용규정) 제148조와 제149조의 규정은 기한있는 법률행위에 준용한다.

482) 제153조 (기한의 이익과 그 포기) ① 기한은 채무자의 이익을 위한 것으로 추정한다. ② 기한의 이익은 이를 포기할 수 있다. 그러나 상대방의 이익을 해하지 못한다.

중에 조건과 기한에 관하여 민법은 일반규정을 두고 있다. 다만 부담부 증여(負擔附 贈與; 민법 제561조)와[483] 부담부 유증(負擔附 遺贈; 민법 제1088조)에[484] 관하여 특별규정을 두고 있을 뿐이다. 조건과 기한은 효과의사의 내용을 구성하므로 효력의 여부에 관하여는 법률행위의 해석의 문제이다.

2. 조건

(1) 조건의 의의

조건은 법률행위의 효력의 발생 또는 소멸을 장래의 불확실한 사실의 성부(成否)에 따르게 하는 법률행위의 부관(附款)이다.

i) 조건은 법률효과의 발생 또는 소멸에 관한 것이고, 법률행위의 성립에 관한 것이 아니다.

ii) 조건이 되는 사실은 장래의 객관적으로 불확실한 사실이어야 한다. 따라서 장래의 사실이지만 그것이 반드시 실현되는 사실이면 이것은 기한(期限)이지 조건이 아니다. 따라서 과거의 사실이지만 비록 당사자가 주관적으로 모르고 있더라도 객관적으로 이미 일어난 사실은 조건이 아니다. 여기서 장래의 불확실한 사실은 당사자의 주관에 있어서가 아니라 객관적으로 불확실한 것이어야 한다. 구체적인 경우에 객관적으로 확정되어 있느냐의 여부는 법률행위의 해석을 통하여 결정하여야 할 문제가 된다.

iii) 조건은 법률행위의 내용의 일부이므로 당사자가 임의로 정한 것이어야 한다. 따라서 법률행위의 효력발생의 요건을 법률이 규정한 것은 법정조건(法定條件)이지 법률행위의 부관인 조건(條件)은 아니다.

---

483) 제561조 (부담부증여) 상대부담있는 증여에 대하여는 본절의 규정 외에 쌍무계약에 관한 규정을 적용한다.

484) 제1088조 (부담있는 유증과 수증자의 책임) ① 부담있는 유증을 받은 자는 유증의 목적의 가액을 초과하지 아니한 한도에서 부담한 의무를 이행할 책임이 있다. ② 유증의 목적의 가액이 한정승인 또는 재산분리로 인하여 감소된 때에는 수증자는 그 감소된 한도에서 부담할 의무를 면한다.

(2) 조건의 종류

1) 정지조건과 해제조건

법률행위의 효력의 발생이 장래의 불확실한 사실을 조건으로 하는 정지조건(停止條件)이고, 이에 반하여 법률행위의 효력의 소멸을 장래의 불확실한 사실에 근거하게 하는 조건이 해제조건(解除條件)이다.

2) 가장조건

형식적으로는 조건이나 실질적으로는 조건으로서의 효력이 인정되지 않는 것을 가장조건(假裝條件)이라 한다. 여기에는 다음과 같은 것이 있다.

i) 법정조건

법률행위가 효력이 발생하려면 법률이 요구하는 일정한 요건 내지 사실을 갖추어야 한다. 이것을 조건의 개념에 유추하여 법정조건(法定條件)이라 한다. 예컨대, 법인설립행위에서 주무관청의 허가(許可), 유언의 경우에 유언자의 사망, 유증(遺贈)의 경우에 수증자(受贈者)의 생존(生存) 등이 있다. 이러한 법정조건이 법률행위의 조건으로 한 경우에 조건으로서는 법률상 아무런 효과가 없다.

ii) 기성조건

조건이 법률행위 당시에 이미 성립하고 있는 경우를 기성조건(旣成條件)이라고 한다. 그런데 조건은 그것이 성립할 것인지의 여부가 불확실한 장래의 사실을 내용으로 하는 것이기 때문에 기성조건은 조건의 성질에 반한다. 따라서 기성조건이 정지조건이면 조건없는 법률행위가 되고, 해제조건이면 그 법률행위는 무효이다(민법 제151조[485]) 제2항).

iii) 불법조건

조건이 선량한 풍속, 기타 사회질서에 위반하는 경우에 이를 불법조건(不法條件)이라고 한다. 불법조건이 붙어 있는 법률행위는 무효이다(민법 제151조 제1항). 이

---

485) 제151조 (불법조건, 기성조건) ① 조건이 선량한 풍속 기타 사회질서에 위반한 것인 때에는 그 법률행위는 무효로 한다. ② 조건이 법률행위의 당시 이미 성취한 것인 경우에는 그 조건이 정지조건이면 조건없는 법률행위로 하고 해제조건이면 그 법률행위는 무효로 한다. ③ 조건이 법률행위의 당시에 이미 성취할 수 없는 것인 경우에는 그 조건이 해제조건이면 조건없는 법률행위로 하고 정지조건이면 그 법률행위는 무효로 한다.

때에 불법조건은 물론 법률행위도 무효가 된다.

ⅳ) 불가능조건

객관적으로 실현이 불가능한 사실을 그 내용으로 하는 조건이 불가능조건(不可能條件)이다. 불가능조건이 정지조건으로 되어 있으면 법률행위는 무효이고, 불가능조건이 해제조건인 경우에는 조건없는 법률행위가 된다(민법 제151조 제3항).

(3) 조건을 붙일 수 없는 법률행위

민법상의 법률행위는 사적 자치가 인정되기 때문에 조건이 법률행위로서 그 효력이 인정되고 있다. 그러나 사적 자치에는 무제한적으로 인정되는 것이 아니기 때문에 사회질서에 의한 제한 혹은 거래의 안전 또는 법적 안정성에 반해서는 안 된다. 따라서 법률행위에 조건을 붙일 수 없는 경우가 있다. 즉, 조건부 법률행위는 그 효력의 발생이나 존속이 불안전한 상태에 있기 때문에 그러한 불안정한 상태를 싫어하는 법률행위에는 조건을 붙이지 못한다. 이러한 종류의 행위를 '조건에 친하지 않는 행위' 또는 '조건을 가까이 하지 않는 행위'라고 한다. 그 이유는 다음과 같다.

1) 공익상(公益上)의 불허가(不許可)

조건을 붙이는 것이 강행법규 또는 사회질서에 반하는 경우이다. 즉, 법률행위의 성질상 그 효과가 곧 확정적으로 발생하는 것이 요구되는 경우에 조건을 붙이는 것이 허용되지 않는다. 예컨대, 혼인, 인지(認知), 이혼, 입양, 파양(罷養), 상속의 포기와 승인 등 가족법상의 법률행위와 어음행위, 수표행위 등에 조건을 붙이는 것이 인정되지 않는다.

2) 사익상(私益上) 불허가

조건을 붙이는 경우에 상대방의 지위(地位)가 현저하게 불리한 경우이다. 단독행위에는 원칙적으로 조건을 붙이지 못하는 것이 이러한 이유에서이다. 다만, 상대방에게 이익만 주는 경우에 비록 단독행위일지라도 조건을 붙일 수 있다. 왜냐하면 단독행위에 조건을 붙이지 못한 것은 상대방의 의사에 근거하지 않고, 그를 일방적으로 불안정한 지위에 있게 하는 것이 부당하기 때문이다. 따라서 상대방의 동의(同意)가 있거나 상대방에게 특별히 불리하지 않은 경우에 이를 금지할 이유가 없다.

(4) 조건의 성취와 불성취

조건부 법률행위의 효력은 장래의 불확실한 사실이 이루어지는 지의 여부에 의존한다. 여기서 조건의 성취는 적극적인 조건은 사실의 발생이고, 소극적인 조건은 사실이 발생하지 않는 경우를 말한다. 반대로 조건의 불성취는 적극적인 조건은 사실이 발생하지 않는 경우이고, 소극적인 조건은 사실이 발생하는 경우를 말한다. 여기서 문제가 되는 것은 조건의 성취 혹은 불성취를 부정하게 성취 또는 성취하지 못하게 하는 경우에 그 효력을 인정하느냐의 여부이다.

1) 조건의 성취로 의제하는 경우

조건의 성취로 불이익을 받게 될 당사자가 신의성실(信義誠實)에 반하여 조건의 성취를 방해한 경우에 상대방은 그 조건이 성취한 것으로 주장할 수 있다(민법 제150조[486)] 제1항).

2) 조건 불성취로 의제하는 경우

조건의 성취로 이익을 받게 될 당사자가 신의성실에 반하여 조건을 성취시킨 경우에 상대방은 그 조건이 성취되지 않은 것으로 주장할 수 있다(민법 제150조 제2항).

(5) 조건부 법률행위의 효력

1) 조건의 성부확정(成否確定) 전의 효력

조건의 성부가 확정되기 전에는 당사자의 한쪽은 조건의 성취로 일정한 이익을 얻게 될 기대(期待)를 가지게 된다. 즉, 정지조건부 증여의 수증자(受贈者) 또는 해제조건부 증여의 증여자는 각각 조건의 성취로 증여의 목적물을 취득하게 될 기대 내지 가능성을 가진다. 이를 조건부 기대권 또는 기대권(期待權)의 일종이다.

---

486) 제150조 (조건성취, 불성취에 대한 반신의행위) ① 조건의 성취로 인하여 불이익을 받을 당사자가 신의성실에 반하여 조건의 성취를 방해한 때에는 상대방은 그 조건이 성취한 것으로 주장할 수 있다. ② 조건의 성취로 인하여 이익을 받을 당사자가 신의성실에 반하여 조건을 성취시킨 때에는 상대방은 그 조건이 성취하지 아니한 것으로 주장할 수 있다.

i) 조건부 권리의 보호

① 침해의 금지

조건부 권리의 의무자는 조건의 성부(成否)가 미확정인 동안에 조건의 성취로 인하여 생길 상대방의 권리를 침해하지 못한다(민법 제148조).[487] 다시 말하면, 정지조건부 매매계약의 목적물인 주택을 매도인(賣渡人)이 고의(故意) 또는 과실(過失)로 훼손하거나 소멸시키는 경우 또는 제3자에게 매도한 경우에 매수인(買受人)의 조건부 권리가 침해된다. 한편, 이러한 조건부 권리침해는 불법행위에 의한 손해배상책임이 발생한다. 여기서 문제가 되는 것은 의무자가 조건부 권리를 침해하는 처분행위(處分行爲)를 한 경우에 그 처분행위의 효력발생의 여부이다. 이 경우에 학설은 일치하여 처분행위는 무효라고 한다. 그렇게 해석하여도 제3자를 부당하게 침해할 우려가 없다. 그런데 조건부 권리의 침해가 있느냐의 여부는 조건의 성취의 여부가 결정되지 아니한 상태에서 조건의 성취여부는 아직 미확정이므로 위의 효과도 조건부로 발생하게 된다.

② 적극적 보호

조건부의 권리의무는 일반규정에 따라 이를 처분(處分), 상속(相續), 보존(保存), 담보(擔保)로 할 수 있다(민법 제149조).[488]

2) 조건의 성부확정 후의 효력

i) 정지조건부 법률행위

조건이 성취되면 법률행위는 그 효력이 발생하고, 조건이 불성취로 되면 무효로 된다.

ii) 해제조건부 법률행위

조건이 성취되면 법률행위의 효력은 소멸(消滅)하고, 조건이 불성취로 되면 효력이 발생한다.

---

487) 제148조 (조건부권리의 침해금지) 조건있는 법률행위의 당사자는 조건의 성부가 미정한 동안에 조건의 성취로 인하여 생길 상대방의 이익을 해하지 못한다.

488) 제149조 (조건부권리의 처분 등) 조건의 성취가 미정한 권리의무는 일반규정에 의하여 처분, 상속, 보존 또는 담보로 할 수 있다.

iii) 효과발생시기

① 조건성취의 효력은 원칙적으로 소급하지 않는다. 즉, 정지조건이 성취되면 법률효과는 그 성취된 때부터 발생하고(민법 제147조[489] 제1항), 해제조건인 경우에 조건이 성취된 때부터 법률효과는 소멸한다(민법 제147조 제2항). ② 다만 당사자의 의사표시로 소급효(遡及效)를 인정하여도 무방하다. 다시 말하면 당사자가 조건성취의 효력을 그 성취 전에 소급하게 할 의사를 표시한 때에는 그 의사에 의한다(민법 제147조 제3항). 소급효를 인정하는 경우에 제3자의 권리를 침해하지 못한다.

3. 기한

(1) 기한의 의의와 종류

1) 의의

법률행위의 당사자가 그 효력의 발생, 소멸, 변경 등이 장래에 발생하는 것이 확실한 사실에 근거하는 부관(附款)이 기한(期限)이다. 기한이 되는 사실은 장래의 사실이라는 점에서 조건과 같으나 그 발생이 확정되어 있다는 점에서 앞으로 이루어질 것인지의 여부 자체가 불확정한 조건의 사실과 다르다.

2) 종류

i) 시기와 종기

법률행위의 효력의 발생 또는 채무의 이행의 시기를 장래의 확정적 사실의 발생에 근거하는 기한이 시기(始期)이다. 반면에 법률행위의 효력의 소멸을 근거로 하는 기한이 종기(終期)이다. 예컨대, 채무이행은 '내년 1월 1일부터 한다'라고 하면 시기(始期)가 있는 법률행위이고, '내년 12월 31일까지 채무를 이행한다'라고 하면 종기(終期)가 있는 법률행위이다.

---

489) 제147조 (조건성취의 효과) ① 정지조건있는 법률행위는 조건이 성취한 때로부터 그 효력이 생긴다. ② 해제조건 있는 법률행위는 조건이 성취한 때로부터 그 효력을 잃는다. ③ 당사자가 조건성취의 효력을 그 성취전에 소급하게 할 의사를 표시한 때에는 그 의사에 의한다.

ii) 확정기한, 불확정기한

① 확정기한

기한의 내용이 되는 사실이 장래에 발생하는 시기가 확정되어 있는 기한(예컨대, 내년 1월 1일부터)을 확정기한(確定期限)이라 하고, 그러한 기한의 내용이 확정되어 있지 않은 기한을 불확정기한(不確定期限)이라고 한다. 예컨대, A가 사망하였을 때, 비가 올 때, 등은 기한이 불확정기한이다. 그런데 경우에 따라서는 불확정기한이냐 혹은 조건이냐의 판단이 어려운 경우가 있다. 예컨대, 도착하면 지급하겠다 혹은 채무자가 유언하면 지급하겠다 등이 있다. 양자의 구별의 기준은 당사자 사이에 반드시 지급할 의사, 즉 법률행위의 효력이 발생하거나 또는 이행기가 도래하는 것으로 하려는 의사가 판단의 기준이 될 것이다.

(2) 기한을 붙일 수 없는 법률행위

기한을 붙이는 것이 허용되지 않는 법률행위의 범위는 '조건에 친하지 않는 법률행위'에 있어서와 같다.

1) 법률행위의 효과가 곧 바로 발생할 필요가 있는 행위

법률행위에 시기가 붙게 되면 그 효과가 곧 발생하지 않기 때문에 효과가 곧 바로 발생하게 할 필요가 있는 법률행위에 시기(始期)를 붙이는 것이 허용되지 않는다. 즉 혼인, 이혼, 파양, 입 등과 같은 가족법상의 법률행위는 시기를 붙이지 못한다. 반면에 어음행위나 수표행위는 조건에 친하지 않으나 시기를 붙여도 무방하다. 이 경우에는 시기를 붙여도 법률행위를 불확실하게 하지 않기 때문이다.

2) 소급효가 있는 법률행위

소급효가 있는 법률행위에 시기를 붙이는 것은 무의미하다. 상계(相計)에 기한을 허용하지 않는 것이 이 때문이다(민법 제493조).[490]

3) 기한을 붙일 수 없는 법률행위

기한을 붙일 수 없는 법률행위의 범위는 해제조건과 거의 같다.

---

490) 제493조 (상계의 방법, 효과) ① 상계는 상대방에 대한 의사표시로 한다. 이 의사표시에는 조건 또는 기한을 붙이지 못한다. ② 상계의 의사표시는 각 채무가 상계할 수 있는 때에 대등액에 관하여 소멸한 것으로 본다.

(3) 기한의 도래

기한의 내용이 되는 사실은 장래에 발생할 것이 확실한 사실이므로 기한(期限)은 반드시 도래한다. 기한이 기일(期日) 또는 기간(期間)에 의하여 정해져 있는 때에는 그 기일의 도래(到來) 또는 기간의 경과로 기한은 도래한다. 그런데 일정한 사실의 발생을 기한으로 한 경우에 그 사실이 발생하지 않은 경우에 언제 기한이 도래한 것으로 보느냐이다. 기한은 반드시 도래하여야 하는 것이므로 그 사실이 발생하지 않은 경우에 기한이 도래한 것으로 해석하여야 한다.

(4) 기한부 법률행위의 효력

1) 기한도래 전의 효력

불확정한 조건부 기대를 조건부 권리의무로 보호한다면, 확정적 기한부 기대는 더욱더 보호되어야 한다. 민법은 기한부 권리의 침해금지(민법 제148조)와[491] 조건부 권리의 처분(동법 제149조)[492] 등을 기한부 법률행위에 준용하고 있다(동법 제154조).[493] 다만, 채무의 이행에 기한이 붙은 경우에 채권, 채무는 이미 발생하고 있기 때문에 문제가 되지 않는다. 즉, 이 문제는 변제기(辨濟期) 전의 채권의 효력의 문제이다.

2) 기한도래후의 효력

법률행위에 시기(始期)를 붙인 경우에 그 법률행위는 기한이 도래한 때부터 효력이 발생한다(민법 제152조[494] 제1항). 종기(終期)있는 법률행위는 기한이 도래한 때로부터 그 효력을 상실한다(민법 제152조 제2항). 그리고 기한의 효력에는 소급효가 없다. 왜냐하면 기한에 소급효를 인정하면 기한을 붙이는 것과 모순되기 때문이다.

---

491) 第148조 (조건부권리의 침해금지) 조건있는 법률행위의 당사자는 조건의 성부가 미정한 동안에 조건의 성취로 인하여 생길 상대방의 이익을 해하지 못한다.

492) 第149조 (조건부권리의 처분 등) 조건의 성취가 미정한 권리의무는 일반규정에 의하여 처분, 상속, 보존 또는 담보로 할 수 있다.

493) 第154조 (기한부권리와 준용규정) 第148조와 第149조의 규정은 기한있는 법률행위에 준용한다.

494) 第152조 (기한도래의 효과) ① 시기있는 법률행위는 기한이 도래한 때로부터 그 효력이 생긴다. ② 종기있는 법률행위는 기한이 도래한 때로부터 그 효력을 잃는다.

(5) 기한의 이익

1) 의의

기한의 이익은 기한이 존재함으로써 기한이 도래하지 않고 있어서 그 동안 당사자가 받는 이익을 말한다. 예를 들면 계약 당사자가 계약을 체결한 날로부터 3개월 되는 달의 말일에 잔금과 목적을 인도하기로 한 경우에 양당사자, 즉 매수인은 잔금에 대한 이자부담이 없고, 매도자는 목적을 그 때까지 인도하여야 할 의무가 없다. 따라서 시기부(始期附)인 경우에 법률행위의 효력이 아직 발생하지 않고 있는데서 받는 이익 또는 이행기(履行期)가 아직 도래하지 않음으로써 받는 이익 그리고 종기부(終期附)의 경우에 법률행위의 효력이 아직 소멸하지 않는데서 얻는 이익이 각각 '기한(期限)의 이익(利益)'이다. 기한의 이익은 경우에 따라서 당사자 모두 혹은 어느 일방에게 존재하나 일반적으로 채무자(債務者)가 누리는 경우이다. 민법은 당사자의 특약이나 법률행위의 성질상 반대의 취지가 있지 않는 한 '기한은 채무자의 이익을 위한 것으로 추정'하고 있다(민법 제153조[495] 제1항). 따라서 기한의 이익이 채권자를 위하여 정하여져 있다는 것은 채권자 쪽에서 이를 입증하여야 한다.

2) 기한의 이익의 포기

기한의 이익은 포기할 수 있다. 그러나 상대방의 이익을 해하지 못한다(민법 제153조 제2항).

ⅰ) 기한의 이익이 당사자 한쪽에만 존재하는 경우에 그 자가 상대방에 대하여 단독의 의사표시를 통하여 임의로 이를 포기할 수 있다. 즉, 무이자(無利子)의 차주(借主)는 언제든지 반환할 수 있고, 무상임치인(無償任置人)은 언제든지 반환을 청구할 수 있다. 한편, 이자부(利子附) 소비대차(消費貸借)에서 기한이 채무자만의 이익을 위한 것이면 변제(辨濟)할 때까지의 이자(利子)만을 붙여서 반환하면 된다. 이 경우에도 상대방이 손해를 입을 때에는 그것을 배상하여야 할 것이다.

ⅱ) 기한의 이익이 상대방을 위하여 존재하는 경우에 상대방의 손해를 배상하고 포기할 수 있다. 즉, 이자부 소비대차의 채무자는 이행기(履行期)까지의 이자(利子)를 지급하여 기한 전에 변제할 수 있다.

---

495) 제153조 (기한의 이익과 그 포기) ① 기한은 채무자의 이익을 위한 것으로 추정한다.
② 기한의 이익은 이를 포기할 수 있다. 그러나 상대방의 이익을 해하지 못한다.

3) 기한의 이익의 상실

기한의 이익을 채무자에게 주는 것은 채무자를 신용하여 그에게 기한(期限)만큼 이행을 늦춰주는 것이다. 따라서 채무자가 그의 경제적 신용을 상실한 사유가 발생한 경우에 채무자는 기한의 이익을 상실하게 되며, 채권자의 기한(期限) 전(前)의 이행청구를 거절할 수 없다. 기한의 이익의 상실사유는 다음과 같다(민법 제388조).[496)]

i) 채무자가 담보를 손상하거나 감소 또는 멸실하게 한 때(민법 제388조 1호)

ii) 채무자가 담보제공의 의무를 이행하지 않은 때(동조 2호)

iii) 채무자의 파산.

4. 기간

(1) 기간의 의의

1) 기간(期間)은 어느 시점에서 다른 시점까지의 계속된 시간을 말한다. 즉, 두 시점 사이의 시간의 지속적인 흐름을 기간이다. 법률사실로서의 시간은 사건에 속한다. 그런데 시간만이 법률요견이 되는 경우는 없고, 다른 법률사실과 결합하여 법률요건을 이룬다. 예를 들면, 성년, 최고기간, 실종기간, 기한, 시효 등에서의 요소인 시간이 이에 해당한다. 보통 기일은 어느 특정의 시점을 가리키는 것으로서 보통 (日)로서 표시한다.

2) 기간을 정하는 법령, 재판상의 처분 또는 법률행위에 의하여 기한의 계산방법을 정하는 경우에 문제가 없으나 이러한 규정이 없는 경우에 민법이 보충적으로 계산방법을 규정하고 있다(민법 제155조).[497)] 이 규정은 사법관계는 물론 공법관계에도 적용된다.

---

496) 제388조 (기한의 이익의 상실) 채무자는 다음 각 호의 경우에는 기한의 이익을 주장하지 못한다. 1. 채무자가 담보를 손상, 감소 또는 멸실하게 한 때, 2. 채무자가 담보제공의 의무를 이행하지 아니한 때

497) 제155조 (본장의 적용범위) 기간의 계산은 법령, 재판상의 처분 또는 법률행위에 다른 정한 바가 없으면 본장의 규정에 의한다.

(2) 기간의 계산방법

1) 일(日), 주(週), 월(月), 년(年)을 단위의 기간의 계산

i) 기산점

기간의 초일(初日)은 이를 산입(算入)하지 않는 것이 원칙이다. 그러나 기간이 오전(午前) 영시부터 시작한 경우에는 초일(初日)을 산입한다(민법 제157조).[498] 또한 연령계산은 출생일을 산입한다(민법 제158조).[499]

ii) 만료점

기간말일(期間末日)의 종료로 기간은 만료한다(민법 제159조).[500] 기간을 주, 월, 년으로 정한 경우에 역(曆)에 의하여 계산한다(민법 제160조[501] 제1항). 이 경우에 월, 년의 일수(日數)의 장단(長短)은 문제가 되지 않는다. 월, 년의 처음부터(1월1일부터 기산점인 경우)에는 문제가 없다. 다만 처음부터 계산하지 않은 경우에 최후의 월, 년에서 기산일(起算日)에 해당하는 날의 전일(前日)로 기간(期間)이 만료한다(민법 제160조 제2항). 즉 3월 14일에 앞으로 5개월(3년)이라고 할 때에 기산일은 그 다음 날(3월 15일)로부터 5개월(3년)이므로 8월 14일이 말일(末日)이 된다. 이러한 계산법에 의하여 계산할 경우에 말일이 없는 경우(31일)가 있거나 혹은 말일이 공휴일인 경우가 있다. 이 경우에 최종의 월의 말일(末日)을 기간으로써 한다(민법 제160조 제3항). 그리고 기간의 말일이 공유일인 경우에 기간은 그 익일(翌日), 즉 다음 날을 만료(滿了)로 한다(민법 제161조).[502]

---

498) 제157조 (기간의 기산점) 기간을 일, 주, 월 또는 연으로 정한 때에는 기간의 초일은 산입하지 아니한다. 그러나 그 기간이 오전 영시로부터 시작하는 때에는 그러하지 아니하다.

499) 제158조 (연령의 기산점) 연령계산에는 출생일을 산입한다.

500) 제159조 (기간의 만료점) 기간을 일, 주, 월 또는 연으로 정한 때에는 기간말일의 종료로 기간이 만료한다.

501) 제160조 (역에 의한 계산) ① 기간을 주, 월 또는 연으로 정한 때에는 력에 의하여 계산한다. ② 주, 월 또는 연의 처음으로부터 기간을 기산하지 아니하는 때에는 최후의 주, 월 또는 연에서 그 기산일에 해당한 날의 전일로 기간이 만료한다. ③ 월 또는 연으로 정한 경우에 최종의 월에 해당일이 없는 때에는 그 월의 말일로 기간이 만료한다.

502) 제161조 (공휴일 등과 기간의 만료점) 기간의 말일이 토요일 또는 공휴일에 해당한 때에는 기간은 그 익일로 만료한다.

(3) 기간의 역산방법

민법의 계산방법은 일정한 기산일로부터 과거에 소급하여 기간에도 준용되어야 한다. 민법, 기타의 법령에는 이 역산(逆算)이 필요한 경우가 있다. 즉, 사원총회는 1주일 전에 통지하여야 한다고 할 때(민법 제71조)[503] 총회일이 10월 19일이라고 한다면, 그 전일(前日)인 18일을 기산일로 하고, 거꾸로 계산하여 12일이 말일이 죄고, 그 날의 오전 영시에 기간이 만료한다. 따라서 총회소집통지서는 늦어도 10월 11일 자정까지는 사원에게 발송되어야 한다. 이 원리는 발신주의이나 도달주의의 원칙에도 적용된다. 즉, 그 때까지 소집통지서가 상대방에게 도달되어야 한다.

제4절 소멸시효

제1항 소멸시효의 개관

Ⅰ. 시효의 의의

일정한 사실상태가 오랫동안 계속한 경우에 그 상태가 진실한 권리관계에 부합하느냐의 여부에 관계없이 그 사실상태를 그대로 존중하여 그 권리관계를 인정하려는 제도가 '시효제도(時效制度)'이다. 다시 말하면 일정한 사실상태가 일정한 기간동안 계속함으로써 법률상 일정한 효과, 즉 권리의 취득 또는 권리의 소멸이 발생하는 법률요건이 시효제도이다. 시효제도에는 취득시효(取得時效)와 소멸시효(消滅時效)가 있다.

1) 취득시효는 어떤 사람이 마치 그가 권리자인 것과 같이 권리를 행사하고 있는 사실상태가 일정한 기간(시효기간)동안 계속하여 그와 같은 권리행사라는 외관의 사실상태를 근거로 하여 그 사람이 진실로 권리자이냐의 여부에 관계없이 처음부터 그 자가 권리자이었던 것으로 인정해 버리는 제도이다. 그러나 취득시효의 반사작용으로서 소유권의 소멸이 있게 되지만 그것은 소멸시효의 효과가 아니다. 예를 들면 소유자가 일정한 기간동안 권리를 행사하지 않고 있는 동안 제3자가 20

503) 제71조 (총회의 소집) 총회의 소집은 1주간 전에 그 회의의 목적사항을 기재한 통지를 발하고 기타 정관에 정한 방법에 의하여야 한다.

년 동안 토지상의 권리를 행사하는 경우에 제3자는 취득시효로 권리를 취득하게 된다. 이 경우에 취득시효제도의 반사작용에 의하여 소유자는 그 토지의 소유권을 상실하게 된다. 본래 소유권은 소멸시효가 없다.

2) 소멸시효는 권리자가 그의 권리를 행사할 수 있음에도 불구하고 일정한 기간(시효기간)동안 그 권리를 행사하지 않은 상태, 즉 권리불행사의 상태가 계속한 경우에 그 자의 권리를 소멸시켜 버리는 것이 시효제도이다.

Ⅱ. 시효의 성질

1) 시효는 법정기간의 계속, 즉 시간의 경과를 요건으로 한다.

2) 시효는 법률요건이다. 다수설에 의하면 시효가 완성되면 법률상 권리를 당연히 취득하거나(취득시효) 또는 권리가 소멸한다(소멸시효). 그러나 소수설에 의하면 소멸시효에 대하여 법률상 권리소멸이 당연히 발생하지 않고, 시효의 완성으로 인하여 권리의 소멸을 주장할 수 있는 권리가 발생할 뿐이다. 이 설에 의하면 당사자는 이러한 주장(원용)이 있어야만 권리가 소멸한다고 본다.

3) 시효의 규정은 강행법규이다. 시효제도를 인정하는 이유는 법적 안정성, 채증상의 곤란 등의 사회적, 공익적인 원인에 근거하며, 이에 관한 규정은 강행규정으로 보고 있다. 따라서 당사자가 어떤 권리에 관하여 그것은 시효에 걸리지 않는다는 특약을 하거나 또는 시효완성의 요건에 관하여 법정조건보다 강화하는 것은 인정되지 않는다. 이에 관하여 '소멸시효는 법률행위에 의하여 이를 배제, 연장 또는 가중할 수 없다'(민법 제184조[504]) 제2항 전문). 그러나 소멸시효의 기간을 단축하거나 가볍게 하는 것은 문제가 되지 않는다(민법 제184조 제2항 후문).

Ⅲ. 소멸시효의 요건

소멸시효제도는 권리를 행사할 수 있음에도 불구하고, 권리의 불행사의 상태가

---

504) 제184조 (시효의 이익의 포기 기타) ① 소멸시효의 이익은 미리 포기하지 못한다. ② 소멸시효는 법률행위에 의하여 이를 배제, 연장 또는 가중할 수 없으나 이를 단축 또는 경감할 수 있다.

일정한 기간동안 계속함으로써 권리소멸의 효과가 발생한다. 따라서 시효로 권리가 소멸하려면 다음과 같은 요건을 갖추어야 한다.

1) 권리가 소멸시효의 목적이 될 수 있어야 한다.

2) 권리자가 법률상 그의 권리를 행사할 수 있음에도 불구하고, 행사하지 않아야 한다.

3) 권리의 불행사가 일정한 기간동안 계속하여야 한다. 이 기간이 '소멸시효기간'이다. 권리의 불행사라는 사실상태가 소멸시효기간의 기산점으로부터 완성을 향하여 경과하는 과정을 '소멸시효의 진행'이라고 한다. 위와 같은 요건을 갖추면 권리는 시효로 소멸하지만, 일정한 경우, 즉 '시효의 중단' 내지 '시효의 정지'가 있는 경우에 시효의 완성 내지 진행이 방해가 된다.

Ⅳ. 소멸시효에 걸리는 권리

(1) 소멸시효제도에 의한 권리소멸의 대상은 일률적으로 말할 수 없지만 대체로 채권에 대해서 인정하는 것이 일반적이다. 그러나 우리민법은 채권뿐만 아니라 소유권을 제외한 그 밖의 재산권에 대하여 소멸시효를 인정하고 있다.

(2) 소멸시효의 목적이 되는 권리는 '재산권'에 한한다. 가족권, 인격권과 같은 비재산권은 소멸시효의 목적이 되지 않는다.

(3) 채권(민법 제162조[505]) 제1항)

(4) 소유권 이외의 재산권

채권과 소유권을 제외한 그 밖의 재산권(민법 제162조 제2항).

1) 소유권

소유권은 소멸시효의 목적이 되지 않는다(민법 제162조 제2항). 따라서 소유자

505) 제162조 (채권, 재산권의 소멸시효) ① 채권은 10년간 행사하지 아니하면 소멸시효가 완성한다. ② 채권 및 소유권 이외의 재산권은 20년간 행사하지 아니하면 소멸시효가 완성한다.

가 아무리 오랫동안 소유권을 행사하지 않아도 시효로 소멸하지 않는다. 왜냐하면 본래 소유권은 그 본질상 '항구성'이 있기 때문이다.

2) 그 밖의 재산권

시효로 소멸하는 채권과 소멸시효에 걸리지 않는 소유권을 제외한 그 밖의 재산권, 즉 채권 또는 소유권 이외의 재산권은 원칙적으로 소멸시효의 목적이 된다.

i) 채권적 청구권

채권이 소멸시효에 걸리는 이상, 그 채권의 본질적 요소를 이루는 청구권, 즉 채권적 청구권이 소멸시효에 걸리게 되는 것은 당연하다. 부동산 매매에 있어서 매도인은 그 부동산의 소유권을 이전할 의무(물권행위와 이전등기를 할 의무)와 목적 부동산의 점유를 이전하여야 할 인도의무라는 두 의무를 부담한다. 그런데, 매도인이 목적물을 인도하여 매수인이 현재 점유하고 있으나 등기청구권을 행사하고 있지 않는 경우에는 채권적 청구권인 등기청구권은 소멸시효에 걸리게 되다. 따라서 이 경우에는 부동산매수인의 채권적 등기청구권은 목적부동산을 인도하고 있느냐의 여부에 관계없이 소멸시효에 걸리게 된다. 한편, 대법원판례는 채권적 청구권 중에는 시효로 소멸하지 않는 것이 있다고 하고 있다. 이에 관하여 판례를 살펴보기로 한다.

가) 부동산을 매수한 자가 그 목적물을 인도받은 경우에 매수인의 등기청구권이 소멸시효에 걸리는지 여부

◆ 판 례

시효제도의 존재이유에 비추어 보아 부동산 매수인이 그 목적물을 인도받아서 이를 사용수익하고 있는 경우에는 그 매수인을 권리 위에 잠자는 것으로 볼 수도 없고 또 매도인 명의로 등기가 남아 있는 상태와 매수인이 인도받아 이를 사용, 수익하고 있는 상태를 비교하면 매도인 명의로 잔존하고 있는 등기를 보호하기 보다는 매수인의 사용, 수익상태를 더욱 보호하여야 할 것이므로 그 매수인의 등기청구권은 다른 채권과는 달리 소멸시효에 걸리지 않는다고 해석함이 타당하다(다수의견) : 대법원 1976.11.6. 선고 76다148 전원합의체 판결.

ii) 물권적 청구권

물권적 청구권은 물권의 내용의 실현이 방해당하고 있거나 또는 방해당할 염려가 있는 경우에 물권자는 그 방해자에 대하여 그 방해의 제거 또는 예방에 필요한 일정한 행위(작위 또는 부작위)를 청구하는 것을 말한다. 그런데 물권적 청구권 가운데 소유권에 근거한 물권적 청구권은 소멸시효에 걸리지 않는다. 왜냐하면 소유권은 소멸시효에 걸리지 않으나 소유권에 근거한 물권적 청구권만 시효로 소멸한다면 소유권은 있어도 그에 대한 방해의 제거나 예방에 필요한 행위를 방해자에게 청구할 수 없다는 결과가 되어 부당하다. 그러므로 소유권이 존재하는 한 그에 근거한 물권적 청구권은 시효로 소멸하지 않는다. 반면에 다수설은 소유권에 의한 물권적 청구권뿐만 아니라 기타의 물권에 근거한 물권적 청구권도 시효로 소멸하지 않는다고 한다. 그러나 소유권 이외의 물권은 소멸시효에 걸리기 때문에(민법 제162조 제2항) 그에 근거한 물권적 청구권도 시효로 소멸한다.

iii) 형성권

본래 형성권은 그 성질상 불행사라는 사실상태가 존재할 수 없다. 왜냐하면 형성권은 권리자의 의사표시가 있으면 그것으로써 법률효과(취소권의 경우에 문제의 법률행위의 소급적 무효라는 효과)가 발생하기 때문이다. 그러므로 형성권에 있어서 권리행사가 있으면 법률효과가 발생하지 않은 상태(채권자가 급부를 청구하였는데 채무자가 이행하지 않고 있다는 상태와 같은 상태)는 논리적으로 있을 수 없다. 따라서 형성권은 소멸시효에 걸리느냐는 문제가 되지 않는다.

iv) 소멸시효에 걸리지 않는 재산권

① 점유권

점유권은 일정한 사실상태가 있으면 언제나 존재하고, 그 사실상태가 소멸하면 당연히 소멸하는 권리이므로 소멸시효는 문제가 되지 않는다.

② 일정한 법률관계에 의존하는 권리

상린권(相隣權, 민법 제215조[506] 이하)과 같이 일정한 법률관계가 존재하는 경우에 반드시 그에 수반하여 존재하는 권리는 그 기초가 되는 권리관계가 계속 존속

---

506) 제215조 (건물의 구분소유) ① 수인이 한 채의 건물을 구분하여 각각 그 일부분을 소유한 때에는 건물과 그 부속물중 공용하는 부분은 그의 공유로 추정한다. ② 공용부분의 보존에 관한 비용 기타의 부담은 각자의 소유부분의 가액에 비례하여 분담한다.

하는 동안은 독립하여 소멸하지 않는다.

③ **담보물권**

피담보채권이이 존속하는 한 담보물권만이 소멸시효에 걸리지 않는다(담보물권의 부종성).

④ **비재산권**

V. 권리의 불행사

1) 소멸시효가 완성하려면 권리를 일정한 기간(소멸시효기간)동안 행사하고 있지 않아야 한다(민법 제162조).[507] 즉, 권리의 불행사(소멸시효의 기산점)가 있어야 한다. 다시 말하면 권리자가 권리를 행사할 수 있는 데에 법률상의 장애가 없음에도 불구하고 행사하지 않는 경우이다. 문제가 되는 것은 소멸시효의 기산점(진행시기), 즉 권리의 불행사가 언제부터이냐이다.

2) 소멸시효는 권리를 행사할 수 있는 때로부터 진행한다(민법 제166조[508] 제1항). 그러므로 권리를 행사할 수 없는 상태에서 비록 권리가 이미 발생하고 있더라도 소멸시효는 진행하지 않는다. 그러나 객관적으로 권리가 발생하고, 또한 행사할 수 있는 상태에서도 구체적으로 권리행사가 사실상 곤란하거나 불가능한 경우가 있다. 예컨대, 권리자가 의무자를 아직 알지 못하는 경우나 또는 권리의 존재 자체를 알지 못하는 경우이다. 이 경우에 시효에 관하여 권리자가 권리의 존재를 안 때로부터 시효기간을 기산한다(민법 제766조).[509] 그러나 이러한 특별한 규정이 없는 경우에 즉, '권리를 행사할 수 있는 때'를 어떻게 해석하느냐이다. 일반적으로 권리행사에 관한 장애를 '법률상의 장애'와 '사실상의 장애'로 구분하여 전자는 시효의 기산점에 영향을 주지만, 후자는 영향을 주지 않는다. 이에 관하여 판례를 살펴보기로 한다.

---

507) 제162조 (채권, 재산권의 소멸시효) ① 채권은 10년간 행사하지 아니하면 소멸시효가 완성한다. ② 채권 및 소유권 이외의 재산권은 20년간 행사하지 아니하면 소멸시효가 완성한다.

508) 제166조 (소멸시효의 기산점) ① 소멸시효는 권리를 행사할 수 있는 때로부터 진행한다. ② 부작위를 목적으로 하는 채권의 소멸시효는 위반행위를 한 때로부터 진행한다.

509) 제766조 (손해배상청구권의 소멸시효) ① 불법행위로 인한 손해배상의 청구권은 피해자나 그 법정대리인이 그 손해 및 가해자를 안 날로부터 3년간 이를 행사하지 아니하면 시효로 인하여 소멸한다. ② 불법행위를 한 날로부터 10년을 경과한 때에도 전항과 같다.

가) 소멸시효가 진행하지 않는 '권리를 행사할 수 없는' 경우의 의미

◈ 판 례

소멸시효는 객관적으로 권리가 발생하여 그 권리를 행사할 수 있는 때로부터 진행하고 그 권리를 행사할 수 없는 동안만은 진행하지 않는다고 할 것인데, 여기서 '권리를 행사할 수 없는' 경우라 함은 그 권리행사에 법률상의 장애사유, 예컨대 기간의 미도래나 조건불성취 등이 있는 경우를 말하는 것이고, 사실상 권리의 존재나 권리행사 가능성을 알지 못하였고, 알지 못함에 과실이 없다고 하여도 이러한 사유는 법률상 장애사유에 해당하지 않는다 : 대법원 2007.5.31. 선고 2006다63150 판결.

나) 소멸시효가 진행하지 않는 '권리를 행사할 수 없는' 경우의 의미

◈ 판 례

소멸시효는 객관적으로 권리가 발생하여 그 권리를 행사할 수 있는 때로부터 진행하고 그 권리를 행사할 수 없는 동안만은 진행하지 않는바, '권리를 행사할 수 없는' 경우라 함은 그 권리행사에 법률상의 장애사유, 예컨대 기간의 미도래나 조건불성취 등이 있는 경우를 말하는 것이고, 사실상 권리의 존재나 권리행사가능성을 알지 못하였고 알지 못함에 과실이 없다고 하여도 이러한 사유는 법률상 장애사유에 해당하지 않는다 : 대법원 1992.3.31. 선고 91다32053 전원합의체 판결.

(1) 시기부 권리

시기부권리의 소멸시효는 기한(期限)이 도래한 때부터 진행을 개시한다.

1) 확정기한부의 권리가 가장 전형적인 경우이며, 이 경우는 특별한 문제는 없다(민법 제387조[510] 제1항 전문).

2) 불확정기한부의 권리가 특히 채권에 있어서 채무자가 지체에 빠지는 것은 그가 기한도래를 안 때로부터이다(민법 제387조 제1항 후단). 그러나 그 채권의 소멸시효의 기산점은 기한이 객관적으로 도래한 때이다. 이 경우에 채권자 쪽의 기

510) 제387조 (이행기와 이행지체) ① 채무이행의 확정한 기한이 있는 경우에는 채무자는 기한이 도래한 때로부터 지체책임이 있다. 채무이행의 불확정한 기한이 있는 경우에는 채무자는 기한이 도래함을 안 때로부터 지체책임이 있다. ② 채무이행의 기한이 없는 경우에는 채무자는 이행청구를 받은 때로부터 지체책임이 있다.

한도래에 관하여 알았는 지의 여부(與否)나 과실의 유무를 묻지 않는다. 예컨대, 출세하면 변제한다고 한 경우에 객관적으로 보아서 출세한 때부터 시효는 진행을 개시한다.

(2) 기한을 정하고 있지 않는 권리

1) 채무의 이행에 관하여 기한을 정하지 않은 채권에 관하여 채무자는 원칙적으로 이행의 청구를 받은 때로부터 지체의 책임을 부담한다(민법 제387조 제2항). 그렇다면 채권의 소멸시효도 청구가 있는 때로부터 진행하느냐이다. 만약 이렇게 해석한다면 채권자가 청구하지 않고 계속 둔다면 소멸시효는 영원히 진행하지 않는 것이 되어 시효제도의 취지에 비추어 부당하다. 따라서 채권자는 언제든지 청구(현실의 권리행사)를 할 수 있으므로 소멸시효의 기산점은 채권이 발생한 때라고 하여야 한다. 다만, 채무불이행에 의한 손해배상청구권은 본래의 채권과 별개의 채권이 아니라 본래의 채권의 변형물에 불과하다. 그러므로 본래의 채권을 행사할 수 있는 때로부터 시효는 진행을 개시한다.

2) 채권 이외의 권리에 관하여 위의 채권의 경우와 이론상 차이가 없다.

(3) 청구 또는 해지통고를 한 후 일정한 기간이나 상당한 기간이 경과한 후에 청구할 수 있는 권리

이러한 채권(민법 제603조[511]) 제2항, 제635조,[512]) 제659조,[513]) 제660조[514]) 등)에

511) 제603조 (반환시기) ① 차주는 약정시기에 차용물과 같은 종류, 품질 및 수량의 물건을 반환하여야 한다. ② 반환시기의 약정이 없는 때에는 대주는 상당한 기간을 정하여 반환을 최고하여야 한다. 그러나 차주는 언제든지 반환할 수 있다.

512) 제635조 (기간의 약정없는 임대차의 해지통고) ① 임대차기간의 약정이 없는 때에는 당사자는 언제든지 계약해지의 통고를 할 수 있다. ② 상대방이 전항의 통고를 받은 날로부터 다음 각 호의 기간이 경과하면 해지의 효력이 생긴다. 1. 토지, 건물 기타 공작물에 대하여는 임대인이 해지를 통고한 경우에는 6월, 임차인이 해지를 통고한 경우에는 1월, 2. 동산에 대하여는 5일

513) 제659조 (3년 이상의 경과와 해지통고권) ① 고용의 약정기간이 3년을 넘거나 당사자의 일방 또는 제삼자의 종신까지로 된 때에는 각 당사자는 3년을 경과한 후 언제든지 계약해지의 통고를 할 수 있다. ② 전항의 경우에는 상대방이 해지의 통고를 받은 날로부터 3월이 경과하면 해지의 효력이 생긴다.

514) 제660조 (기간의 약정이 없는 고용의 해지통고) ① 고용기간의 약정이 없는 때에는 당사자는 언제든지 계약해지의 통고를 할 수 있다. ② 전항의 경우에는 상대방이 해지의 통

있어서 청구나 해지통고가 있으면 그로부터 상당한 기간 또는 일정한 기간이 경과한 때로부터 현실적으로 청구할 수 있고, 그 때부터 채무자는 지체에 빠지게 된다. 그러면 청구나 해지통고가 시효 진행개시의 절대적 조건이냐이다. 만약 긍정한다면, 아무리 오랫동안 청구나 해지통고를 하지 않고 방치하여도 시효는 진행하지 않게되어, 청구나 해지통고를 한 권리자보다도 그것을 하지 않고 방치한 권리자가 이득을 보는 결과가 된다. 그렇다고 하여 전제가 되는 청구나 해지통고를 할 수 있는 때부터 시효가 진행한다면 시효기간이 만료할 때까지 권리자가 실제로 권리행사를 할 수 있는 기간(시효기간-소정의 유예기간)이 되어 일반의 경우보다도 권리자에게 불리하다. 따라서 시효의 진행에 관한 한 전제가 되는 청구나 해지통고를 할 수 있는 때부터 정해진 유예기간이 경과한 시점부터 시효는 진행한다고 해석하는 것이 합리적이다.

(4) 할부금 채권

할부금 채무(월부, 연부채무 등)에 있어서 1회라도 변제를 게을리 하면 잔금 잔액을 일시에 변제할 것을 청구당하여도 이의가 없다든가 또는 월부변제의 이익을 상실한다든가 등의 계약조항이 끼워 넣어져 있는 수가 많다. 이러한 경우에 채무자가 어느 회의 변제를 게을리 하고, 채권자도 특별한 조치를 취하지 않고서 시일이 경과한 경우이다. 이때에 시효의 문제는 다음과 같이 해석한다.

1) 1회의 불이행이 있더라도 잔액 전부에 관하여 당연히 시효의 진행이 개시하지 않고, 채권자가 특히 잔액 전부의 변제를 청구하는 등의 의사를 표시한 때에 잔액 전부의 시효가 비로소 진행하기 시작한다는 견해

2) 1회의 불이행으로 잔액 전부에 관한 시효는 당연히 그 때(1회의 불이행이 있는 때)부터 진행을 개시한다는 해석이 있다.

만일 1)처럼 해석한다면 위의 (3)의 경우와 같은 결과가 된다(아무리 오랫동안 방치하여 각 기(期)의 분할분이 오래된 것부터 차례로 시효에 걸리는 수는 있어도 전액이 시효에 걸리는 일은 없게 될 것이다). 그러므로 2)처럼 해석하여야 할 것이다.

그러나 판례는 1)처럼 해석하고 있다. 이러한 해석은 기한의 이익의 상실에 관한 약관이 붙은 채권에 일반적으로 타당하다. 이에 관하여 판례를 살펴보기로 한다.

고를 받은 날로부터 1월이 경과하면 해지의 효력이 생긴다. ③ 기간으로 보수를 정한 때에는 상대방이 해지의 통고를 받은 당기후의 일기를 경과함으로써 해지의 효력이 생긴다.

가) 형성권적 기한이익 상실의 특약이 있는 할부채무에 있어서 소멸시효의 기산점

◈ 판 례

형성권적 기한이익 상실의 특약이 있는 경우에는 그 특약은 채권자의 이익을 위한 것으로서 기한이익의 상실 사유가 발생하였다고 하더라도 채권자가 나머지 전액을 일시에 청구할 것인가 또는 종래대로 할부변제를 청구할 것인가를 자유로이 선택할 수 있으므로, 이와 같은 기한이익 상실의 특약이 있는 할부채무에 있어서는 1회의 불이행이 있더라도 각 할부금에 대해 그 각 변제기의 도래시마다 그 때부터 순차로 소멸시효가 진행하고 채권자가 특히 잔존 채무 전액의 변제를 구하는 취지의 의사를 표시한 경우에 한하여 전액에 대하여 그 때부터 소멸시효가 진행한다 : 대법원 2002. 9. 4. 선고 2002다28340 판결.

(5) 정지조건부 권리

조건이 성취한 때부터 시효의 진행이 시작된다.

(6) 부작위채권

일정한 기간동안 일정한 장소에 건물을 건축하지 않는다는 것과 같은 부작위채권에 있어서 그 소멸시효의 기산점은 언제이냐이다. 형식적으로는 부작위채권이 성립하고, 이행기가 도래한 때로부터 기산한다면, 예를 들어 20년간 건축하지 않는다는 부작위채무에 있어서 처음 10년간 약속대로 건축하지 않았다면, 건축하지 않겠다는 채무는 시효(10년)로 소멸하기 때문에 그 후에 건축을 하느냐의 여부는 자유라는 결과가 된다. 그러나 민법은 '부작위를 목적으로 하는 채권의 소멸시효는 위반행위를 한 때로부터 진행한다'고 규정하고 있다(민법 제166조[515)] 제2항).

Ⅵ. 소멸시효기간

1) 채권의 소멸시효는 각종의 채권에 따라 따르지만 다른 재산권의 시효기간보다는 짧다. 즉, 채권은 그 행사가 쉬운 권리이고, 또한 일상 빈번히 발생하는 것이므로 다툼을 방지하고, 법률관계를 신속히 확정한다는 현실적인 거래상의 필요를

515) 제166조 (소멸시효의 기산점) ① 소멸시효는 권리를 행사할 수 있는 때로부터 진행한다. ② 부작위를 목적으로 하는 채권의 소멸시효는 위반행위를 한 때로부터 진행한다.

고려하여 짧은 기간을 소멸시효로 하고 있다.

(1) 10년 또는 5년 시효의 채권

일반채권의 소멸시효기간은 10년이다(민법 제162조 제1항). 그러나 상행위로 인하여 발생한 채권은 상법상 5년의 소멸시효가 인정된다(상법 제64조).[516]

(2) 3년 시효의 채권

이자, 부양료, 급료, 사용료 그 밖의 1년 이내의 기간으로 정한 금전 또는 물건의 지급을 목적으로 하는 채권은 3년을 시효로 하고 있다. 여기서 '1년 이내의 기간으로 정한' 채권은 1년 이내의 정기로 지급되는 채권(정기급부 채권)이지, 변제기가 1년 이내의 채권을 의미하지 않는다. 다만 근로기준법의 적용을 받는 임금채권의 시효기간은 3년이다(근로기준법 제48조).

(3) 1년 시효의 채권(민법 제164조)[517]

(4) 판결 등으로 확정된 권리

'판결에 의하여 확정된 채권은 단기의 소멸시효에 해당한 것이라도 그 소멸시효는 10년이다'(민법 제165조[518] 제1항, 제2항). 소멸시효가 완성하기 전에 소를 제기하면 시효의 진행은 중단된다. 그러나 확정판결을 받고도 그대로 두면 그 때부터 소멸시효는 진행하게 된다(민법 제178조[519] 제2항).

---

516) 상법 제64조 (상사시효) 상행위로 인한 채권은 본법에 다른 규정이 없는 때에는 5년간 행사하지 아니하면 소멸시효가 완성한다. 그러나 다른 법령에 이보다 단기의 시효의 규정이 있는 때에는 그 규정에 의한다.

517) 제164조 (1년의 단기소멸시효) 다음 각 호의 채권은 1년간 행사하지 아니하면 소멸시효가 완성한다. 1. 여관, 음식점, 대석, 오락장의 숙박료, 음식료, 대석료, 입장료, 소비물의 대가 및 체당금의 채권, 2. 의복, 침구, 장구 기타 동산의 사용료의 채권, 3. 노역인, 연예인의 임금 및 그에 공급한 물건의 대금채권, 4. 학생 및 수업자의 교육, 의식 및 유숙에 관한 교주, 숙주, 교사의 채권

518) 제165조 (판결 등에 의하여 확정된 채권의 소멸시효) ① 판결에 의하여 확정된 채권은 단기의 소멸시효에 해당한 것이라도 그 소멸시효는 10년으로 한다. ② 파산절차에 의하여 확정된 채권 및 재판상의 화해, 조정 기타 판결과 동일한 효력이 있는 것에 의하여 확정된 채권도 전항과 같다.

519) 제178조 (중단후의 시효진행) ① 시효가 중단된 때에는 중단까지에 경과한 시효기간은 이를 산입하지 아니하고 중단사유가 종료한 때로 부터 새로이 진행한다. ② 재판상의

Ⅶ. 소멸시효의 중단

1. 시효중단의 의의

소멸시효의 진행을 방해하는 것을 '시효의 장해'라고 하는데, 여기에는 '시효의 중단'과 '시효의 정지'가 있다. 소멸시효의 중단은 소멸시효가 진행하는 도중에 권리의 불행사라는 소멸시효의 기초가 되는 사실을 깨뜨리는 사정이 발생한 경우에 이미 진행한 시효기간의 효력을 상실케 하는 제도이다. 소멸시효가 중단되면 그 때까지 경과한 시효기간은 이를 산입하지 아니하고, 중단사유가 종료한 때부터 새로이 진행한다(민법 제178조[520] 제1항).

2. 시효중단의 사유

시효중단의 효력을 발생하게 하는 사유를 중단사유라고 한다. 시효중단의 사유로서 1) 청구, 2) 압류, 가압류, 가처분, 3) 승인의 세 가지가 있다(민법 제168조).[521] 1), 2)는 권리자가 자신의 권리를 행사는 것이고, 3) 의무자가 상대방의 권리를 인정하는 것이다.

(1) 청구

청구라 함은 권리를 행사하는 것이다(민법 제168조 제1호). 이때에 청구는 재판상이든 재판외이든 무방하다. 다만 시효중단의 효력이 발생하는 청구로서 인정되는 것은 다음과 같다.

1) 재판상의 청구

ⅰ) 재판상의 청구는 소를 제기하는 것을 말한다(민법 제170조).[522] 즉, 시효기간이

청구로 인하여 중단한 시효는 전항의 규정에 의하여 재판이 확정된 때로부터 새로이 진행한다.

520) 제178조(중단후의 시효진행) ① 시효가 중단된 때에는 중단까지에 경과한 시효기간은 이를 산입하지 아니하고 중단사유가 종료한 때로 부터 새로이 진행한다. ② 재판상의 청구로 인하여 중단한 시효는 전항의 규정에 의하여 재판이 확정된 때로부터 새로이 진행한다.

521) 제168조 (소멸시효의 중단사유) 소멸시효는 다음 각 호의 사유로 인하여 중단된다. 1. 청구, 2. 압류 또는 가압류, 가처분, 3. 승인

522) 제170조 (재판상의 청구와 시효중단) ① 재판상의 청구는 소송의 각하, 기각 또는 취

경과하고 있는 권리의 주체가 원고가 되어 법원에서의 소송절차를 개시하는 때에 재판상의 청구 내지 소의 제기가 있게 된다. 이때에 제기되는 소의 종류는 관계없다.

① 이행의 소(訴)

이행(급부)의 소, 확인의 소, 형성의 소, 어느 것이라도 좋다. 예컨대, 채권자의 채무자에 대한 이행청구의 소 또는 소유권자의 불법점유자에 대한 소유물반환청구의 소 등과 같은 급부의 소가 일반적이다.

② 확인의 소

권리자가 자신의 권리를 행사할 수는 없어도 권리의 확인을 요구할 수 있는 경우에 확인의 소를 제기하면 역시 시효중단의 효과가 발생한다(예를 들면, 채권위에 질권을 설정한 때에 그 채권자는 채무자에게 청구하지는 못하나 확인의 소는 제기할 수 있다).

③ 형성의 소

이상의 소(訴)는 본소이든 또는 반소이든 무방하다(민소법 제269조).[523] 문제가 되는 것은 상대방이 제기한 소에 응소하여 승소하는 것도 '재판상의 청구'가 되느냐이다. 이에 관하여 판례를 살펴보기로 한다.

가) 채권자가 피고로서 응소하여 적극적으로 권리를 주장하고 그것이 받아들여진 경우 시효중단사유인 재판상의 청구에 해당하는지 여부 및 위 경우 시효중단의 효력발생시점

◈ 판 례

민법 제168조 제1호, 제170조 제1항에서 시효중단사유의 하나로 규정하고 있는 재판상의 청구라 함은, 통상적으로는 권리자가 원고로서 시효를 주장하는 자를 피고로 하여

하의 경우에는 시효중단의 효력이 없다. ② 전항의 경우에 6월내에 재판상의 청구, 파산절차참가, 압류 또는 가압류, 가처분을 한 때에는 시효는 최초의 재판상청구로 인하여 중단된 것으로 본다.

523) 제269조 (분할의 방법) ① 피고는 소송절차를 현저히 지연시키지 아니하는 경우에만 변론을 종결할 때까지 본소가 계속된 법원에 반소를 제기할 수 있다. 다만, 소송의 목적이 된 청구가 다른 법원의 관할에 전속되지 아니하고 본소의 청구 또는 방어의 방법과 서로 관련이 있어야 한다. ② 본소가 단독사건인 경우에 피고가 반소로 합의사건에 속하는 청구를 한 때에는 법원은 직권 또는 당사자의 신청에 따른 결정으로 본소와 반소를 합의부에 이송하여야 한다. 다만, 반소에 관하여 제30조의 규정에 따른 관할권이 있는 경우에는 그러하지 아니하다.

소송물인 권리를 소의 형식으로 주장하는 경우를 가리키지만, 이와 반대로 시효를 주장하는 자가 원고가 되어 소를 제기한 데 대하여 피고로서 응소하여 그 소송에서 적극적으로 권리를 주장하고 그것이 받아들여진 경우도 마찬가지로 이에 포함되는 것으로 해석함이 타당하고, 또한 응소행위로 인한 시효중단의 효력은 피고가 현실적으로 권리를 행사하여 응소한 때에 발생한다고 보는 것이 상당하다 : 대법원 2005.12.23. 선고 2005다59383,59390 판결.

나) 피고로서 응소하여 적극적으로 권리를 주장하고 그것이 받아들여진 경우 시효중단사유인 재판상의 청구에 해당하는지 여부

◈ 판 례

취득시효를 주장하는 자가 원고가 되어 소를 제기한 데 대하여 권리자가 피고로서 응소하고 그 소송에서 적극적으로 권리를 주장하여 그것이 받아들여진 경우에는 민법 제247조 제2항에 의하여 취득시효기간에 준용되는 민법 제168조 제1호, 제170조 제1항에서 시효중단사유의 하나로 규정하고 있는 재판상 청구에 포함된다 : 대법원 2003. 6. 13. 선고 2003다17927,17934 판결.

다) 시효를 주장하는 자의 소제기에 대해 응소한 것만으로 시효중단의 주장 없이 시효중단의 효력이 발생하는지 여부 및 응소행위로 인한 시효중단의 주장을 할 수 있는 시기

◈ 판 례

시효를 주장하는 자가 원고가 되어 소를 제기한 경우에 있어서, 피고가 응소행위를 하였다고 하여 바로 시효중단의 효과가 발생하는 것은 아니고, 변론주의 원칙상 시효중단의 효과를 원하는 피고로서는 당해 소송 또는 다른 소송에서의 응소행위로서 시효가 중단되었다고 주장하지 않으면 아니 되고, 피고가 변론에서 시효중단의 주장 또는 이러한 취지가 포함되었다고 볼 만한 주장을 하지 아니하는 한, 피고의 응소행위가 있었다는 사정만으로 당연히 시효중단의 효력이 발생한다고 할 수는 없는 것이나, 응소행위로 인한 시효중단의 주장은 취득시효가 완성된 후라도 사실심 변론종결 전에는 언제든지 할 수 있다 : 대법원 2003. 6. 13. 선고 2003다17927,17934 판결.

라) 시효를 주장하는 자의 소제기에 대하여 응소한 것만으로 당연히 시효중단의 효력이 발생하는지 여부

◆ 판 례

시효를 주장하는 자가 원고가 되어 소를 제기한 경우에 있어서, 피고가 응소행위를 하였다고 하여 바로 시효중단의 효과가 발생하는 것은 아니고, 변론주의 원칙상 시효중단의 효과를 원하는 피고로서는 당해 소송 또는 다른 소송에서의 응소행위로서 시효가 중단되었다고 주장하지 않으면 아니되고, 피고가 변론에서 시효중단의 주장 또는 이러한 취지가 포함되었다고 볼 만한 주장을 하지 아니하는 한, 위와 같은 피고의 응소행위가 있었다는 사정만으로 당연히 시효중단의 효력이 발생한다고 할 수는 없다 : 대법원 1997. 2. 28. 선고 96다26190 판결.

마) 행정소송 등이 소멸시효의 중단사유인 재판상의 청구에 해당하는지 여부

◆ 판 례

민법 제168조 제1항에 규정된 시효중단사유인 청구라 함은 시효의 목적인 사법상의 권리를 재판상 및 재판 외에서 실행하는 행위를 말하므로 공법상의 구제수단으로서의 행정소송 따위는 위에서 본 재판상의 청구라 할 수 없다 : 대법원 1979.2.13. 선고 78다1500,1501. 이 판결은 대법원 1992.3.31. 선고 91다32053 전원합의체 판결에 의하여 변경되었다.

바) 과세처분의 취소 또는 무효확인청구의 소가 조세환급을 구하는 부당이득반환청구권의 소멸시효중단사유인 재판상 청구에 해당하는지 여부

◆ 판 례

일반적으로 위법한 행정처분의 취소, 변경을 구하는 행정소송은 사권을 행사하는 것으로 볼 수 없으므로 사권에 대한 시효중단사유가 되지 못하는 것이나, 다만 오납한 조세에 대한 부당이득반환청구권을 실현하기 위한 수단이 되는 과세처분의 취소 또는 무효확인을 구하는 소는 그 소송물이 객관적인 조세채무의 존부확인으로서 실질적으로 민사소송인 채무부존재확인의 소와 유사할 뿐 아니라, 과세처분의 유효 여부는 그 과세처분으로 납부한 조세에 대한 환급청구권의 존부와 표리관계에 있어 실질적으로 동일 당사자인 조세부과권자와 납세의무자 사이의 양면적 법률관계라고 볼 수 있으므로, 위와 같은 경우에는 과세처분의 취소 또는 무효확인청구의 소가 비록 행정소송이라고 할지라도 조세환급을 구하는 부당이득반환청구권의 소멸시효중단사유인 재판상 청구에 해당한다고 볼 수 있다 : 대법원 1992.3.31. 선고 91다32053 전원합의체 판결.

ii) 재판상의 청구가 중단의 효력을 발생하는 시기는 소를 제기한 때이다(민소법 제265조).[524]

2) 파산절차참가

i) 채권자가 파산재단의 배당에 참가하기 위하여 그의 채권을 신고하는 것이 파산절차참가이다. 이것은 시효중단의 효력이 있다. 그러나 채권자가 이를 취소하거나 또는 그 청구가 각하된 때에는 시효중단의 효력이 없다(민법 제171조).[525]

ii) 파산선고 신청이나 또는 강제집행절차에 있어서 배당요구를 하는 것도 파산절차참가에 준하여 시효중단의 효력이 있다고 할 것이다.

iii) 화의법에 의한 화의절차참가는 재판상의 청구로 간주되어 시효를 중단케 한다(화의법 제41조).

3) 지급명령

지급명령(민법 제172조)은[526] 독촉절차이며, 소송절차없이 간이, 신속하게 채권자로 하여금 그의 권리를 행사케 하기 위하여 인정되는 간이절차이다(민소법 제462조).[527] 지급명령이 중단의 효력을 발생하는 시기는 지급명령신청서를 관할법원에 제출하였을 때이다. 반면에 채무자는 지급명령이 자기에게 송달된 날로부터 2주일 이내에 이의신청을 할 수 있으며(민소법 제468조),[528] 적법한 이의신청이 있는 때에는 지급명령을 신청한 때에 소를 제기한 것으로 본다(민소법 제472조[529] 제2항). 그

---

524) 민사소송법 제265조 (소제기에 따른 시효중단의 시기) 시효의 중단 또는 법률상 기간을 지킴에 필요한 재판상 청구는 소를 제기한 때 또는 제260조 제2항·제262조 제2항 또는 제264조 제2항의 규정에 따라 서면을 법원에 제출한 때에 그 효력이 생긴다.

525) 제171조 (파산절차참가와 시효중단) 파산절차참가는 채권자가 이를 취소하거나 그 청구가 각하된 때에는 시효중단의 효력이 없다.

526) 제172조 (지급명령과 시효중단) 지급명령은 채권자가 법정기간 내에 가집행신청을 하지 아니함으로 인하여 그 효력을 잃은 때에는 시효중단의 효력이 없다.

527) 민사소송법 제462조 (적용의 요건) 금전, 그 밖에 대체물(代替物)이나 유가증권의 일정한 수량의 지급을 목적으로 하는 청구에 대하여 법원은 채권자의 신청에 따라 지급명령을 할 수 있다. 다만, 대한민국에서 공시송달 외의 방법으로 송달할 수 있는 경우에 한한다.

528) 민사소송법 제468조 (지급명령의 기재사항) 지급명령에는 당사자, 법정대리인, 청구의 취지와 원인을 적고, 채무자가 지급명령이 송달된 날부터 2주 이내에 이의신청을 할 수 있다는 것을 덧붙여 적어야 한다.

529) 민사소송법 제472조 (소송으로의 이행) ① 채권자가 제466조제1항의 규정에 따라 소제

러나 적법한 이의신청이 없거나 또는 이의신청의 취하나 각하결정이 확정된 때에는 지급명령은 확정되고(민소법 제474조),[530] 강제집행으로 실현할 수 있는 집행력이 발생한다(민집법 제56조 제3항).[531]

4) 화해를 위한 소환

화해(민소법 제385조)를[532] 신청하면 소멸시효는 중단된다. 그러나 이 신청을 받은 법원이 화해를 권고하기 위하여 상대방을 소환하였으나 상대방이 출석하지 않거나 또는 출석하더라도 화해가 성립하지 않을 경우에 화해신청인이 1개월 내에 소를 제기하여야만 시효중단의 효력이 발생한다(민소법 제173조[533] 전단). 따라서 소를 제기 한 때부터 화해를 신청한 시점을 기준으로 시효중단의 효력이 발생한다. 한편, 조정은 재판상의 화해와 같은 효력이 있으므로 조정신청도 화해신청과 마찬가지로 시효중단의 효력이 있다.

5) 임의출석

'임의출석의 경우에 화해가 성립하지 아니한 때에도 그러하다'(민법 제173조[534]

기신청을 한 경우, 또는 법원이 제466조제2항의 규정에 따라 지급명령신청사건을 소송절차에 부치는 결정을 한 경우에는 지급명령을 신청한 때에 소가 제기된 것으로 본다. ② 채무자가 지급명령에 대하여 적법한 이의신청을 한 경우에는 지급명령을 신청한 때에 이의신청된 청구목적의 값에 관하여 소가 제기된 것으로 본다.

530) 민사소송법 제474조 (지급명령의 효력) 지급명령에 대하여 이의신청이 없거나, 이의신청을 취하하거나, 각하결정이 확정된 때에는 지급명령은 확정판결과 같은 효력이 있다.

531) 민사집행법 제56조 (지급명령의 효력) 강제집행은 다음 가운데 어느 하나에 기초하여서도 실시할 수 있다. 1. 항고로만 불복할 수 있는 재판, 2. 가집행의 선고가 내려진 재판

532) 민사소송법 제385조 (화해신청의 방식) ① 민사상 다툼에 관하여 당사자는 청구의 취지·원인과 다투는 사정을 밝혀 상대방의 보통재판적이 있는 곳의 지방법원에 화해를 신청할 수 있다. ② 당사자는 제1항의 화해를 위하여 대리인을 선임하는 권리를 상대방에게 위임할 수 없다. ③ 법원은 필요한 경우 대리권의 유무를 조사하기 위하여 당사자본인 또는 법정대리인의 출석을 명할 수 있다. ④ 화해신청에는 그 성질에 어긋나지 아니하면 소에 관한 규정을 준용한다.

533) 민사소송법 제173조 (소송행위의 추후보완) ① 당사자가 책임질 수 없는 사유로 말미암아 불변기간을 지킬 수 없었던 경우에는 그 사유가 없어진 날부터 2주 이내에 게을리 한 소송행위를 보완할 수 있다. 다만, 그 사유가 없어질 당시 외국에 있던 당사자에 대하여는 이 기간을 30일로 한다. ② 제1항의 기간에 대하여는 제172조의 규정을 적용하지 아니한다.

534) 제173조 (화해를 위한 소환, 임의출석과 시효중단) 화해를 위한 소환은 상대방이 출석하지 아니 하거나 화해가 성립되지 아니한 때에는 1월내에 소를 제기하지 아니하면 시효중단의 효력이 없다. 임의출석의 경우에 화해가 성립되지 아니한 때에도 그러하다.

후단)라의 규정에 의하면 임의출석의 경우에 시효중단의 효과가 발생한다. 그러나 화해가 성립하지 않을 경우에는 중단의 효과는 부정되고, 1개월 내에 소(訴)를 제기하여야 출석한 시점을 기준으로 하여 중단의 효력이 인정된다.

6) 최고

최고(催告)라 함은 채권자가 채무자에 대하여 채무이행을 청구하는 채권자의 '의사의 통지'이다. 여기에 아무런 특별한 형식이 필요하지 않는 재판 밖의 행위이다. 이미 기술한 5가지의 방식의 시효중단의 사유는 모두 최고적(催告的) 효력(效力)을 포함한다. 민법에서는 그 밖에 재판 밖에서의 시효중단의 사유로서 최고를 인정하고 있다. 그러나 최고의 시효중단사유는 기술한 5가지 청구의 시효중단 사유보다는 효력이 약하다. 예를 들면, 최고 후에 6개월 이내에 기술한 5가지의 청구 중 어느 하나 또는 압류, 가압류, 가처분과 같은 보다 더 강력한 방법을 취하여야 시효중단의 효력이 발생한다(민법 제174조).[535)]

(2) 압류, 가압류, 가처분

1) 압류는 확정판결, 기타의 집행권원에 의하여 행하는 강제집행이며, 가장 강력한 권리의 실행행위이다. 반면에 가압류와 가처분은 강제집행을 보전하는 수단으로써 권리의 실행행위이다. 압류, 가압류, 가처분은 반드시 재판상의 청구를 전제로 하지 않을 뿐만 아니라 판결이 있는 경우라도 다시 새로이 시효는 진행하므로, 이들을 따로 중단사유로 할 필요가 있다(민법 제168조 제2호).

2) 압류, 가압류, 가처분의 명령이 권리자의 청구 또는 법률규정에 따르지 않았기 때문에 취소된 경우에 시효중단의 효력은 없다(민법 제175조).[536)] 이 경우에 채무자의 주소불명 등으로 압류 등의 절차를 개시하지 않은 경우에 중단의 효력이 발생하지 않으나 압류절차를 시작 한 이상, 비록 압류할 물건이 없기 때문에 집행불가능으로 그치더라도 중단의 효력은 생긴다.

---

535) 제174조 (최고와 시효중단) 최고는 6월 내에 재판상의 청구, 파산절차참가, 화해를 위한 소환, 임의출석, 압류 또는 가압류, 가처분을 하지 아니하면 시효중단의 효력이 없다.

536) 제175조 (압류, 가압류, 가처분과 시효중단) 압류, 가압류 및 가처분은 권리자의 청구에 의하여 또는 법률의 규정에 따르지 아니함으로 인하여 취소된 때에는 시효중단의 효력이 없다.

3) 압류, 가압류, 가처분이 시효중단의 효력이 발생하는 시기에 관하여 집행행위를 하였을 때와 명령을 신청한 때에 발생한다는 견해가 대립하고 있다. 그런데 소의 제기나 지급명령이 송달을 필요로 함에도 불구하고 신청을 한 때에 시효중단의 효력이 발생한다고 생각하기 때문에 압류, 가압류, 가처분도 그 명령을 신청한 때(즉, 집행행위가 있으면 신청한 때에 소급하여)에 시효중단의 효력이 발생한다고 보아야 할 것이다.

4) 압류, 가압류, 가처분의 집행행위가 시효의 이익을 받을 자에 대하여 하지 않은 때에는 이를 그 자에게 통지한 후가 아니면 시효중단의 효력이 없다(민법 제176조).[537] 예컨대, 물상보증인이 제공한 부동산 위에 저당권을 설정한 경우에 채권자가 저당물을 압류하였다면 이 사실을 채무자에게 통지한 때에 피담보채권에 관하여 시효중단의 효력이 발생하다.

(3) 승낙

1) 승인은 시효의 이익을 받을 당사자가 시효로 인하여 권리를 상실한 자에 대하여 상대방의 권리를 인정한다고 표시하는 것이다(민법 제168조 제3호). 이것의 성질은 '관념의 통지'이다. 승인은 반드시 상대방 혹은 그 대리인에게 하여야 한다. 이처럼 승인을 시효중단의 사유로 하는 이유는 승인이 있을 때에 권리자가 곧 권리를 행사하지 않더라도 권리행사를 게을리 하고 있다고 할 수 없을 뿐만 아니라 권리관계의 존재가 명백하기 때문이다. 이에 관하여 판례를 살펴보기로 한다.

가) 피고로서 응소하여 적극적으로 권리를 주장하고 그것이 받아들여진 경우 시효중단사유인 재판상의 청구에 해당하는지 여부

◆ 판 례

취득시효를 주장하는 자가 원고가 되어 소를 제기한 데 대하여 권리자가 피고로서 응소하고 그 소송에서 적극적으로 권리를 주장하여 그것이 받아들여진 경우에는 민법 제247조 제2항에 의하여 취득시효기간에 준용되는 민법 제168조 제1호, 제170조 제1항에서

537) 제176조 (압류, 가압류, 가처분과 시효중단) 압류, 가압류 및 가처분은 시효의 이익을 받은 자에 대하여 하지 아니한 때에는 이를 그에게 통지한 후가 아니면 시효중단의 효력이 없다.

시효중단사유의 하나로 규정하고 있는 재판상 청구에 포함된다 : 대법원 2003. 6. 13. 선고 2003다17927,17934 판결.

나) 채권의 압류 또는 가압류와 시효중단의 효력

◆ 판 례

채권자가 채무자의 제3채무자에 대한 채권을 압류 또는 가압류한 경우에 채무자에 대한 채권자의 채권에 관하여 시효중단의 효력이 생긴다고 할 것이나, 압류 또는 가압류된 채무자의 제3채무자에 대한 채권에 대하여는 민법 제168조 제2호 소정의 소멸시효 중단사유에 준하는 확정적인 시효중단의 효력이 생긴다고 할 수 없다 : 대법원 2003. 5. 13. 선고 2003다16238 판결.

다) 채권압류 및 추심명령의 송달이 피압류채권의 제3채무자에 대하여 최고로서의 효력이 있는지 여부

◆ 판 례

소멸시효 중단사유의 하나로서 민법 제174조가 규정하고 있는 최고는 채무자에 대하여 채무이행을 구한다는 채권자의 의사통지(준법률행위)로서, 이에는 특별한 형식이 요구되지 아니할 뿐 아니라 행위 당시 당사자가 시효중단의 효과를 발생시킨다는 점을 알거나 의욕하지 않았다 하더라도 이로써 권리 행사의 주장을 하는 취지임이 명백하다면 최고에 해당하는 것으로 보아야 할 것이므로, 채권자가 확정판결에 기한 채권의 실현을 위하여 채무자의 제3채무자에 대한 채권에 관하여 압류 및 추심명령을 받아 그 결정이 제3채무자에게 송달이 되었다면 거기에 소멸시효 중단사유인 최고로서의 효력을 인정하여야 한다 : 대법원 2003. 5. 13. 선고 2003다16238 판결.

라) 의사의 치료비 채권의 소멸시효 기산점

◆ 판 례

민법 제163조 제2호 소정의 '의사의 치료에 관한 채권'에 있어서는, 특약이 없는 한 그 개개의 진료가 종료될 때마다 각각의 당해 진료에 필요한 비용의 이행기가 도래하여 그에 대한 소멸시효가 진행된다고 해석함이 상당하고, 장기간 입원 치료를 받는 경우라 하더라도 다른 특약이 없는 한 입원 치료 중에 환자에 대하여 치료비를 청구함에 아무런 장애가 없으므로 퇴원시부터 소멸시효가 진행된다고 볼 수는 없다 : 대법원 2001. 11. 9. 선고 2001다52568 판결.

Ⅷ. 시효중단의 효력

1. 시효중단의 효력

시효가 중단되면 그 때까지 경과한 시효기간은 이를 산입하지 않는다(민법 제178조[538] 제1항 전단). 시효중단의 효력은 당사자 및 승계인 사이에만 효력이 있으며(민법 제169조),[539] 제3자에게는 효력이 없다. 예를 들면, 갑(甲)의 소유지를 을(乙)과 병(丙)이 공동으로 점유하여 시효로 취득하려고 할 때에 그 중의 한 사람, 예컨대, 을(乙)에 대하여 중단하여도 다른 사람, 즉 병(丙)에 대하여서는 중단의 효력이 미치지 않는다. 그런데 지역권, 연대채무, 보증채무 등에서 그 법률관계의 특수성으로 예외가 인정되고 있다. 여기서 당사자는 시효중단행위에 관여한 자를 의미한다.

2. 중단 후의 시효진행

(1) 시효가 중단된 후에 그 시효의 기초가 되는 사실상태가 다시 계속하면 그 때부터 '새로이' 시효기간은 진행된다(민법 제178조 제1항 후단). 따라서 새로이 진행하게 된 때부터 전 시효기간이 경과하여야만 시효는 완성하게 된다.

(2) 중단된 시효가 다시 진행하기 시작하는 시기는 다음과 같다.

1) 청구로 중단 된 경우

재판이 확정된 때부터이다(민법 제178조 제2항). 따라서 10년, 20년의 소멸시효기간도 이때부터 계산하게 된다.

2) 압류, 가압류, 가처분으로 중단 된 경우

이들 절차가 끝날 때부터 다시 진행을 시작한다.

---

538) 제178조 (중단후의 시효진행) ① 시효가 중단된 때에는 중단까지에 경과한 시효기간은 이를 산입하지 아니하고 중단사유가 종료한 때로 부터 새로이 진행한다. ② 재판상의 청구로 인하여 중단한 시효는 전항의 규정에 의하여 재판이 확정된 때로부터 새로이 진행한다.

539) 제169조 (시효중단의 효력) 시효의 중단은 당사자 및 그 승계인 간에만 효력이 있다.

3) 승인으로 중단 된 경우

승인이 상대방에게 도달한 때부터 새로운 시효기간을 계산하게 된다.

Ⅸ. 소멸시효의 정지

1. 소멸시효의 정지의 의의

소멸시효의 정지는 소멸기간이 거의 완성할 무렵에 권리자가 중단행위를 하는 것이 불가능하거나 또는 대단히 곤란한 사정이 있는 경우에 그 시효기간의 진행을 일시적으로 멈추게 하고, 그러한 사정이 없어졌을 때에 다시 나머지 기간을 진행시키는 것을 말한다. 이와 같이 시효정지는 시효중단과 같이 권리자를 보호하는 제도이지만 정지의 경우는 정지사유가 그친 후에 일정한 유예기간이 경과하면 시효는 완성하는 것이며, 이미 경과한 기간이 없었던 것으로 하지 않는다는 점에서 시효중단과 다르다.

2. 시효정지의 사유

(1) 무능력자를 위한 정지

1) 소멸시효의 기간만료 전 6개월 내에 무능력자의 법정대리인이 없는 때에는 그가 능력자가 되거나 또는 법정대리인이 취임한 때로부터 6개월 내에는 시효가 완성하지 않는다(민법 제179조).[540]

2) 재산을 관리하는 부, 모 또는 후견인의 무능력자에 대한 권리는 그가 능력자가 되거나 또는 후임의 법정대리인이 취임한 때로부터 6개월 내에는 소멸시효가 완성하지 않는다(민법 제180조[541] 제1항).

---

540) 제179조 (무능력자와 시효정지) 소멸시효의 기간만료전 6월내에 무능력자의 법정대리인이 없는 때에는 그가 능력자가 되거나 법정대리인이 취임한 때로부터 6월내에는 시효가 완성하지 아니한다.

541) 제180조 (재산관리자에 대한 무능력자의 권리, 부부간의 권리와 시효정지) ① 재산을 관리하는 부, 모 또는 후견인에 대한 무능력자의 권리는 그가 능력자가 되거나 후임의 법정대리인이 취임한 때로부터 6월내에는 소멸시효가 완성하지 아니한다. ② 부부의 일방의 타방에 대한 권리는 혼인관계의 종료한 때로부터 6월내에는 소멸시효가 완성하지 아니한다.

(2) 혼인관계의 종료에 의한 정지

부부일방의 타방에 대한 권리는 혼인관계가 종료한 때로부터 6개월 내에는 소멸시효가 완성하지 않는다(민법 제180조 제2항). 혼인관계가 계속하는 동안에 시효중단의 절차를 밟는다는 것은 곤란하기 때문이다. 혼인관계의 종료사유는 이혼, 사망, 혼인취소 등을 들 수 있다.

(3) 상속재산에 관한 정지

상속재산에 속하는 권리나 상속재산에 대한 권리는 상속인의 확정, 관리인의 선임 또는 파산선고가 있는 때로부터 6개월 내에는 소멸시효가 완성하지 않는다(민법 제181조).[542]

(4) 사변에 의한 정지

천재(天災), 기타 사변으로 소멸시효를 중단할 수 없을 때에는 그 사유가 종료한 때로부터 1개월 내에는 시효가 완성하지 않는다(민법 제182조).[543] 여기서 사변은 천재에 비교할 수 있는 전쟁, 폭동, 교통두절 등의 객관적인 것을 의미하며, 권리자의 여행이나 질병과 같은 주관적인 것은 아니다.

X. 소멸시효의 효력

1. 소멸시효는 '소멸시효가 완성한다'고 하고 있을 뿐, 그 밖에 '완성한다'는 것이 무엇인가에 대하여 아무런 규정을 하고 있지 않다. 즉, 소멸시효완성의 효과에 관하여 규정하고 있지 않다. 따라서 그 해석에 관하여 '소멸시효의 완성을 원인으로 하여 권리는 당연히 소멸한다'는 다수설과 권리가 당연히 소멸하지 않고, 다만 시효의 이익을 받을 자에게 '권리의 소멸을 주장할 권리가 발생할 뿐'이라고 해석

---

542) 제181조 (상속재산에 관한 권리와 시효정지) 상속재산에 속한 권리나 상속재산에 대한 권리는 상속인의 확정, 관리인의 선임 또는 파산선고가 있는 때로부터 6월내에는 소멸시효가 완성하지 아니한다.

543) 재182조 (천재 기타 사변과 시효정지) 천재 기타 사변으로 인하여 소멸시효를 중단할 수 없을 때에는 그 사유가 종료한 때로부터 1월내에는 시효가 완성하지 아니한다.

하는 소수설이 있다. 다수설이 '절대적 소멸설'이라면 소수설은 '상대적 소멸설'이라고 할 수 있다. 이에 관한 판례를 살펴보기로 한다.

가) 근로복지공단이 부정한 방법으로 보험급여를 받은 사람에게 산업재해보상보험법에 정한 금액을 부당이득으로 징수하는 경우 그 징수권의 소멸시효 기산일

◆ 판 례

근로복지공단이 부정한 방법으로 보험급여를 받은 사람에게 산업재해보상보험법에 정한 금액을 부당이득으로 징수하는 경우, 그 징수권의 소멸시효는 특별한 사정이 없는 한 근로복지공단이 보험급여를 지급한 날부터 진행한다고 보아야 하고, 위와 같은 징수 사유의 발생 사실을 근로복지공단이 알지 못하였고, 알지 못한 데 과실이 없다고 하여도 위 징수권의 소멸시효 기산일을 달리 볼 것은 아니다 : 대법원 2009.5.14. 선고 2009두3880 판결.

나) 부당이득징수권이 시효소멸

◆ 판 례

근로복지공단이 허위 기타 부정한 방법으로 보험급여를 받은 사람에게 보험급여의 2배 상당액을 징수하기로 하고 부당이득징수결정처분을 한 사안에서, 부당이득징수권의 소멸시효는 근로복지공단이 부당이득징수권을 가지고 있다는 사실을 알았는지 여부에 관계없이 보험급여를 지급한 날부터 소멸시효가 진행한다고 보아 그날부터 3년의 소멸시효기간이 경과하여 부당이득징수권이 소멸하였으므로 이를 근거로 한 위 처분은 위법하다 : 대법원 2009.5.14. 선고 2009두3880 판결.

다) 경매절차에 참가하여 소멸시효가 중단된 채권에 대한 소멸시효가 다시 진행하는 시기

◆ 판 례

채권자가 배당요구 또는 채권신고 등의 방법으로 권리를 행사하여 강제경매절차에 참가하고, 그 권리행사로 인하여 소멸시효가 중단된 채권에 대하여 일부만 배당하는 것으로 배당표가 작성되고 다시 그 배당액 중 일부에 대하여만 배당이의가 있어 그 이의의 대상이 된 부분을 제외한 나머지 부분, 즉 배당액 중 이의가 없는 부분과 배당받지 못한 부분의 배당표가 확정이 되었다면, 이로써 그와 같이 배당표가 확정된 부분에 관한 권리행사는 종료되고 그 부분에 대하여 중단된 소멸시효는 위 종료 시점부터 다시 진행된다.

그리고 위 채권 중 배당이의의 대상이 된 부분은 그에 관하여 적법하게 배당이의의 소가 제기되고 그 소송이 완결된 후 그 결과에 따라 종전의 배당표가 그대로 확정 또는 경정되거나 새로 작성된 배당표가 확정되면 그 시점에서 권리행사가 종료되고 그때부터 다시 소멸시효가 진행한다 : 대법원 2009.3.26. 선고 2008다89880 판결.

라) 집합건물의 하자보수에 갈음한 손해배상청구권의 소멸시효기간의 기산일

◆ 판 례

집합건물의 하자보수에 갈음한 손해배상청구권의 소멸시효기간은 각 하자가 발생한 시점부터 별도로 진행한다 : 대법원 2009.2.26. 선고 2007다83908 판결.

마) 보험금청구권의 소멸시효의 기산점

◆ 판 례

보험금청구권은 보험사고가 발생하기 전에는 추상적인 권리에 지나지 않고 보험사고의 발생으로 인하여 구체적인 권리로 확정되어 그때부터 권리를 행사할 수 있게 되는 것이므로, 보험금청구권의 소멸시효는 특별한 다른 사정이 없는 한 보험사고가 발생한 때부터 진행하는 것이 원칙이지만, 보험사고가 발생하였는지 여부가 객관적으로 분명하지 아니하여 보험금청구권자가 과실 없이 보험사고의 발생을 알 수 없었던 경우에도 보험사고가 발생한 때부터 보험금청구권의 소멸시효가 진행한다고 해석하는 것은 보험금청구권자에게 가혹한 결과를 초래하게 되어 정의와 형평의 이념에 반하고 소멸시효제도의 존재이유에도 부합하지 않는다. 따라서 객관적으로 보아 보험사고가 발생한 사실을 확인할 수 없는 사정이 있는 경우에는 보험금청구권자가 보험사고의 발생을 알았거나 알 수 있었던 때부터 보험금청구권의 소멸시효가 진행한다 : 대법원 2008.11.13. 선고 2007다19624 판결.

바) 소멸시효 이익의 원용 요부(要否)

◆ 판 례

신민법상 당사자의 원용이 없어도 시효완성의 사실로서 채무는 당연히 소멸하고, 다만 소멸시효의 이익을 받는 자가 소멸시효 이익을 받겠다는 뜻을 항변하지 않는 이상 그 의사에 반하여 재판할 수 없을 뿐이다 : 대법원 1979.2.13. 선고 78다2157 판결.

사) 소멸시효완성의 효과

◈ 판 례

당사자의 원용이 없어도 시효완성의 사실로서 채무는 당연히 소멸한다 : 대법원 1966.1.31. 선고 65다2445 판결.

2. 각 설의 이론적 근거

(1) 절대적 소멸설

1) 현행민법은 의용민법처럼 시효의 원용에 관한 규정을 두고 있지 않다.

2) 부칙 제8조 제1항은 '~~본법에 의하여 ~~소멸한 것으로 본다'고 하고 있는데, 이는 민법에서 '소멸시효가 완성한다'는 것은 결국 '소멸한다'는 것을 의미한다. 그 밖의 동법 제369조,[544] 제766조[545] 제1항 등도 같은 표현을 쓰고 있다.

(2) 상대적 소멸설

1) 절대적 소멸설을 취하면 당사자의 의사와 관계없이 권리는 소멸한 것으로 재판하여야 한다. 그러나 이것은 당사자가 소멸시효의 이익을 받기를 원하지 않고, 정당한 권리관계를 그대로 실현하기를 원하는 경우에 그 의사에 반하기 때문에 부당하다.

2) 소멸시효가 완성된 후에 채무자가 시효의 완성사실을 모르고 변제한 경우에 절대적 소멸설에 의하면 비채변제(非債辨濟, 민법 제744조)가[546] 되므로 그 반환을 청구할 수 있는 것으로 된다. 그러나 이것은 사회관념에 적합하지 않다.

---

544) 제369조 (부종성) 저당권으로 담보한 채권이 시효의 완성 기타 사유로 인하여 소멸한 때에는 저당권도 소멸한다.

545) 제766조 (손해배상청구권의 소멸시효) ① 불법행위로 인한 손해배상의 청구권은 피해자나 그 법정대리인이 그 손해 및 가해자를 안 날로부터 3년간 이를 행사하지 아니하면 시효로 인하여 소멸한다. ② 불법행위를 한 날로부터 10년을 경과한 때에도 전항과 같다.

546) 제744조 (도의관념에 적합한 비채변제) 채무없는 자가 착오로 인하여 변제한 경우에 그 변제가 도의관념에 적합한 때에는 그 반환을 청구하지 못한다.

제2항 제척기간과 소멸시효

Ⅰ. 제척기간의 의의

제척기간(除斥期間)은 법률이 규정하는 권리의 존속기간을 말한다. 즉, 일정한 기간의 경과로 권리가 소멸 내지 실효(失效)하는 점에서 소멸시효(消滅時效)와 비슷하다. 그러나 제도의 취지 및 성질에 비추어 볼 때에 소멸시효제도와는 별개의 제도이다.

(1) 권리의 제척기간(예정기간)은 권리행사의 일정한 기간을 법률이 예정하는 존속기간을 말한다. 따라서 권리행사의 존속기간인 제척기간이 경과하게 되면, 그 권리는 당연히 소멸한다. 이처럼 제척기간을 설정하는 이유는 그 권리를 중심으로 하는 법률관계를 신속히 확정하려는 데에 있다. 따라서 제척기간을 둘 필요성이 있는 권리는 일반적으로 형성권에 있다.

(2) 권리행사의 제척기간이 정해져 있는 권리는 그 제척기간 내에 어떠한 행위가 있을 때에 그 권리가 보전되느냐이다. 여기에는 3가지의 견해가 있다.

1) 제척기간의 경과로 권리가 소멸한다는 견해.

제척기간 내에 어떠한 권리행사가 존재하느냐의 여부에 관계없이 제척기간의 경과로 권리가 소멸한다는 입장이다. 그러나 이 설에 의하면 그 권리를 재판상 행사하고 있는 중이라도 존속기간이 경과하면 그 때에 권리는 소멸한다. 그렇다면 특히 소송절차의 지연을 통하여 권리가 소멸할 수 있기 때문에 문제가 된다.

2) 재판상 또는 재판 밖에서 권리행사기간이라는 견해.

제척기간 내에 권리를 행사하면 되고, 반드시 재판상 청구하여야만 권리가 보전되는 것이 아니라고 보는 입장이다. 따라서 형성권의 경우에 권리자의 의사표시와 형성판결을 모두 필요로 하는 형성소권(形成訴權)은 제척기간 내에 소를 제기하여야 하지만, 일반적인 형성권은 제척기간 내에 재판 밖에서 형성권행사의 의사표시를 하는 것으로 충분하다. 판례의 입장이기도 하다. 그러나 이 설에 대한 비판은 권리관계를 신속히 확정하려는 취지가 제척기간인데, 이 견해에 의하면 권리자가 그 권리를 행사하는 결과로 발생하게 되는 권리는 통상의 소멸시효에 따르게 되기 때문에 제척기간의 제도의 취지에 반한다는 비판이다.

3) 제척기간을 출소기간(出訴期間)으로 보는 견해.

제척기간은 그 기간 내에 권리가 재판상 행사되어야 하는 출소기간(제소기간)으로 본다. 즉 그 기간 내에 재판상의 행사[소(訴)의 제기(提起)]가 있어야 한다는 견해이다. 이에 관하여 판례를 찾아보기로 한다.

가) 채권자취소권의 행사에 있어 제척기간의 기산점인 채권자가'취소원인을 안날'의 의미 및 제척기간의 도과에 관한 증명책임자(=채권자취소소송의 상대방)

◆ 판 례

채권자취소권의 행사에 있어서 제척기간의 기산점인 채권자가 "취소원인을 안 날"이라 함은 채무자가 채권자를 해함을 알면서 사해행위를 하였다는 사실을 알게 된 날을 의미한다. 이는 단순히 채무자가 재산의 처분행위를 한 사실을 아는 것만으로는 부족하고, 구체적인 사해행위의 존재를 알고 나아가 채무자에게 사해의 의사가 있었다는 사실까지 알 것을 요한다. 한편 그 제척기간의 도과에 관한 입증책임은 채권자취소소송의 상대방에게 있다 : 대법원 2009.3.26. 선고 2007다63102 판결.

나) 상속회복청구권의 제척기간 기산점이 되는 민법 제999조 제2항에서의 '상속권의 침해를 안 날'의 의미와 판단 기준

◆ 판 례

상속회복청구권의 제척기간 기산점이 되는 민법 제999조 제2항 소정의 '상속권의 침해를 안 날'이라 함은 자기가 진정한 상속인임을 알고 또 자기가 상속에서 제외된 사실을 안 때를 가리키는 것으로서, 단순히 상속권 침해의 추정이나 의문만으로는 충분하지 않으며, 언제 상속권의 침해를 알았다고 볼 것인지는 개별적 사건에 있어서 여러 객관적 사정을 참작하고 상속회복청구가 사실상 가능하게 된 상황을 고려하여 합리적으로 인정하여야 한다 : 대법원 2007.10.25. 선고 2007다36223 판결.

다) 상속회복청구권의 제척기간 기산점

◆ 판 례

공동상속인 중 1인이 나머지 공동상속인들을 상대로 제기한 상속재산분할심판 사건에서 공동상속인 일부의 소송대리권이 흠결된 채로 소송대리인 사이에 재판상 화해나 조정이 성립하여 화해조서 또는 조정조서가 작성되고, 그 조서에 기하여 공동상속인 중 1인 명의로 상속재산협의분할을 원인으로 한 소유권이전등기가 경료된 경우, 위와 같은 화해나 조정은 무효라 할 것이나, 그 조서에 확정판결과 같은 효력이 있는 이상 그 조서가 준재심에 의해 취소되기 전에는 당사자들로서는 위 화해나 조정의 무효를 확신할 수 없는 상태에 있다고 할 것이고, 그 후 소송대리권의 흠결 여부가 다투어진 끝에 준재심에 의해 화해조서나 조정조서가 취소되었다면, 나머지 공동상속인들은 그 준재심의 재판이 확정된 때에 비로소 공동상속인 중 1인에 의해 자신들의 상속권이 침해된 사실을 알게 되었다고 봄이 상당하므로, 상속회복청구권의 제척기간은 그때부터 기산 된다 : 대법원 2007.10.25. 선고 2007다36223 판결.

라) 민법 제1014조에 의한 피인지자 등의 상속분상당가액지급청구권에 대하여 같은 법 제999조 제2항에 정한 제척기간이 적용되는지 여부 및 혼인외의 자가 인지판결 확정으로 공동상속인이 된 경우, 위 제척기간의 기산일

◈ 판 례

민법 제1014조에 의한 피인지자 등의 상속분상당가액지급청구권은 그 성질상 상속회복청구권의 일종이므로 같은 법 제999조 제2항에 정한 제척기간이 적용되고, 같은 항에서 3년의 제척기간의 기산일로 규정한 '그 침해를 안 날'이라 함은 피인지자가 자신이 진정상속인인 사실과 자신이 상속에서 제외된 사실을 안 때를 가리키는 것으로 혼인외의 자가 법원의 인지판결 확정으로 공동상속인이 된 때에는 그 인지판결이 확정된 날에 상속권이 침해되었음을 알았다고 할 것이다 : 대법원 2007.7.26. 선고 2006므2757,2764 판결.

마) 상속분상당가액지급청구권의 가액산정 대상 재산을 인지 전에 이미 분할 내지 처분된 상속재산 전부로 삼는다는 뜻과 함께 추후 감정결과에 따라 청구취지를 확장하겠다는 뜻을 미리 밝히면서 우선 일부의 금액만을 제척기간 내에 청구하고 그 제척기간 경과 후에 감정결과에 따라 청구취지를 확장한 경우, 청구취지 확장으로 추가된 부분에 관하여도 제척기간을 준수한 것인지 여부

◈ 판 례

상속회복청구권의 경우 상속재산의 일부에 대해서만 제소하여 제척기간을 준수하였을 때에는 청구의 목적물로 하지 않은 나머지 상속재산에 대해서는 제척기간을 준수한 것으로 볼 수 없고, 민법 제1014조에 의한 상속분상당가액지급청구권의 경우도 같은 법 제999조 제2항의 제척기간이 도과되면 소멸하므로 그 기간 내에 한 청구채권에 터 잡아 제척기간 경과 후 청구취지를 확장하더라도 그 추가 부분의 청구권은 소멸한다고 할 것이나, 만일 상속분상당가액지급청구권의 가액산정 대상재산을 인지 전에 이미 분할 내지

처분된 상속재산 전부로 삼는다는 뜻과 다만, 그 정확한 권리의 가액을 알 수 없으므로 추후 감정결과에 따라 청구취지를 확장하겠다는 뜻을 미리 밝히면서 우선 일부의 금액만을 청구한다고 하는 경우 그 청구가 제척기간 내에 한 것이라면, 대상 재산의 가액에 대한 감정결과를 기다리는 동안 제척기간이 경과하고 그 후에 감정결과에 따라 청구취지를 확장한 때에는, 위와 같은 청구취지의 확장으로 추가된 부분에 관해서도 그 제척기간은 준수한 것으로 봄이 상당하다 : 대법원 2007.7.26. 선고 2006므2757,2764 판결.

바) 민법 제204조 제3항과 제205조 제2항 소정의 점유보호청구권의 행사기간이 출소기간인지 여부

◈ 판 례

민법 제204조 제3항과 제205조 제2항에 의하면 점유를 침탈당하거나 방해를 받은 자의 침탈자 또는 방해자에 대한 청구권은 그 점유를 침탈당한 날 또는 점유의 방해행위가 종료된 날로부터 1년 내에 행사하여야 하는 것으로 규정되어 있는데, 여기에서 제척기간의 대상이 되는 권리는 형성권이 아니라 통상의 청구권인 점과 점유의 침탈 또는 방해의 상태가 일정한 기간을 지나게 되면 그대로 사회의 평온한 상태가 되고 이를 복구하는 것이 오히려 평화질서의 교란으로 볼 수 있게 되므로 일정한 기간을 지난 후에는 원상회복을 허용하지 않는 것이 점유제도의 이상에 맞고 여기에 점유의 회수 또는 방해제거 등 청구권에 단기의 제척기간을 두는 이유가 있는 점 등에 비추어 볼 때, 위의 제척기간은 재판외에서 권리행사하는 것으로 족한 기간이 아니라 반드시 그 기간 내에 소를 제기하여야 하는 이른바 출소기간으로 해석함이 상당하다 : 대법원 2002. 4. 26. 선고 2001다8097,8103 판결.

Ⅱ. 제척기간과 소멸시효와의 비교

(1) 학설

다수설입장에서 제척기간이 소멸시효의 완성으로 권리소멸의 효과가 발생한다는 점에서 제척기간과 소멸시효의 효과면에서 양자는 같다. 그러나 소수설입장에서 제척기간이 소멸시효의 완성으로 권리소멸을 주장할 수 있는 권리가 발생한다는 점에서 제척기간과 소멸시효의 효과면에서 양자는 차이가 있다.

(2) 제척기간과 소멸시효의 차이점

1) 제척기간에 의한 권리소멸은 기간이 경과한 때부터 장래에 향하여 권리소멸의 효과가 발생할 뿐이다. 즉, 권리소멸의 효과는 소급하지 않는다. 반면에 소멸시효에 의한 권리소멸의 효과는 소급적(遡及的) 소멸이다(민법 제167조).[547]

2) 제척기간제도의 취지는 권리관계를 신속히 확정하려는데 있기 때문에 소멸시효처럼 제척기간의 중단이라는 제도가 없다. 즉, 제척기간 내에 권리자의 권리의 주장 또는 의무자의 승인이 있어도 기간의 경신(更新)은 되지 않는다. 이에 관하여 판례를 살펴보기로 한다.

가) 제척기간의 중단 여부

◆ 판 례

제척기간에 있어서는 소멸시효와 같이 기간의 중단이 있을 수 없다 : 대법원 2003. 1. 10. 선고 2000다26425 판결.

3) 소멸시효의 완성으로 권리소멸의 효과가 발생한다는 다수설은 민사소송의 변론주의에서도 시효이익(時效利益)을 받을 자가 그 이익을 소송에서 공격, 방어방법으로 제출하지 않으면 그 이익은 무시된다. 그러나 제척기간의 이익은 당사자가 공격, 방어방법으로서 제출하지 않더라도 법원은 당연히 고려하여야 한다. 이 점에서 양자는 다르다. 또한 소멸시효의 효과에 관하여 소멸시효의 원용(주장)이 없으면 재판의 기초로 하지 못하기 때문에 주장이 필요로 하는 소멸시효와 주장이 필요하지 않는 제척기간과의 양자사이에 차이가 있다.

4) 소멸시효에는 소멸기간의 완성 후에 소멸시효의 이익의 포기라는 제도가 있는데, 제척기간에는 이러한 제도가 없다.

(3) 제척기간에 '시효의 정지(停止)'의 준용여부

다수설은 시효의 정지에 관한 규정 가운데 제182조(천재, 기타 사변)에도 준용

547) 제167조 (소멸시효의 소급효) 소멸시효는 그 기산일에 소급하여 효력이 생긴다.

하는 것이 좋다는 입장이다. 왜냐하면, 민법 제182조,[548] 즉 천재, 기타 피할 수 없는 사변으로 권리를 행사할 수 없었을 경우에 유예기간을 인정하지 않는 것은 너무 가혹하다는 것과 또한 동조를 준용하여도 제척기간의 취지에 크게 어긋나지 않는다는 것이다. 그러나 입법상의 규정이 없는 한, 현행법상 해석론으로는 불가능하다. 또한 제척기간은 본래 권리의 존속 그 자체를 제한하고, 권리를 박탈하는 것이 목적이기 때문에 소수설인 부정설이 타당하다고 생각한다.

Ⅲ. 제척기간과 소멸시효의 판단기준

조문에 '시효로 인하여'라고 되어 있는 경우에 그것은 언제나 소멸시효기간이고, 조문에 그러한 구절을 사용하지 않으면 제척기간으로 해석하여야 한다는 것이 일치된 주장이다. 이에 관하여 판례를 살펴보기로 한다.

가) 민법 제146조 소정의 취소권 행사의 제척기간의 기산점

◆ 판 례

민법 제146조 전단은 '취소권은 추인할 수 있는 날로부터 3년 내에 행사하여야 한다.'고 규정하는 한편, 민법 제144조 제1항에서는 '추인은 취소의 원인이 종료한 후에 하지 아니하면 효력이 없다.'고 규정하고 있는바, 위 각 규정의 취지와 추인은 취소권의 포기를 내용으로 하는 의사표시인 점에 비추어 보면, 민법 제146조 전단에서 취소권의 제척기간의 기산점으로 삼고 있는 '추인할 수 있는 날'이란 취소의 원인이 종료되어 취소권행사에 관한 장애가 없어져서 취소권자가 취소의 대상인 법률행위를 추인할 수도 있고, 취소할 수도 있는 상태가 된 때를 가리킨다고 보아야 한다 : 대법원 1998. 11. 27. 선고 98다7421 판결.

나) 민법 제146조 소정의 취소권 행사기간의 법적 성질 및 그 기간의 준수 여부가 법원의 직권조사사항인지 여부

◆ 판 례

민법 제146조는 취소권은 추인할 수 있는 날로부터 3년 내에 행사하여야 한다고 규정하고 있는바, 이때의 3년이라는 기간은 일반 소멸시효기간이 아니라 제척기간으로서 제

548) 제182조 (천재 기타 사변과 시효정지) 천재 기타 사변으로 인하여 소멸시효를 중단할 수 없을 때에는 그 사유가 종료한 때로부터 1월내에는 시효가 완성하지 아니한다.

척기간이 도과하였는지 여부는 당사자의 주장에 관계없이 법원이 당연히 조사하여 고려하여야 할 사항이다 : 대법원 1996. 9. 20. 선고 96다25371 판결.

다) 대물변제예약 완결권의 법적 성질 및 그 행사기간

◆ 판 례

대물변제예약 완결권은 일종의 형성권으로 당사자 사이에 그 행사기간을 약정한 때에는 그 기간 내에, 그러한 약정이 없는 때에는 그 권리가 발생한 때로부터 10년 내에 이를 행사하여야 하고, 이 기간을 도과한 때에는 예약 완결권은 제척기간의 경과로 인하여 소멸한다 : 대법원 1997. 6. 27. 선고 97다12488 판결.

라) 재산분할청구권 행사기간의 법적 성질

◆ 판 례

재산분할청구권은 이혼한 날로부터 2년 내에 행사하여야 하고 그 기간이 경과하면 소멸되어 이를 청구할 수 없는바, 이때의 2년이라는 기간은 일반 소멸시효기간이 아니라 제척기간으로서 그 기간이 도과하였는지 여부는 당사자의 주장에 관계없이 법원이 당연히 조사하여 고려할 사항이다 : 대법원 1994.9.9. 선고 94다17536 판결.

찾아보기

▒ ㅅ ▒

저 자 소 개

❖ 약 력

인천대 법학과 졸업
인천대 대학원 법학과 수료(법학 석사)
동국대 대학원 법학과 수료(법학 박사)
동국대, 인천대, 서울디지털대, 총신대, 충남대,
한경대학교, 한남대, 지방공무원 중앙연수원 강사 역임

❖ 저서 및 주요논문

혼인취소의 효과, 사실혼배우자의 보호
배우자상속권에 관한 연구
유책배우자의 이혼청구와 허용기준
공동상속인의 부양·간병행위로서의 기여분
신의성실의 원칙 -특히 권리남용과 관련하여-
기타 다수 논문

사례중심 민법총칙 [개정판]

저 자 / 박 종 용 초 판 / 2010. 8. 30.
발행인 / 조 형 근 개정판 / 2013. 2. 28.
발행처 / 도서출판 동방문화사

서울시 서초구 방배1동 905-16. 101호
전화 : 02)3473-7294. 팩스 : (02)587-7294
메일 : 34737294@hanmail.net 등록 : 서울 제22-1433호
표지디자인 / 서진아이디피 02)2264-8288

저자와의 합의에 의해 인지 생략

破本은 바꿔 드립니다.
정 가 : 25,000원

ISBN 978-89-97569-20-5 93360